Frank Beyer
Wenn der Wind sich dreht

Frank Beyer

Wenn der Wind sich dreht

Meine Filme, mein Leben

Econ

Der Verlag dankt für die freundliche Genehmigung zum Abdruck für:
Wolf Biermann. Alle Lieder
© 1991 by Kiepenheuer & Witsch Köln
Jurek Becker aus: Schlaflose Tage
© Suhrkamp Verlag Frankfurt/Main 1978
Der Verlag hat sich bemüht, sämtliche Rechteinhaber
der Fotos ausfindig zu machen.
Sollten darüber hinaus Ansprüche bestehen,
bitten wir um freundliche Nachricht.

1. Auflage 2001

Der Econ Verlag ist ein Unternehmen der
Econ Ullstein List Verlag GmbH & Co. KG, München

ISBN 3-430-11477-2

Inhalt

Vorwort

Unmittelbar nach einer schweren Niederlage in meinem Beruf als Filmregisseur beginne ich dieses Buch zu schreiben. Ich versuche, mich damit abzulenken. Ja, ohne diese Niederlage würde dieses Buch nicht entstehen, jedenfalls nicht jetzt.

1991 habe ich zum ersten Male einen Text von Uwe Johnson gelesen: *Mutmaßungen über Jakob*. Er hat mich sehr fasziniert, und ich wollte einen Film daraus machen. Mitten in diesen Überlegungen und neugierig auf andere Bücher dieses Autors, erhielt ich den Anruf einer jungen Münchener Produzentin, die mir anbot, Johnsons Hauptwerk, die *Jahrestage*, zweitausend Seiten Prosa, in einen mehrteiligen Fernsehfilm zu übertragen. Aus diesem Plan wurde damals nichts, niemand wollte ein solches Großprojekt finanzieren. Aber Johnson hat mich seit dieser Zeit immer wieder beschäftigt und nicht mehr losgelassen.

Gesine Cresspahl, aus einem mecklenburgischen Elternhaus stammend, DDR-Emigrantin in New York, bereitet sich im Jahre 1968 auf eine Reise nach Prag vor, in das Land ihrer und unserer Hoffnungen, in dem gerade der Versuch gemacht wird, einen »Sozialismus mit menschlichem Antlitz« einzurichten. Wie dieser Versuch ausging, wissen wir.

Unsere Hoffnungen von damals wurden enttäuscht und schließlich betrogen.

Der Vater Gesines, mit einem Gespür für das 1933 aufziehende Unheil in Deutschland, und schon mit einem Fuß in der

7

englischen Emigration, die Mutter, die in England nicht heimisch werden kann und schließlich in ihrer Mecklenburger Heimat in tragische Verwicklungen mit den Zeitläuften gerät und zugrunde geht.

Das Jahrhundert der Emigranten, Heimatlosen, Heimatsuchenden und Vertriebenen. Zwei Generationen in Deutschland auf der Suche nach einer Heimat.

1998 ist es soweit. Wir haben das Geld für einen vierteiligen Fernsehfilm, wir können die *Jahrestage* drehen in einer Ausstattung, die diesem bedeutenden Roman einigermaßen angemessen ist. Wir bereiten den Film monatelang vor, besetzen die Hauptrolle mit einer begabten jungen Schauspielerin, umgeben sie mit einer Schar von erstklassigen Kollegen, suchen in New York, in London und in Mecklenburg die Schauplätze, schlagen uns mit vielen Widrigkeiten herum, die entstehen, wenn ein solcher Film aus sehr verschiedenen Finanztöpfen gespeist wird. In drei Wochen, am 8. September 1998, ist der erste Drehtag in Mecklenburg angesetzt.

Und nun wird das Projekt zu Fall gebracht. Die Vorbereitungen für den Drehbeginn werden unterbrochen. Der künstlerische Stab wird entlassen. Ich werde aus dem Projekt herausgedrängt.

Es ist zu früh, die Vorgänge endgültig zu beurteilen, aber sie erinnern mich an andere zugespitzte Situationen in meinem Leben als Filmregisseur, in denen ich mich entscheiden musste, »bei mir zu bleiben« oder Forderungen nachzugeben, die ich für unvereinbar mit meinen Überzeugungen, ja, wohl auch mit Würde und Anstand hielt.

Ich bin nicht zum ersten Mal in meinem Berufsleben in der berühmten Situation mit dem Spiegel, in den ich am nächsten Morgen noch schauen möchte, ohne mich zu schämen.

Möglicherweise bin ich in meiner Generation in der DDR der Filmregisseur mit den größten Erfolgen und den schlimmsten Niederlagen gewesen. Das klingt anmaßend. Aber ich will mir das eine nicht als Verdienst und das andere nicht als Schuld anrechnen.

8

Meine Frau Karin nennt mich einen thüringischen Holzkopf, und sie meint damit eine gewisse Hartnäckigkeit, die man in meinem Beruf unbedingt braucht bei der Verfolgung von Zielen.

Vielleicht ist das wirklich die einfachste Erklärung für meine Erfolge und meine Niederlagen ...

1. *Hochzeit am Tegernsee* oder Wie ich zum Film kam

An einem Morgen im Mai 1945, wenige Tage nach dem Einmarsch amerikanischer Truppen in unser Dorf, kam mein Freund Karlheinz aufgeregt zu mir mit der Nachricht, dass in den Altenburger Kasernen Lebensmittel verteilt würden. Meine Mutter gab mir zwei Fünfzigmarkscheine und ermahnte mich wie immer, vorsichtig zu sein. Ich war dreizehn, Karlheinz war ein Jahr jünger als ich. Eine halbe Stunde später hatten wir mit unseren Fahrrädern die nördliche Stadtgrenze von Altenburg erreicht. Dort befand sich ein großer Kasernenkomplex mit vielen Magazingebäuden.

Hunderte von Menschen waren auf dem Gelände. Die Verteilung der Lebensmittel erfolgte im Selbstbedienungsverfahren, mit anderen Worten: Die Magazine wurden geplündert.

In einer riesigen Halle waren Säcke, bis zur Decke gestapelt, in Augenhöhe mit Messern aufgeschlitzt worden, so dass sich Mehl, Zucker, Reis und Kaffee in bereitgehaltene Taschen und auf den Boden ergossen.

Später, als diese Mischung den Leuten schon bis zu den Knöcheln ging, kamen Bauern mit Pferdefuhrwerken und begannen, die gestapelten Säcke von oben abzutragen. In einer dritten Phase schaufelten die Leute mit Kehrblechen das Gemenge von Mehl, Zucker, Reis und Kaffee vom Boden in ihre Taschen. Am Schluss war die Halle wie ausgefegt.

Wir erwischten in einer anderen Halle einen Karton mit Fleischkonserven (Gepäckträger), einen Karton mit Tabak: 100 Päckchen à 50 Gramm, Feinschnitt (linke Lenkstange) und einen Karton mit sogenannten Frontpäckchen, in denen sich Zigaretten, Schokolade und Mokkabohnen befanden (rechte Lenkstange).

Ein Jeep mit amerikanischen Soldaten jagte in Abständen von ungefähr einer Stunde die Menschenmenge vom Kasernengelände. Als die Amerikaner das erste Mal kamen, ließen die Leute alles stehen und liegen und rannten, so weit sie konnten. Die Amerikaner fuhren eine Runde über das Gelände, schlossen die Tore und verschwanden in Richtung Stadtmitte. Im Laufe des Tages wurde aus diesem Vorgang eine Art Zeremoniell: Wenn der Jeep mit den amerikanischen Soldaten auftauchte, verließen die Leute in aller Ruhe das Gelände, setzten sich an die Straßenböschung gegenüber den Toren und warteten. Die Amerikaner fuhren ihre Runde und verschlossen die Tore. Wenn der Jeep um die nächste Straßenecke verschwunden war, betraten die Leute wieder das Kasernengelände. So kam es nie zu einem wirklichen Konflikt. Solange die Amerikaner da waren, plünderten sie nicht.

Wir hatten unsere erste Fuhre sicher nach Hause gebracht. Fassungslos stand meine Mutter vor den Reichtümern. Ich gab ihr die Geldscheine zurück. Meiner Beschreibung der Vorgänge entnahm sie, dass die Sache kein gutes Ende nehmen würde.

Wir wohnten in einem für dörfliche Verhältnisse recht großen Haus, in dem sich der Dorfkonsum befand. Im Souterrain befand sich eine große elektrische Wäschemangel, die »Rolle«. Alles, was ich an Lebensmitteln im Laufe des Tages zusammenschleppte, verschwand im großen Kasten der »Rolle«, obenauf mehrere Schichten von Ziegelsteinen. Meiner Raffgier war eine natürliche Grenze gesetzt. Mehr, als auf dem Gepäckträger und an der Lenkstange des Fahrrads zu transportieren war, konnte ich aus den Kasernen nicht wegschleppen.

Gegen Abend, bei meinem vierten oder fünften Besuch, richtete sich mein Interesse auf ein Fenster im dritten Stock einer Kaserne, aus dem ein Mann Schreibmaschinen auf die Straße warf. Mein dreizehnjähriger Verstand sagte mir, dass dies ein merkwürdiger Umgang mit Schreibmaschinen ist, und ich hätte gern gewusst, welche Gründe jemanden dazu bringen, Schreibmaschinen aus dem Fenster zu werfen. Als ich nach einigem

Suchen den fraglichen Raum im dritten Stock erreichte, war der Mann jedoch nicht mehr da.

Der Raum war eine Art Klassenzimmer für Erwachsene, entsprechend möbliert. Vielleicht waren hier irgendwann einmal Wehrmachtsstenotypistinnen ausgebildet worden, falls es so etwas gegeben hatte. Der Mann hatte eine einzige Schreibmaschine übriggelassen, eine UNDERWOOD aus den zwanziger Jahren. Später überlegte ich, warum er diese Maschine nicht auch aus dem Fenster geworfen hatte. Der angerichtete Schaden war vielleicht zu gering im Verhältnis zum Aufwand.

In einem Regal, entdeckte ich einen Schmalfilmprojektor vom Typ BAUER-PANTALUX sowie eine Filmbüchse mit der Aufschrift *Hochzeit am Tegernsee*. Für einen dreizehnjährigen Dorfjungen im Jahre 1945 war der Besitz einer Schreibmaschine und eines Schmalfilmprojektors ein so unerreichbarer Traum wie, sagen wir, für einen Gleichaltrigen heute der Besitz eines rasanten Sportwagens. Entsprechend umsichtig ging ich zu Werke. Klar war, dass zwei Transporte nötig sein würden, denn UNDERWOOD und BAUER-PANTALUX konnten nicht gleichzeitig auf dem Gepäckträger meines Fahrrads transportiert werden. Zunächst brachte ich die Schreibmaschine aus dem Kasernengelände und versteckte sie in einem Gebüsch in der Nähe der Landstraße. Dann holte ich den Projektor und die Filmbüchse.

Am Abend war die gesamte Beute im Keller. Bei Einbruch der Dunkelheit flimmerte ein rechteckiger Lichtfleck auf der weißgetünchten Wand. Der Projektor erwies sich als funktionstüchtig. Jedoch scheiterten alle meine Versuche, die *Hochzeit am Tegernsee* auf die Kellerwand zu projizieren, daran, dass BAUER-PANTALUX nach kurzer Zeit begann, die Perforation des Films zu beschädigen. Aus Angst, der Film könnte reißen, (ich hatte nichts, womit ich ihn hätte kleben können), brach ich die Vorführung ab und legte den Film aufs Neue ein. Immer mit dem gleichen Ergebnis: Nach kurzer Zeit beschädigte der Greifer des Projektors die Perforation. Langsam wurde mir klar, dass ich auf diese Weise schwerlich erfahren würde, wie am Tegernsee Hochzeit gefeiert wird. Die ganze Nacht grübelte ich, was ich wohl tun könnte. »Die ganze Nacht« ist in diesem Zusammenhang wörtlich zu verstehen.

Ich schlief tatsächlich nicht, und zwar deshalb, weil ich mich nebenbei mit den stark koffeinhaltigen Mokkabohnen und der Fliegerschokolade aus den Frontpäckchen vollgestopft hatte.

Am nächsten Tag wurde durch einen Anschlag am Schwarzen Brett der Gemeindeverwaltung bekanntgemacht, dass alle aus dem Kasernenbereich stammenden Lebensmittel und Gegenstände abzuliefern seien. Für diesen Fall wurde Straffreiheit zugesichert. Mit meiner Mutter war ich mir einig, dass die in der »Rolle« untergebrachten Lebensmittel dort bleiben sollten, wo sie waren.

Was aber sollte mit UNDERWOOD und BAUER-PANTALUX geschehen?

Einerseits wollte ich Schreibmaschine und Projektor behalten, andererseits wollte ich natürlich auch gern bei den ehrlichen Menschen sein. Das Wort Kompromiss stand mir damals noch nicht zur Verfügung, aber den Vorgang kannte ich. Wen also opfern? Schreibmaschine oder Filmprojektor? Ich entschied mich für UNDERWOOD.

Liebhaber symbolträchtiger Geschichten muss ich davor warnen, aus dieser Entscheidung eine voreilige Schlussfolgerung zu ziehen wie zum Beispiel: »Gemeindeverwaltung stellt unbewusst entscheidende Weiche für spätere Berufswahl eines Dreizehnjährigen.«

Jeder weiß, wie schnell technisches Gerät veraltet. Wäre die Schreibmaschine modern gewesen und der Filmprojektor aus den zwanziger Jahren, wäre meine Entscheidung sicher anders ausgefallen.

So kam die Schreibmaschine auf die Gemeindeverwaltung, der Projektor und *Hochzeit am Tegernsee* verschwanden gut verpackt unter einem großen Kohlehaufen im Keller, bis Gras über die Sache gewachsen sein würde.

Monate später kaufte ich in einem Spielzeugladen in Altenburg für 20 Mark den Zeichentrickfilm *Robinson Crusoe*. Wieso man im Herbst 1945 in dem fast leeren Spielzeugladen einen Zeichentrickfilm kaufen konnte, kann ich nicht erklären. Jedenfalls stachelte *Robinson Crusoe* mein Interesse an BAUER-PANTALUX aufs Neue an. Ich holte ihn unter dem Kohlehaufen hervor und legte den Film ein in der Hoffnung, dies würde mich auch der *Hochzeit am Tegernsee* näherbringen. Nach den ersten Metern zerfetzte der Projektor die Perforation von *Robinson Crusoe*. Nach zwei weiteren Versuchen, die genauso verliefen, gab ich entnervt wieder auf.

Kino ohne Publikum ist bekanntlich eine missliche Sache. Nun hatte ich zwar, technisch gesehen, den Punkt noch nicht erreicht, wo ich mit *Hochzeit am Tegernsee* und *Robinson Crusoe* hätte an die Öffentlichkeit gehen können, aber dass ich potentieller Kinobesitzer war, wenn auch mit sehr begrenztem Repertoire, hatte sich in der weitverzweigten Verwandtschaft herumgesprochen. Mein Onkel Kurt war Kraftfahrzeugschlosser. Durch diesen Beruf kam er mit vielen Leuten zusammen, leider auch mit dem Chef der Kreisfilmstelle für den Bereich Volksbildung. Und er konnte nicht die Klappe halten, wie ich eines Tages voller Wut feststellen musste. An diesem Tag kam er mit einem Gruß des Kreisfilmstellenchefs nach Hause und der Aufforderung, den Projektor in Altenburg abzuliefern.

Der Verräter in der eigenen Familie.

Aber es half alles nichts, ich packte BAUER-PANTALUX in eine Kiste, legte *Hochzeit am Tegernsee* dazu und transportierte die Kiste auf dem Gepäckträger meines Fahrrads nach Altenburg ins Schloss; dort befand sich die Kreisfilmstelle. Ich war fest entschlossen, keinerlei Erklärung abzugeben und jede Art von Schmähung stumm über mich ergehen zu lassen.

Der Leiter der Kreisfilmstelle empfing mich überaus freundlich und begann sofort, mich als Retter wertvollen Volksvermögens zu feiern. Mir sei es zu danken, dass die Schmalfilmarbeit im Rahmen der Volksbildung wieder angekurbelt werden könne. BAUER-PANTALUX sei eines der wenigen Vorführgeräte, die durch mein beispielhaftes Verhalten die Wirren der letzten Kriegstage überstanden hätten.

Ich hätte mir Schweigsamkeit nicht vornehmen müssen. Es verschlug mir die Sprache. Orden und Auszeichnungen gab es damals noch nicht, sonst wäre mir sicher etwas verliehen worden.

Als Belohnung für meine Heldentat wurde mir eine Ausbildung als Schmalfilmvorführer angeboten. Ich nahm dieses Angebot mit Freude an. Erstens reizte mich die Perspektive,

Schmalfilmvorführer zu werden, zweitens hatte ich ein mich brennend interessierendes Nahziel vor Augen: Ich wollte endlich wissen, wie am Tegernsee Hochzeit gefeiert wird. In der ersten Minute der ersten Unterrichtsstunde lernte ich, wie man es macht: Man legt den Film so ein, dass oberhalb und unterhalb des Bildfensters eine Schleife entsteht. Dadurch bleibt ein Spielraum, und beim ruckweisen Transport des Films durch den Greifer kann die Perforation nicht beschädigt werden. Mir fiel es wie Schuppen von den Augen, zumal der Projektor durch zwei in das Gehäuse eingekerbte und mit Silberbronze markierte Bögen die Größe dieser Schleifen anzeigte. Ich hatte mir über die Bedeutung dieser Markierungen oft den Kopf zerbrochen.

Was dann über die Leinwand flimmerte, war keine Sensation, keine Stummfilmfassung von *Sex in Oberbayern,* sondern nur ein öder Nazikulturfilm über Trachten und Hochzeitsbräuche.

Mühelos lernte ich die Bedienung verschiedener Arten von Schmalfilmvorführgeräten und besitze seitdem einen Schmalfilmvorführerausweis, der mir bescheinigt, dass ich an der technischen Ausbildung teilgenommen habe und berechtigt bin, Schmalfilmvorführungen in der Volksbildungsarbeit durchzuführen.

Wenn ich mich heute an meine ersten Schritte auf dem Gebiet des Filmwesens erinnere, so sind sie in zweifacher Hinsicht für mich bedeutsam geworden.

Erstens habe ich ein gebrochenes Verhältnis zu Heldenlegenden: Hinter jedem Helden wittere ich zunächst einmal den Plünderer. Das hat mir in meinem späteren Beruf nicht nur Freude gebracht. Manchmal geriet ich mit diesen Ansichten in Widerspruch zum Heldenbild der DDR-Kulturbehörden.

Zweitens gab mir mein Ausweis als Schmalfilmvorführer in der Volksbildungsarbeit einen gewissen Rückhalt, wenn ich an die politischen Konflikte denke, in die ich hin und wieder in meinem Beruf als Filmregisseur geriet. Mit einer gewissen Gelassenheit konnte ich mir sagen: Im Ernstfall hast du einen zweiten Beruf, der dir erlaubt, auch in einem anderen Bereich des Filmwesens dein Brot zu verdienen.

2. Rotfuchs, die Ecke brennt ...

Ich hatte rote Haare und Sommersprossen. Die schlimmste Zeit für mich war der Frühling, wenn die Sonne, die anderen Kindern die Gesichter bräunte, bei mir Pflaster von Sommersprossen quer über Nase und Stirn legte. Auch meine Arme waren voller Sommersprossen, und ein Mädchen hatte einmal gesagt: »Das sieht ja aus wie Scheiße.«

Die einzige Rettung war: dennoch in die Sonne gehen. Wie alle Rothaarigen hatte ich eine empfindliche Haut. Ich wurde am ganzen Körper knallrot. Dann schälte sich die Haut und nahm eine gewisse Bräune an, wodurch die Sommersprossen weniger auffielen.

Ich besitze ein Foto von diesem hässlichen Kind, es ist sogar noch geschönt, entweder sind die Sommersprossen wegretuschiert, oder es ist ein Winterfoto. Und es ist nach einem Friseurbesuch aufgenommen worden. Meine Mutter gab mir im Abstand von 14 Tagen 80 Pfennige und eine Instruktion für den Friseur: »Sag bitte, hübsch kurz.« Ich hasste den Haarschnitt, der mir dort mit einer elektrischen Maschine verpasst wurde. Modern war damals schon bei allen jungen Leuten der »Kanten«, als Protest gegen den militärischen Kurzhaarschnitt. Das Zauberwort für den Haarschnitt meiner Wahl, »Fassonschnitt«, stand mir aber nicht zur Verfügung.

Bis zu meinem sechsten Lebensjahr wohnten wir in Nobitz, einem kleinen Dorf, fünf Kilometer von der Kreisstadt Altenburg entfernt. Altenburg ist der östlichste Kreis Thüringens, das frühere Herzogtum Sachsen-Altenburg; deshalb werden wir auch »Randsachsen« genannt.

Mein Vater war ein kleiner Angestellter der Stadt Altenburg. Er verwaltete die Wagen der Müllabfuhr und die Straßenkehrmaschinen. Er war Sozialdemokrat und Mitglied im »Reichsbanner«, der bewaffneten Organisation der Sozialdemokratischen Partei, und hatte eine Pistole, die in der Schublade unseres Küchentischs lag. Bei einer Durchsuchung unserer Wohnung im Jahre 1933 durch den Dorfpolizisten wurde die Reichsbannerpistole nur deshalb nicht gefunden, weil sie in der Tischschublade parat lag und nicht in irgendeinem Versteck. Im gleichen Jahr wurde mein Vater entlassen. Seine Stelle in der Stadtverwaltung wurde angeblich eingespart, aber das war ein Vorwand. Ein paar Wochen später saß ein Nazi auf seinem Stuhl. Bis zum Jahre 1938 war mein Vater arbeitslos. Er konnte unsere kleine dreiköpfige Familie kaum durch Gelegenheitsarbeiten ernähren, so dass meine Mutter einspringen musste. Sie trug Milch aus. Jeden Morgen zog sie mit einem Handwagen durchs Dorf, auf dem Wagen drei Zwanzigliterkannen: Vollmilch, Magermilch, Buttermilch. Überhaupt war es die Zeit der fliegenden Händler. Es gab die Käse-Grete, die auf dem Gepäckträger ihres Fahrrads einen Karton mit verschiedenen Käsesorten hatte. Sie klingelte ihre Ware aus und pries sie mit den Worten an: Schöne weeche, gute, durche … Dann gab es den »Nigrinmann«, einen Schornsteinfeger auf Stelzen, der ERDAL-Schuhcreme verkaufte, den »Slowaken«, einen Kurzwarenhändler mit einem Bauchladen, und den Scheren- und Messerschleifer, die alle durch die Dörfer zogen.

Ostern 1938 wurde ich mit sechs Jahren in Nobitz eingeschult, aber ein halbes Jahr später zogen wir in ein anderes Dorf in der Nähe von Altenburg. Mein Vater hatte endlich Arbeit gefunden, er übernahm einen Konsum-Laden in Treben mit einer Lebensmittel- und einer Textilabteilung und vier Verkäuferinnen. Das Pleiße-Dorf Treben wurde für mich der Schauplatz aller Kinderfreuden und dem dazugehörigen Leid.

Für meine Mutter war es eine große Erleichterung, dass mein Vater endlich mit einem sehr bescheidenen Gehalt wieder eine feste Anstellung hatte. Ihr Glück war von kurzer Dauer. 1939 begann der Krieg. Im Januar 1942 wurde mein Vater eingezogen. Er kam im September noch einmal aus Polen, wo er als Landesschütze Kriegsgefangene bewachte, auf Urlaub. Dann wurde er mit seiner Truppe nach Russland versetzt. Im März 1943, als meine Mutter hochschwanger war, kam die Todesnachricht.

Der Tod meines Vaters war das einschneidende Erlebnis meiner Kindheit. Ich weiß noch heute den Tag und die Umstände, unter denen ich die Nachricht erfuhr. Ich besuchte die erste Klasse der Oberschule in Altenburg. Jeden Morgen ging ich zu Fuß zu dem 20 Minuten entfernten Bahnhof Trebanz und fuhr sieben Kilometer mit der Bahn nach Altenburg. Am 16. März 1943, auf dem Rückweg aus der Schule, erwartete mich mein Freund Karlheinz und teilte mir die Sensation des Tages mit: »Dein Vater soll gefallen sein.« Ich rannte nach Hause, riss die Tür unseres Wohnzimmers auf. Auf dem Sofa in der Wohnstube meine Mutter tränenüberströmt, neben ihr Großvater und Großmutter, ratlos.

In dieser Phase des Kriegs ging alles noch ordentlich zu. Die Todesnachrichten kamen mit der Post in eingeschriebenen Briefen mit einer Feldpostnummer als Absender. Und der Eingang solcher Briefe auf dem Dorfpostamt mit dem Empfängernamen sprach sich in Windeseile herum.

Auf dem Tisch in unserem Wohnzimmer lag ein solcher Einschreibebrief. Großvater schob ihn mir wortlos hin.

Alles Elend dieser Welt. Meine Mutter, eine junge Witwe von achtunddreißig mit einem Bengel von elf, der seinen Vater nicht recht gekannt hat, weil der so viel Zeit brauchte, seine Familie durchzubringen, und mit einem Kind im Bauch, das ohne Vater aufwachsen wird, dem der große Bruder eine Art Vaterersatz werden muss.

Wie sieht der Widerstand des kleinen Mannes oder der kleinen Frau im Deutschland des Jahres 1943 aus? Eigentlich sollte in der Todesanzeige für die »Thüringer Gauzeitung« vom Heldentod die Rede sein und dass mein Vater sein Leben für Führer und Reich gegeben hat. Aber das Regime war in dieser Beziehung tolerant. Und so durfte gedruckt werden:

Auch mich verschonte das Schicksal nicht.
Heute erhielt ich die schmerzliche Nachricht,
dass mein herzensguter Gatte, mein bester Vati,

Oberschütze Paul Beyer

im Osten gefallen ist.

In der Familie ging das Gerücht um, mein Vater habe sich freiwillig in den Krieg gemeldet, was niemand verstehen konnte. Diese Familie war weitverzweigt, und alle waren Sozialdemokraten. Niemand, außer einem angeheirateten Onkel, der irgendwann Mitglied der Nazipartei geworden war und deshalb von allen geschnitten wurde, hatte etwas für Hitler übrig. Dass mein Vater seine Überzeugung geändert haben könnte und Anhänger der Nazis geworden wäre, hielt man für unwahrscheinlich. Im Herbst 1941 waren im Kreis Altenburg verschiedene Leute verhaftet worden, ehemalige aktive Sozialdemokraten, und vielleicht wollte mein Vater einem ähnlichen Schicksal entgehen und hatte sich deshalb freiwillig zur Wehrmacht gemeldet? Das Motiv der Angst hielt man für ehrenhafter als den Verrat ehemaliger Überzeugung.

Mein Vater hat in dieser Zeit mit niemandem über seine Sorgen und Nöte gesprochen, auch nicht mit meiner Mutter. Es gibt nur zwei kurze Dokumente aus dieser Zeit, die ich viele Jahre später in seinen nachgelassenen Papieren gefunden habe.

Das eine ist eine Postkarte des Wehrmeldeamtes Altenburg vom 18. 12. 1941, ein sogenannter Vorausbescheid, in dem meinem Vater angekündigt wird, dass er am 13. Januar 1942 zur Wehrmacht eingezogen und ihm der Einberufungsbefehl rechtzeitig zugehen wird.

Das andere ist ein Zettel mit knappem handschriftlichem Text meines Vaters:

An
die Betriebsführung.

Ich erhielt Vororder und soll am 13. Jan. 1942 beim Militär eintreffen. Einen Antrag auf Unabkömmlichkeit bitte ich nicht zu stellen, da ich meiner Pflicht als Soldat nachkommen will.

Heil Hitler!
Beyer.

Zwischen den beiden Polen Widerstand und Verrat gibt es die große Spanne der Anpassung. Wenn ich zurückblicke, stelle ich fest, dass mich dieses Thema in sehr unterschiedlichen Ausprägungen in vielen Filmen und immer wieder aufs Neue beschäftigt hat.

Mir scheint klar auf der Hand zu liegen, was meinen Vater im Dezember 1941 bewegte. Es wird ein Gefühl der Resignation gewesen sein. Die deutsche Wehrmacht stand nach Blitzsiegen in Polen, Frankreich und auf dem Balkan vor Moskau. Es war nur noch eine Frage von wenigen Wochen oder Monaten, bis auch der russische Krieg siegreich beendet sein würde. Kaum jemand in Deutschland vermutete zu diesem Zeitpunkt, dass Hitler vor Moskau scheitern würde.

Mein Vater hatte sich 1933 geweigert, seine Meinung zu ändern, er war mit fünf Jahren Arbeitslosigkeit bestraft worden, er hatte sich auch nach seiner Anstellung in Treben geweigert, der NSDAP beizutreten, immer noch in der Hoffnung, dass dieser Nazistaat über kurz oder lang zerbrechen würde. Und nun eilte Hitler von Sieg zu Sieg und würde für die nächsten Jahrzehnte das Schicksal Europas bestimmen und damit auch das Schicksal der kleinen Familie meines Vaters. Und da wollte er nach dem Sieg nicht wieder ein Außenseiter sein.

Anpassungsdruck. Resignation. Er hat dafür mit dem Leben bezahlt.

Im Jahre 1938 gab es einen zweifachen unfreundlichen Empfang in Treben für mich. »Rotfuchs, die Ecke brennt, die Feuerwehr kommt angerennt«, riefen mir die Dorfrüpel nach, wenn ich auf die Straße kam. Die Phantasie ließ sie nie im Stich, wenn es um die Erfindung neuer Sprüche und Pöbeleien ging. »Rote Haare, Sommersprossen sind des Teufels Volksgenossen«, war die böseste, »Feuermelder« und »Glühbirne« waren freundlichere Varianten. Am meisten kränkte mich der Spitzname, der schließlich an mir hängenblieb, die Präzisierung von Glühbirne durch den Markennamen OSRAM.

Ich befreundete mich mit einem Nachbarjungen, dem schon erwähnten Karlheinz, der rothaarig war wie ich und Ente genannt wurde. Sein zweiter und dritter Zeh waren länger als der große Zeh, was seinen Füßen tatsächlich eine gewisse Ähnlichkeit mit flachen Entenfüßen gab.

Ich versuchte nie, mich körperlich zu wehren. Ich war wohl eher ein Feigling. Später, im Sportunterricht der Oberschule, endete mein erster Boxkampf nach zwei Minuten mit solchem Nasenbluten, dass ich nie wieder in einen Ring stieg.

Jedoch so deprimierend die Witze auf meine Kosten auch waren, sie lähmten mich nicht, im Gegenteil, sie stachelten meinen Ehrgeiz an. Ich wollte den Idioten zeigen, dass ich ihnen auf vielen Gebieten überlegen war.

Der zweite unfreundliche Empfang fand in der Schule statt. Lehrer Öhler teilte die Klasse in Sänger und Nichtsänger ein. Jeweils drei Schüler oder Schülerinnen mussten vortreten, Öhler schlug am Klavier eine bekannte Volksliedmelodie an und fand nach wenigen Takten heraus, wer falsch sang. Ich landete bei der Nichtsänger-Minderheit. Wir Nichtsänger machten natürlich aus der Not eine Tugend. Wir nannten uns stolz Brummer.

Aber es war eine wirkliche Stigmatisierung, die sich im Zeugnis der ersten Klasse niederschlug: Neben neun Einsen hatte ich eine Vier in Musik. Ich galt fortan als unmusikalisch, niemand hat mich je angeregt, ein Instrument zu erlernen. Bis heute kann ich keine Noten lesen und weder einen Klavierauszug noch eine Partitur studieren. Das habe ich immer als Mangel empfunden, zumal ich Musik liebe und Musik in den meisten meiner Filme eine wichtige Rolle spielt. Ich weiß, dass Musik den Filmbildern eine ganz neue emotionale Dimension hinzufügen kann, wenn man ihr nur genügend Raum gibt. Ich bewundere das Handwerk der Musiker, Komponisten und Dirigenten. Hin und wieder sind mir Operninszenierungen angeboten worden. Mancher Intendant war verwundert, wenn ich darauf hinwies, dass ich keinen Klavierauszug lesen könne und es als Hochstapelei empfände, wenn ich mich auf dem Gebiet der Opernregie betätigte.

Um unser Dorf Treben floss die Pleiße in einem Bogen herum und schloss es von drei Seiten ein. An der vierten Seite gab es eine Brücke, an der sich in jedem Frühjahr das Wasser staute, zurückfloss und die Keller und Parterrewohnungen des Dorfes überflutete. Die Pleiße spielte eine Hauptrolle in unserer Freizeit. Nach der Frühjahrsüberschwemmung kam die Zeit des Höhlenbaus an der Uferböschung. Später wurden daraus Unterstände, und wir gaben uns militärische Dienstgrade. Ein Hauptspaß war »abkochen«. Wir ließen zu Hause Nudeln, Kartoffeln und Gemüse mitgehen und kochten über einem Lagerfeuer eine Art Eintopf, den wir zu Hause entrüstet zurückgewiesen hätten. Hier schmeckte er uns vorzüglich. Wir angelten Rotfedern und Gründlinge (in der Pleiße gab es noch Fische!), bauten aus gestohlenen Eisenbahnschwellen ein Floß, mit dem wir zum anderen Ufer übersetzen konnten, und verbrachten ab Ende Mai die freien Nachmittage am Pleißewehr, das unsere bevorzugte Badestelle war.

Ich besuchte inzwischen das »Ernestinum« in Altenburg, ein Realgymnasium, und war in das »Jungvolk« eingetreten. Sommeruniform, Winteruniform, Koppel und Fahrtenmesser waren ganz in meinem Sinne. Und ich wollte auch befördert werden. Bis zum Jungenschaftsführer mit einer rotweißen Doppelschnur habe ich es gebracht. Das war die Dienststellung. Und zwei Winkel am Arm meines gelbbraunen Pimpfenhemds zeigten an, dass ich den Dienstgrad eines Oberhordenführers hatte.

Wenn ich versuche, meine damalige Geistesverfassung zu beschreiben, kann ich nur sagen: leicht schizophren. Als Zehnjähriger kann man offensichtlich längere Zeit in verschiedenen Welten leben, die einander ausschließen. Und wie wir inzwischen aus den Erfahrungen zweier diktatorischer Gesellschaften wissen, können das auch Erwachsene.

Das Kind Frank wusste, dass seine Mutter die Nazis hasste, und es wusste auch, dass es darüber außerhalb der Familie kein Sterbenswörtchen sprechen durfte.

Im Mai 1943 kam mein Bruder Hermann zur Welt. Eine Nachbarin beugte sich über den Kinderwagen, in dem mein glatzköpfiges Brüderchen lag, und wandte sich dann in meiner Gegenwart tröstend an meine Mutter: Was für ein niedlicher Junge! Und vielleicht kriegt er mal keine roten Haare...

Die Lehrer des Ernestinums waren in langjährigem Dienst ergraut und etwas schrullig. Jüngere Lehrer gab es nicht, sie waren an der Front. Der Film *Die Feuerzangenbowle* mit Heinz Rühmann spiegelt diesen Typ des deutschen Gymnasiallehrers ziemlich genau wider. Die wenigsten Lehrer waren wirkliche Nazis, die meisten jedoch Mitglieder der NSDAP; wenn sie im Dienst bleiben wollten, mussten sie wohl in die Partei eintreten.

Jaecke Paul, einer der Turnlehrer, war ein wirklicher Choleriker. Sein zweites Fach war Erdkunde. Er hatte Landkarten, in denen Flüsse, Gebirge und Städte ohne Namen eingezeichnet waren. Er stand mit einem Haselnusszeigestock neben diesen Landkarten und fragte die Namen ab. Wer die Namen nicht wusste, wurde mit dem Haselnussstock geprügelt auf Kopf und Schultern. Hin und wieder zerbrach ein Stock, der von dem jeweiligen Delinquenten ersetzt werden musste. Der zweite Turnlehrer strafte mit Vorliebe zwei Schüler gleichzeitig ab. Es war verboten, auf dem Klavier zu klimpern, das in der Turnhalle stand. Ich erinnere mich, dass ich zusammen mit einem Mitschüler von ihm erwischt wurde. Er nahm mich am linken Ohr, meinen Mitschüler am rechten, stieß unsere Köpfe aneinander und verpasste anschließend jedem von uns mit der Faust eine sogenannte Kopfnuss. Das war sehr schmerzhaft, und ein paar Tage passten uns die Mützen nicht mehr.

Oberlehrer Kühn, ein ehemaliger Weltkriegsunteroffizier, war der Biologielehrer. Ich habe heute keine Erinnerung mehr an seinen Unterricht, aber er war regelmäßig eine Viertelstunde vor dem Pausenklingeln mit seinem Pensum fertig. Den Rest der Stunde verbrachten wir mit einem Spiel, das mit dem Spruch angesagt werden musste: »Die amerikanische Sumpf- biene oder Was beißt mich da. Ein Spiel, welches man auch mit der Großmutter spielen kann.« Ein Schüler hatte die Hand vor- zustrecken, ein anderer stand mit einem Lineal da, bereit zu- zuschlagen. Kühn spielte die Biene, das heißt, er gab einen lan- gen Summton von sich. Wenn er abbrach, durfte der Schüler die Hand zurückziehen. Es ging also um Reaktionsschnellig- keit. Wir Zehn- bis Elfjährigen hielten dieses Spiel für schwach- sinnig, aber die Stunde verging schneller als bei Kühns Biolo- gieunterricht.

Kino und Theater spielten in meiner Kindheit keine besondere Rolle. Einmal im Jahr besuchten wir das Weihnachtsmärchen im Landestheater Altenburg, und im Dorfkino konnten wir hin und wieder Pat und Patachon sehen. Dafür erfaßte mich in mei- nem elften Lebensjahr eine wahre Lesewut. Ich las *Leder- strumpf* von Cooper, *Der Kampf um Rom* von Felix Dahn und aus der winzigen Bibliothek meines Vaters *Der Untertan* von Heinrich Mann und *Todeskampf der Freiheit* von Pietro Nenni. Das waren verbotene Bücher, und ich wusste das. Pietro Nenni beschreibt in seinem Buch die Machtübernahme der Faschisten in Italien, und mein Vater hatte in diesem Buch zahlreiche Pas- sagen unterstrichen, die sich auf die Machtübernahme der Na- zis in Deutschland beziehen ließen. Mühelos konnte man von diesen Unterstreichungen auf die Denkweise und die Hoffnun- gen meines Vaters schließen.

Und dann trat Karl May in mein Leben und verließ es nicht, bevor ich alle 65 Bände seines damals verfügbaren Œuvres ver- schlungen hatte. Genaugesagt waren es 64 Bände, Abenteuer- geschichten aus aller Welt. Ein fünfundsechzigster Band hieß *Lichte Höhen* und bestand nur aus frommen Gedichten. Man konnte die Bücher von Karl May während des Krieges nicht kaufen, sondern nur in einer privaten Bücherei ausleihen. Sie waren von zahlreichen Vorlesern »eingerichtet«. Denn Karl May war nicht nur ein Abenteuerautor, er war auch ein from- mer Weltverbesserer und wollte seine Leser erziehen. Deshalb waren seine Erzählungen durch Traktate unterbrochen, in denen er sich direkt an den Leser wandte. In den Bibliotheksexemplaren war am Traktatsbeginn ein Kreuz und am Seitenrand stand handschriftlich geschrieben: weiter auf Seite soundso.

Bei Karl May ist die Welt deutlich in gut und böse aufgeteilt. Winnetou und seine Apachen sind edel, tapfer und hilfsbereit, Winnetous Feinde, die Komantschen, sind brutal, feige und rachsüchtig. Zu meiner wirklich großen Überraschung las ich später bei einem anderen Autor genau das Gegenteil. Ich hielt das lange Zeit für eine Verleumdung meiner Freunde, der Apachen.

Ich las Karl May, und langsam kam der Krieg näher. Zunächst auf eine erfreuliche Weise: Die Mädchenoberschule »Karolinum« wurde geräumt und zu einem Lazarett umgestaltet. Die Mädchen mussten mit in unserem Schulgebäude untergebracht werden. Wir hatten immer abwechselnd eine Woche vormittags und eine Woche nachmittags Unterricht. Ein reger Briefwechsel begann. Die Post brauchten wir dazu nicht, wir ließen die Briefe einfach in der Bank liegen, wo sie die Empfängerin am Nachmittag erreichten. Die Antwort bekamen wir am nächsten Morgen an gleicher Stelle. Das war höchst aufregend, und wir sahen mit Hoffnung und Befürchtungen dem Tag entgegen, an dem ein erstes Treffen verabredet werden konnte. Mein Freund und Banknachbar Hans Puchert, ein gutaussehender, dunkelhaariger Junge, und ich verabredeten uns zum gleichen Zeitpunkt. Die beiden Mädchen waren sehr hübsch. Unsere Blicke kreuzten sich, und die bange Frage »wer ist wer« stand in ihren Gesichtern. Sie sagten artig ihre Vornamen, (die ich vergessen habe), dann sagten wir unsere Vornamen, und noch bevor wir ein einziges Wort gewechelt hatten, war die Situation klar: Mir gefiel das Mädchen. Ich gefiel ihr nicht. Das hatte ich befürchtet.

Auch die näherkommenden Luftangriffe waren zunächst nur erfreulich. Alarm gab es nicht nur nachts, sondern immer mehr auch am Tage. Regelmäßig gegen 11 Uhr morgens gaben die Sirenen Voralarm, und der Unterricht wurde abgebrochen. Für alle Stunden, die nach 11 Uhr begannen, machten wir keine Schularbeiten mehr. Da erst bei richtigen Alarm die Luftschutzkeller aufgesucht werden mussten, machten wir uns auf den Weg nach Hause, Richtung Altenburger Bahnhof. Wir hatten einen

Schleichweg gefunden, der um die Stadt herumführte, so dass wir auch bei Alarm nicht in den Keller mussten. Das hätte uns beinahe das Leben gekostet. Die Bomberverbände zogen normalerweise hoch am Himmel vorbei – tatsächlich ist auf die Stadt Altenburg nie eine Bombe gefallen –, das machte uns sicher und leichtsinnig. Aber eines Tages knallte es wenige Kilometer von uns entfernt auf eine entsetzliche Weise. Die Ölraffinerie in Rositz wurde bombardiert. Eine riesige schwarze Rauchwolke verdunkelte tagelang die Sonne, bis die Brände gelöscht waren.

Diese Erfahrung hinderte mich keinesfalls daran, aus dem nächtlichen Luftschutzkeller, der in jedem Haus eingerichtet worden war, auszubrechen.

Ich hatte dem älteren Mann, der in unserem Dorf für den Luftschutz verantwortlich war, meine Dienste als Helfer angetragen und war daraufhin mit einem Helm, einer Feuerpatsche und einem Overall ausgestattet worden, nebst der Berechtigung, bei Fliegeralarm Kontrollgänge im Dorf zu machen. Als ich meiner Mutter die Angelegenheit als eine Art Dienstverpflichtung darstellte, war sie empört. Sie erinnerte sich an den faustgroßen Flaksplitter, den ich vor ein paar Tagen vor unserem Haus gefunden hatte, und meinte wohl zu Recht, dass ich den Krieg mit einem Abenteuerspielplatz verwechselte. Die Sache endete für mich blamabel. Mutter schleppte mich nebst Feuerpatsche, Helm und Overall zu unserem Luftschutzverantwortlichen und beschuldigte ihn, Kinder in den Krieg zu zerren. Der ältere Mann konnte mit Recht darauf hinweisen, dass ich ihm meine Dienste dringlich angetragen hätte, und nahm die Requisiten des Luftschutzhelfers anstandslos zurück.

Nach dem Attentat auf Hitler im Sommer 1944 warfen die Alliierten nicht nur Bomben, sondern auch Flugblätter ab. Die Goebbelspropaganda hatte das Attentat als Verbrechen einer kleinen Militärclique abgetan, aber auf den Flugblättern standen Hunderte Namen von Offizieren, die inzwischen verhaftet worden waren. Eines Morgens im Sommer, als ich mit dem Fahrrad zur Schule fuhr, fand ich am Rand der Straße ein paar Dutzend solcher Flugblätter. Es war streng verboten, diese Flugblätter aufzubewahren, sie mussten unverzüglich auf der Polizei abgeliefert werden. Doch wie heißt es noch? »... was verboten ist, das macht uns grade scharf.« Immerhin wusste ich, wie gefährlich der Besitz dieser Flugblätter vor allem für Erwachsene war. Ich redete nicht darüber, besonders nicht mit meiner Mutter.

Nacht für Nacht erhellten »Christbäume« (das waren Leuchtbomben an Fallschirmen) den Himmel über den Industriegebieten südlich von Leipzig, und die Bombeneinschläge näherten sich bedrohlich unserem Dorf. Schließlich wurde Leipzig selbst in Schutt und Asche gelegt. Meine Tante Anna, die dort wohnte, wurde ausgebombt und zog für den Rest des Krieges zu uns. Ich war aus meinem gelben Jungvolkhemd herausgewachsen und bat meine Mutter, ein neues zu kaufen. Meine Mutter erklärte kategorisch: Nich noch. Für die wenigen Wochen bis Kriegsende keine Anschaffungen mehr, die man anschließend wegwerfen muss. Sie färbte ein dunkelgrünes Reichsbannerhemd meines Vaters um, das Hemd nahm eine undefinierbare Farbe an, die weit entfernt vom Gelbbraun der Pimpfenkleidung war und meine Autorität als Jungenschaftsführer untergrub. Ich war von Stunde an »der mit dem Kommunistenhemd«.

An einem Tag in der zweiten Hälfte April 1945 wurde unser Jungzug zum Panzersperrenbau an den Dorfausgang befohlen. Am Abend des gleichen Tages rückte ein Trupp Wehrmachtssoldaten mit Panzerfäusten in unser Dorf ein und versetzte die Dorfbewohner ein letztes Mal in Angst und Schrecken. Im Radio hatten wir den Vormarsch der Amerikaner verfolgt und wussten, dass sie nur noch wenige Kilometer von uns entfernt waren.

Zur großen Erleichterung des ganzen Dorfs waren die Wehrmachtssoldaten am nächsten Morgen verschwunden.

Im Garten hinter unserem Haus brannte ein Feuer. Meine Tante Anna war dabei, meine Kriegs-, Kolonial- und Erlebnisbücherei und alles andere, was sie als Naziliteratur in meinem Bücherregal ausgemacht hatte, zu verbrennen. Das eigentliche Autodafé aber galt nicht meinen Nazischmökern, sondern einem großen Stapel von Nazifahnen, die einzige Ware in der Textilabteilung unseres Konsums, die in ausreichender Menge vorhanden war. Die Fahnen brannten schlecht. Aber Tante

Anna hantierte so geschickt mit einer Mistgabel, dass bald nur noch ein Häufchen Asche übrig war.

Und dann kamen die Amerikaner wirklich. Zunächst ein einzelner Jeep mit drei Soldaten, die MPis im Anschlag. Er fuhr bis zum Dorfende. Dort schossen die Soldaten eine Salve in die Luft, drehten um und verließen das Dorf wieder. Sie kamen übrigens nicht aus der Richtung, aus der sie erwartet wurden, so dass unsere Panzersperre auf eine merkwürdig sinnlose Weise herumstand.

Nach kurzer Zeit folgte ein endloser Zug von Panzern, gepanzerten Mannschaftswagen und Lastwagen mit angehängten Geschützen. Das Dorf war wie leergefegt. Die Leute standen am Fenster hinter der Gardine und beobachteten, was vorging. Die ersten, die sich auf die Straße wagten, waren Kinder. Unter ihnen ich. Wir hatten keine Angst. Ein Lastwagen und ein paar Jeeps waren aus der Kolonne ausgeschert und machten Rast auf dem Dorfsportplatz. Wir näherten uns neugierig. Ich brannte darauf, an den Amerikanern mein Schulenglisch auszuprobieren, wusste aber nicht, wie. Da sah ich, wie ein Sergeant Rasierzeug auspackte. Das war die Gelegenheit. Ich wollte ihn fragen, ob er heißes Wasser brauchte, und legte mir den Satz ganz genau zurecht. Nach dem Anfang »Do you want …« verstummte ich. Mir war das englische Wort »hot« entfallen. Es verging eine endlose Sekunde. Dann fiel mir die Rettung ein. Ich startete erneut mit: »Do you want … boiling water?«

Der Sergeant nickte. Er hatte mich verstanden! Ich rannte los, kam nach wenigen Minuten mit einem Topf heißem Wasser zurück. Ich habe lange zugesehen, wie der Sergeant sich rasierte.

Das ist mein Bild vom Kriegsende: ein amerikanischer Sergeant, der sich mit meinem boiling water rasiert und mir freundliche Blicke zuwirft.

3. Die deutschen Klassiker
merkt man sich am besten paarweise

Ich glaube, die meisten Deutschen, auch und gerade die in der sowjetisch besetzten Zone, empfanden das Jahr 1945 als Jahr der Niederlage, als Jahr der Kapitulation, obwohl es – in größeren geschichtlichen Zusammenhängen betrachtet – wirklich das Jahr der Befreiung war. Und wenn es überhaupt Sinn machen sollte, Kriege in gerechte und ungerechte einzuteilen, so war dieser Krieg gegen Deutschland vielleicht der einzige gerechte Krieg des 20. Jahrhunderts.

Aber wer in Deutschland dachte 1945 in größeren geschichtlichen Zusammenhängen? Alle waren damit beschäftigt, sich irgendwie in den veränderten Verhältnissen zurechtzufinden.

Bevor der Schulunterricht im Herbst 1945 wieder aufgenommen wurde, hatte meine Mutter beschlossen, mich in die Grundschule nach Treben zu schicken. Ich sollte Maurer werden. Sie meinte, das ist ein sicherer Beruf, es wird mindestens 30 Jahre dauern, bis Deutschland wieder aufgebaut ist. Außerdem befürchtete sie, das Schulgeld für die Oberschule, das ihr während des Krieges erlassen worden war, nicht bezahlen zu können. Sie erhielt auch keine Witwenrente mehr, weil mein Vater auf der falschen Seite gekämpft hatte und für die »falsche Sache« gefallen war, als ob er sich die richtige hätte aussuchen können. Die neu installierte antifaschistisch-demokratische Ordnung hatte da ihre Prinzipien, die es auch nicht erlaubten, für gefallene deutsche Soldaten Gedenksteine auf Friedhöfen oder andere öffentliche Erinnerungen zu etablieren. Auf der anderen Seite wurden alle verfügbaren Steinmetze und Bildhauer nach Berlin gekarrt, um dort, sozusagen im Herzen der Hauptstadt des Feindes, ein monumentales Ehrenmal für die Soldaten der Roten Armee zu errichten.

Der erste entscheidende Einschnitt 1945 war das Ende des Krieges, der zweite, nicht minder wichtige Einschnitt fand in meinem Dorf Treben zunächst vollständig unbemerkt statt. Es war der Einmarsch der Russen im Juli 1945. Man munkelte zwar im Dorf: Wir werden ausgetauscht, die Russen erhalten Thüringen und geben dafür den Amerikanern einen Teil Berlins, aber niemand wusste damals, dass die Aufteilung Deutschlands in Besatzungszonen und deren Grenzen schon von den Alliierten in Jalta beschlossen worden war. Eines Tages packten die Amerikaner, die im Dorf ein paar Wohnungen beschlagnahmt und auf dem Sportplatz ein großes Verpflegungszelt errichtet hatten, ihre Sachen und fuhren ab. Das war alles. Kein Russe marschierte ein.

Von ihrer Anwesenheit erfuhr man nur durch wilde Gerüchte, die um zwei Themen kreisten: Sie vergewaltigen Frauen und nehmen den Leuten Fahrräder und Uhren weg.

Im September oder Oktober begann der Schulunterricht wieder. In meiner alten Klasse gab es zahlreiche Neuzugänge: Flüchtlingskinder aus dem Osten. Unter ihnen war Annelore Petersdorf, die mit ihrer Mutter und ihrer älteren Schwester aus Ostpreußen in unser Dorf gekommen war. Annelore war hübsch, ein Mädchen mit dunklen Augen, starken schwarzen Zöpfen und ungewöhnlich krummen Beinen, die ich besonders zauberhaft fand. Alle meine Erinnerungen an dieses letzte Jahr in der Volksschule sind mit diesem Mädchen verknüpft. Annelore war meine erste große Liebe. Kein Kuss, noch nicht einmal eine Berührung, und doch war es eine Zeit von himmelhoch jauchzend und zu Tode betrübt, ständiger Hoffnung und rasender Eifersucht.

Annelores Familie war fromm. Sie ging jeden Sonntag in die Kirche. Annelore sang im Kirchenchor. Die meisten Schüler meiner Klasse sangen im Kirchenchor. Das war der Einfluss unseres Klassenlehrers Ernst Nietzsche, der gleichzeitig Organist der Kirche war und den wir liebten. Ich aber war »gottgläubig«, so war die amtliche Bezeichnung in der Nazizeit für Familien, die keiner religiösen Gemeinschaft angehörten. Ich war nicht getauft worden und durfte also weder im Kirchenchor mitsingen noch an dem neu eingeführten Religionsunterricht teilnehmen, mit dem die Kinder auf die Konfirmation vorbereitet wurden – übrigens als einziger in der Klasse. Ich lag meiner Mutter wochenlang in den Ohren, bis ich zum Religionsunterricht gehen durfte. Am Palmsonntag 1946 wurde ich mit allen anderen in meiner Klasse konfirmiert, nachdem ich eine Woche zuvor, zusammen mit einem Säugling, getauft worden war. Meine fromme Strähne hat nicht lange angehalten. Mit sechzehn bin ich aus der Kirche wieder ausgetreten.

Gegen Ende der Grundschule wurden Poesiealben modern, und man schrieb sich gegenseitig Sprüche fürs Leben hinein. Ich erwartete natürlich, dass Annelore mir als erstem ihr Poesiealbum geben würde. Zu meiner maßlosen Enttäuschung geschah das nicht. Nun war meine ganze Hoffnung, dass ich als letzter schreiben darf. Meine Angst war, dass ich im Mittelfeld sein könnte. Tatsächlich durfte ich als letzter meinen Spruch in ihr Album schreiben.

Meine Nachmittage verbrachte ich am Fenster unserer Wohnstube. Ich wartete, bis Annelore mit der Einkaufstasche kam und im Konsum verschwand. Dann stand ich wie zufällig an der Hausecke und begleitete sie bis zum Gartentor des Pfarrhauses, in dem sie mit Mutter und Schwester zur Untermiete wohnte. Ich hatte mir vorgenommen, sie irgendwann zu küssen, aber es ist nie dazu gekommen. Ich brauchte Wochen, bis ich mich entschloss, sie zu einem Theaterbesuch an einem Sonntagnachmittag einzuladen. Ich war eine Woche lang in Hochform, als sie zusagte, und niedergeschmettert, als ich etwas später erfuhr, dass sie auch mit meinem Freund Hans Puchert im Theater gewesen war ...

Da der Anteil von Arbeiterkindern in den Oberschulen nicht der Sozialstruktur der Gesellschaft entsprach, wurden sogenannte Aufbaulehrgänge eingeführt, begabte Vierzehnjährige wurden in Schnellkursen auf das Wissensniveau der gleichaltrigen Oberschüler gebracht. Ich besuchte solch einen Lehrgang und kam im Herbst 1946 in meine alte Oberschulklasse zurück. Meine Mutter gab den Gedanken auf, mich in eine Maurerlehre zu geben. Wir zogen in meinen Geburtsort Nobitz zurück, in die Mansardenwohnung im Haus meiner Großeltern, die wir schon vor dem Krieg bewohnt hatten, und ich fuhr jeden Morgen mit dem Fahrrad nach Altenburg in die Schule.

Dort hatte sich manches verändert. Das ehemalige Gymnasium, an dem die künftigen Ärzte und Pfarrer Latein und Griechisch gepaukt hatten, war mit dem Ernestinum zusammengelegt worden. Es gab in jedem Jahrgang einen neusprachlichen, einen altsprachlichen und einen mathematisch-naturwissenschaftlichen Zweig. Ein großer Teil der ehemaligen Lehrer war entlassen oder pensioniert worden. Übriggeblieben waren nur diejenigen, die nicht der Nazipartei angehört hatten. Unter ihnen unser Mathematiklehrer Dr. Dölle, genannt Bobby, der die Feierstunde, in der unserer Schule der Name Karl Marx verliehen wurde, mit folgendem Satz eröffnete: »Liebe Schüler, wir leben in einer Zeit der Umwertung aller Werte. Wer da schmollend beiseite steht, ist ein Saboteur und muss ausgemerzt werden …« Ich weiß nicht, wo er diese martialische Formulierung aufgeschnappt hatte. »Ausgemerzt« wurde jedenfalls alles Gedankengut, das irgendwie mit Militär oder Krieg zu tun hatte, sogar aus dem Mathematiklehrbuch Bobbys aus den zwanziger Jahren.

Wenn Bobby, hinter dem Pult sitzend, aus diesem Buch las: Mit einer Geschwindigkeit von fünf Kilometern pro Stunde marschiert ein Infanterieregiment …, erhob sich ein vielstimmiges »Buuuh« in der Klasse, was Bobby zu der trockenen Bemerkung veranlasste: »Das kann ja auch russische Infanterie sein.«

Überhaupt waren »eingekleidete Aufgaben« Bobbys Spezialität.

In der 11. Klasse verbrachten wir die große Pause nicht auf dem Schulhof, sondern in der Knabentoilette im 3. Stock, in dem unser Klassenzimmer lag. Dort rauchten wir, was in der Schule streng verboten war. Eines Tages hatte Bobby, der auf dem Schulhof die Aufsicht führte, Rauchschwaden aus dem geöffneten Fenster der Toilette gesehen und machte sich auf den Weg, um unser Pausenvergnügen ein für allemal zu unterbinden. Der Schüler, der auf dem Gang »Schmiere stand«, hatte geschlafen und entdeckte Bobby erst, als dieser schnaufend auf dem Treppenabsatz zum 3. Stock ankam. Allen außer Dieter (»Dietus«) Grünwedel gelang die Flucht aus der Toilette. Grünwedel schloss sich in eine der Kabinen ein, aber Bobby hatte ihn entdeckt. Er forderte ihn auf herauszukommen, und als auch eine zweite Aufforderung nicht half, begann er, sich von außen gegen die Tür zu stemmen. Grünwedel, drinnen, bekam es mit der Angst zu tun. Er stieg auf die Klobrille und versuchte, über die dünne, halbhohe Trennwand aus Kacheln in die Nachbarkabine zu gelangen, brach mit der Kachelwand zusammen, schoss aus der Tür der Nachbarkabine an Bobby vorbei auf den Flur und entkam.

Am nächsten Tag in der Mathematikstunde kommandierte Bobby, wie üblich, einen Schüler nach vorn an die Tafel: »Grünwedel vor, marsch, marsch.« Bobby schlug sein Mathematikbuch auf, tat so, als habe er eine eingekleidete Aufgabe vor sich, und begann: »Eine Abortwand hat vierundachtzig Kacheln, eine Kachel kostet sechsundsiebzig Pfennige. Gefragt ist, was muss Grünwedels Vater an die Schule zahlen ...«

Die Anzahl der skurrilen Typen unter den Lehrern war nach Kriegsende nicht geringer geworden. Studienrat Bachmann, genannt Bachus, unterrichtete Erdkunde, aber er hatte auch für andere Fächer praktische Ratschläge, zum Beispiel: »Die deutschen Klassiker merkt man sich am besten paarweise: Schiller und Goethe, Lessing und Herder, Klopstock und Wieland.« Er sagte »barweise« und »Globstog«, und der Foucaultsche Pendelversuch im Panthéon zu Paris, mit dem die Erddrehung bewiesen wurde, hörte sich in Bachmanns breitem Sächsisch an wie »der Fugosche Bendelversuch im Bandeon zu Baris ...«

Aber Bachmann hatte Humor und konnte sich selber auf den Arm nehmen. Eines Tages erschien er in der Klasse und eröffnete den Unterricht mit folgenden Worten: »Die Briefmarkensammler unter euch werden vielleicht wissen, dass Columbus einen abnehmbaren Bart hatte. Denn während er auf der Jubiläumsausgabe der Vereinigten Staaten von Nordamerika aus dem Jahre 1876 auf der Ein-Cent-Marke mit Bart dargestellt ist, ist er auf der Drei-Cent-Marke derselben Serie ohne denselben dargestellt.«

Das unschuldige Opfer früher Kränkungen durch den Lehrer Öhler in Treben wurde der Musiklehrer Heinz Klingelstein, der uns an der Oberschule in Altenburg in unseren Flegeljahren zugeteilt wurde. Im Stundenplan der 11. Klasse fanden wir, zu unserem Missvergnügen, eine 6. Stunde mit der Bezeichnung Chorsingen. Welcher Idiot hatte sich dieses Fach ausgedacht? Heinz Klingelstein – was für ein Name für einen Musiklehrer! – war ein hoch aufgeschossener junger Mann mit starken Gläsern, solchen, die das Auge auf unnatürliche Weise vergrößern und immer etwas erschrocken wirken lassen. Er war freundlich und offen und betrat die Klasse mit der Frage, ob wir das Lied »Am Brunnen vor dem Tore« kennen. Wir antworteten mürrisch mit ja und hatten im Hinterkopf den Gedanken, diese Art Musikunterricht unter allen Umständen zu sabotieren. Nur wusste niemand, wie.

Klingelstein schlug die Tonart am Klavier an und gab dann den Einsatz: »Am Brunnen vor dem Tore, da steht ein Lindenbaum ...« Es ging alles gut bis zur Zeile: »Ich schnitt in seine Rinde so manches liebe Wort ...« Einer hatte gesungen: »Ich schnitzt' in seine Rinde.« Klingelstein klopfte ab, sagte: »Meine Herren, es heißt: ›Ich schnitt in seine Rinde.‹ Bitte noch einmal ...« Beim zweiten Durchgang sangen fünf Herren: »Ich schnitzt' in seine Rinde.« Klingelstein klopfte wieder ab, wiederholte seinen Einwand ... und so weiter und so fort. Schließlich sang die ganze Klasse mit unschuldiger Miene: »Ich schnitzt' in seine Rinde ...«

Klingelsteins Pädagogikdozenten hatten ihn falsch motiviert. Anstatt ihm zu sagen, über renitentes Verhalten solcher Halbstarker soll man großzügig hinweggehen, hatten sie ihm offenbar eingebleut, dass der erste Auftritt in einer Klasse über die Autorität des Lehrers entscheidet. Die Konfrontation endete damit, dass Klingelstein mit der Erklärung die Klasse verließ, er würde jetzt den Direktor der Schule von unserem Verhalten unterrichten und mit demselben zurückkommen. Wir warteten nicht auf seine Rückkehr, packten unsere Taschen und verließen die Schule. Deshalb weiß ich auch nicht, ob Heinz Klingelstein mit dem Direktor in die leere Klasse zurückgekehrt ist. Jedenfalls gab es kein Chorsingen in der 6. Stunde mehr.

Übrigens spielte die Schule in diesen ersten Nachkriegsjahren nicht die wichtigste Rolle in meinem Leben. Durch den Tod meines Vaters war ich in eine merkwürdige Situation geraten: Ich hatte der Beschützer meiner jung verwitweten Mutter und meines kleinen Bruders zu sein. Es ging ja buchstäblich ums Überleben. Die Rationen auf den Lebensmittelkarten waren zum Sterben zuviel und zum Leben zuwenig. Wir pachteten 1000 Quadratmeter sogenanntes Rodeland. Das war abgeholzter Wald. Es wurde urbar gemacht, das heißt, zunächst mussten mit Spaten und Axt die Stubben gerodet werden. Das war gut für den Ofen im Winter und eine furchtbare Schinderei für einen 14jährigen, der nur »Karo-Einfach«, das heißt Marmeladenstulle, im Bauch hatte. Im Mai pflanzten wir unsere letzten Kartoffeln, und im Oktober ernteten wir auf diesem kargen Waldboden etwa so viel Kartoffeln, wie wir ausgepflanzt hatten.

Die Frühjahrsmonate, bis das erste Gemüse wuchs und die Gerste reif wurde, waren am schlimmsten. Alle zusammengetragenen Vorräte aus dem Sommer des Vorjahres waren erschöpft, wir waren auf die Rationen der Lebensmittelkarten angewiesen. Wir haben wirklich gehungert.

Ich erinnere mich an einen Abend Anfang Juli 1947. In der Nähe unseres Hauses war am Tag das erste Gerstefeld gemäht worden, die Garben waren zum Trocknen in sogenannten Puppen zu je fünf Garben aufgestellt. Auf dieses Feld war meine Begehrlichkeit gerichtet. Meine Mutter versuchte mich davon abzuhalten, meinen Plan zu verwirklichen. Sie befürchtete, dass ich einem sogenannten Feldhüter in die Arme laufen würde. Die Bauern ließen damals ihre Felder während der Erntezeit von einer Art Zivilpolizei mit Hunden bewachen. Ein schweres Gewitter kam mir zu Hilfe. Es goss in Strömen. Bei diesem Wetter machte ich mich nach Einbruch der Dunkelheit auf. Ich hatte richtig kalkuliert: Feldhüter waren bei solchem Wetter nicht unterwegs. Im Nu war ich bis auf die Haut durchnässt. Ich durchquerte den Garten meiner Großeltern und hatte zehn Minuten später das Gerstefeld erreicht. Ich lud mir drei Garben auf und machte mich auf den Heimweg. Drei Garben trug man unter normalen Verhältnissen mit Leichtigkeit weg. Jetzt waren sie jedoch pitschnass und damit eine fürchterliche Last. Ich warf sie auf den Boden, zerrte sie hinter mir her und erreichte völlig erschöpft unser Gartentor. Außer meiner Mutter, die voller Angst auf mich gewartet hatte, schliefen alle im Hause. Ich brachte die nassen Garben auf den Dachboden über unserer Mansardenwohnung, wo sie während des nächsten Tages in der prallen Hitze des Sommertages trockneten.

Am nächsten Morgen wurde ich Zeuge eines scharfen Wortwechsels meines Großvaters mit dem Bauern, dem das Gerstefeld gehörte. Der Bauer war einfach der Spur nachgegangen, die ich auf der Wiese mit den hinter mir hergezerrten Garben hinterlassen hatte. Die Spur führte direkt zum Gartentor meiner Großeltern. Der Bauer beschuldigte meinen Großvater des Diebstahls, mein Großvater setzte sich erbittert zur Wehr. Schließlich ließ der Bauer die Sache auf sich beruhen. Großvater hatte mich natürlich im Verdacht. Aber ich leugnete, und meine Mutter hielt eisern zu mir. Am Abend war die Gerste trocken. Ich hatte die Ähren abgeschnitten und die Körner ausgedroschen. Sie wurden durch die Kaffeemühle gedreht, und ich konnte mir nach Wochen zum ersten Mal wieder den Bauch vollschlagen mit einer äußerst nahrhaften Suppe. Ich hätte meinem Großvater beichten können und wäre mit einem schwachen Verweis davongekommen, denn in unserer Familie herrschte in Fragen Diebstahl eine absolute Doppelmoral. Großmutter war als junges Mädchen Magd auf einem Bauernhof gewesen, und bis in ihr hohes Alter hat sie bei großem Arbeitsanfall während der Kartoffelernte im Herbst und während der Dreschzeit im Winter immer wieder ausgeholfen. Die Arbeit in der Landwirtschaft wurde erbärmlich bezahlt, und es war ein offenes Geheimnis, dass Mägde und Knechte sich ein bisschen selbst bedienten. Als Magd klaute Großmutter frühmorgens nach dem Melken Milch aus dem Kuhstall. Allerdings wäre es viel zu auffallend gewesen, die Milch in einer Kanne wegzutragen. Deshalb kaufte sie Käselab in der Drogerie. Wenn man das der Milch zusetzt, wird sie sofort sauer, trennt sich in Molke und Quark. In diesem Zustand wurde die Milch durch ein Leinentuch gepresst, die Molke bekamen die Kälbchen, den Quark konnte man in einem Säckchen unter dem Rock davontragen. Meine Großmutter hatte auch später dieses Säckchen unter dem Rock, in dem sie, je nachdem was anfiel, ein paar Pfund Kartoffeln oder Weizen hatte.

Diese Art von Diebstahl galt in der Familie nicht als ehrenrührig. Doch als mein Onkel Erich als 15jähriger Lehrling in der Nähmaschinenfabrik Köhler einem Kollegen zwei Mark aus der Geldbörse stahl, war das absolut verwerflich. Mein Großvater war außer sich über die Schande, die sein Junge über ihn gebracht hatte. Er musste »in die Fremde«, das heißt, er wurde seinem älteren Bruder Ernst ins Rheinland nachgeschickt, der dort in einer Tischlerlehre war.

Ich klaute auch wie ein Rabe. Als ich von Großmutters Gewohnheiten erfuhr, befürchtete ich, womöglich erblich mit Kleptomanie belastet zu sein. Das bevorzugte Feld meiner Vergehen war die Kellertreppe in unserem Haus. Sie wurde im Sommer von den Familien im Haus als Kühlschrank genutzt. Dort standen Töpfe mit Milch, Quark und Suppe, Teller mit Wurst, Käse und Fleisch. Ich bin überzeugt, es blieb meiner Tante Hilde und auch meiner Großmutter nicht verborgen, wenn die Wurst ein Stück kürzer geworden und der Milchtopf nicht mehr ganz voll war. Sie haben beide Augen zugedrückt und mir die Aufbesserung meines Abendbrotes gegönnt.

Ein Fahrrad war in diesen Jahren eine Überlebenshilfe. Im Sommer warteten an den Getreidefeldern der Bauern Hunderte von Menschen oft stundenlang darauf, dass die letzte Garbe auf das Pferdefuhrwerk geladen wurde. Dann fielen sie über das Stoppelfeld her. Innerhalb von wenigen Minuten war auch die letzte Ähre aufgesammelt. Es sprach sich schnell herum, wann und wo wieder ein Getreidefeld frei wurde, und mit einem Fahrrad konnte man vor allem Dörfer aufsuchen, die weiter weg von den städtischen Ansiedlungen lagen.

Bekannt war die Vorliebe der usbekischen und tadshikischen Rotarmisten für deutsche Fahrräder. Obwohl die meisten sich inzwischen bedient hatten, war es ratsam, ihnen aus dem Weg zu gehen. Was aber tun, wenn man ein Dutzend Kaninchen zu ernähren hat und keine eigene Wiese besitzt? Man steigt aufs Fahrrad und fährt dorthin, wo Gras in jeder Menge wächst und nicht gemäht wird, nämlich auf den nahegelegenen, von den Russen besetzten Flugplatz. Die Vermutung liegt nahe, dass dies nicht erlaubt ist. Aber in dieser Zeit ist alles, was nicht ausdrücklich verboten ist, erlaubt. Außerdem bin ich nicht zum ersten Mal mit Fahrrad, Sack und Sichel dort erschienen, und immer ist es gut gegangen. Außerdem ist das Ende der Rollbahn so weit von den eigentlichen Flughafengebäuden entfernt, und noch nie wurde dort ein Russe gesichtet. In dem Maschendrahtzaun, der den Flugplatz abgrenzt, ist ein großes Loch, das auch von den Bewohnern der Nobitzer Randsiedlung benutzt wird, um den Weg zwischen dem Dorf und ihren kleinen Einfamilienhäusern abzukürzen.

Ich habe mein Fahrrad ins Gras gelegt und bin am Sicheln. Mein Sack ist schon zur Hälfte mit Gras gefüllt, als ich aufblicke. Ein Russe nähert sich auf der Rollbahn. Er ist schon so nahe, dass es sinnlos ist, zu fliehen. Also mache ich weiter und tue so, als ob es für einen Deutschen im Jahre 1947 nichts Selbstverständlicheres gibt, als auf einem Flughafen der Besatzungsmacht Karnickelfutter zu schneiden. Der folgende Dialog zwischen uns ist im wesentlichen eine Pantomime, da ich kaum Russisch verstehe und er kein einziges Wort Deutsch. Er zeigt auf mein Fahrrad. Das habe ich erwartet. Er bedeutet mir, dass er mit diesem Fahrrad fahren will. Natürlich. Er versucht mir klarzumachen, dass er mir das Fahrrad nicht wegnehmen, sondern damit nur eine Runde auf der Rollbahn fahren will. Ich glaube ihm kein Wort. Er geht auf das Fahrrad zu, stellt es auf. Ich stelle mich auf die andere Seite, halte mein Fahrrad fest. Er beteuert mir, nur mit dem Fahrad eine Runde fahren zu wollen. Fahren ... kommen zuruck ... oder etwas Ähnliches radebrecht er. Ich glaube ihm kein Wort. Halte mein Fahrrad fest. Er versucht meine Hände zu lösen, ich halte es um so fester. Er wird wütend, schreit mich in russisch an. Ich halte mein Fahrrad fest. Ich weiß, die nächste Runde werde ich verlieren. Jetzt sagt er: Charascho, streift den Ärmel seiner Uniformbluse zurück, nimmt seine Armbanduhr ab, gibt sie mir, kramt in seinen Hosentaschen, holt zwei Zwanzigmarkscheine heraus, drückt sie mir in die Hand. Ich verstehe, er lässt mir Armbanduhr und zwei Zwanzigmarkscheine als Pfand da. Ich überlege blitzschnell, natürlich sind vierzig Mark und eine Armbanduhr kein Gegenwert, aber mir ist auch klar, er hat mir alles übergeben, was er an Wertsachen bei sich hat. Und da ich weiß, dass ich keine Chance habe, mich weiter zu widersetzen, überlasse ich ihm mein Fahrrad. Mit einem fröhlichen Gesicht steigt er auf und verschwindet auf der Rollbahn in Richtung der Flugplatzgebäude. Was bleibt mir übrig. Ich nehme meine Sichel und schneide Gras für meine Karnickel. Und habe ziemlich trübe Gedanken. Wie soll ich meiner Mutter den Verlust erklären? Sie hat mich immer wieder gewarnt, den Flugplatz zu betreten.

Es vergehen zehn Minuten oder eine Viertelstunde, mein Sack ist fast gefüllt, da kommt mein russischer Freund die Rollbahn heruntergeradelt. Mit dem gleichen fröhlichen Gesicht, mit dem er abgefahren ist, gibt er mir mein Fahrrad zurück und sagt zum zweiten Male: Charascho. Ich kann es noch gar nicht fassen. Ich gebe ihm seine Armbanduhr zurück. Krame in meiner Hosentasche nach den beiden Zwanzigmarkscheinen und finde nur einen. Er schaut mich fragend an. Ich krame weiter in der einen, dann in der anderen Hosentasche. Finde den zweiten Schein nicht. Mir bricht der Schweiß aus. Ich suche auf der Wiese, finde ihn nicht. Ich schütte den Sack Karnickelfutter aus, drehe jeden Grashalm um, finde den zweiten Schein nicht. Ich schaue meinem russischen Freund ins Gesicht, der geduldig wartet. Oder vermutet er, dass ich ihn um zwanzig Mark bescheißen will?

Ich bin völlig ratlos. Mein Russe wartet weiter geduldig. Schließlich bitte ich ihn mit Gesten, auf mich zu warten. Ich krieche durch das Loch in der Flugplatzumzäunung, renne zu Bekannten in der Siedlung auf der anderen Seite der Rollbahn, bitte die Hausfrau, mir zwanzig Mark zu leihen. Ich kehre auf die Rollbahn zurück, auf der mich mein Russe geduldig erwartet, übergebe ihm den zweiten Zwanzigmarkschein. Sammle mein Karnickelfutter ein, verstaue Sack und Sichel auf dem Gepäckträger und habe soeben eine für diese Zeit ganz untypische, aber wahre Geschichte erlebt.

Mein Onkel Kurt, der Verräter, von dem ich schon erzählt habe, war eigentlich mein Lieblingsonkel und mein Beschützer. In früher Kindheit hat er mich vor einem schweren Sturz vom Pferd eines Kettenkarussels bewahrt. Er hatte gesehen, wie ich rutschte, mich in letzter Sekunde abgefangen, war mit mir dann doch noch gestürzt und hatte sich dabei den Arm gebrochen. Außer einer Schürfwunde im Gesicht war mir nichts geschehen.

Dieser Onkel Kurt und sein älterer Bruder Ernst traten 1945 sofort in die SPD ein, deren Mitglieder sie schon bis 1933 gewesen waren. Sie waren relativ schnell aus dem Krieg zurückgekommen, Ernst aus Russland, Kurt ein paar Monate später aus Frankreich. Da war sein Bruder Ernst schon verhaftet. Er war von zwei Zivilisten abgeholt worden, monatelang hörte man nichts von ihm, dann munkelte man im Dorf, er säße bei den Russen in Altenburg in Untersuchungshaft wegen Beteiligung an Kriegsverbrechen in der Ukraine. Nun war er tatsächlich ein Jahr vor Kriegsende als 45jähriger Mann zu einer Polizeieinheit eingezogen worden, die der SS unterstellt und irgendwo im russischen Hinterland stationiert war. Große Bestürzung und Ratlosigkeit in der Familie. Alle waren von seiner Unschuld überzeugt. In zahlreichen Briefen hatte er seinen Abscheu vor Verbrechen von SS- und Wehrmachtseinheiten in Russland zum Ausdruck gebracht und dem lieben Gott gedankt, dass es ihm erspart geblieben war, an solchen Dingen teilzunehmen. Jeder einzelne dieser Briefe hätte ihn vor ein Kriegsgericht oder zumindest ins Strafbataillon gebracht. Diese Briefe schickte Onkel Kurt in einem Bündel an Wilhelm Pieck als Unschuldsbeweis für seinen Bruder. Weder von Wilhelm Pieck noch von Onkel Ernst kam je eine Nachricht, bis er 1948, zum Skelett abgemagert, aus Buchenwald zurückkam.

Er hatte Hunger und Krankheiten überstanden, aber innerlich war er gebrochen, und bis an sein Lebensende ist er nicht damit fertig geworden, dass man ihn ohne Verhör und Prozess jahrelang unschuldig unter schlimmen Verhältnissen eingesperrt hat. Ich habe oft mit ihm über seine Erlebnisse gesprochen. Er hatte das Bedürfnis, darüber zu reden, aber jedesmal brach er nach kurzer Zeit in Weinen aus. Meine sicher unbeholfenen Erklärungsversuche konnten ihn nicht trösten. So etwas wie Rehabilitierung gab es damals in der Ostzone nicht, jedoch einen grotesken Versuch, einen Schlussstrich unter die Sache zu ziehen. Onkel Ernst wurde in die Kreisleitung der SED bestellt. Dort erklärte man ihm, wenn er wolle, könne er wieder Mitglied der Partei werden. Nun hatte Bruder Kurt während Ernsts Lagerhaft dessen monatliche Parteibeiträge weiterbezahlt. Ernst erklärte den Genossen in der Kreisleitung, er müsse nicht in eine Partei eintreten, in der er seit 1920 Mitglied sei. Gut, sagten die Genossen, aber du warst doch in Buchenwald. Ja, sagte Ernst, ich habe dort drei Jahre lang unschuldig gesessen. Die Genossen sagten, wen die Freunde weggenommen haben, der kann nicht unschuldig sein. Sie benutzten das beschönigende Wort »weggenommen«, weil sie nicht sagen durften, »wen die Russen eingesperrt haben ...« Onkel Ernst ist unversöhnt und innerlich zerbrochen gestorben.

Als ich 15 Jahre später meinen Film *Nackt unter Wölfen* drehte, dessen Handlung im letzten Kriegsjahr im KZ Buchenwald spielt, war die Benutzung der ehemaligen Konzentrationslager durch die sowjetische Besatzungsmacht nach 1945 ein absolutes Tabuthema. Ich hatte natürlich das Schicksal meines Onkels im Hinterkopf, aber ich baute mir eine Brücke, indem ich mir sagte, das Schicksal des jüdischen Kindes, das von den Buchenwaldhäftlingen gerettet wird, hat nichts mit dem Nachkriegsschicksal meines Onkels zu tun. In meinem tiefsten Inneren wusste ich natürlich, dass beides miteinander zu tun hatte, deshalb baute ich mir eine zweite, haltbarere Brücke. Ich sagte mir, das Schicksal meines Onkels in der Nachkriegszeit hat sehr viel zu tun mit dem Schicksal des jüdischen Kindes in *Nackt unter Wölfen*, denn ohne die Verbrechen der Nazis im Zweiten Weltkrieg wären die Russen nie nach Deutschland gekommen, und die schlimmste Konsequenz aus diesen Verbrechen ist, dass bei ihrer Verfolgung die Grenzen zwischen Tätern, Mitläufern und Unschuldigen fließend sind ... Ich konnte also, ohne meinen Onkel Ernst zu verraten oder mein Publikum zu betrügen, einen Film über die Rettung des jüdischen Kindes drehen und ihn mit der Befreiung des Lagers beenden.

Mein Onkel Kurt erwartete von mir, dass ich mit sechzehn

in die SED eintrat. Und ich hatte auch keine Vorbehalte gegen die SED. Die Vereinigung der KPD mit der SPD war in unserem Dorf reibungslos vor sich gegangen. Die SPD-Ortsgruppe ersetzte einfach den mittleren Buchstaben P durch ein E. Das war's. Die KPD war im Kreis Altenburg immer eine Minderheit gewesen, das Verhältnis der beiden Parteien zueinander war unfreundlich. Onkel Kurt sagte: »Wir hatten vor dreiunddreißig sieben Kommunisten in Altenburg. Das waren die, die am großen Teich standen und ›Hunger‹ schrien. In Wirklichkeit waren sie arbeitsscheu.«

Aber ich trat 1948 nicht in die SED ein. Es gab Gerüchte und Vermutungen: Nur wer in der FDJ ist, darf Abitur machen. Studienplätze werden vor allem an SED-Mitglieder verteilt. Ich wollte in keinem Falle dem Eindruck Vorschub leisten, dass ich mir durch die Mitgliedschaft in der SED Vorteile verschaffen wollte. Deshalb trat ich erst in der Abiturklasse ein, als ich aufgrund meines Jahreszeugnisses nach Abschluss der 11. Klasse, auch ohne SED-Mitgliedschaft, an der Universität Leipzig immatrikuliert wurde.

Wer 1945 dreizehn Jahre alt war und aus einem Elternhaus wie dem meinen kam, hatte einen freien Kopf für die neue Zeit. Wer fünf Jahre älter war, dem waren die Ideale zerstört. Hier verlief eine Generationengrenze. Und viele junge Leute in diesem Alter brauchten lange Zeit, bevor sie sich im Nachkriegsdeutschland zurechtfanden.

Wir hatten Ende 1945 in unserem Dorf eine sogenannte Antifajugendgruppe gegründet, der ich von Anfang an angehörte. Es gab Heimabende, und es gab vor allem eine Laienspielgruppe, die von einer älteren Frau geleitet wurde, die schon in den zwanziger Jahren auf diesem Gebiet gearbeitet hatte. Unter ihrer Anleitung führten wir sehr verschiedene Stücke auf. Und ich spielte oft Hauptrollen. Vom Käsereibesitzer mit Bauch und Glatze im Schwank *Der Käsekommis* bis zum Nazileutnant in dem Gegenwartsstück *Wo ist der Weg* reichte mein Repertoire.

Warum habe ich nicht versucht, Schauspieler werden? Es waren die Minderwertigkeitskomplexe aus meiner Kindheit: rote Haare, Sommersprossen ... Heute bin ich froh, dass ich diesen

Beruf nicht gewählt habe. Bis auf wenige Ausnahmen sind Schauspieler in Abhängigkeit von Regisseuren, Produzenten und Theaterleitungen, die für mich auf Dauer schwer erträglich geworden wäre.

Merkwürdigerweise habe ich keine Erinnerungen an andere Aktivitäten auf dem Gebiet der Literatur, des Theaters oder des Films. Ich erinnere mich an keinen einzigen Film, den ich in den ersten Nachkriegsjahren gesehen hätte. Mein Interesse gehörte der Chemie, bedingt durch einen Lehrer, der die Fähigkeit hatte, den Chemieunterricht außerordentlich lebendig zu gestalten.

Dann änderten sich von einem Tag auf den anderen meine Interessen.

Es muss im Herbst 1949 gewesen sein, als unsere Klasse einen Besuch im neu eröffneten Nationaltheater Weimar machte. Die *Faust*-Aufführung beeindruckte uns, aber mein eigentliches Erlebnis fand auf der Rückfahrt in der Eisenbahn statt. Ein Mitschüler hatte in Weimar für fünf Mark ein unscheinbares hellgraues, in Pappdeckeln gebundenes Buch des Suhrkamp Verlages gekauft. Es hieß *Versuche 20–21* und war von Bertolt Brecht, von dem ich noch nie eine Zeile gelesen hatte. Abgedruckt waren das Stück *Mutter Courage und ihre Kinder* und eine theoretische Abhandlung mit dem Titel *Fünf Schwierigkeiten beim Schreiben der Wahrheit*. Die Figuren des Stücks trugen so seltsame Namen wie Eilif und Schweizerkas, und die Dialoge des Stücks, die unser Mitschüler uns vorlas, waren sehr eindrucksvoll und sehr fremdartig zugleich. Zurück in Altenburg, kaufte ich sofort das Buch *Kalendergeschichten*, das in einer DDR-Lizenzausgabe erschienen war und in dem so merkwürdige Geschichten wie *Wenn die Haifische Menschen wären* und so schöne Gedichte wie die *Ballade von der Judenhure Marie Sanders* standen. Einmal auf der Spur dieses Dichters, machte ich meinen Hauptfund in der Landesbibliothek Altenburg: *Bertolt Brechts Hauspostille* aus dem Jahre 1927 mit Anleitungen, Gesangsnoten und einem Anhang. Die Gedichte und Lieder dieses Bändchens begeisterten mich vor allem wegen der zahllosen Provokationen gegen den »guten Geschmack«. Mein Banknachbar und guter Freund Werner »Ephraim« Krüger und ich beschlossen sogleich, aus der *Hauspostille* ein literarisches Programm zusammenzustellen. Dieses Programm richtete sich in erster Linie gegen unseren Deutschlehrer Dr. Löbe, für den deutsche Literatur irgendwo in der Mitte des vorigen Jahrhunderts endete. Allenfalls ließ er noch Gerhart Hauptmann gelten, aber auch nur den späten Hauptmann und nicht den frühen Naturalisten. In unser Programm wurden also die rüdesten Verse aufgenommen, wie *Orges Gesang* und *Apfelböck*, aber wir hatten auch einen Blick für ein so zartes Liebesgedicht wie *Erinnerung an die Marie A…* Da es die wunderbare Vertonung von Hanns Eisler noch nicht gab, mussten wir es rezitieren. Wir luden Dr. Löbe zu unserer Premiere ein. Er fand die Texte, wie zu erwarten war, öde und widerwärtig. Am nächsten Tag, im Deutschunterricht, winkte er nur müde ab: Ach, was verstehen Sie von deutscher Lyrik…

Wir hatten inzwischen unseren Hunger nach moderner Literatur in der Volkshochschule gestillt. Dort las unser Schuldirektor Dr. Voß über neue deutsche Literatur, das heißt: Er las wirklich nur die Klappentexte der neu erschienenen Werke von Thomas und Heinrich Mann, Hermann Hesse und Lion Feuchtwanger vor. Aber das merkten wir erst später, als wir diese Bücher selber erwerben oder ausleihen konnten.

An einem Morgen Ende März 1950, wenige Wochen vor Beginn der Abiturprüfungen, kam ich in die Schule und stellte fest, dass mein Banknachbar Werner Krüger fehlte. Und nicht nur er, sondern noch drei, vier andere Schüler der Klasse waren nicht zum Unterricht gekommen. Auch in den Parallelklassen fehlte eine Reihe von Schülern. Der Direktor Dr. Voß erschien an diesem Tag nicht und war, wie sich später herausstellte, nach Westberlin geflüchtet. Ein junger Geschichtslehrer mit dem merkwürdigen Namen Maximilian Folwatschni fehlte ebenfalls. Ratlosigkeit und Verwirrung unter uns allen. Ich weiß heute nicht mehr, wann zum ersten Male die Worte Verhaftung und Flucht fielen. Jedenfalls mussten wir die für den Abend geplante Wiederholung des Brecht-Abends absagen, denn Werner spielte in diesem Programm eine wichtige Rolle. Ich suchte seine Eltern nach dem Unterricht auf, immer noch in der

Hoffnung, dass Werner krank sei. Die Eltern verhielten sich merkwürdig. Werner war nicht zu Hause, und sie sagten mir, dass sie nicht wüssten, wo er ist.

Alles war ganz undurchsichtig. Erst am nächsten Tag sickerte durch, dass einige Schüler verhaftet worden, andere nach Westberlin geflüchtet waren. Spionage ... Flugblätter ... Losungen ...

Eine FDJ-Versammlung der Schule wurde angesetzt, die Verschwundenen sollten ausgeschlossen werden. Dass das an diesem Tage nicht geschah, hatte unter anderem mit einer Erklärung von mir zu tun: Solange wir nicht wüssten, was man ihnen vorwerfe, könne man sie auch nicht aus der FDJ ausschließen. Später bekam ich einen Brief aus Westberlin mit einem mir ganz fremden Absender. In dem Briefumschlag lag ein Zettel von Werner Krüger: »Von der letzten FDJ-Versammlung ist uns etwas zu Ohren gekommen. Du sollst doch noch etwas für die Demokratie geredet haben. Ich glaube, da bist Du der einzige Marxist.«

Ich antwortete ihm mit einem wütenden Brief. Ich empfand seine Handlungsweise als Vertrauensbruch und fühlte mich von ihm verraten.

Etwas später begann ich nüchterner über das Verhalten meines Freundes Werner nachzudenken. Wenn er an etwas beteiligt war oder auch nur informiert war über Aktivitäten gegen den Staat, wie hätte er sich mir anvertrauen können? Er wusste ja schließlich, wie ich dachte.

Ich wurde zum neuen kommissarischen Direktor der Schule, Studienrat Winter, zitiert, der auf mich genauso wütend war wie ich auf Krüger. Er beschuldigte mich, den Ausschluss der Geflüchteten aus der FDJ verhindert zu haben, und erklärte, die Flucht sei der Beweis für die Schuld, mehr brauche man nicht. In der nächsten Versammlung wurden alle Verschwundenen ausgeschlossen. Der neue Direktor verlangte, dass die Schule zur Tagesordnung übergehe.

»Wollen Sie Abitur machen oder nicht«, fragte er. »Wollen Sie riskieren, dass alle drei Parallelklassen relegiert werden, nur aus einer falsch verstandenen Solidarität mit Feinden unserer jungen Republik?« Die meisten wollten das nicht. Ich auch nicht. Wir machten das Abitur und gingen auseinander.

Erst Anfang der neunziger Jahre kam ans Tageslicht, was wirklich geschehen war. Ein junger Lehrer begann mit der Spurensuche zu Ereignissen, die mehr als vierzig Jahre zurücklagen und die ganze Zeit unter einem Tabu gestanden hatten. Tatsächlich hatte sich im Sommer 1949 eine Widerstandsgruppe aus Schülern und einigen jungen Lehrern gebildet – nach dem Vorbild der Geschwister Scholl in der Nazizeit. Sie hatten die Widerstandsliteratur von Weisenborn bis Seghers gelesen und waren der Meinung, man müsse der sich herausbildenden SED-Diktatur auf die gleiche Weise entgegentreten, wie dies ihre Vorbilder im Nazistaat getan hatten.

Die Gruppe klebte nachts Flugblätter mit einem »F« als Symbol für Freiheit. Die Flugblätter waren auf einer Schreibmaschine geschrieben, die von der Polizei bald identifiziert wurde.

Verschiedene Mitglieder der Gruppe holten Material, Broschüren und Flugblätter, von der »Kampfgruppe gegen Unmenschlichkeit« in Westberlin und verteilten es in Altenburg.

In der Nacht zum 21. Dezember 1949, Stalins Geburtstag, setzten einige technisch versierte Schüler einen Sender in Betrieb, mit dem sie die Rede Wilhelm Piecks zum Ruhme Stalins störten.

Und schließlich notierten einzelne aus der Gruppe die Nummern sowjetischer Militärfahrzeuge und gaben sie an die »Kampfgruppe gegen Unmenschlichkeit« weiter.

Die Polizei kam der Gruppe bald auf die Spur.

Am 24. März 1950 begannen die Verhaftungen. Meinem Freund Werner Krüger, der nicht aktiv beteiligt, aber ein Mitwisser war, gelang die Flucht nach Westberlin, ebenso Dieter Grünwedel, der aktiv in der Gruppe gearbeitet hatte.

Insgesamt wurden 21 Personen festgenommen, 10 Schüler konnten nach Westberlin flüchten. Im September 1950 wurde den Verhafteten vor einem sowjetischen Militärtribunal in Weimar der Prozess gemacht. Den Angeklagten wurde die Bildung einer illegalen Gruppe, antisowjetische Propaganda und, besonders schwerwiegend, Spionage zur Last gelegt.

Zwei junge Lehrer, die ich nicht kannte, und ein 19jähriger Schüler aus meiner Klasse, Joachim Näther, der erst vor wenigen Monaten in unsere Abiturklasse gekommen war, wurden zum Tode verurteilt. Die Urteile wurden im Dezember 1950 in Moskau vollstreckt. Die anderen Verurteilten erhielten Haftstrafen zwischen 25 und 5 Jahren. Lehrer Folwatschni, dem ein Schüler ein Flugblatt in den Briefkasten gesteckt hatte, erhielt 5 Jahre dafür, dass er das Flugblatt nicht abgegeben hatte. Die Verurteilten verschwanden in sowjetischen Arbeitslagern und wurden später nach Bautzen gebracht. Sie kamen, soweit mir bekannt ist, 1956 frei, offensichtlich im Zusammenhang mit der Entstalinisierungspolitik Chrustschows.

Die Unbarmherzigkeit, mit der sowjetische Militärgerichte, und später DDR-Gerichte, in diesen Jahren gegen oppositionelle junge Leute vorgingen, lässt sich nur vergleichen mit der Unbarmherzigkeit, mit der die Nazis ihre politischen Gegner behandelten. Und auch der Hinweis darauf, dass der Kalte Krieg von beiden Seiten mit allen Mitteln geführt wurde, will mir als Entschuldigung für die Terrorurteile nicht mehr einleuchten.

In einer zarten Liebesgeschichte vor brisantem gesellschaftlichem Hintergrund hat Uwe Johnson in seinem ersten Roman *Ingrid Babendererde* den Konflikt zweier Oberschüler beschrieben. Der Zerfall einer Mecklenburger Abiturklasse im Jahre 1952, als der Ost-West-Konflikt einem neuen Höhepunkt zustrebte, ist das Thema dieses Buches, das Johnson zwischen 1953 und 1956 schrieb. Die SED entfachte 1952 eine Art Kirchenkampf gegen die »Junge Gemeinde«, die Jugendorganisation der evangelischen Kirche. Die »Kampfgruppe gegen Unmenschlichkeit« und andere aus Westberlin in die DDR hineinwirkende Organisationen mischten in dieser Auseinandersetzung fleißig mit. Der Kalte Krieg wurde auf dem Rücken gutgläubiger 17jähriger geführt. Kein DDR-Verlag wagte 1956/57, dieses Buch zu veröffentlichen.

4. Zufälle

Das Abitur lag hinter mir. Eine Abiturfeier gab es nicht, auf allen lastete die Erinnerung an die Ereignisse vom März, und alle waren froh, dass der Alltag wieder eingekehrt war. Ich wartete auf eine Nachricht von der Universität Leipzig über den Tag des Semesterbeginns. Statt dessen kam die Aufforderung, im Büro der SED-Kreisleitung zu einem Gespräch mit dem 1. Sekretär zu erscheinen. Der Sekretär war ein forscher Typ in mittleren Jahren, der aus Böhmen kam, das hörte man an seinem Dialekt. Er begann das Gespräch mit der Frage nach meinen Plänen, und ich antwortete, dass ich im September mein Studium der Geschichte an der Uni Leipzig beginnen wolle. Er sagte: »Sehr gut, studieren sollst du. Aber nicht sofort. Wir brauchen hier im Kreis Altenburg junge Genossen als Funktionäre in den Massenorganisationen. Bist du Mitglied des Kulturbundes? Nein. Dann trittst du noch in dieser Woche ein. Du machst jetzt ein paar Tage Urlaub, dann gehst du sechs Wochen lang auf einen Lehrgang der Kreisparteischule, und am 1. September trittst du dein Amt als Kreissekretär des Kulturbunds an. Zunächst für ein Jahr. Dann werden wir weitersehen.« Der Kreissekretär hatte, wie gesagt, einen forschen Ton, aber ich denke, ich hätte mich auch widersetzen können. Aber irgendwie wollte ich das nicht. Noch nie hatte ich regelmäßig Geld verdient, lag meiner Mutter auf der Tasche. Es gab ein Monatsgehalt von 350.– Mark brutto, das war gar nicht so wenig damals.

Die Kreisparteischule war im Altenburger Schloß untergebracht. Die Lehrer waren frisch umgeschulte Nazimitläufer, und je schlechter ihr Gewissen, um so strammer war ihre Haltung. Ein ehemaliger Wehrmachtsunteroffizier unterrichtete uns im Hauptfach Marxismus-Leninismus. Oberster Grundsatz war jetzt: »Von der Sowjetunion lernen heißt siegen lernen.« Sechs Wochen lang studierte ich vor allem ein Buch mit dem Titel »Die Geschichte der KPdSU (B). Kurzer Lehrgang«. Mein ehemaliger Wehrmachtsunteroffizier diagnostizierte mangelhaftes Klassenbewußtsein bei mir. Er hielt das übrigens für normal. Woher sollte bei mir proletarisches Klassenbewusstsein kommen, da mein Vater doch kaufmännischer Angestellter gewesen war. Auf meine Frage, wie sich dies äußere, gab er mir folgende Antwort: »Wenn wir in der Partei über unsere Klassiker sprechen, formulieren wir: Marx, Engels, Lenin und *Genosse* Stalin. Du verwendest jedoch immer die kleinbürgerliche Formulierung Marx, Engels, Lenin und Stalin«.

Ab 1. September 1950 fuhr ich wieder täglich mit dem Fahrrad nach Altenburg. In einem Laden am Fuße des Schlosses, wenige Schritte vom Landestheater entfernt, hatte ich mein Büro als frisch gebackener Kreissekretär des »Kulturbunds zur demokratischen Erneuerung Deutschlands«. Mein Personal bestand aus einer jungen Sekretärin, die sich ihr Gesangsstudium finanzieren wollte, und Herrn Feige, einem älteren Mann, der Bürobote und Mädchen für alles war. Der Kulturbund war dazu ausersehen, die Wissenschaftler und Künstler für den neuen Staat zu gewinnen. Das sollte einerseits durch Überzeugungsarbeit geschehen, andererseits mit gewissen materiellen Zuwendungen wie den sogenannten IN-Karten. IN stand für Intelligenz. Auf diese Karten gab es monatlich kleine Zusatzrationen von Lebensmitteln. Ich hatte diese Karten an die in Altenburg ansässigen freischaffenden Maler, Schriftsteller und Komponisten zu verteilen. Aber das weit wichtigere Feld war die Überzeugungsarbeit. Gerade hatte der III. Parteitag der SED gemahnt:

»Bei vielen Intellektuellen ist noch nicht die Erkenntnis gereift, dass der Aufbau einer fortschrittlichen deutschen Kultur nur im unablässigen Kampfe gegen alle reaktionären Tendenzen auf kulturellem Gebiet, gegen die volksfeindlichen Theorien des Kosmopolitismus, gegen den bürgerlichen Objektivismus und gegen die amerikanische Kulturbarbarei erfolgen kann.

In der bildenden Kunst ist der entschiedene Bruch mit dem Formalismus noch nicht vollzogen, weil der Formalismus und seine Wurzel, der Kosmopolitismus, nicht als volksfremde und volksfeindliche Strömung, als eine Waffe des Imperialismus erkannt wurden.«

In Berlin war ein Wandbild des Malers Horst Strempel aus dem Bahnhof Friedrichstraße entfernt worden, weil die auf diesem Bild dargestellten Menschen »unförmig proportioniert waren und abstoßend wirkten«. Unter dem Vorwurf des Formalismus war Brecht/Dessaus Oper *Das Verhör des Lukullus* in der Staatsoper Berlin abgesetzt worden. Dem Komponisten wurde vorgeworfen, dass seine Musik »meist unharmonisch ist« und »Verwirrung des Geschmacks erzeugt«.

Die Partei dekretierte: »Eine solche Musik, die die Menschen verwirrt, kann nicht zur Hebung des Bewusstseins der Werktätigen beitragen, sondern hilft objektiv denjenigen, die an der Verwirrung der Menschen ein Interesse haben. Das aber sind die kriegslüsternen Feinde der Menschheit.«

Republikweit wurde nach Beispielen des Formalismus gefahndet. Ich war froh, dass meine Altenburger Maler redliche Realisten waren, dennoch sollte auf Anweisung der Landesleitung des Kulturbunds unter der Überschrift »Wo stehen die Feinde der deutschen Kunst« eine gründliche Diskussion geführt werden. Ich habe das alles damals mit einer gewissen Gläubigkeit angenommen, aber von den Hintergründen wenig verstanden.

Heute schäme ich mich dafür, mit welcher Leichtfertigkeit und Unverfrorenheit ich die Altenburger Maler mit meinem unverdauten Formalismus-Gerede traktiert habe. Aber die Maler waren freundliche Leute, sie ersparten mir eine Fachdiskussion, bei der ich sofort hätte kapitulieren müssen.

Unter meinen »Schützlingen« befanden sich so hochgebildete Menschen wie der Museumsdirektor Hanns-Conon von der Gabelentz. Durch ihn lernte ich die große Sammlung italienischer Vor- und Frührenaissance-Malerei kennen, die das Altenburger Lindenaumuseum besitzt. Überhaupt weckte er in mir das Interesse für Malerei. In den Beständen des Museums waren Arbeiten von Otto Dix und Conrad Felixmüller, die mit Sicherheit nicht den engstirnigen Realismuskriterien der SED genügten. Er zeigte mir Bilder und Grafiken, und beide vermieden wir, sie in irgendeine Beziehung zu der laufenden Diskussion zu setzen.

Die Formalismusdiskussion hatte die SED aus Moskau übernommen. Zu welchen Ergebnissen diese Kunstdiskussion in der Sowjetunion geführt hatte, das war zwei Jahre später in einer großen Ausstellung zu besichtigen, die aus Moskau nach Berlin geschickt worden war: altbackener akademischer Monumentalnaturalismus. Die DDR-Presse feierte diese Ausstellung als große Errungenschaft des sozialistischen Realismus.

Am 15.Oktober 1950 fanden Wahlen zur Volkskammer statt. Wie zahlreiche andere Funktionäre wurde auch ich zum Leiter eines Wahllokals in Altenburg bestimmt. Es gab bei dieser Wahl eine Einheitsliste der Nationalen Front. Die SED und die sogenannten Blockparteien hatten das Recht, Kandidaten aufzustellen. Die Anzahl der Kandidaten richtete sich nach der Mitgliederzahl und brachte der SED erhebliche Vorteile. Aber auch Massenorganisationen wie der Freie Deutsche Gewerkschaftsbund, die Freie Deutsche Jugend und sogar der Kulturbund hatten eigene Kandidaten. Die Begründung dafür war, dass ein großer Teil der Bevölkerung nicht in politischen Parteien organisiert war und deshalb seine Vertreter über die Massenorganisationen in die Parlamente bringen sollte. In Wirklichkeit sicherte sich die SED auf diese Weise ihre satten Mehrheiten. Darüber wurde offen gesprochen. Wenn unsere Genossen in den Massenorganisationen aktive Arbeit leisteten, warum sollten sie dann nicht auch als Kandidaten für die Parlamente gewählt werden? Mir leuchtete das damals ein.

Das Personal der Wahllokale wurde zu einer Instruktionsstunde geladen. Dort erfuhren wir, dass die Wahllokale zwar eine Wahlkabine haben würden, jedoch keinen Bleistift, denn auf den Wahlscheinen gäbe es sowieso nichts anzukreuzen. Wer die Kandidaten der Nationalen Front wählen wollte, faltete einfach den Wahlzettel zusammen und steckte ihn in die Urne. Die Wahlkabine wurde auch nicht, wie üblich, zwischen Wahlzettelausgabe und Urne aufgestellt, sondern in einer Ecke des Raums, so dass jeder Wähler, der seine Stimme nicht offen für die Kandidaten der Nationalen Front abgeben wollte, unter den Augen aller anderen einen Gang quer durch das Wahllokal antreten musste. Zur Begründung für diese Maßnahmen wurde gesagt, es gäbe im Lande noch rückständige, von der Naziideologie beeinflusste Elemente, denen man keine Gelegenheit geben werde, ihre reaktionären Auffassungen als Gegenstimmen bei der Wahl zu artikulieren. Dann wurden noch Anweisungen für das Auszählen der Stimmen gegeben. Falls tatsächlich jemand die Wahlkabine benutzte und einen eigenen Bleistift mit sich führte, so wurde eine Gegenstimme nur gewertet, wenn tatsächlich jeder einzelne Kandidat auf der Liste gestrichen war, alles andere waren »ungültige« Stimmen.

Am Wahltag fand dann der Kampf gegen die reaktionären Elemente gar nicht statt, die kamen entweder nicht zur Wahl oder steckten ihre Wahlzettel seelenruhig in die Urne; wozu sollten sie sich auf diese blöde Weise exponieren. Aber unter zahlreichen älteren Leuten richtete dieser Wahlmodus große Verwirrung an. Sie waren aus der Weimarer Republik gewöhnt, dass man in einer Kabine ein Kreuz macht bei der Partei, die man wählen will, und nun sollten sie weder eine Kabine benutzen, noch fanden sie auf dem Wahlzettel die gewohnten Kreise für ihr Kreuz.

Nach diesem Wahltag hatte ich ein Gefühl, das ich bis heute nicht vergessen habe: Unbehagen über ein Verfahren, das der großen Sache, die ich mit vertreten wollte, nicht würdig war.

Das Landestheater Altenburg erlebte unter dem Intendanten Kurt Jung-Ahlsen damals eine Blüte. Jung-Ahlsen machte Schauspielinszenierungen, aber auch Opernaufführungen wie *Die Kluge* von Orff, die ganz modern waren.

Neben meiner Arbeit im Kulturbund besuchte ich die Generalproben und Premieren und schrieb Theaterkritiken für die Altenburger Stadtzeitung. Langsam festigte sich meine Absicht, im Theater Fuß zu fassen, als Dramaturg oder, wenn möglich, als Regisseur. Ich beschloss, mich für das Studium der Theaterwissenschaft zu bewerben. Da veränderte ein weiterer Zufall meine Absichten.

Manfred Wedlich, ein Schauspieler aus dem Ensemble Jung-Ahlsens übernahm in der folgenden Spielzeit ein kleines Theater in der Nachbarschaft als Intendant: die Vereinigten Kreistheater Crimmitschau/Glauchau. Wedlich fragte mich eines Tages, ob ich nicht mitkommen wolle als Dramaturg und Regieassistent. Ich stimmte begeistert zu. Damit endete meine Karriere im Kulturbund.

Das kleine Theater in der Nachbarschaft von Altenburg erwies sich als ein ziemlich großer Laden. Wir hatten nicht selten 60 Vorstellungen im Monat. Wir mussten nicht nur die beiden Stammhäuser mit Schauspiel und Operette bespielen, sondern hatten auch viele sogenannte »Abstecher« in die kleinen Städten des Westerzgebirges.

Am ersten Arbeitstag las ich auf dem ausgehängten Besetzungszettel für *Egmont*, die erste Schauspielinszenierung der Spielzeit: Inszenierung Sepp Firmans, Regieassistenz Frank Beyer. Sepp Firmans, der Oberspielleiter des Schauspiels, drückte mir das Textheft von *Egmont* in die Hand, es war ein Exemplar mit durchschossenen Leerseiten, auf die ich bei den Stellproben die Auftritte und Abgänge der Schauspieler sowie die Anweisungen des Regisseurs notieren sollte. Als ich am zweiten Tag der Proben ins Theater kam, rief der Oberspielleiter an und bat mich, mit der Probe zu beginnen, er fühle sich nicht gut und komme etwa zwei Stunden später. Mir brach der Angstschweiß aus. Noch nie hatte ich eine Stückprobe geleitet, ich kannte auch das Stück nicht gut genug, um den Schauspielern irgend etwas Interessantes über ihre Figuren und deren Beziehungen zueinander sagen zu können. An diesem Tage hätte meine Karriere als Regisseur ein frühes und schmähliches Ende genommen, wenn nicht die Schauspieler, die natürlich schnell herausgefunden hatten, wie es mit mir stand, freundlich über meine Unfähigkeit hinweggesehen hätten. Wir wiederholten ein paarmal den Text in den Arrangements der Stellprobe, dann erlöste mich mein Oberspielleiter.

Es war ein hartes Arbeitsjahr, aber die Zeit verging wie im

Fluge. In jedem Monat musste eine neue Inszenierung herauskommen, das verlangte die Publikumsorganisation »Volksbühne«. Ständig wurden zwei Stücke parallel geprobt, alle vier Wochen gab es eine Operettenpremiere. Mit dem Spielplan musste nebenbei der Ehrgeiz unseres Schauspieler-Intendanten Manfred Wedlich befriedigt werden: Er spielte nacheinander in dieser Spielzeit den Egmont, den Faust, den Flamm in der *Rose Bernd* und schließlich noch den Wilhelm Tell, der im Juli über die Freilichtbühnen des Bezirks ging. Nach ein paar Monaten hatte sich der mir vorgesetzte Chefdramaturg mit dem Oberspielleiter so überworfen, dass er ausschied. Nun war ich von morgens zehn Uhr bis kurz vor Mitternacht im Theater, war ständig in Inszenierungen als Regieassistent beschäftigt, schrieb die Programmhefte und fuhr auf die meisten Abstecher mit, um die Inszenierung der jeweiligen Bühne oder Freichlichtbühne anzupassen. Über das Niveau der Aufführungen will ich mich hier lieber nicht äußern. Hinter dem Rücken unseres Intendanten nannten wir uns das WWW-Theater: Wedlichs Westsächsische Wanderschmiere. Und das wird wohl nicht ganz falsch gewesen sein.

Aber unsere Vorstellungen waren fast immer ausverkauft, und alle machten ihre Arbeit, so gut sie konnten. Das Angebot, eine erste selbständige Regiearbeit zu übernehmen, nämlich das Weihnachtsmärchen zu inszenieren, hatte ich abgelehnt. Auch eine verlockende Vertragsverlängerung als Chefdramaturg mit Regieverpflichtung wollte ich nicht. Ich hatte begriffen, dass ich in der Theaterarbeit ohne wirkliche Fachausbildung nicht weit kommen würde. Bestärkt hatte mich eine sogenannte Kulturfahrt nach Berlin, die für Leute aus den Provinztheatern organisiert wurde. Man konnte sich 14 Tage lang jeden Abend in einem Berliner Theater ein Stück ansehen, vormittags nahm man an Proben und Exkursionen verschiedener Art teil. Ich sah bei dieser Gelegenheit Brechts Inszenierung der *Mutter Courage* und den *Revisor* am Deutschen Theater mit Willy A. Kleinau und Curt Bois in den Hauptrollen. Noch heute sehe ich das Bild von Bois als Chlestakow vor mir, wie er sich im Bett vor Hunger zusammenkrümmt. Am nächsten Tag sah ich Bois auf der Probebühne des Berliner Ensembles. Brecht probierte mit ihm den Puntila, den Bois von Leonhard Steckel übernehmen sollte. Die Probenatmosphäre war sehr gelöst, Brecht lachte viel, und das beflügelte Bois zu ziemlich groben Späßen. Ich dachte, er würde gleich die Hosen fallen lassen. Das tat Bois zwar nicht, aber er machte ähnlichen Klamauk wie unser Sepp Firmans in Crimmitschau in der Rolle des Harpagon im *Geizigen* von Molière. Je gröber die Späße, desto mehr amüsierte sich Brecht. Ich habe später die Aufführung im Berliner Ensemble gesehen. Der Puntila von Curt Bois war sehr komisch, aber auch sehr gefährlich. Brecht hatte die Angebote des Schauspielers sorgfältig sortiert, alles übernommen, was die Rolle bereicherte, auch grobe Späße, und alles eliminiert, was zur unverbindlichen Kabarett-Nummer tendierte. Bei diesem Berlin-Aufenthalt fand auch eine Exkursion nach Babelsberg statt. Martin Hellberg drehte dort Außenaufnahmen für *Das verurteilte Dorf*. Ich erkundigte mich bei einem seiner Regieassistenten nach Möglichkeiten, bei der DEFA zu arbeiten. Er antwortete mir, das sei kompliziert, alle Stellen wären besetzt und außerdem gebe es keine Zuzugsgenehmigung für Berlin und Umgebung.

Ich schickte meine Bewerbung an die Universität Leipzig, aber eines nachmittags bekam ich im Theater Besuch von einem Mann, der sich als Mitarbeiter des ZK der SED vorstellte und mir erzählte, dass in diesem Jahr die erste größere Studentendelegation zum Studium in die Sowjetunion geschickt werde. Da gäbe es auch ein paar Studienplätze auf dem künstlerischen Sektor. Er fragte mich, ob ich daran interessiert sei, an der Moskauer Filmhochschule zu studieren. In der DDR gab es zu diesem Zeitpunkt noch keine Filmhochschule, sie wurde erst 1954 gegründet. Das war ein so überraschendes und für diese Zeit ungewöhnliches Angebot, dass ich mit der Antwort zögerte.

Ich hatte mich gerade zum ersten Male richtig verliebt, und es war klar, das Auslandsstudium bedeutete Trennung für längere Zeit.

Liddi, meine Freundin, war Maskenbildnerin an unserem Theater und eine anziehende, sehr gutaussehende junge Frau. Sie war acht Jahre älter als ich und hatte eine sechsjährige Tochter aus einer kurzen Ehe gegen Kriegsende. Ihr Mann war verschollen und mit großer Wahrscheinlichkeit beim Prager Aufstand im Mai 1945 umgekommen. Mit dem Altersunterschied hatte ich keine Probleme, im Gegenteil, das war sogar ein besonderer erotischer Reiz in unserer Beziehung. Meiner Mutter gefiel Liddi, trotzdem riet sie mir ab, eine feste Bindung einzugehen. Sie hielt mich einfach nicht für reif genug, eine Ehe einzugehen und Verantwortung zu übernehmen für die Erziehung eines sechsjährigen Kindes. Sie sollte recht behalten.

Ich jedoch war damals entschlossen, ihren Rat nicht zu befolgen.

Als ich Liddi von der Chance des Studiums in Moskau erzählte, war sie schweigsam. Und gewiss mag sie gedacht haben, dass ich mich von ihr trennen wollte.

Ich rief im ZK der SED an und teilte meine Bereitschaft mit, zum Studium nach Moskau zu fahren. Wenige Wochen später wurde ich nach Berlin in das Staatssekretariat für Hochschulwesen bestellt. Dort wurde mir mitgeteilt, dass ich zu den Ausgewählten gehörte und mich zum 1. August 1952 für die Abfahrt nach Moskau bereithalten sollte.

5. Blázní mezí námi

Ich hatte mein Zimmer in Crimmitschau aufgegeben, meinen Koffer gepackt und wartete bei meiner Mutter in Nobitz auf die Nachricht mit dem Abreisedatum.Von Tag zu Tag wurde ich ungeduldiger. Die Fahrt nach Moskau war für Anfang August geplant, jetzt ging der Juli zu Ende, und es gab noch immer keinen Bescheid aus Berlin.

Eines Morgens in den ersten Augusttagen las ich im NEUEN DEUTSCHLAND, dass am Vortage die erste Delegation deutscher Studenten auf dem Ostbahnhof feierlich nach Moskau verabschiedet worden war ...

Etwas Simples war geschehen. Für die Filmhochschule in Moskau waren zwei Gruppen von Studenten ausgesucht worden, die eine vom Staatssekretariat für Hochschulwesen, die andere vom Ministerium für Kultur. Aber nur eine Gruppe war gefahren: die, in der ich nicht war.

Am nächsten Tag saß ich dem Hauptabteilungsleiter Wolfgang Hartmann im Staatssekretariat für Hochschulwesen gegenüber, einem jungen Mann, so dünn und hochaufgeschossen wie ich selber und höchstens fünf Jahre älter als ich.

»Was soll ich machen? Ich habe mein Engagement am Theater gekündigt und meinen Studienplatz zurückgegeben.«

»Was möchtest du machen?«

»Ich möchte Theaterwissenschaften an der Humboldt-Universität studieren.«

Hartmann griff zum Telefonhörer und rief die Humboldt-Universität an. Fünf Minuten später war ich immatrikuliert.

Später stellte sich heraus, dass es eine theaterwissenschaftliche Fakultät an der Humboldt-Universität gar nicht gab. Theaterwissenschaft war eine Fachschaft innerhalb der Germanistik. Als ich das Lehrprogramm mit den Fächern Mittelhochdeutsch und Altgotisch sah, dachte ich, jetzt bist du in eine Falle gelaufen, die du dir selber gestellt hast.

Ende August fuhr ich nach Berlin. Mit Unterkünften für Studenten sah es nicht gut aus, deshalb landete ich in einem Heim für Leistungssportler an der Peripherie von Berlin, in Erkner. Das hatte den großen Vorteil, dass es an einem See lag, und den noch größeren, dass die Verpflegung auf den Bedarf von Spitzensportlern zugeschnitten war. Die lange Fahrzeit nach Berlin-Mitte war damit reichlich kompensiert, außerdem konnte man in der S-Bahn wunderbar lesen. Das Studium an der Uni war bis ins kleinste reglementiert, es gab nur obligatorische Vorlesungen und Seminare, über die Teilnahme wurden Strichlisten geführt, Pflichtlektüre war nicht nur vorgeschrieben, sondern der Lesestoff aufgeteilt von Seite zu Seite. Diese Art Studium war mir nach sechs Wochen so verleidet, dass ich nur noch darüber nachsann, wie ich wieder herauskommen konnte.

Mir fiel nichts ein.

Als Ende Oktober aus dem Staatssekretariat für Hochschulwesen die Anfrage kam, ob ich ein Studium an der Filmhochschule Prag aufnehmen möchte, dachte ich zum ersten Male darüber nach, ob ich vielleicht einen Schutzengel hätte. Hurra! Bloß weg aus dieser preußisch-sozialistischen Paukschule, die sich Universität nannte.

Von diesem Tag an ging ich nur noch in Vorlesungen und Seminare, die mich wirklich interessierten, aber jeden Abend auf Steuerkarten in eines der Berliner Theater.

Vierzehn Tage später saßen drei junge Männer im Vindobona nach Prag. Meine beiden Kommilitonen Ralf Kirsten und Konrad Petzold waren wie ich vom falschen Ministerium für Moskau ausgewählt worden. Eine letzte Erinnerung an das geplatzte Moskaustudium waren lange braune Wintermäntel mit Kunstpelzkragen und eine Art russischer Wintermütze aus dem gleichen Material, mit dem die deutschen Moskaustudenten für den kalten russischen Winter ausgerüstet worden waren. Aus den Restbeständen hatte uns das Staatssekretariat einkleiden lassen. Der hochaufgeschossene, dünne Beyer, der Hänfling Petzold und der rundliche Kirsten in dieser Einheitsmontur, damit hatten wir unseren Spitznamen bei den tschechischen Kommilitonen weg: tři musketyři.

Was würde uns erwarten in diesem unbekannten Land, das bis vor sieben Jahren von der deutschen Wehrmacht besetzt gewesen war? Von dessen Sprache wir kein einziges Wort verstanden. Auf den Terror der Nazis während des Krieges hatten die Tschechen 1945 mit der Vertreibung der Deutschen geantwortet, die in der beschönigenden Sprache der DDR »Umsiedlung« hieß.

Wir kamen in ein novembertrübes Prag, das auf uns zunächst einen hässlichen Eindruck machte. Die große Schönheit dieser Stadt erschloss sich uns erst allmählich. Der Empfang in der Filmhochschule und in der Slawistikabteilung der Karlsuniversität, wo wir einen Lehrgang in Tschechisch belegen sollten, war ungewöhnlich freundlich. Keine einzige unserer Befürchtungen sollte sich bewahrheiten.

Kirsten und Petzold waren für das Fach Filmregie, ich für Filmdramaturgie eingeschrieben. Es stellte sich heraus, Filmdramaturgie war eine Szenaristenausbildung, in den Seminaren saßen künftige Drehbuchschreiber, die zumeist schon Talentproben in Form von Kurzgeschichten oder in anderen literarischen Genres abgeliefert hatten.

Da saß ich schon wieder im falschen Boot.

Ich meldete mich bei Professor Kratochvíl an, dem Dekan der Filmfakultät FAMU, sagte ihm, dass ich die Kriterien für das Dramaturgiestudium nicht erfüllen könne, und bat darum, mich für Filmregie einzuschreiben. Ich befürchtete, Kratochvíl würde sich für nicht zuständig erklären und mich an die DDR-Behörde verweisen, die mich delegiert hatte. Aber er sagte nur: »Nichts leichter als das. Lassen Sie sich in der Regieabteilung einschreiben. Ich sage dort Bescheid.«

Das Studentenheim in der Hradební ulice 7, in dem wir wohnten, war ein etwas heruntergekommenes vierstöckiges Gebäude, in dem Studenten aller Fakultäten der Akademie musických umění (AMU) wohnten: Filmleute, Schauspieler, Sänger, Tänzer und Tänzerinnen und leider auch Musiker. Ich wohnte ein Jahr lang mit einem Geiger zusammen, und zwar mit einem fleißigen Geiger, der fast die ganze Woche zu Hause übte. Ich habe in diesem Jahr die Tage meistens in der Stadtbibliothek verbracht und das Zimmer nur zum Schlafen benutzt. In diesem Jahr hat sich bei mir eine gewisse Aversion entwickelt, die noch lange meine berufliche Arbeit bestimmte. Vor dem Film *Jakob der Lügner* gab es in keiner Partitur meiner Filmmusiken Violinen …

Miloš Forman, gleichaltriger Mitstudent und später Regisseur berühmter tschechischer und US-amerikanischer Filme, schreibt über die FAMU in diesen Jahren:

»Die Schule bot uns die Gelegenheit, unter Anleitung einiger der besten tschechischen Künstler unsere Sensibiliät und Persönlichkeit zu entwickeln. Viele davon zählten zu der Sorte von Schriftstellern, Regisseuren und Filmprofis, denen die eigene Karriere eigentlich keine Zeit zum Unterrichten hätte lassen dürfen, aber die Kommunisten hatten sie ausgeschlossen, und ihnen blieb keine andere Wahl, als sich auf diese Weise ihren Lebensunterhalt zu verdienen. Wenn ich heute über meine Ausbildung nachdenke, würde ich sagen, das Wichtigste, das sie mir brachte, entsprach dem, was sie meinen Lehrern brachte, nämlich eine Möglichkeit, dem tobenden Sturm des Stalinismus zu trotzen, der an jedem im Land seine Wut ausließ.«

Tatsächlich begann am 20. November 1952, wenige Tage nach unserer Ankunft in Prag, der »Prozess gegen die Leitung des staatsfeindlichen Verschwörerzentrums mit Rudolf Slánský an der Spitze«. Rudolf Slánský war der Generalsekretär der Kommunistischen Partei der Tschechoslowakei. Mit ihm waren dreizehn weitere hohe Funktionäre der Kommunistischen Partei angeklagt, die im spanischen Bürgerkrieg auf der Seite der republikanischen Regierung gekämpft, in den Partisaneneinheiten in Frankreich und der Slowakei ihr Leben riskiert und in faschistischen Gefängnissen und Konzentrationslagern in Deutschland gesessen hatten.

Seitenlang wurde im *Rudé Právo*, dem Zentralorgan der KPČ, über den Prozess berichtet. Der tschechische Rundfunk übertrug den Prozessverlauf aus dem Pankracer Gerichtsgebäude. Die gleichen Leute, die ihr Leben für die Sache der Arbeiter und für die Befreiung ihres Landes eingesetzt hatten, gestanden nun freiwillig und in aller Öffentlichkeit, »... von frühester Jugend an imperialistische Spione, trotzkistische Verräter und Agenten einer titoistischen, zionistischen, bürgerlich-nationalistischen Verschwörung zum Sturze der volksdemokratischen Ordnung, zur Ermordung Klement Gottwalds gewesen zu sein«.

Von ähnlichen Prozessen während der dreißiger Jahre hatte ich in der Geschichte der KPdSU gelesen, ähnliche Prozesse hatte es in den Nachkriegsjahren seit 1948 in Albanien, Bulgarien, Rumänien und Ungarn gegeben, aber das war zeitlich oder geografisch weit entfernt.

Nun war es plötzlich unmittelbare Gegenwart und fand vor unserer Haustür statt. Es war offensichtlich, dass die Angelegenheit einen antisemitischen Grundton hatte. Die jüdische Abstammung der »Verbrecher« wurde immer wieder betont. Und es war von einer zionistischen Verschwörung im Auftrag der englischen und amerikanischen Imperialisten die Rede.

Die Stimmung im Studentenheim war gedrückt. Es gab latente Ängste, aber man versuchte auch, sich die Sache zu erklären. Tschechische Kommilitonen übersetzten mir manches aus der Zeitung. Von der Verschärfung des Klassenkampfes war die Rede, von den verzweifelten Versuchen der Imperialisten, das Rad der Geschichte zurückzudrehen, und immer wieder von der Tito-Clique in Belgrad, deren Agenten überall in den Bruderparteien Wühltätigkeit entfalteten.

Der Prozess endete nach wenigen Tagen. Drei der Angeklagten wurden zu lebenslänglicher Zuchthausstrafe, die anderen zum Tode verurteilt. Sie wurden Anfang Dezember hingerichtet, ihre Körper verbrannt, die Asche auf eine vereiste Landstraße gestreut.

Das Ganze war für mich ein sehr fremder, irgendwie barbarischer, aber nicht aufklärbarer Vorgang.

Heute weiß man vom Ausmaß des stalinistischen Terrors.

Und man weiß auch, warum es in der DDR nicht zu ähnlichen Exzessen kam. Nicht etwa, weil unsere Stalinisten weniger brutal als die sowjetischen oder die tschechoslowakischen gewesen sind. Nein, die Opfer waren schon ausgesucht, die Vernehmer und Untersuchungsrichter hatten ihre Arbeit schon begonnen. Aber der Tod Stalins kam ihnen dazwischen. Zudem hätten im gesamtdeutschen Sprachraum solche Prozesse vor dem offenen Fenster nach Westen stattfinden müssen, deshalb zögerten die sowjetischen Berater, die gerade in Prag ganze Arbeit geleistet hatten. Das hat uns vor dem Schlimmsten bewahrt.

Der Prager Alltag begann für uns morgens mit dem Besuch einer mlékárna, einem Milchgeschäft, aber im Gegensatz zu DDR-Milchgeschäften konnte man dort auch frühstücken.

Das Frühstück bestand aus einem rohlíček – einem Hörnchen – und einem halben Liter Milch oder Kakao. Es folgten Vorlesungen, Seminare und praktische Arbeit im Atelier, Filmvorführungen und Tschechischunterricht. Der Mittwoch war für alle Ausländer frei. An diesem Tag hatten unsere tschechischen Kommilitonen ein Fach, das die meisten haßten wie die Pest: vojenská výchova, vormilitärische Ausbildung. Dieses Fach konnte man nicht schwänzen. Die Universitätsbehörde kannte ihre im Geiste Schwejks erzogenen Studenten und hatte verfügt, dass die lückenlose Teilnahme an der vormilitärischen Ausbildung Voraussetzung dafür war, zu den Semesterabschlussprüfungen zugelassen zu werden. Ausländer durften an diesem Fach nicht teilnehmen. DDR und ČSR waren zwar befreundete Länder, aber die Freundschaft war wiederum nicht so eng, dass man sich gegenseitig in militärische Geheimnisse einweihte. Das hieß in unserem Falle, dass deutsche Studenten nicht sehen sollten, wie tschechische Studenten mit Panzerfäusten aus Pappe auf Panzer aus Pappe schossen. Deshalb hatten wir mittwochs frei.

Unsere Hauptfächer in der FAMU waren Filmregie, Schauspiel und Filmgeschichte. Im Hauptfach, das in Seminarform stattfand, mussten in jedem Semester praktische Arbeiten angefertigt werden. Man musste nicht unbedingt eine eigene Geschichte erfinden, aber man musste in jedem Falle eine Geschichte *finden*, wo auch immer, in der Literatur, der Zeitung, bei Studenten der Dramaturgie. Überhaupt wurde Eigeninitiative groß geschrieben, im Gegensatz zur DDR-Universität dieser Jahre.

Die FAMU besaß ein kleines Atelier, in dem die höheren Regiejahrgänge ihre Übungsfilme mit Schauspielern drehten. Es gab einen Tischler und einen Elektriker (Beleuchter), alle anfallenden Arbeiten im Atelier wurden von Studenten unter Anleitung dieser beiden Handwerker gemacht. Dabei galt das Prinzip, dass die niederen Arbeiten von den niederen Jahrgängen ausgeführt wurden.

Man wurde eingeteilt als Beleuchter oder musste Dekorationen bauen, also viele Arbeiten verrichten, die für die praktische Beherrschung des Berufs nützlich waren.

Von großer Bedeutung war der systematische Unterricht in Filmgeschichte. Der Kern dieses Unterrichts bestand natürlich in der Vorführung von Filmen. Das Prager Filmarchiv ist eines der größten in der Welt, und dieses Archiv stand der Schule beinahe unumschränkt zur Verfügung. Mich beeindruckten vor allem die sowjetischen und französischen Filme der dreißiger Jahre. In beiden Ländern erlebte die Filmkunst in dieser Zeit eine Blüteperiode. Der Realismus und die Bildkultur von Filmen wie *Die große Illusion, Hafen im Nebel, Der Tag beginnt* oder *Die Spielregel* bei den Franzosen oder *Wir aus Kronstadt, Tschapajew, Die Maximtrilogie* bei den Russen wurden für mich Maßstab für die Beurteilung der gegenwärtigen Filme und beunruhigten mich gleichzeitig, weil ich überhaupt nicht ahnte, ob und wie ich solche Qualität selber einmal erreichen könnte. Eine weitere Beunruhigung entstand aus der Tatsache, dass aus der Sowjetunion nichts mehr kam, was einen Vergleich mit diesen zwanzig Jahre alten Filmen ausgehalten hätte. Was war passiert bei den Russen? Sie filmten klassische Theaterstücke. Es wurden sogar Theateraufführungen dieser Stücke abgefilmt. Und es gab eine Sorte von Gegenwartsfilmen, die wir Radiofilme nannten. In ihnen wurden konstruierte Scheinprobleme in endlosen Diskussionen abgehandelt. Der Realismus und die Bildkultur der dreißiger Jahre waren verlorengegangen. Und dann wiederum gab es sowjetische Filme, die mein an den realistischen Filmen der dreißiger Jahre geschärfter Blick als absolut verlogen empfand. Wenn Stalin in *Das unvergeßliche Jahr 1919*, in strahlend weißer Paradeuniform auf dem Trittbrett eines Panzerzuges fahrend, die Konterrevolution bekämpft, war klar, dass zwischen diesem Film und *Wir aus Kronstadt* Abgründe lagen. Aber *Das unvergeßliche Jahr 1919* wurde von der Kritik und der Kulturpolitik über den grünen Klee gelobt und als Vorbild empfohlen. An der Schule wurden diese Fragen nicht besprochen. Wir gingen nicht mehr in die neuen Filme, die aus der Sowjetunion kamen, sondern sahen uns lieber zum dritten und vierten Male die alten Filme an, wenn sie, immer um den Jahrestag der Oktoberrevolution herum, in den Prager Vorstadtkinos gezeigt wurden. Später hatten wir drei Deutsche mit einem Dozenten ein Spezialseminar über den deutschen Film der Nazizeit. Während des Kriegs war ein beträchtlicher Teil des deutschen Filmarchivs nach Prag ausgelagert worden. Die Kopien dieser Filme waren als Kriegsbeute in Prag geblieben und lagerten dort im Giftschrank, jedenfalls diejenigen, die Naziideologie verbreiteten. Gerade diese Sorte sahen wir uns an, von *Hitlerjunge Quex* bis zu *Jud Süss* und *Kolberg*, einem 1944 gedrehten Durchhaltefilm in historischem Gewande. Dieses mit Riesenaufwand hergestellte Nazi-Machwerk glich in seiner Ästhetik dem *Unvergeßlichen Jahr 1919* wie ein Ei dem anderen.

Das war für mich damals ganz und gar unverständlich. Verhielten sich doch Nazi-Ästhetik und Sozialistischer Realismus angeblich wie Feuer und Wasser.

Nach dem Ende des zweiten Studienjahrs, als wir alle Prüfungen bestanden hatten und uns auch in der Landessprache leidlich zurechtfanden, fuhren wir nach Hause. Wir wollten in den Ferien vor allem das DEFA-Studio für Spielfilme, unser künftiges Arbeitsfeld, kennenlernen und ein erstes Praktikum dort absolvieren. Ich weiß bis heute nicht, wem ich es zu verdanken hatte, dass ich als Praktikant dem Drehstab von Kurt Maetzig zugeteilt wurde, der gerade in den Vorbereitungsarbeiten für den zweiten Teil des Thälmann-Films steckte. Kurt Maetzig und sein Assistent Günter Reisch behandelten mich vom ersten Tag an als vollwertigen Mitarbeiter. Kurt Maetzig, der Autor Willi Bredel und der Hauptdarsteller Günter Simon waren in der DDR berühmte Leute. Sie hatten gerade mit dem ersten Teil des Thälmann-Films einen großen Erfolg beim Publikum und bei der Kritik gehabt. Das Drehbuch zum zweiten Teil des Thälmann-Films gefiel mir nicht: zu sehr Heldenlegende. Natürlich hätte ich nie gewagt, ein Wort der Kritik zu äußern, aber ich hatte das Gefühl, dass hier eher ein Film vom Typ *Das unvergeßliche Jahr 1919* als vom Typ *Wir aus Kronstadt* vorbereitet wurde.

Im Oktober reiste ich wieder nach Prag zurück, um im 3. Studienjahr zum ersten Mal eine Filmübung mit professionellen Schauspielern zu machen. Kirsten, Petzold und ich hatten auf der Suche nach Stoffen drei satirische Texte gefunden, die uns für einen 30-40 Minuten langen Film geeignet erschienen.

Heinar Kipphardt hatte eine kleine Geschichte aufgeschrieben von einem Mann, der sich im Winter in einem Konfektionsgeschäft einen Wintermantel kaufen will. Der höfliche Verkäufer weist ihn darauf hin, dass er sich einen Wintermantel im Sommer kaufen müsse. Wintersachen führe das Geschäft im Winter nicht. Tatsächlich ist das Geschäft voller Leute, die sich mit Sommersachen eindecken. Der Mann wendet ein, dass er früher Wintersachen immer im Winter ... »Lieber Herr«, erklärt ihm der Verkäufer, »früher, unter kapitalistischen Verhältnissen ... das kann schon sein. Aber heute arbeiten unsere Konfektionsbetriebe nach Plan. Und unsere Werktätigen sind so fleißig gewesen, dass sie den Plan übererfüllt haben und um eine ganze Saison voraus sind. Wie Sie sehen, trägt unsere verehrte Kundschaft dem durchaus Rechnung.« Schließlich schwatzt der Verkäufer unserem Mann einen Tennisanzug auf ...

Das war ein witziger Einfall von Kipphardt, jeder wusste natürlich, dass Wintermäntel im Winter deshalb nicht verkauft wurden, weil sie nicht fertig waren.

Die beiden anderen Geschichten hatten einen ähnlichen satirischen Grundton. Wir verknüpften diese drei Texte durch eine Rahmenhandlung und nannten den Film *Blázní mezí námi (Die Irren sind unter uns)*.

Ich glaube heute noch, es entstand ein guter Film, vor allem

Dank unseres Hauptdarstellers Vlastimil Brodský, der damals schon ein sehr bekannter Schauspieler am Prager Armeetheater war. Die Schule konnte Schauspielern keine oder nur symbolische Gagen zahlen; Ehrgeiz der Studenten war es, trotzdem erstklassige Schauspieler zu verpflichten. Und sie kamen gern, wenn sie Zeit hatten. Vielleicht auch mit dem Gedanken, dass hier der Nachwuchs am Werke war, mit dem man später vielleicht zusammenarbeiten würde.

Tatsächlich hat Vlastimil Brodský zwanzig Jahre später die Hauptrolle in meinem Film *Jakob der Lügner* gespielt.

Liddi sah ich in dieser Zeit zweimal im Jahr. Sie war inzwischen an den Städtischen Bühnen in Leipzig engagiert. Im März 1955 wurde unsere Tochter Elke geboren. Die Geburt eines Kindes war aber keineswegs ein Grund für einen Urlaub. Es herrschte ein strenges Reglement. Die Moskau-Studenten durften einmal im Jahr, während der Sommerferien, nach Hause fahren, wir in Prag hatten das Privileg einer zusätzlichen Reise um Weihnachten herum. Es gab ja noch keinen privaten Reiseverkehr zwischen der DDR und der ČSR, und da man nur mit einem Visum über die Grenze kam, gab es auch keine Chance für eine ungenehmigte Stippvisite. Zum Studium nach Moskau und Prag durften ausnahmslos unverheiratete Studenten fahren. Es entstanden Freundschaften und Liebesbeziehungen zwischen Deutschen und Tschechen, Russen und Ungarn. Das sah man in Berlin überhaupt nicht gern. Vor allem, wenn in Aussicht stand, dass Studentinnen auf Dauer im Ausland bleiben wollten. Deshalb wurde in den Sommerferien eine Versammlung aller Auslandsstudenten einberufen, auf der Kurt Hager, damals Leiter der Abteilung Wissenschaft beim ZK der SED, eindringlich an die Studenten appellierte, doch im Ausland keine intimen Beziehungen einzugehen und daran zu denken, dass die DDR fest damit rechnet, dass alle Studenten zurückkehren und ihre im Ausland erworbenen Kenntnissse dem Lande zur Verfügung stellen. Wenn er es nur bei diesem Appell belassen und nicht den Klassiker Karl Marx bemüht hätte. Dessen Verhalten in jungen Jahren sei beispielhaft gewesen. Er sei acht Jahre lang mit Jenny von Westphalen verlobt gewesen, bevor er die Ehe mit ihr schloss. Da gab es aus den hinteren Reihen einen zustimmenden Zwischenruf: Und Friedrich Engels hat überhaupt nicht geheiratet!

Im Sommer und Frühherbst 1955 machte ich mein nächstes Praktikum im DEFA-Studio für Spielfilme.

Ich war jetzt zweiter Regieassistent im Film *Zar und Zimmermann* bei dem westdeutschen Gastregisseur Hans Müller. Filmregie war Müllers Hobby. Er besaß eine Drogerie in Westfalen und war offenbar nicht darauf angewiesen, sein Geld beim Film zu verdienen.

Hans Müller war ein freundlicher Mann, ganz das Gegenteil eines autoritären Filmregisseurs. Wenn etwas nicht klappte, war er etwas ratlos und traurig, ich habe ihn nie wütend erlebt und nie gehört, dass er einen Mitarbeiter angeschrien hat. Der Drehtag begann morgens in seiner Garderobe mit einem *Underberg*, dann steckte er sich eine Zigarre an und ließ sich von mir aus einem gehefteten Drehbuch die Seiten geben, die zum Tagespensum gehörten. Nach Drehschluss am Abend zerriss er die abgedrehten Seiten und warf sie mit einem etwas angewiderten Gesichtsausdruck weg. Als der Film abgedreht war, hatte er auch kein Drehbuch mehr.

Der Drehstab war ein getreues Abbild des Gesamtstudios: ein Gemischtwarenladen. Zahlreiche Mitarbeiter der alten UFA, die überwiegend in den Westteilen von Berlin wohnten, waren 1946 von der DEFA übernommen worden. Sie wurden zwar wie alle anderen in Ostmark bezahlt, konnten aber einen Teil des Geldes bei einer Senatsdienststelle in Westmark umtauschen. Für den Rest des Ostgeldes kauften sie im Osten billig Lebensmittel ein und nahmen Dienstleistungen in Anspruch. Viele nutzten das Währungsgefälle, tauschten einen Teil des Westgeldes zum Schwarzkurs von 1:4 in Ostmark zurück und kauften dann praktisch für Pfennige im Osten ein. Das gab natürlich böses Blut.

Die Schauspieler und Sänger des Films kamen wie selbstverständlich sowohl aus dem Osten wie aus dem Westen, manche mit mehreren Wohnsitzen wie der vorzügliche Charakterschauspieler Willy A. Kleinau, der im Film den van Bett spielte und sowohl ein Haus in Babelsberg als auch eine Wohnung in Westberlin hatte.

Als ich im September gerade nach Prag zurückfahren wollte, bat mich Kurt Maetzig zu sich. Er bereitete einen zweiteiligen Spielfilm nach einem Drehbuch von Kuba[1] mit dem Titel *Schlösser und Katen* vor. Sein bisheriger 1. Regieassistent Günter Reisch drehte seinen ersten eigenen Film als Regisseur. Kurt Maetzig fragte mich, ob ich Reischs Nachfolger werden wolle. Mir gefiel dieser Gedanke gut, aber ich war mir nicht sicher, ob ich dadurch nicht ein Studienjahr in Prag verlieren würde. Deshalb bat ich Kurt Maetzig, an die Leitung der FAMU einen Brief zu schreiben mit der Bitte, mir zu gestatten, das 4. Studienjahr extern bei der DEFA zu verbringen. Ich erhielt diese Erlaubnis unter der Bedingung, die Prüfungen anschließend nachzuholen.

---

[1] Kurt Barthel

6. Schauspielerdialog

Raimund, ich habe am Anfang des Stückes eine Szene, in der ich volltrunken bin. Wie soll ich das spielen?

Das kannst du nicht spielen.

Wieso?

Einen Betrunkenen kann man nicht spielen.

Soll ich verlangen, dass die Szene gestrichen wird?

Nein.

Also was?

Du gehst nicht zu spät am Nachmittag ins Theater und holst dir aus der Kantine ein Fläschchen.

Was für ein Fläschchen?

Was du magst. Weinbrand. Stolitschnaja. Nordhäuser Doppelkorn. Von Cottbusser Whisky rate ich ab. Bis zum Vorstellungsbeginn hast du das Fläschchen in deiner Garderobe geleert. Wenn der Lappen hochgeht um halb acht, gehst du raus und wirst als Besoffener wunderbar sein.

Gut. Aber anschließend habe ich fünf Szenen, in denen ich stocknüchtern bin.

Ja, ... das musst du *spielen.*

7. Was Krupp in Essen,
ist Schelcher im Trinken

Raimund Schelcher war ein wunderbarer Schauspieler mit einem unverwechselbaren, zerfurchten Gesicht. Und er war ein schwerer Trinker. Kurt Maetzig hatte ihn für die Hauptrolle in dem zweiteiligen Film *Schlösser und Katen* engagiert. Er spielte den »krummen Anton«, einen getretenen und geschundenen Landarbeiter, der sich in den Nachkriegsjahren nur schwer in seinem mecklenburgischen Dorf zurechtfindet. Schelcher war am »Berliner Ensemble« engagiert und gerade von einer Entziehungskur zurückgekehrt, in die ihn das BE geschickt hatte. Brecht war dagegen, dass Schelcher die Filmrolle übernahm, aber Schelcher wollte den »krummen Anton« unbedingt spielen. Brecht wusste, er würde ihn nicht halten können, deshalb versuchte er Druck auf Maetzig auszuüben. Ich war bei einem Telefongespräch im Zimmer, bei dem es hoch herging. Brecht behauptete, Schelcher sei ein labiler Mann, den das BE gerade noch aus einer lebensbedrohlichen Situation gerettet habe. »Er wird bei Ihnen rückfällig werden, Sie werden den Film nicht zu Ende drehen können, und Schelcher wird während dieser Arbeit zugrunde gehen.« Das Telefongespräch artete in einen handfesten Streit aus. Maetzig gab nicht nach. Als er den Hörer auflegte, war er blass im Gesicht und sagte: »Er hat mir gedroht, dass er mich vor der Weltöffentlichkeit als Mörder hinstellen wird, wenn Schelcher während der Dreharbeiten das passiert, was ganz unvermeidlich ist, nämlich dass er am Alkohol zugrunde geht!«

Die Dreharbeiten von *Schlösser und Katen* begannen mit Außenaufnahmen in Mecklenburg im Winter 1956. Maetzig hatte eindringlich mit Schelcher über seine Sorge gesprochen, dass er rückfällig werden könnte. Schelcher hatte hoch und heilig versprochen, nicht zu trinken. Seine Frau Ali war dabei, zu seiner Betreuung und Überwachung. Und die Kneipen und Konsumverkaufsstellen in den Mecklenburger Dörfern, in denen wir drehten, waren durch die Aufnahmeleitung instruiert, an Schelcher keine alkoholischen Getränke zu verkaufen. Wir hatten ein paar Wochen lang gedreht, und alles ging gut. Schelcher kam jeden Tag nüchtern an den Drehort, war großartig in der Rolle, und wir hatten seine Gefährdung fast vergessen.

Dann kam ein eiskalter Februartag. Wir hatten Tagesaufnahmen gemacht, in denen Schelcher nichts zu tun hatte, daran sollten sich ab Abenddämmerung Nachtaufnahmen anschließen. Schelcher war mittags in die Maske gegangen und hatte seitdem mit seiner Frau in der Dorfgaststätte auf seinen Auftritt gewartet. Als ich gegen 18 Uhr in die Gaststätte kam, um ihn zu den ersten Proben zu holen, folgte er mir bereitwillig und sagte unterwegs sehr merkwürdige Sätze: »Die Sonne ist rot ... Aber hier im Osten ist ja alles rot ... Also warum sollte die Sonne, wenn sie untergeht, nicht rot sein ...« An einer strohgedeckten Kate war eine Kamerafahrt vorbereitet worden für eine lange Dialogpassage zwischen Erwin Geschonneck und Schelcher, der so betrunken war, dass er keine zwei zusammenhängenden Sätze sprechen konnte. Später stellte sich heraus, er hatte am Nachmittag in der Gaststätte 12 Tassen Kaffee getrunken. Den ersten Kaffee hatte seine Frau Ali gekostet, in den nächsten 11 Tassen war jeweils ein doppelter Weinbrand. Er hatte den Kneipier bestochen. Wir kamen an diesem Drehtag nur schwer über die Runden. Manche Einstellungen wurden 30mal gedreht. Ich lief neben dem Kamerawagen her und soufflierte Schelcher den Text. So kamen wir Satz für Satz weiter bis zum Ende der Szene.

Am nächsten Tag war im Drehstab der Kalauer geboren, der diesem Kapitel die Überschrift gibt.

Maetzig war geschockt. Brechts Voraussagen schienen sich

zu erfüllen. Es stellte sich heraus, dass dies nicht die erste Sauf-tour von Schelcher war. Er hatte auch an drehfreien Tagen schwer getrunken oder bereits an den Abenden davor.

Was tun? Der Film befand sich im ersten Drittel der Pro-duktion, eine Umbesetzung war theoretisch möglich. Aber weit und breit kein Schauspieler, der Schelcher wirklich ersetzen konnte. Seine Qualität in Kombination mit seinem Typ gab es in der DDR nicht noch einmal.

Maetzig entschloss sich, eine Zweitbesetzung zu engagieren, den Schauspieler Hans Hardt-Hartloff. Hartloff war ein guter Schauspieler. Er hatte an kleineren Bühnen das gesamte Cha-rakterfach gespielt. Er konnte zwar Schelcher nicht wirklich er-setzen, aber wenn der tatsächlich nicht durchhalten würde, konnte man den Film mit dieser Zweitbesetzung vielleicht doch noch retten. Maetzig sprach mit Hartloff offen. Ich bin bei die-sem Gespräch nicht dabeigewesen, aber es wird so oder so ähn-lich verlaufen sein:

M.: Wir drehen einen zweiteiligen Kinofilm, der sehr teuer ist, er heißt *Schlösser und Katen*.
H.: Ich habe davon gehört. Mit Raimund Schelcher in der Hauptrolle.
M.: Ja. Er spielt den »krummen Anton«.
H.: Und was soll ich spielen?
M.: Was Schelcher spielt. Den »krummen Anton«. Schelcher hat ein Alkoholproblem. Dadurch ist das gesamte Projekt ge-fährdet.
H.: Ich soll die Rolle von Schelcher übernehmen?
M.: Ja und nein. Ich möchte, dass Sie die Rolle *auch* spie-len …
H.: …?
M.: Ich will die Rolle ab sofort doppelt besetzen. Jede Einstel-lung, die der »krumme Anton« hat, wird doppelt gedreht. Ein-mal mit Schelcher und einmal mit Ihnen.
H.: Sie wollen mich, für den Fall, dass Schelcher wegen seines Alkoholproblems ausfällt, als Ersatzmann haben?
M.: Ja.

H.: Sie haben natürlich den dringenden Wunsch, dass Schelcher nicht ausfällt. Sonst würden Sie mir ja sagen, dass Sie die Rolle umbesetzen und dass ich sie übernehmen soll.

M.: Sie sagen es.

H.: Wenn ich das alles richtig verstehe, heißt das für mich, je besser ich die Rolle spiele, um so geringer ist meine Chance, mich in dem fertigen Film wiederzufinden.

M.: Das haben Sie richtig verstanden. Ich will einen starken Druck auf Schelcher ausüben, auch im Interesse seiner Gesundheit. Er soll ein Gefühl dafür bekommen, dass er ersetzbar ist. Je stärker dieses Gefühl bei ihm ist, um so mehr wird er sich anstrengen, und um so geringer ist die Gefahr eines Rückfalls.

H.: Könnten Sie es nicht mit einem Kollegen machen, der weniger ehrgeizig ist, als ich es bin?

M.: Nein. Ich brauche dafür einen erstklassigen Charakterschauspieler. Sonst ist das Ganze nicht glaubhaft für Schelcher. Ich weiß, das ist eine Zumutung für Sie. Sie sollen eine gute Gage bekommen. Und ich verspreche Ihnen, ich werde mich dafür verwenden, dass Sie anschließend in anderen DEFA-Filmen Rollen bekommen. Ich hoffe, Sie helfen uns in dieser Sache, falls es Ihre Zeit erlaubt.

H.: Meine Zeit erlaubt es.

Von Stunde an drehten wir alle Einstellungen zweimal, einmal mit Schelcher, dann verließ Schelcher den Schauplatz, und Hartloff kam. Die beiden Schauspieler verstanden sich gut. Schelcher wusste natürlich auch, warum Hartloff engagiert worden war.

Übrigens war Hartloff auch ein großer Schlucker, und die ganze Zeit über stellte ich mir vor, was geschehen würde, wenn er tatsächlich seine Chance begriff und Schelcher zum Trinken verführte … Aber es ging alles gut. Schelcher ging jeden Morgen in meiner Begleitung oder in der eines Aufnahmeleiters in die Betriebspoliklinik und nahm eine Antabustablette, deren Wirkstoff in Zusammenhang mit Alkohol zu Herzrasen, Blutdruckabfall und Kopfschmerzen führt. Die Schwester bescheinigte ihm die tägliche Einnahme der Tablette in einem kleinen

Notizheft. Er hielt bis Ende des Films durch und war ganz vorzüglich in der Rolle.

Mich hat diese Geschichte als Ausgangssituation für eine Filmkomödie immer wieder beschäftigt, und vielleicht gelingt es mir noch einmal, daraus einen Film zu machen.

8. Fehlstart

Das DEFA-Studio für Spielfilme war zu jener Zeit bei Jahresbeginn immer wieder in der gleichen Situation. Es fehlte an fertigen Drehbüchern, Ateliers und Belegschaft waren nur teilweise ausgelastet. Eine fieberhafte Suche nach Stoffen begann, das Archiv wurde durchgesehen und so mancher, vor Jahren abgelegte Stoff wieder ausgegraben. In diesem Jahr förderten die Dramaturgen ein zehn Jahre altes Drehbuch mit dem Titel *No Pasaran* zutage. Dieses Drehbuch hatten Kurt Maetzig und Eduard Claudius nach dessen Roman *Grüne Oliven und nackte Berge* geschrieben. Es spielte während des spanischen Bürgerkriegs und sollte 1948 mit Außenaufnahmen in Jugoslawien gedreht werden. Maetzig und Claudius saßen im Februar 1948 im Flugzeug nach Belgrad. Bei einem Zwischenaufenthalt in Prag trafen sie sich mit einem Redakteur des Rudé Právo.

Als dieser vom Zweck der Reise nach Jugoslawien hörte, übersetzte er ihnen einen Artikel, der am nächsten Tag im Zentralorgan der KPČ erscheinen würde. Es war die Entschließung des Kominformbüros der Kommunistischen Parteien, die den jugoslawischen Präsidenten Tito zum Verräter erklärte und zu seinem Sturz aufrief. Maetzig und Claudius setzten die Reise nach Belgrad am nächsten Tage fort. Weder sie noch ihre jugoslawischen Partner sprachen über die neue Lage, aber es war allen Beteiligten klar, dass diese Zusammenarbeit nicht stattfinden würde. Danach wurde das Drehbuch ins Archiv gelegt, und nun war es wiederauferstanden, sollte im Eilverfahren überarbeitet werden und im Sommer in Produktion gehen. Es war klar, Kurt Maetzig würde diesen Film nicht machen können, denn er war bis in den Herbst hinein mit den Dreharbeiten und der Endfertigung von *Schlösser und Katen* beschäftigt. Er gab mir das Szenarium von *No Pasaran* und sagte: »Wenn es dir gefällt, lass' ich dich aus meinem Film raus, ich werde dein Mentor sein, und du kannst deinen ersten eigenen Film machen.« Ich war begeistert von dem Stoff, der Studiodirektor Albert Wilkening stimmte Maetzigs Vorschlag zu, und ich konnte Eduard Claudius dazu gewinnen, sofort mit mir zusammen an die Überarbeitung des alten Szenariums zu gehen.

Aber ich hatte die Rechnung ohne den Wirt gemacht. Zunächst ging alles gut. Das Drehbuch wurde abgenommen, und ich begann mit der Vorbereitung der Produktion, nein, ich stürzte mich in die Arbeit. Als ich eines Tages von einer längeren Motivsuche ins Studio zurückkam, fragte mich ein Bekannter: »Stimmt es, dass Martin Hellberg dein Filmprojekt übernommen hat?« Ich war schockiert. Hellberg war Schauspieler und ein paar Jahre lang Generalintendant und Regisseur am Staatstheater Dresden. Er hatte für die DEFA *Das verurteilte Dorf* gedreht, einen Film gegen die Wiederaufrüstung in Westdeutschland, der auf der Filmkonferenz 1952 über alle Maßen gelobt worden war.

Was war geschehen? Ich hatte Probeaufnahmen mit einem Schauspieler gemacht, der gerade den Thomas Müntzer im gleichnamigen Film bei Hellberg gespielt hatte. Dieser Schauspieler hatte Hellberg mein Drehbuch zu lesen gegeben, Hellberg hatte es toll gefunden und es sich »unter den Nagel gerissen«.

Ich wurde zum Studiodirektor gebeten, dort saßen schon Kurt Maetzig, Martin Hellberg und der Altmeister Slatan Dudow, der als Erfinder des proletarischen Films galt, seit er 1931 nach einem Drehbuch von Brecht *Kuhle Wampe* gedreht hatte.

Wilkening sagte, er wolle in diesem Kreise das Projekt *No Pasaran* noch einmal beraten. Die Direktion habe ein Kammerspiel erwartet, Beyer aber habe das Drehbuch für einen sehr aufwendigen Film abgeliefert, der einen Etat von mindestens zwei Millionen Mark brauche. Und er glaube einen Fehler zu machen, wenn er ein solch großes Projekt einem Anfänger anvertraue. Außerdem sei die Betreuung durch Kurt Maetzig nicht gewährleistet, der nach dem Willen der Direktion jeden Tag die Muster kontrollieren und auch sonst während der Dreharbeiten engen Kontakt mit Beyer halten solle.

Nun war immer klar gewesen, dass Kurt Maetzig während der Drehzeit selbst zu Außenaufnahmen in Mecklenburg sein würde. Es war verabredet, dass sich seine Mentorschaft vor allem auf die Erarbeitung des Drehbuchs und die Vorbereitung des Films beziehen sollte. Und der Gedanke, aus dem Roman von Claudius ein Kammerspiel zu machen, war absurd. Die Handlung beginnt zur Zeit der Olympiade 1936 in Berlin, setzt sich in Frankreich fort, und der Hauptteil spielt schließlich in der spanischen Sierra während des Bürgerkrieges. Slatan Dudow, der selbst keine Interessen in dieser Angelegenheit hatte, sagte zu mir: »Ich kann dir nicht raten, dieses Drehbuch zu verfilmen. Es ist nicht gut, und es hat keine ordentlich gebaute Fabel.« Ich jedoch war überzeugt, dass ich ein wunderbares Drehbuch hatte. Wilkening wollte die Sache zu Ende bringen. Er sagte: »Martin Hellberg hat sich bereit erklärt, uns in dieser Lage zu helfen, und soll diesen für uns wichtigen Stoff als Regisseur übernehmen.«

Ich war wütend und fühlte mich gedemütigt. Hellberg sah das alles sehr locker und erklärte: »Wenn Sie wüssten, junger Freund, was mir in meiner Jugend alles passiert ist ...«

Ich sah mir den Film später im Kino an. Er hieß nun *Wo du hingehst* und war ziemlich schlecht. Die Kritiker verrissen ihn, und die Zuschauer mieden ihn. Hellberg hatte ihn nicht gut inszeniert, aber das war nicht das Entscheidende. Dudow hatte recht gehabt, es war kein wunderbares, sondern ein ziemlich schlechtes Drehbuch. Das habe ich aber erst begriffen, als ich den Film im Kino sah. Sowohl im Roman als auch im Film geht es um die Liebesgeschichte zwischen einem Spanienkämpfer und einer Ärztin, die ihm von Berlin bis an den Ebro folgt. Die Story ist schwach, ohne wirklichen Konflikt. Die Frau reist dem Mann nur unaufhörlich hinterher. Der Roman von Claudius lebt vor allem von den atmosphärisch dichten Szenen, die unter den Kämpfern der Internationalen Brigaden spielen, aber diese Szenen hatten keinen wirklich zwingenden Zusammenhang mit der Liebesgeschichte.

Deshalb bin ich Hellberg heute eher dankbar. Denn ich habe etwas ganz Wichtiges für meinen Beruf sehr früh und hautnah erfahren ohne die Erfahrung am eigenen Leibe machen zu müssen: Man kann aus einem guten Drehbuch immer noch einen schlechten Film, aber nie aus einem schlechten Drehbuch einen guten Film machen.

9. Das unvergessliche Jahr 1956

Nach der Affäre um *No Pasaran* hatte Albert Wilkening mir gegenüber ein schlechtes Gewissen. Er wusste, dass er etwas getan hatte, was nicht ganz sauber war. Und da er noch über freie Studiokapazitäten verfügte, bekam ich sofort einen nächsten Stoff angeboten mit dem Titel *Das Kind der anderen*. Leonie Ossowski hatte nach einem Originalbericht eine Filmerzählung geschrieben über zwei junge Frauen: In einem kurz vor Kriegsende im Rheinland eingerichteten Notkrankenhaus liegen die französische Zwangsarbeiterin Madeleine Broquard und die Deutsche Hedwig Schindler, beide hochschwanger. Während eines Bombenangriffs kommen die Kinder, zwei kräftige Jungen, zur Welt. Da fällt eine Bombe auf das Krankenhaus, verschüttet das Kind der Deutschen. Die Angst treibt Hedwig in die Station zurück – und Schwester Jutta läßt sie schweigend gewähren, als sie das Kind der Französin, im Glauben, es sei ihr eigenes, an sich nimmt. Für Jutta steht fest, dass die schwerkranke Französin nicht durchkommen wird. Das Kind soll eine Mutter haben.

Madeleine aber wird wieder gesund. Sie glaubt nicht, dass ihr Kind tot ist, sie erkennt es in den Armen der Deutschen. Diese Gewissheit führt sie nach dem Kriege nach Deutschland zurück.

Mich interessierte an dieser Geschichte, der eine tatsächliche Begebenheit aus dem Jahre 1943 zugrunde lag, dass der Krieg noch nicht zu Ende ist, wenn der letzte Schuss gefallen ist. Er droht wieder aufzuflackern im erbitterten Streit der beiden Frauen um das Kind.

Im Dezember 1956 war der Film abgedreht, und nach einigem Hin und Her bei der sogenannten Abnahme in der Hauptverwaltung Film beim Ministerium für Kultur fand die Premiere statt. Der Film hieß jetzt *Zwei Mütter*. Er erreichte 2,2 Millionen Zuschauer in der DDR und wurde in 13 Länder exportiert. Aus heutiger Sicht klingt die Zuschauerzahl phantastisch, aber damals war es durchaus nichts Ungewöhnliches, wenn Filme die Millionengrenze übersprangen.

Die politische Tendenz des Films missfiel der Kulturbehörde. In der EINHEIT, der theoretischen Monatsschrift der SED, polemisierte Anton Ackermann, der Leiter der HV, dass diesem »an sich sehr begrüßenswerten Film die konsequente sozialistische Parteilichkeit [...] weitgehend fehle« und daß er den Kampf für den Frieden »auf kleinbürgerlichen Pazifismus reduziert«. Anton Ackermann bemerkte weiter, dass nach der »ausdrücklichen Meinung des Regisseurs nicht ein antiöstlicher oder antiwestlicher Film, sondern eine Anklage gegen den Krieg schlechthin gegeben werden sollte«.

Tatsächlich hatte ich mich so oder so ähnlich geäußert, aber ich hatte mich vor allem geweigert, der Figur des amerikanischen Militärrichters, der mit der Sache befasst war, ein politisches Motiv unterzuschieben.

Im Originalmaterial war die junge französische Frau eine Widerstandskämpferin, die von der Gestapo verhaftet wurde und ihr Kind in einem deutschen Gefängnis zur Welt brachte. Sie wurde zu drei Jahren Gefängnis verurteilt, das Kind wurde ihr weggenommen und von der Gestapo in ein Waisenheim gebracht. Eine deutsche Frau adoptierte es später und umsorgte es bis über das Kriegsende hinaus aufopferungsvoll. Erst Jahre nach dem Krieg gelang es der jungen Französin, die ihr Kind seit 1945 gesucht hatte, eine Spur zu finden. Die Sache kam vor ein Gericht der amerikanischen Besatzungsmacht. Der Richter entschied, dass das Kind bei der deutschen Frau bleiben sollte, und begründete das so:

Das Kind kennt seine wahre Mutter nicht, versteht die französische Sprache nicht und müsste sehr darunter leiden, wollte man es in ein fremdes Land schicken.

Das war einleuchtend. Aber 1956, mitten im Kalten Krieg,

hätte man es gern gesehen, wenn der amerikanische Richter sich aus politischen Gründen geweigert hätte, der französischen Kommunistin ihr Kind zurückzugeben, und heuchlerisch menschliche Gründe vorgeschoben hätte, um sich in der deutschen Öffentlichkeit beliebt zu machen, der man ja gerade das westliche Militärbündnis schmackhaft machen wollte.

Zwei Mütter ist ein uralter Stoff, den es in verschiedenen Kulturkreisen gibt. Immer geht es um den weisen Richter, der herausfinden muss, wer die wirkliche Mutter ist.

Im Alten Testament, im Buch der Könige, lässt Salomo ein Schwert bringen, um den Streit der beiden Frauen um das Kind zu entscheiden. Die beiden Frauen sollen das Kind mit dem Schwert zerteilen und jeder eine Hälfte bekommen. Die eine der Frauen weigert sich, das zu tun. Lieber soll das Kind ihrer Rivalin zufallen. An dieser Weigerung erkennt Salomo die wirkliche Mutter.

Aus dem chinesischen Kulturkreis kommt der Stoff für Bertolt Brechts *Der Kaukasische Kreidekreis*. In diesem Stück ermittelt der Kaiser Pao die richtige, nämlich die natürliche Mutter auf folgende Weise: Er lässt mit einem Stück Kreide einen Kreis am Boden ziehen und das Kind hineinstellen. Die beiden Frauen sollen nun den Knaben aus dem Kreis zu sich hinüberziehen. Die richtige Mutter erweist sich daran, dass sie das Kind loslässt, um es nicht in Stücke zu reißen...

Während es sich im salomonischen Urteil nur darum handelt, dem Leser die Weisheit des Königs zu demonstrieren, in der chinesischen Version das Hauptanliegen die Wiederherstellung der Gerechtigkeit, das heißt die Wiedereinsetzung der natürlichen Mutter in ihre Rechte ist, setzt sich Brecht in seiner genialen Abwandlung des Stoffes über das Naturrecht hinweg. Weil die natürliche Mutter das Kind verlassen hat, wird es ihr abgesprochen.

Leider ist es uns nicht gelungen, die Unversöhnlichkeit der Rechte beider Frauen bis in die existentielle Krise vorzutreiben. Dadurch hält sich die Erschütterung des Zuschauers in Grenzen, und er wird am Schluss des Films mit einer Scheinlösung entlassen.

In diesem Jahr 1956 war ich so intensiv damit beschäftigt, in meinem Beruf Fuß zu fassen, dass ich zunächst gar nicht recht wahrnahm, welche neuen Entwicklungen sich auf der politischen Ebene vorbereiteten. Chrustschow hatte im Februar 1956 auf dem XX. Parteitag der KPdSU in einer Geheimrede die Verbrechen Stalins aufgedeckt. In dieser Rede war auch von der widerlichen Lobhudelei um die Person Stalins in Literatur und Film die Rede. Ganz ausdrücklich sprach Chrustschow von Kriegsfilmen, die wegen ihres Stalinkults Brechreiz hervorriefen, und nannte als Musterbeispiel *Das unvergeßliche Jahr 1919*. Gerade diesen Film hatte der ZK-Sekretär Hermann Axen den Filmleuten der DDR als leuchtendes Beispiel für den sozialistischen Realismus in der Filmkunst angepriesen.

Die Rede Chruschtschows wurde in der Sowjetunion in allen Grundorganisationen der Partei verlesen. Sie löste zwar Entsetzen über das Ausmaß der Verbrechen aus, aber die vorherrschenden Gefühle waren nicht so sehr Scham und Verzweiflung über die Untaten des Vaters aller Werktätigen, sondern Erleichterung darüber, dass endlich reiner Tisch gemacht wurde.

Die Parteiversammlungen der SED erreichte diese Rede nie. Es wurde nur über die Rede berichtet. Das war ungewöhnlich, da man doch sonst alles, was aus der Sowjetunion kam, Wort für Wort zitierte. Wer geduldig war, las die Rede 24 Jahre später, nach dem Zusammenbruch der DDR, in einem Taschenbuch des Dietz Verlages. Wer weniger geduldig war, konnte sie schon im März 1956 lesen. Wo? Natürlich beim Klassenfeind. Der Westberliner TAGESSPIEGEL druckte sie in Fortsetzungen. Jedenfalls hatte die Parteiführung der SED nicht die Absicht, sich lange mit den Auswirkungen des Stalinismus auf unsere Gesellschaft aufzuhalten. Weil in der DDR keine hohen Parteifunktionäre vor Gericht gestellt und hingerichtet wurden, versuchte man uns einzureden, wir hätten damit nichts zu tun.

Vielleicht hätte im Jahr 1956 eine Chance für eine Erneuerung des Sozialismus in Europa gelegen. Ich habe jedenfalls damals, wie viele andere Menschen in der DDR auch, aus Chrustschows Reformpolitik neue Hoffnung geschöpft. Leonie Ossowski schenkte mir Weihnachten 1956 das Buch *Sonnenfinsternis* von Arthur Koestler. Dieses Buch erschütterte mich zutiefst. Am Schicksal des hohen Parteifunktionärs Rubaschow werden die Mechanismen der Moskauer Prozesse in den dreißiger Jahren überzeugend enthüllt: die psychische und physische Folter, die Versprechungen, die man den Angeklagten machte, falls sie Geständnisse ablegen, die Aufforderung, der Partei mit dem Geständnis einen entscheidenden Dienst zu erweisen, und das Versprechen, dass Todesurteile nicht vollstreckt werden und die Dankbarkeit der Partei nach der Verurteilung auf dem Fuße folgen würde.

Erst bei der Lektüre dieses Buchs verstand ich, was mir bei den Prozessen in Prag 1952 immer ein Rätsel geblieben war, nämlich wie alte Kommunisten, die ihr Leben lang für die Partei gearbeitet und gekämpft hatten, sich plötzlich selbst beschuldigen konnten, von früher Jugend an Feinde der Partei und Spione im Auftrag fremder Mächte gewesen zu sein.

Das Jahr 1956 war auch privat ein tiefer Einschnitt in meinem Leben. Bis dahin hatte ich mehr oder weniger sorglos mein Studentenleben in Prag geführt. Zweimal im Jahr war ich für wenige Tage eine Art Besuchs-Vater in Leipzig. Liddi hatte sich und die beiden Kinder in der DDR allein durchbringen und ernähren müssen, und sie hatte das klaglos getan. Während der Produktion von *Schlösser und Katen* hatten wir geheiratet. Nun wohnten wir in einer sehr merkwürdigen Wohnung in Berlin, Prenzlauer Straße 1. Die Prenzlauer Straße gibt es heute nicht mehr, sie führte damals vom Alexanderplatz zur Ecke Wilhelm-Pieck-Straße und verschwand bei der Neugestaltung des Alex und seiner Umgebung in den siebziger Jahren. Das Eckgrundstück, in dem wir wohnten, war eine Ruine. Von dem ursprünglich fünfstöckigen Haus waren nur zwei Stockwerke übriggeblieben. Wir bewohnten eine Dreizimmerwohnung mit einer winzigen Toilette im ersten Stock, die aber in Wirklichkeit nur aus zwei Zimmern bestand. Das dritte Zimmer konnte man zwar betreten, es hatte Fußboden und eine Decke, aber zwei Wände fehlten. Diese Wohnung war Liddi von der Staatsoper zugewiesen worden, an der sie seit einem halben Jahr arbeitete. Es war unsere einzige Chance gewesen, eine Wohnung zu bekommen, denn mir als freischaffendem DEFA-Mitarbeiter und Noch-Studenten in Prag stand weder in Berlin noch in Babelsberg und Umgebung Wohnraum zu. Unser zweites Kind war in einer Wochenkrippe untergebracht. Wenn es am Wochenende bei uns war, achtete ich sehr darauf, dass unser »drittes Zimmer«, das wir als eine Art Abstellraum benutzten, verschlossen war. Später habe ich die Tür zugenagelt, um ganz sicherzugehen. Warum die Baupolizei diese Wohnung nicht gesperrt hatte, ist mir bis heute ein Rätsel. Es hing wohl mit der Wohnungsnot zusammen.

Dafür waren wir sehr gut bewacht. Über uns, in den Resten des zweiten Stockwerks, saß Tag und Nacht ein Posten mit einer Maschinenpistole. Er hatte den Eingang des Eckgrundstücks Wilhelm-Pieck-Straße / Prenzlauer Allee im Blick. Dort war damals der Sitz des Zentralkomitees der SED.

Unsere Wohnung war so provisorisch wie das Zusammenleben mit den Kindern am Wochenende. Und welche Perspektive ich in meinem Beruf hatte, war auch ganz ungewiss.

10. *Vielleicht ist heute der letzte Tag*

Nach der Premiere meines Films *Zwei Mütter* fuhr ich nach Prag und machte an der FAMU mein Staatsexamen im Fach Filmregie. Mit dem Studiodirektor hatte ich vorher ein Gespräch über meine weitere Arbeitsperspektive im DEFA-Studio für Spielfilme.

Durch die Geheimrede Chrustschows auf dem XX. Parteitag, der die Liberalisierung der Kulturpolitik in der SU folgte, entstand zunächst bei der DEFA eine gewisse Orientierungslosigkeit. Man setzte auf Unterhaltung und westdeutsche Regisseure der zweiten und dritten Reihe, die in diesen Jahren im Studio ein- und ausgingen. Wir jungen Leute, die gerade ihre Debütfilme gemacht hatten, waren zwar nicht brotlos, bekamen jedoch keine neuen Projekte angeboten.

Ich hatte es abgelehnt, einen festen Vertrag als Regieassistent abzuschließen. Nicht, dass ich mir zu fein war, als Assistent zu arbeiten, aber ich wollte ein Wort mitreden können, wenn es um die Frage ging, bei wem ich arbeiten sollte. Wolfgang Staudte hatte sich nach Brechts Weigerung, *Mutter Courage und ihre Kinder* verfilmen zu lassen, von der DEFA endgültig getrennt; bei Dudow, Maetzig, Engel und zwei, drei anderen Regisseuren hätte ich natürlich gern weiter gelernt, aber es gab auch Regisseure im Studio, bei denen mir eine Assistenz als reine Zeitverschwendung erschien. Als Freischaffender arbeitete ich an verschiedenen Filmstoffen für die Dramaturgie, machte zwei satirische Kurzfilme in der Produktionsgruppe *Stacheltier* und war Kurt Jung-Ahlsens Regieassistent bei dem Film *Polonia-Express*.

Und ganz bald kam Leonie Ossowski mit einem neuen Filmstoff. Eine Bach-Motette beginnt mit den Worten: »Vielleicht ist heut' der letzte Tag, den du noch hast zu leben …« Sie gab Leonie die Anregung für den Titel ihrer neuen Filmerzählung. Die Story spielte in den letzten Kriegstagen in einem Internat für Sängerknaben. Gemeint waren die Thomaner, die im Film auch mitwirken sollten. In diesem Internat wird 1945, kurz vor Kriegsende, in einem Kellerversteck ein Junge entdeckt, der auf der Flucht ist, ein jüdisches Kind. Der Film sollte erzählen, wie die Jungen mit diesem Kind umgehen. Die einen wollen ihn anzeigen, die anderen wollen ihn verbergen. Wir schrieben das Drehbuch gemeinsam, es wurde auch von der Studiodirektion abgenommen, aber die Produktion des Films kam nicht zustande. Vermutlich wegen thematischer Ähnlichkeit mit Heiner Carows Film *Sie nannten ihn Amigo*, der gerade in Produktion gegangen war und die Geschichte eines Berliner Jungen in der Nazizeit erzählt, der einen entflohenen KZ-Häftling versteckt.

Das Drehbuch *Vielleicht ist heute der letzte Tag* hat dennoch ein merkwürdiges, langes Leben gehabt. Leonie schrieb es um zu einem Prosatext, der unter dem Titel *Stern ohne Himmel* zunächst in der DDR, viele Jahre später auch in der Bunderepublik erschien. Und eine höchst originelle Auferstehung erlebte der Stoff 1984 in ihrem Stück *Voll auf der Rolle,* das im Gripstheater in Westberlin zu einem großen Erfolg wurde.

1958 war die Führung der SED ziemlich unzufrieden mit der Produktion der DEFA. Nicht nur missfiel ihr die Tendenz zur unverbindlichen Unterhaltung, die unter Förderung der Studioleitung von den Westkollegen etabliert worden war, noch misstrauischer beobachtete sie engagierte Gegenwartsfilme, die sich kritisch mit DDR-Wirklichkeit auseinandersetzten. Diese Filme standen unter dem Verdacht, einerseits vom bürgerlichen italienischen Neorealismus beeinflusst zu sein und andererseits, noch schlimmer, von den Liberalisierungstendenzen der Kulturpolitik Chrustschows.

Der 10. Jahrestag der DDR-Gründung stand vor der Tür. Da mussten natürlich Filme zum höheren Ruhm des Landes und seiner führenden Partei her. Die Marschrichtung dafür wurde vom stellvertretenden Kulturminister Alexander Abusch auf der 2. Filmkonferenz im Jahre 1958 ausgegeben. Der Text seiner Rede ist einem Leser von heute schwer zumutbar:

»Ein Filmkünstler der Deutschen Demokratischen Republik muß [...] verstehen, daß die schöpferische Methode der italienischen Neorealisten, welche die antagonistischen, unlösbaren Widersprüche innerhalb der kapitalistischen Ordnung bloßlegt und die Menschen in Opposition gegen den kapitalistischen Staat bringt, nicht übertragen werden kann auf die Gestaltung von Filmwerken, die in einem Arbeiter-und-Bauern-Staat spielen, in dem die Arbeiterklasse unter Führung ihrer Partei den Sozialismus aufbaut, nichtantagonistische, lösbare Widersprüche vorübergehender Art in der sozialistischen Entwicklung auftreten und der einfache Mensch nicht in Opposition zum Staat steht, weil dieser Staat der werdenden sozialistischen Gesellschaft sein eigener Staat ist. Um die Dialektik dieser Entwicklung künstlerisch zu erfassen, muss man die schöpferische Methode des sozialistischen Realismus anwenden. Mit der Methode des kritischen Realismus kommt bei einer Darstellung unserer neuen Wirklichkeit nur eine oberflächliche Pseudowahrheit heraus.«

So, wie sich der Abusch-Text heute liest, sahen damals die Filme auch aus, die in Vorbereitung auf den 10. Jahrestag der DDR-Gründung produziert wurden.

Mit dem Abstand der Jahre schreibe ich heute relativ locker über diese Zeit. Damals, als junger Regisseur, fand ich mich nur schwer zurecht, wenn der Wind wieder einmal gedreht hatte. Die DEFA-Dramaturgie schickte mir ein Material des Schriftstellers Werner Reinowski mit dem Titel *Eine Abgeordnete*. Schon Scheiße, dachte ich. Aber das Material war nicht so schlecht wie der Titel. Es geht um einen politisch akzentuierten Ehekonflikt. Im Mittelpunkt stehen Friedel Walkowiak, die tatkräftige Vorsitzende einer landwirtschaftlichen Produktionsgenossenschaft, ihr etwas rückständiger Mann August und dessen enger Freund Heinrich Rantsch, Mittelbauer und SED-Mitglied, der nicht in die LPG eintreten will.

In die Genossenschaften waren vornehmlich ehemalige Landarbeiter eingetreten, die als selbständige Bauern nicht erfolgreich gewesen waren und nun versuchten, mit Hilfe des Staates weiterzukommen. Die wohlhabenden Mittelbauern aber wollten sich mit diesen armen Schluckern durchaus nicht zusammentun. Die Landwirtschaftspolitik der SED war in einer Krise, nein, sie war in einer wirklichen Sackgasse. Es ging nicht vorwärts und nicht zurück.

Nun wurden rigide Methoden angewandt, um die Bauern in die LPG zu pressen. Ganze Brigaden fielen in die Dörfer ein und leisteten sogenannte Überzeugungsarbeit. Die Bauern setzten sich zunächst zur Wehr, verrammelten die Hoftore und ließen den Hund von der Kette. Administrative und polizeiliche Maßnahmen flankierten die »Überzeugungsarbeit«.

Das Ablieferungssoll und die Steuern für Groß- und Mittelbauern wurden drastisch erhöht. Wenn sie die Lasten nicht tragen konnten, hatten sie die Wahl zwischen Gefängnis und Eintritt in die Genossenschaft. Selbstmorde waren an der Tagesordnung.

Wenn mittags auf einem Hof die Kühe vor Schmerz brüllten, weil sie am Morgen nicht gemolken worden waren, wusste man im Dorf, dass wieder ein Bauer mit der ganzen Familie in der Nacht in den Westen geflüchtet war.

Ich hielt die Geschichte vom SED-Bauern, dem die LPG-Vorsitzende den Acker wegnimmt, für sehr konfliktreich, heute weiß ich, dass sie nur wenig zu tun hatte mit den Erschütterungen, die damals durch die DDR-Dörfer gingen. Die Kollektivierung war ein tiefer Eingriff in jahrhundertelang gewachsene Eigentumsverhältnisse, und viele Bauern empfanden sie als unerträgliche Einmischung des Staats in ihre Lebens- und Arbeitsgewohnheiten.

Doch damals schien mir das Thema meines Films politisch wichtig zu sein. Ich dachte auch, dass sich Kunst auf eine sehr unmittelbare Weise an der Lösung von gesellschaftlichen Problemen beteiligen könne.

Obwohl dieser Film so war, wie Abusch sich Filme wünschte, nämlich »nichtantagonistische, lösbare Widersprüche vorübergehender Art in der sozialistischen Entwicklung« zeigte, wurde er ein halbes Jahr nach seiner Uraufführung verboten.

Mitte 1960 waren 85 % der Bauern Mitglieder von Genossenschaften, und jede Erinnerung an Übergriffe wie das Umpflügen der Grenzsteine sollte gelöscht werden.

Gisela May, Erich Franz und Peter Sturm, die Hauptdarsteller des Films, gaben ihr Bestes, ich aber war mit meiner Arbeit ganz unzufrieden, und ich wusste, warum. Es macht keinen Sinn, sich ein Thema zu suchen und es dann zu bebildern, man braucht für einen guten Film eine eigenständige, spannende Geschichte. Glücklicherweise hatte ich, während ich mich noch mit meinem LPG-Film plagte, eine solche Geschichte gefunden. Sie kam wieder aus dem Archiv, in dem sie ein paar Jahre gelagert hatte, und sie hieß *Fünf Patronenhülsen*.

11. Verordneter Antifaschismus?
Eine nicht geplante Trilogie

Das Szenarium *Fünf Patronenhülsen* von Walter Gorrish, der als junger deutscher Maurer und Kommunist 1936 in den Spanienkrieg gegangen war, lag schon zwei Jahre im Studio, ohne dass es jemand hätte verfilmen wollen. Das wunderte mich, denn Gorrish konnte absolut filmisch schreiben. Zum ersten Mal hatte ich eine Vorlage, mit der ich mich ganz identifizierte, einen Stoff mit drei Vorzügen: einem politischen Gegenstand, einer spannenden Geschichte und einer dialogarmen Bilderzählung.

Ein Kommissar und fünf Freiwillige erhalten den Auftrag, den Rückzug ihres Bataillons zu decken, das wegen Munitionsmangels hinter den Ebro zurückgehen muss. Nur einer der Freiwilligen ist Spanier, die anderen kommen aus Bulgarien, Deutschland, Frankreich, Polen und der Sowjetunion: Interbrigadisten, die 1936 der spanischen republikanischen Regierung zu Hilfe geeilt waren, um den faschistischen Putsch Francos abzuwehren.

Sie erfüllen ihren Auftrag, doch dann ist auch ihre Munition zu Ende, und sie geraten in das faschistische Hinterland. Gemeinsam wollen sie sich zu den eigenen Linien durchschlagen, jedoch hat der sowjetische Funker Wasja den verabredeten Treffpunkt nicht erreicht. Auf der Suche nach ihm wird der Kommissar tödlich verwundet. Mit letzter Kraft gibt er seinen jungen Kameraden den Befehl, eine wichtige Meldung durch die feindlichen Linien zum eigenen Stab zu bringen, jeder einen Teil davon, in einer leeren Patronenhülse; aber nur alle fünf Teile zusammen ergeben den Sinn der Nachricht.

Bei unerträglicher Hitze in der Sierra, von faschistischer Guardia civil umzingelt, die alle Wasserstellen besetzt hat, scheint die Situation der jungen Soldaten hoffnungslos. Sie schleppen sich vorwärts, der Durst macht sie fast wahnsinnig. Sie werfen die Stahlhelme von sich, die Decken, die Brotbeutel, die Maschinenpistolen, für die sie sowieso keine Munition mehr haben. Ihre Kameradschaft ist gefährdet, die Not untergräbt ihren Zusammenhalt. Ihr Lebenswille ist erschöpft, nur der Auftrag treibt sie weiter. Sie finden den vermissten Wasja und verlieren ihn gleich wieder bei einem Feuergefecht. Pierre, der Franzose, bricht aus ihrer Gemeinschaft aus, er findet eine Wasserstelle, aber noch bevor er einen Schluck getrunken hat, wird er von den Faschisten erschossen. Fast von Sinnen vor Durst, erreichen die restlichen vier den Ebro. Im Stab des Bataillons erfahren sie endlich den Wortlaut der Meldung: »Bleibt zusammen, dann werdet ihr leben.« Der Kommissar hat sie mit seinem Auftrag noch über seinen Tod hinaus geführt.

Der Stoff erinnerte mich an einen frühen Tonfilm von Michail Romm, den ich sehr bewunderte: *Die Dreizehn*. Eine Geologengruppe entdeckt in der Wüste Karakum eine versteckte Wasserstelle, von der aus eine konterrevolutionäre Bande die Bevölkerung terrorisiert. Die Geologen entschließen sich, an der Wasserstelle die Bande zu erwarten; es kommt zum Showdown ...

In Walter Gorrish lernte ich den ersten Antifaschisten kennen, der von früher Jugend an unter Einsatz seines Lebens in der Arbeiterbewegung gekämpft hatte. Er stand als einfacher Soldat in den Schützengräben des spanischen Bürgerkriegs, später lebte er als Emigrant in Frankreich. Die französische Vichy-Regierung lieferte ihn an die Nazis aus, die ihn zu einer langjährigen Zuchthausstrafe verurteilten. Während des Krieges wurde er aus dem Zuchthaus in das Strafbataillon 999 entlassen. Unter abenteuerlichen Umständen lief er zur Roten Armee über und kam 1945 als ihr Offizier nach Deutschland zurück. Sein Lebenstraum war es, Schriftsteller zu werden. Nun wollte er endlich die Uniform ausziehen, aber man bat ihn, beim Aufbau der Volkspolizei zu helfen, und so zog er nach der Uniform der Internationalen Brigaden in Spanien, der faschistischen Zuchthausuniform, der verhassten Wehrmachtsuniform, der Uniform der Roten Armee nun seine fünfte Uniform an, die der Deutschen Volkspolizei.

Nach ein paar Jahren bat er um seine Entlassung, und nun begann er aufzuschreiben, was er erlebt hatte.

Wir verstanden uns bei den Drehbucharbeiten sehr gut. Walter behandelte mich nicht als Juniorpartner, der nur auszuführen hatte, was ihm eingefallen war. Nur in einer Sache konnten wir uns nicht einigen. Er hatte sich ausgedacht, dass der Tod des Kommissars über eine symbolische Szene erzählt werden sollte. Während der sterbende Kommissar in der Schäferhöhle liegt, hört man Schüsse. Faschistische Soldaten schießen auf einen Adler, der am Himmel kreist. Dann wird der Adler getroffen und stürzt herab. Das kommentiert der junge deutsche Interbrigadist Willi mit den Worten: Der Adler ist tot. Und dieser Satz soll sich natürlich auf den Kommissar beziehen. Am Ende des Films, als die vier überlebenden Soldaten die Botschaft des Kommissars aus den Patronenhülsen zusammengesetzt haben, sieht der junge Deutsche aus der Luke des Unterstands wieder einen Adler am Himmel kreisen. Er kommentiert dies mit dem Satz: Der Adler lebt. Dies ist gleichzeitig der Schlusssatz des Films. Mir missfiel diese Art von Symbolik. Vor allem schien mir auch, dass sie überhaupt nicht zu Gorrishs unsentimentaler, an der Realität orientierter Geschichte passte. Die Story mit den Patronenhülsen war in sich schon symbolisch genug. Aber mit Walter war über dieses Thema nicht zu reden.

In der Zusammenarbeit mit verschiedenen Autoren hatte ich gelernt, dass es keinen Sinn macht, Meinungsverschiedenheiten zu forcieren und sie bis zum wirklichen Konflikt zu treiben. Das Problem liegenlassen und an einvernehmlichen Dingen weiterarbeiten war die bessere Methode. Später, als wir schon in Bulgarien die Außenmotive für den Film festgelegt hatten, kam ich auf das Problem zurück. Ich ging zu Gorrish und sagte ihm, Walter, im Balkangebirge gibt es keine Adler, nur Störche. Und wir können doch beim Tod des Kommissars den Willi nicht sagen lassen: Der Storch ist tot. Das war natürlich eine Unverschämtheit von mir. Aber ich wollte Gorrish nicht provozieren, sondern ihm nur vor Augen führen, wie labil und brüchig diese Art von Symbolik im Film ist. Gorrish bestand weiter auf seinem Adler. Ich drehte die Szenen später ohne Adler und natürlich auch ohne Störche. Walter gefiel der fertige Film, das Thema Adler schien vergessen zu sein. Aber später, als das Drehbuch in literarischer Überarbeitung veröffentlicht wurde, war der Adler wieder drin.

Wenn man heute einen solchen Film dreht, ist es ganz klar: Man macht die Außenaufnahmen in Spanien, und die Besetzung ist international. Nicht so im Jahre 1959 in der DDR. In Spanien zu drehen war undenkbar.

Die DDR war im Jahre 1959 zwar nicht mehr vollständig isoliert, es gab Coproduktionen mit Frankreich, und gerade hatte Konrad Wolf den Film *Sterne* in einer ersten Coproduktion mit Bulgarien gedreht. Aber diese Produktion war lange vorbereitet worden. Wir jedoch hatten im April des Jahres ein fertiges Drehbuch und wollten im Sommer mit den Dreharbeiten beginnen. Ich musste der Studiodirektion gegenüber eine Strategie für die Vorbereitung des Films entwickeln. Wir hatten einen in bulgarischer Emigration lebenden spanischen Maler, José Sanchez, als Fachberater engagiert und waren mit dem Szenenbildner Alfred Hirschmeier und dem Kameramann Günter Marczinkowski nach ausführlicher Motivsuche in der DDR zum Schluss gelangt, dass dieser Film ohne Außenaufnahmen in einem südlichen Land nicht zu realisieren war. Nach Lage der Dinge kam dafür nur Bulgarien in Frage. Aber dafür musste die Studioleitung kurzfristig Lewa, die bulgarische Währung, bereitstellen. Und auch das waren Devisen, die das Studio nicht hatte.

So reizvoll der Gedanke war, einen Film über die Internationalen Brigaden im spanischen Bürgerkrieg auch international zu besetzen, so trennte ich mich doch von diesem Gedanken.

Selbst wenn es mir gelungen wäre, innerhalb von wenigen Monaten erstklassige junge Schauspieler aus Bulgarien, Frankreich, Polen, der Sowjetunion und Spanien zu finden, unter den damaligen Verhältnissen wäre kein DDR-Produktionsleiter in der Lage gewesen, die Frage der Visa und der Bezahlung kurzfristig zu regeln. Ich trug also in der Studioleitung vor, dass ich mich schweren Herzens von einer wünschenswerten internationalen Besetzung getrennt hatte, dafür aber um so dringlicher darum bitten müsse, mir im Sommer einen Monat Außenaufnahmen in Bulgarien zu ermöglichen. Wilkening hatte das Drehbuch gelesen, mein Wunsch leuchtete ihm ein, aber ob es ihm gelingen würde, kurzfristig die erforderlichen Lewa-Devisen zu beschaffen, das wusste er nicht. Ich sollte zusätzlich noch einmal über Alternativlösungen ohne bulgarische Außenaufnahmen nachdenken.

Mir saß die Angst im Nacken, dass ich diesen Stoff verlieren könnte, wenn die Studioleitung sich außerstande sah, die Devisen zu beschaffen, und mich womöglich vor das Ultimatum stellte, den Film im Inland zu realisieren oder das Projekt abzugeben. Ich machte mir keine Illusionen, es gab Kollegen, die diesen erstklassigen Stoff, unter welchen Bedingungen auch immer, gern übernommen hätten.

Und es kam der Tag, an dem die Studioleitung tatsächlich erklärte, ihr Versuch, bulgarische Währung zu beschaffen, sei gescheitert. Für diesen Fall hatte ich mir vorgenommen, darum zu bitten, den Film aus der Produktionsplanung '59 herauszunehmen und unter meiner Regie für das Jahr 1960 langfristig erneut vorzubereiten. Die Direktion lehnte diesen Vorschlag ab. Der Film *Fünf Patronenhülsen* stand im Produktionsplan 1959, wenn er ausfiel, war die Planerfüllung des Studios gefährdet, und daran hingen auch die Jahresendprämien für die Belegschaft der DEFA: 2500 Mitarbeiter, für die Wilkening gleichfalls verantwortlich war.

Ich war ratlos. Sollte ich diesen Film, der 80–90 % Außenaufnahmen hatte, gegen meine Überzeugung und die meiner Mitarbeiter tatsächlich nur mit Außenaufnahmen in der DDR und Atelierbauten realisieren?

Zunächst ging ich einer Zuspitzung des Konflikts aus dem Wege, in dem ich die Vorbereitung des Films fortsetzte. Wir prüften noch einmal ein Gelände in den Ausläufern des Nordharz, eine kahle, hüglige Steppenlandschaft zwischen Blankenburg und Quedlinburg, die wir für einen Teil der Außenaufnahmen vorgesehen hatten. Wir beschlossen, weitere Aufnahmen in dieses Gelände zu verlegen. Aber die spanische Sierra war das natürlich nicht, und unsere Ansicht festigte sich, dass wir diesen Film ohne bulgarische Außenaufnahmen nicht in der erwarteten Qualität herstellen konnten.

Damals war es üblich, für die Besetzung der Hauptrollen umfangreiche Probeaufnahmen zu machen. Ich habe mich relativ bald von dieser Praxis entfernt und lieber durch Theateraufführungen oder Filme, in denen der betreffende Schauspieler auftrat, versucht, ein Bild von ihm zu gewinnen. Bis heute benutze ich jedoch Probeaufnahmen dazu, mit den Schauspielern einen ersten Umriss der Figur zu ermitteln. Und natürlich braucht man Probeaufnahmen, um bei ganz jungen Schauspielern herauszufinden, ob sie begabt sind.

Einer dieser jungen Schauspieler war damals Manfred Krug. Er hatte bei der DEFA eine Reihe kleinerer Rollen gespielt, sogenannte Halbstarken-Figuren. Er war mir aufgefallen als ein Schauspieler, der sich sehr locker und leicht in diesem Beruf bewegte. Mit dieser Lockerheit sollte ich während der Dreharbeiten noch meine Probleme bekommen. Jedenfalls hielt ich ihn für begabt und besetzte eine der Hauptrollen, den Polen Oleg, mit ihm.

Armin Mueller-Stahl hatte vier Jahre vorher in dem Film *Heimliche Ehen* eine Hauptrolle gespielt, das war eine schwache Rolle in einem schwachen Film gewesen. Niemand hatte ihn wieder in einem Film besetzt. Mir war er in mehreren Theaterrollen in der Volksbühne aufgefallen, und ich entschied mich, mit ihm die Rolle des Franzosen Pierre zu besetzen. Merkwürdigerweise war ich mir nicht sicher, ob Armin auf den Zuschauer sympathisch wirkte. Das sollte dieser Pierre aber, der verzweifelt aus der Gruppe ausbricht und umkommt. Mir war damals die einfache Wahrheit noch nicht aufgegangen, dass über Sympathie oder Antipathie nicht irgendwelche Äußerlichkeiten des Schauspielers entscheiden, sondern die Handlungen der Figur, die er spielt.

Erwin Geschonneck, der seit seinem Weggang vom Berliner Ensemble dem DEFA-Schauspielerensemble angehörte, war nicht zufrieden mit den Filmrollen, die ihm angeboten wurden. Zunehmend hatte man versucht, ihn auf den Bösewicht festzulegen. Ich wusste das schon, seit ich ihn bei der Produktion von *Schlösser und Katen* kennengelernt hatte. Ich bot ihm die Rolle des Kommissars an.

Geschonneck gefiel das Drehbuch, aber die Rolle war ihm zu klein. Tatsächlich kommt der Kommissar am Ende des ersten Filmdrittels um, aber über das Motiv der Patronenhülsen ist er bis zum Schluss für den Zuschauer präsent. Es gelang mir, Erwin zu überzeugen, dass ich gerade eine Persönlichkeit wie ihn für diese Rolle brauchte, damit sie sich in der kurzen Zeit seines Auftretens dem Zuschauer einprägte. Zugute kam mir wohl auch, dass er mit dieser Figur das Klischee durchbrechen konnte, in das man ihn hineindrängen wollte.

Erwin Geschonneck, Armin Mueller-Stahl und Manfred Krug wurden bis Mitte der sechziger Jahre die von mir bevorzugten Schauspieler, mit denen ich immer wieder Hauptrollen besetzte.

Mit Günter Naumann, Edwin Marian, Ernst Georg Schwill und Ulrich Thein in den anderen großen Rollen des Films hatte ich meine Wunschbesetzung komplett. Und – o Wunder – eines Tages kam die Nachricht aus der Direktion: Devisen in bulgarischer Währung herbeigeschafft, vier Wochen Außenaufnahmen im Balkangebirge möglich.

Nun konnte es unter optimalen Bedingungen losgehen. Wir waren eine junge Truppe, entschlossen, einen guten Film zu drehen, und nicht ohne Grund vermuteten wir, dass dieser Film auch eine Chance hatte, vom jungen DDR-Publikum angenommen zu werden. Denn vom Genre her war das ein Western, eine Art Ost-Western.

Mitte Juli 1959 begannen die Dreharbeiten im Außenmotiv Westernhausen. In wochenlanger Vorarbeit waren dort die Schützengräben für das abrückende Bataillon hergestellt worden, ein spanisches Dorf wurde aufgebaut, eine Malerbrigade der DEFA hatte die Felsen der Hügellandschaft weiß getüncht, so wurden die DDR-Motive den bulgarischen Motiven angeglichen, die wiederum die spanischen Motive sein sollten. Tatsächlich wirken die Landschaftsmotive aus dem Nordharz, die unsere Malerbrigade verändert hatte, im fertigen Film absolut überzeugend.

Aber die Dreharbeiten standen unter keinem guten Stern. Genauer gesagt, stolperten wir von einer Katastrophe in die andere.

Vor dem ersten Drehtag, bei drückender Hitze, gingen Manfred Krug und ein paar andere Schauspieler in das Quedlinburger Freibad. In dem Bassin war wohl weniger Wasser drin, als Manfred vermutete, jedenfalls kam er nach einem Hechtsprung mit zerschundener Nase nach oben, und ich konnte eine Woche lang keine Nahaufnahme mit ihm drehen.

Am ersten Drehtag, bei dem der Schützengraben der Interbrigaden unter Artilleriefeuer lag und die Pyrotechniker der DEFA entsprechende Sprengladungen plaziert hatten, brach eine Art Steppenbrand aus, in dem das von den Szenenbildnern hergerichtete Motiv nahezu vernichtet wurde. Die Produktionsleitung hatte vergessen, für diese Aufnahmen die örtliche Feuerwehr zu bestellen. Als sie mit Verspätung ankam, war fast nichts mehr zu retten. Wir kamen über die Runden, indem wir Nahaufnahmen der Schauspieler im Schützengraben machten, bis das Motiv wieder hergerichtet war. Die nächste, kleinere Katastrophe meldeten mir die Waffenmeister: Aus den Maschinenpistolen 36 war es nicht möglich, mit Platzpatronen Dauerfeuer zu schießen. Dies ließ sich nicht kaschieren. Konsequenz: Alle Aufnahmen dieser Art mussten aus den Szenen herausgetrennt und gesondert später auf einem Schießplatz mit scharfer Munition gedreht werden. Das hieß, wir brauchten mehr Zeit.

Ende Juli flogen wir nach Sofia und fuhren weiter nach Vraza, einem Provinzstädtchen im Balkangebirge. Wir hatten zwar wunderbare Motive gefunden, nur hatte uns niemand gesagt, dass dies eine Wetterecke war. Jeden Morgen brachen wir per Lastwagen und Omnibus bei strahlendem Sonnenschein auf ins Gebirge. Dann wurde das Equipment auf Esel verladen, und wo die Esel nicht mehr weiterkamen, trugen wir Kamera und Zubehör selbst an die Drehorte. Bei glühender Hitze drehten wir bis gegen 14.00 Uhr, dann zogen regelmäßig schwere Gewitter auf, und wir mussten die Dreharbeiten abbrechen. Bald stellte sich heraus, dass wir das für vier Wochen geplante Drehprogramm nicht schaffen würden. Der Starproduktionsleiter des Studios, Willy Teichmann, hatte die letzten Filme mit Wolfgang Staudte gedreht und behandelte uns ein bisschen von oben herab als Anfänger, was wir ja tatsächlich auch waren. Wir ließen uns von ihm nicht unter Druck setzen, so dass wir immer mehr in Verzug gerieten.

Schließlich setzte ich durch, dass die Dreharbeiten in Bulgarien um 14 Tage verlängert wurden.

Meine Hauptsorge war, wie ich die Schauspieler befähigen konnte, die körperlichen Strapazen und den Durst, unter dem die Gruppe leidet, auf überzeugende Weise zu spielen. Das untauglichste Mittel probierte ich an mir selber aus: Ich aß mehrere Peperoni hintereinander in der Hoffnung, einen ausgedörrten Mund und dadurch ein Gefühl von Durst zu bekommen. Mir schossen die Tränen aus den Augen, ich japste nach Luft, Mund und Speiseröhre brannten so entsetzlich, dass ich keinen zusammenhängenden Satz mehr herausbrachte.

Aber Uli Thein, der als Funker Wasja die extremsten Szenen zu spielen hatte, hatte eine Idee: Vor den entscheidenden Szenen aß er mehrere Tage nicht, trank nichts und hielt in brütender Hitze aus. Ihm rissen die Lippen auf, die Augen verloren an Glanz, und alle körperliche Strapazen kamen überzeugend von der Leinwand.

Es passierten auch sehr komische Sachen: Die Schranken an Bahnübergängen in Bulgarien wurden damals nicht etwa – wie bei uns üblich – vor dem Nahen eines Zugs geschlossen, sondern sie waren immer geschlossen und wurden, wenn ein Auto oder eine Schafherde kamen, hochgezogen. Und wenn der Schrankenwärter gerade dabei war, seine Wiese zu mähen, entstanden mitunter ärgerliche Wartezeiten. Während einer solchen Wartezeit kauften Manfred und Uli aus einer Laune heraus einem bulgarischen Bauern für umgerechnet 75 Mark ein Eselfohlen ab. Der junge Esel bekam den Namen Charlie Brown und war fortan unser Produktionsmaskottchen. Morgens fuhr er auf dem Produktionslastwagen zum Drehen mit, bis er mich durch sein Ii-aa Geschrei in unsere Tonaufnahmen so aufbrachte, dass ich seine Teilnahme am Drehtag verbot. Krug und Thein malten sich schon aus, was für ein Aufsehen es erregen würde, wenn sie mit Charlie Brown am Strick die

Friedrichstraße hinunterziehen und ihn vor dem Pressecafé an einen Laternenpfahl binden würden. Aber wie Charlie Brown in die DDR kriegen? Unsere Bühnenarbeiter hatten sich bereit erklärt, aus Zwölf-Zentimeter-Kanthölzern einen Käfig zu bauen, und ein bulgarischer Lokomotivführer von Güterzügen, den wir eines Abends im Hotel kennengelernt hatten, war bereit, den Käfig mit dem Esel aus Vraza nach Sofia zu bringen. Aber würde INTERFLUG bereit sein, Charlie Brown nach Berlin zu transportieren? Krug erklärte: »Ich kaufe mir in Sofia von meinem letzten Geld ein großes Messer, und falls die INTERFLUG-Bürokraten sich weigern, Charlie Brown zu transportieren, drohe ich ihnen, Charlie vor ihren Augen auf dem Flugplatz abzustechen.«

Dazu musste es nicht kommen. Krug reiste mit Charlie Brown im Güterzug nach Sofia und anschließend mit ordentlich ausgefüllten tierärztlichen Papieren mit der INTERFLUG nach Berlin. Am Flughafen wartete Krugs Freund Jurek Becker mit einem Gütertaxi. Damals gab es noch Kontrollen am Stadtrand von Ostberlin. Auf die Frage, was sie transportieren, antwortete Jurek dem Posten: einen Volkskammerabgeordneten. Der Posten öffnete die hintere Wagentür, warf einen Blick auf Charlie Brown, knallte mit unbewegtem Gesicht die Tür zu und ließ die beiden passieren.

Charlie Brown lebte mehrere Jahre auf dem Grundstück von Uli Thein, bis ihn Uli dem Bildhauer Waldemar Grzimek schenkte.

Kurz nach unserer Rückkehr in die DDR brach sich Edwin Marian, der Darsteller des Spaniers José, während einer Theatervorstellung auf der Bühne den Arm. Der Bruch war so kompliziert, dass er viele Wochen mit einem riesigen Gipsgestell herumlaufen musste. Viele Wochen konnten wir nicht drehen. Endlich, im Spätherbst, setzten wir die Aufnahmen im Atelier fort. Hier war die Schäferhöhle aufgebaut, der Ort, an dem der Kommissar stirbt, aber auch Außenlandschaften der Sierra, die wir im Balkangebirge nicht geschafft hatten. Hier waren jetzt die fünf jungen Schauspieler, alle etwa gleichaltrig, jeden Tag zusammen. Jeder hatte den Wunsch, aus seiner Figur das beste zu machen. Es war schwierig für mich, das auszubalancieren, eine Ordnung hineinzubringen. Krug war wie ein junges, noch nicht zugerittenes Pferd, verstand aber vom Schauspielerberuf offensichtlich mehr als ich. Ich hatte von Kurt Maetzig gelernt, bei Filmaufnahmen im Atelier muss es zugehen wie im Operationssaal, es muss äußerste Konzentration herrschen. In Wirklichkeit war es natürlich im Atelier immer laut, die Technik verbreitete Unruhe, man musste immer wieder aufs neue für die Proben Ruhe erzwingen. Die Schauspieler hatten unterschiedliche Techniken entwickelt, sich für die Aufnahme vorzubereiten. Die einen waren in sich gekehrt, versuchten sich abzuschirmen und zu konzentrieren, die anderen – und Krug war ihr Anführer –, hatten die Angewohnheit bis kurz vor der Aufnahme Witze zu reißen oder irgendwelche anderen Dinge zu machen, die mich wahnsinnig störten. Ich verstand nicht, dass dies a u c h eine Methode war, sich für die Aufnahme, für den Moment der Konzentration locker zu halten, und war darüber immer ganz wütend. Ich schrie Krug an: jetzt ist Schluss, jetzt mach endlich einen Punkt. Das führte Krug wörtlich aus. Er schnappte sich ein Stück Kreide, lief in der Dekoration herum und machte überall einen Punkt. Nun stand es natürlich wieder 1:0 für ihn.

Die Dreharbeiten zogen sich bis Anfang März 1960 hin. Dann kam die Rohschnittabnahme. Die Studiodirektion war froh, dass sie einen spannenden Film in einem für DDR-Verhältnisse exotischen Milieu bekam und alle Querelen und Katastrophen waren vergessen.

Jetzt war nur noch eine Hürde zu nehmen. Ein paar Spanienveteranen, angeführt von einem Betriebszeitungsredakteur der DEFA, wollten zu einer nachträglichen Fachberatung schreiten. Es wurde die Frage gestellt: Wieso machen wir einen Spanienkriegsfilm, in dem es um den Rückzug eines Bataillons geht? Wir haben doch nicht nur verloren, wir haben auch gesiegt. Der tragische Ausgang des spanischen Bürgerkriegs verwandelte sich langsam in eine Erfolgs-Story, so, wie sich später die Niederlage Deutschlands im Zweiten Weltkrieg in eine Erfolgs-Story der Roten Armee im Verbund mit dem deutschen kommunistischen Widerstand verwandelte.

Mich überfiel die Angst, dass sie mir den Film in Grund und Boden zerreden. Ich schob die Vorführung immer wieder hinaus mit der Begründung, das Material sei noch zu roh und würde zu Missverständnissen Anlass geben. Meine Strategie ging auf, weil auch die Studioleitung nicht an dieser Diskussion interessiert war. Man wollte den Film nicht in Frage stellen lassen.

Untrennbar verbunden mit dem spanischen Bürgerkrieg und den Internationalen Brigaden war für mich der Name Ernst Busch mit seinem Lied von der *Jaramafront*. Dieses Lied mit seinem unverfälschten Pathos sollte meinen Film eröffnen. Mein Versuch, Ernst Busch für eine Aufnahme zu gewinnen, scheiterte zunächst. Busch verwies mich auf die historische Aufnahme, deren technische Qualität ganz ungenügend war. Dann riet er mir, doch mit einem meiner jungen Schauspieler eine Neuaufnahme zu machen. Ich blieb hartnäckig und bot ihm an, sich *Fünf Patronenhülsen* anzusehen und seine Entscheidung davon abhängig zu machen, ob der Film ihm gefiel. Busch winkte ab: »Weißt du, wir haben früher auch schon schlechte Filme gemacht.«

Aber ich hatte ihn für die Neuaufnahme des Lieds gewonnen.

Während wir *Fünf Patronenhülsen* drehten, schrieben Edith und Walter Gorrish ein neues Szenarium mit dem Titel *Königskinder*. Dem Text des alten Volkslieds folgend, wird die tragische Geschichte zweier Liebender erzählt, die nicht zusammenkommen, obwohl sie füreinander wie geschaffen sind. Die »Königskinder« Magdalene und Michael, zwei Arbeiterkinder aus Berlin, lieben sich seit ihrer Kindheit, und sie sind schon immer mit Jürgen befreundet. Mit der Machtergreifung der Nazis wird ihre Liebe auf eine lange, harte Probe gestellt. Michael, der junge Maurer und Kommunist, der illegal gegen die Nazis arbeitet, wird zu 15 Jahren Zuchthaus verurteilt. Magdalena, die seine Aktivitäten immer angstvoll beobachtet hat, tritt nun an seine Stelle. Als sie in Gefahr gerät, wird sie von Jürgen gerettet, dem ehemaligen Freund, der sich zwar den Nazis angeschlossen, aber sein Gewissen nicht verloren hat. Als

Michael aus dem Zuchthaus in ein Strafbataillon an der Ost-
front kommandiert wird, trifft er Jürgen wieder, der dort als
Unteroffizier Dienst tut. Michael will zur Roten Armee über-
laufen. In einem dramatischen Showdown, der zweimal auf ein
tragisches Ende zutreibt, stehen sich die beiden Jugendfreunde
auf Leben und Tod gegenüber …

Dieses Drehbuch kam für uns zur rechten Zeit. Wir hatten die
neuen Filme aus der Sowjetunion gesehen, die als Ergebnis der
Chrustschowschen Liberalisierungspolitik entstanden waren
und seit 1958 auch in der DDR gezeigt wurden. Einen tiefen Eindruck hatten *Die Kraniche ziehen* und *Das Haus, in dem ich
wohne* auf uns gemacht, dann kamen *Die Ballade vom Soldaten*, *Klarer Himmel* und *Ein Menschenschicksal*, Filme, die an
die große Tradition des sowjetischen Films anknüpften. Endlich
war die Zeit des »Radiofilms« vorbei. Endlich wurde das Bild
im Film wieder in seine Rechte gesetzt, die Geschichten wurden
mit der Kamera erzählt und und nicht als bebildertes Hörspiel.
Wir waren wirklich in Hochstimmung, als wir mit den Vorbereitungen für *Königskinder* begannen, indem wir unsere Technik des »optischen Drehbuchs« ausbauten. Wir hatten diese
Methode entwickelt, nachdem wir die genialen Zeichnungen
von Sergej Eisenstein für seine Filme *Iwan der Schreckliche* und
Que viva Mexico! und die Modellbücher von Bertolt Brecht
kennengelernt hatten. Grundlage für das optische Drehbuch
waren umfangreiche Fotoserien der Außenmotive, die von Freddy Hirschmeier, unserem Filmarchitekten, mit ganz unterschiedlichen Techniken bearbeitet wurden. Alle Filme, die wir
in dieser Zeit gemeinsam machten, hatten den Vorzug, dass ihre
Bildgeschichten auf vielen Außenschauplätzen basierten. Mit
diesen Originalschauplätzen kam immer Realität in die Filme
hinein, auch wenn wir diese Realität während der Arbeit noch
so sehr »stilisierten«. Die Entwürfe für die Innendekorationen
hatten den Außenschauplätzen zu folgen. Freddy mit seiner
enormen bildnerischen Phantasie und gleichzeitig einem beses-
senen Detailrealismus war genau der richtige Partner für mich
und meinen Kameramann Günter Marczinkowsky.

In die Vorbereitungszeit der *Königskinder* fällt meine erste
Reise in die Sowjetunion. Wir wollten zwei sowjetische Schau-

spieler besetzen und suchten ein Außenmotiv für eine russische Kleinstadt. Wir wurden freundlich empfangen, fanden ein ideales Motiv in Zagorsk, in der Nähe von Moskau, mit schönen alten Klosterbauten, und auch die Schauspieler waren zu meiner Zufriedenheit ausgesucht, sogar mit Alternativvarianten, · falls es bei dem einen oder andern Terminprobleme geben sollte. Aber ob es wirklich zu einer Zusammenarbeit kommen würde, war unklar. Die Filmverwaltung in Moskau hatte das abhängig gemacht von einer Lektüre des Drehbuchs. Es waren Drehbücher nach Moskau geschickt worden, in Deutsch und in russischer Übersetzung, aber es kam keine Antwort.

Die Dreharbeiten waren strapaziös, weil wir sehr viele Nachtaufnahmen auf Außenschauplätzen hatten und weil unsere drei Hauptdarsteller Annekathrin Bürger, Armin Mueller-Stahl und Ulrich Thein oft von Theatervorstellungen erst nach Mitternacht zum Drehort kamen.

Beunruhigend war, dass es keinen Bescheid aus Moskau gab. Das blieb so, bis unser Film zu 80 % abgedreht war und nur noch die Außenaufnahmen in der russischen Kleinstadt und die Atelieraufnahmen mit den sowjetischen Schauspielern übrigblieben. Endlich kam eine Nachricht aus Moskau. Aber es war keine Bestätigung der Zusammenarbeit, sondern Regisseur und Produktionsleiter wurden zu einem Gespräch in die Filmverwaltung in Moskau gebeten. Mir war klar, das bedeutete nichts Gutes. Mein Produktionsleiter Hans Mahlich, mit Moskauer Bürokratie vertraut, beschloss, einen Aufnahmeleiter auf die Reise mitzunehmen, der nichts anderes zu tun hatte, als unsere Reisepässe von Behörde zu Behörde zu begleiten, damit wir am nächsten Tag wieder abreisen konnten. Ohne diese Vorkehrung war es damals (jedenfalls für gewöhnliche Sterbliche) nicht möglich, für nur einen Tag nach Moskau zu reisen.

In der sowjetischen Filmverwaltung empfing uns der Abteilungsleiter Tschekin, der sich gut mit DEFA-Problemen auskannte, denn er war mehrere Jahre sowjetischer Berater im Studio gewesen. Er hatte unser Drehbuch gelesen und lobte es über alle Maßen. Nur die Szenen mit den sowjetischen Soldaten und Offizieren, mit denen unser Held Michael in Kontakt kam, nachdem er übergelaufen war, gefielen ihm nicht. Er schlug vor, diese Szenen einfach aus dem Film zu streichen. Das wirkte auf mich so, als hätte man mir vor einer *Faust*-Inszenierung vorgeschlagen, das Gretchen aus dem Stück herauszunehmen. Es gelang mir nicht, herauszufinden, welche Einwände es gegen diese Szenen gab. Vielleicht fand es Tschekin falsch, dass überhaupt jemand aus einer Armee desertiert, auch wenn das ein deutscher Kommunist ist, der auf die richtige Seite überläuft. Es war klar, die Sowjets würden sich unter keinen Umständen an diesem Film beteiligen, es ging nur noch darum, einen freundlichen und möglichst schnellen Abgang zu inszenieren. Ich fragte also Tschekin, ob die sowjetische Filmverwaltung etwas dagegen hätte, wenn ich mir sowjetische Schaupieler aus dem in Potsdam stationierten Ensemble der Roten Armee engagiere. Dagegen hatte er nichts, denn das Ensemble gehörte nicht in seinen Zuständigkeitsbereich. Und so verabschiedeten wir uns mit freundlichem Dank für die fundierte Beratung und dem Versprechen, alles noch einmal gründlich zu überdenken. Wir fanden im Potsdamer Ensemble der Roten Armee zwei Schauspieler, die vom Alter und Typ her für unsere Rollen gut geeignet waren, der eine, Leonid Swetlow, ein ehemaliger Assistent von Eisenstein, erwies sich sogar als wirklicher Glücksfall. Die russische Kleinstadt wurde im Freigelände der DEFA aufgebaut.

In die letzte Drehperiode des Films *Königskinder* fiel, für alle überraschend, der Mauerbau. Unsere Dreharbeiten wurden unterbrochen – und das hatte etwas mit den sogenannten Kampfgruppen zu tun.

Diese Kampfgruppen waren in allen Volkseigenen Betrieben nach dem 17. Juni 1953 gebildet worden. Im Falle eines Überfalls der »Imperialisten« sollten sie die Betriebe verteidigen. Nun hatten da sehr wenige Leute Lust mitzumachen, die Übungen in der arbeitsfreien Zeit waren lästig und monoton, und natürlich glaubte auch niemand recht an die Gefahr eines Überfalls. Aber nach dem Prinzip »Freiheit ist die Einsicht in die Notwendigkeit« wurde die Sache von oben durchgedrückt. Auch im DEFA-Studio für Spielfilme, das ja ebenfalls ein VEB war, wurde eine Kampfgruppe gebildet, und es erhob sich sofort die Frage, sollen im Ernstfalle die Arbeiter, also Beleuchter, Bühnenarbeiter und die Handwerker aus den Werkstätten, die Studios mit dem Karabiner 98 (das war zunächst die Bewaffnung) verteidigen, und Dramaturgen, Regisseure und anderes künstlerisches Personal stehen abseits? Es war also klar, dass alle jüngeren Regisseure, zumindest die Mitglieder der Partei, und das waren fast alle, sich beteiligen.

Jeder drückte sich, so gut er konnte, denn die Übungen der Kampfgruppen waren wirklich öde. Ich kam mir vor wie beim Geländespiel im Jungvolk. In Abständen gab es von Freitag auf Sonnabend Nachtübungen.Wenn so etwas bevorstand, stellte man das Telefon leise und klemmte einen Waschlappen zwischen Glocke und Klöppel der Hausklingel. Am 1. Mai wurden wir immer in Uniform auf Lastwagen zur Demonstration gefahren. Die Lastwagen drehten zu unserer großen Verwunderung zunächst zwei Runden durch den Ort Babelsberg. Unser Kommandeur erklärte uns das mit dem psychologischen Faktor. Die Bevölkerung sollte den Eindruck haben, es sind doppelt so viele, als tatsächlich vorhanden waren. Dass jeder zu Hause erzählte, heute haben uns die Idioten wieder zweimal durch Babelsberg gekarrt, daran dachten die psychologischen Krieger offenbar nicht.

Am 13. August 1961, dem Tag, »an dem die Grenze der DDR gesichert wurde«, wie die offizielle Sprachregelung hieß, wurden die Kampfgruppen alarmiert, und diesmal nützte ein Waschlappen in der Hausklingel nichts. Innerhalb weniger Stunden fanden wir uns in einem Zeltlager im Walde in der Nähe von Teltow wieder, feldmarschmäßig ausgerüstet, mit den Karabinern 98 bewaffnet und zehn Schuß scharfer Munition in der Patronentasche. Unser Auftrag war, die Grenze nach Westberlin am Teltowkanal zu bewachen und jede Art von »Grenzverletzung« zu verhindern. Es war allen klar, was mit Grenzverletzung gemeint war. Niemand erwartete einen Angriff aus dem Westen, wohl aber erwartete man Versuche von DDR-Bürgern, in letzter Minute, bevor die Falle endgültig zuschnappte, das Land zu verlassen. Wir erhielten präzise Verhaltensregeln. Ein Fluchtversuch sollte möglichst frühzeitig schon im Vorfeld des Teltowkanals verhindert werden, wenn nötig, auch unter Gebrauch der Waffe. Streng untersagt war, in Richtung Westen zu schießen. Auf einen Flüchtling also, der das Ufer erreicht hatte und ins Wasser sprang, sollte nicht geschossen werden. So fanden wir uns in der merkwürdigen Situation von Landesverteidigern, die den Feind nicht von jenseits der Grenzen, sondern aus dem eigenen Hinterland erwarteten. Ich war fest entschlossen, im Falle eines Falles danebenzuschießen. Daraus hätte mir niemand einen Strick drehen können, denn ich hatte noch nie einen Schuß aus meinem Gewehr abgegeben. In der Kampfgruppe war ich immer nur bis zum Auseinandernehmen und Putzen des Gewehrs gekommen, nie bis auf den Schießplatz.

So standen wir denn Tag für Tag und Nacht für Nacht am Teltowkanal, waren froh, dass niemand kam, der in unserem Abschnitt nach dem Westen flüchten wollte, und hatten viel Zeit, darüber nachzugrübeln, wie es wohl in der DDR weitergehen würde, nachdem »mit der Errichtung des antifaschistischen Schutzwalls ein erster großer Sieg über die Kriegstreiber im Westen errungen war«. So wurden Stacheldrahtzaun und Mauerbau an den Westgrenzen in der DDR-Presse gefeiert. Zum ersten Male wurde der Begriff antifaschistisch in einer nicht zutreffenden, sogar pervertierten Weise benutzt.

Ich hielt den Mauerbau keinesfalls für einen Sieg, sondern für eine Niederlage, aus der man aber vielleicht herauskommen konnte. Ich dachte damals, wir sind im Verhältnis zur Bundesrepublik das ärmere Land, aber wir haben die bessere Gesellschaftsordnung. Wir haben keine Arbeitslosigkeit, die sozialen Gegensätze sind erträglich, alle haben die gleichen Möglichkeiten, sich zu bilden.

Und was für Filme hätte ich damals in der Bundesrepublik drehen können? Es gab im westdeutschen Film der fünfziger Jahre zwei Hauptlinien, die Heimatschnulzen und die Kriegsfilme, in denen die Nazi-Wehrmacht wieder salonfähig gemacht wurde. Natürlich gab es auch einen Film wie *Die Brücke* von Bernhard Wicki oder Filme von Staudte oder Käutner und Hoffmann, die mir gefielen, aber das waren die Ausnahmen.

Womit ich in der DDR vollständig unzufrieden war: die Medien- und die Kulturpolitik. Man hatte uns erklärt, wir leben hier an der Nahtstelle der Blöcke, sozusagen im vordersten Schützengraben. Und im Schützengraben wird bekanntlich pariert. Kritik an unserer Gesellschaft heißt dem Klassenfeind Munition liefern gegen uns. Mit solchen und ähnlichen Sprüchen wurden alle Versuche blockiert, in der Presse, inRundfunk und Fernsehen zu einem offeneren Umgang mit Problemen und Schwierigkeiten in der Entwicklung der Gesellschaft zu kommen.

Nun waren wir nicht mehr im »vordersten Schützengraben«, sondern waren »unter uns«, durch Mauer und Stacheldraht abgeschottet von der westlichen Welt. Dass ein neues Kapitel in der Geschichte der DDR begonnen hatte, davon war ich damals fest überzeugt.

Noch vor Drehbeginn von *Königskinder* hatte mir Albert Wilkening ein Anschlussprojekt angeboten: *Nackt unter Wölfen* nach dem Roman von Bruno Apitz. Zunächst war ich nicht besonders froh über dieses Angebot, denn ich wollte mich nicht zu einem Spezialisten für antifaschistische Themen entwickeln. Auf der anderen Seite war dieser Roman nicht nur ein Bestseller in der Nachkriegsliteratur der DDR, sondern ein in viele Sprachen übersetzter Welterfolg. Da das Buch eigentlich eine Novelle war, eignete es sich besonders gut als Filmvorlage.

Bruno Apitz hatte in den frühen fünfziger Jahren eine Zeitlang als Dramaturg bei der DEFA gearbeitet und ursprünglich ein Filmexposé geschrieben. Dieses Exposé wurde damals von der DEFA nicht weiterentwickelt und blieb liegen. Auch die Chefs des Mitteldeutschen Verlags, in dem der Roman 1958 erschien, rechneten mit keiner großen Leserschar und ließen nur eine kleine Auflage drucken. Als das Buch sofort ein großer Erfolg bei den Lesern und der Kritik wurde, kaufte die DEFA die Rechte für eine Verfilmung des Stoffs, und Wolfgang Langhoff, Schauspieler, Regisseur und Intendant des Deutschen Theaters in Berlin, wurde für die Regie gewonnen. Eine gute Wahl. Langhoff war von den Nazis 1933/34 in das Konzentrationslager Esterwegen gesperrt worden und hatte seine Erlebnisse 1935 in dem Buch *Die Moorsoldaten* in der Schweiz veröffentlicht. Doch Langhoff war ein vielbeschäftigter Mann an seinem

Theater und hatte die DEFA gerade wieder einmal vertröstet. Nach einer erfolgreichen Fernsehfassung befürchtete Wilkening, dass der Stoff, je weiter er verzögert wurde, langsam auch seine Realisierungschance verlor. Ich kannte zu diesem Zeitpunkt weder den Roman von Apitz noch das Fernsehspiel, aber ich versprach Wilkening, mich mit beiden schnell vertraut zu machen. Zunächst las ich den Roman. Was mich sofort für dieses Buch einnahm, war die einfach erzählte Geschichte des jüdischen Kindes, das Anfang 1945 mit einem Transport aus dem Vernichtungslager Auschwitz von einem polnischen Häftling in einem Koffer in das Lager Buchenwald geschmuggelt wird. Das Kind wird von Häftlingen der Effektenkammer versteckt und später von einem SS-Mann gefunden. Das stürzt die Häftlinge in einen tiefen Konflikt, denn das Kind weiter im Lager zu verbergen ist nicht nur äußerst schwierig, es gefährdet auch die illegale Widerstandsgruppe im Lager, die sich bereit macht, beim Näherkommen der amerikanischen Armee die Evakuierung des Lagers durch die SS notfalls mit Waffengewalt zu verhindern. Die Spur des Kindes führt die SS zum illegalen Lagerkomitee. Das Kind muss also verschwinden, am besten, es wird mit dem nächsten Transport aus dem Lager gebracht. Das gebietet der Verstand, aber das Gefühl der Beteiligten bäumt sich auf gegen eine solche Entscheidung. Dies ist der existentielle Konflikt im Roman, und genau dies war der Konflikt der wirklichen Lagerselbstverwaltung im KZ Buchenwald, in der im Gegensatz zu den meisten Konzentrationslagern die politischen Häftlinge und nicht die Kriminellen die Macht hatten. Dieser Konflikt faszinierte mich. Während in den ersten Monaten des Jahres 1945 ständig Transporte aus Auschwitz und anderen Lagern des Ostens ankommen, schickt die SS ihrerseits Transporte aus dem Lager. Wie hoch die Chance ist, im Lager zu überleben, das weiß niemand, aber alle wissen, dass die Wahrscheinlichkeit, auf einem Transport an Hunger und Entkräftung zugrunde zu gehen oder von den SS-Wachmannschaften erschossen zu werden, groß ist.

Die Lagerselbstverwaltung der politischen Häftlinge kann die Transporte nicht verhindern, dazu ist die amerikanische Armee noch zu weit entfernt, sie kann sie nur verzögern. Aber sie hat Einfluss darauf, wer auf Transport geht und wer nicht. Diese Machtposition ist ihre Chance und zugleich ihr furchtbares Dilemma. Apitz beschreibt dieses Dilemma in seinem Roman auf eindrucksvolle Weise. Natürlich bewahrt die Häftlingsselbstverwaltung das illegale Internationale Lagerkomitee und die bewaffnete Widerstandsgruppe vor der Deportation, denn das sind die Hoffnungsträger des Lagers für den bevorstehenden Kampf mit der SS.

Heute wird dieser Konflikt von einem neudeutschen Investigationsjournalismus auf eine einzige Frage reduziert, nämlich darauf, ob die »roten Kapos« mit der SS kollaboriert haben, um möglichst viele kommunistische Gesinnungsgenossen für die Machtübernahme der Parteikader nach dem Ende der Nazizeit zu retten, unter Opferung nichtkommunistischer Häftlinge.

In Wirklichkeit hat das illegale Internationale Lagerkomitee Anfang April 1945, als sich die III. amerikanische Armee unter General Patton Buchenwald näherte, außerordentlich umsichtig agiert. Es hat sich am 8. April dem Evakuierungsbefehl des Lagerkommandanten Pister widersetzt und über Kurzwelle einen Hilferuf an die vorrückenden Alliierten gesendet. Es hat am gleichen Tage 46 Häftlinge, die auf einer Liste der SS namentlich gesucht wurden und vermutlich umgebracht werden sollten, vor dem Zugriff der SS gerettet und im Lager so gut versteckt, dass die SS, die mit Hundestaffeln das Lager absuchte, erfolglos wieder abziehen musste. Unter diesen 46 Häftlingen befand sich auch Bruno Apitz, der drei Tage und drei Nächte in einem Kanalschacht zwischen den Revierbaracken verbrachte. Am gleichen Tage wurde für die bewaffnete Organisation der Häftlinge die höchste Alarmstufe angeordnet und die Frage des Aufstands erörtert. Der Befehl zum Aufstand wurde nicht gegeben, weil fast 3000 Mann der SS das Lager bewachten und den Aufstand mit größter Wahrscheinlichkeit blutig niedergeschlagen hätten.

Noch einmal spitzt sich die Situation zu, als die schwerbewaffnete SS, die ihre eigene Flucht vorbereitet, in den Nachmittagsstunden des 10. April zwei Transporte sowjetischer

Kriegsgefangener und polnischer Häftlinge aus dem Lager treibt.

Am Vormittag des 11. April sind die amerikanischen Panzerspitzen nur noch wenige Kilometer vom Lager entfernt. Man hört das Mündungsfeuer der Geschütze. Die SS ist auf der Flucht. Um 14.30 gibt die militärische Leitung die Waffen frei, unmittelbar danach folgt der Befehl zum Sturm auf den Zaun.

Die SS leistet keinen Widerstand mehr. Um 15.15 Uhr flattert die weiße Fahne auf Turm 1 ...

Der Lagerälteste schickt seinen ersten Aufruf durch das Mikrofon: »Kameraden! Die Faschisten sind geflohen. Ein Internationales Lagerkomitee hat die Macht übernommen. Wir fordern euch auf, Ruhe und Ordnung zu bewahren. Das Lager wird gesichert. Bleibt, soweit ihr nicht eingeteilt seid, in den Blocks!«

Um 17.00 Uhr tritt das Internationale Lagerkomitee zusammen und bildet eine Lagerleitung aus Vertretern aller Nationen. Das Lager ist fest in den Händen der ehemaligen Häftlinge. Am Abend des 11. April ist das Lager militärisch gesichert, mehr als 100 versprengte SS-Leute sind als Gefangene festgesetzt. Am gleichen Abend gibt es einen ersten Kontakt zur amerikanischen Armee, deren Panzerspitzen nach Weimar und weiter in Richtung Osten vorgestoßen sind.

Am 12. und 13. April werden die gefangenen SS-Leute dem inzwischen eingesetzten amerikanischen Kommandanten des Lagers übergeben. Die Amerikaner sichern zu, dass Buchenwald in kürzester Frist mit Lebensmitteln und Wasser versorgt wird, und ordnen an, dass alle Waffen am 13. April bis 18.00 Uhr abzuliefern sind.

Die Tatsache, dass das Internationale Komitee von äußerster Besonnenheit war und den Befehl zum Aufstand erst erteilt hat, als die Wachtürme mit den Maschinengewehren nicht mehr von SS-Leuten besetzt waren und die Befreiung des Lagers ohne Todesopfer erfolgen konnte (manche Quellen besagen, dass ein einzelner SS-Mann umgekommen sei), wird von der neuen Geschichtsschreibung ignoriert. Eine Selbstbefreiung habe nicht stattgefunden, Buchenwald sei von der amerikanischen

Armee befreit worden. Tatsächlich richtete sich die gespannte Aufmerksamkeit des gesamten Lagers, nicht nur die der Häftlinge, sondern auch ihrer SS-Bewacher, auf die vorrückende amerikanische Armee, und als am Morgen des 11. April 1945 die Alarmsirenen heulten und amerikanische Jagdbomber im Tiefflug über das Lager flogen, brach nach Augenzeugenberichten unter den 21 000 Häftlingen eine unbeschreibliche Jubelstimmung aus.

Um diese wichtige Rolle der amerikanischen Armee zu unterstreichen lautet der erste, von einem polnischen Häftling geflüsterte Dialog des im März 1945 zum Appell angetretenen Lagers in meinem Film:

Amerikaner sind über den Rhein. Nun kommen zweite Front in Bewegung ... Endlich Amerikaner haben gemacht Brückenkopf bei Remagen ...

Die jahrelange Benutzung des Konzentrationslagers Buchenwald durch die sowjetische Besatzungsmacht nach 1945 als Internierungslager für kleine Nazis und Leute, die von der Besatzungmacht für solche gehalten wurden, war in der DDR ein absolutes Tabu. Dass heute in Buchenwald auch der Opfer stalinistischer Verfolgung gedacht wird, muss man begrüßen.

Aber deshalb müssen nicht politische Häftlinge des Konzentrationslagers Buchenwald, die oft unter Einsatz ihres eigenen Lebens versucht haben, ihre Mitgefangenen zu schützen, als Kollaborateure der Nazis diffamiert werden.

Es gab viele tragische Situationen im KZ Buchenwald und Bruno Apitz wusste, wovon er redete, wenn er von der Brutalität des Überlebenskampfes im Lager sprach.

Als die Alliierten im Jahre 1943 ihre Bomberstrategien änderten und als Hauptziele nicht mehr Industrieanlagen sondern Wohnviertel in Deutschland angriffen, antwortete die Naziführung mit einer Hetzkampagne gegen die »Terrorangriffe« und Pogromaufrufen an die Bevölkerung gegen gefangene Bomberpiloten. In dieser Zeit wurde in Buchenwald eine Gruppe von kanadischen Piloten eingeliefert, unter ihnen ein schwerverletzter Achtzehnjähriger. Ohne ärztliche Behandlung würde dieser junge Flieger zu Grunde gehen. Es gelingt, ihn unter falscher Identität in einer Krankenrevierbaracke unterzu-

bringen. Als er gesund ist, verlangt er, wieder zur Gruppe seiner Landsleute zurückgebracht zu werden. Aber das ist nicht
möglich. Diese Gruppe gibt es nicht mehr. Die SS hat alle erschossen. Als der Junge das hört, bekommt er einen Wahn-
sinnsanfall. Er ist nicht zu beruhigen, er schreit das ganze Lager zusammen, bringt sich und seine Retter in Lebensgefahr.
Sie haben ihn totgeschlagen.

Der ungarische Schriftsteller Imre Kertész, der Auschwitz und
Buchenwald überlebt hat, schreibt in seinem verstörenden
Buch *Roman eines Schicksallosen:* »Ich betrachte mich nicht
einmal nur als Opfer. Um überleben zu können, musste man
durch die Hölle gehen – und in der Hölle wird man schmutzig.
Die Unschuldigen sind die, die gestorben sind. Aber einer, der
das durchlebt hat, kann einfach nicht ganz ohne diese allgemeine menschliche Beschmutzung sein. Das muss man für sich
akzeptieren […]«

Während ich noch mit der Endfertigung des Films *Königskinder*
beschäftigt war, begannen Bruno Apitz und ich mit der Arbeit
am Drehbuch zu *Nackt unter Wölfen.* Wir folgten der Haupt-
linie des Romans, dem Schicksal des vierjährigen jüdischen
Kindes, das zunächst von den Häftlingen der Effektenkammer
versteckt, später dem Zugriff der SS entzogen wird. Immer deut-
licher verbindet sich das Schicksal des Kindes mit dem Schicksal
des Lagers. Und schließlich fallen Befreiung des Lagers und Rettung des Kindes zusammen.
   Bruno Apitz hatte schon einen eigenen Drehbuchentwurf geschrieben, den ich nicht sehr mochte. Ich hatte das deutliche
Gefühl, dass ich den Romanautor Apitz vor dem Drehbuchautor Apitz in Schutz nehmen musste. Die Haupttechnik von
Bruno bestand darin, zwei längere Romanszenen so ineinander
zu verschachteln, dass vier kürzere Filmszenen aufeinander-
folgten. Wir stellten in vielen Fällen die Grundstruktur des Romans wieder her, in dem in großen Blöcken auf die Aktionen
der Häftlinge die Gegenaktionen der SS folgten. Schließlich
mündete alles in den großen Showdown, in dem es um Leben
und Tod des Lagers und des Kindes ging.

Bevor ich mich entschloss, die Regie für diesen Film zu übernehmen, hatte ich mir das Fernsehspiel *Nackt unter Wölfen* angesehen. Es war nicht schlecht gemacht, aber der kleine Bildschirm schien mir zu eng für ein Geschehen, das von so großer emotionaler Tragweite war.

Mein Kollege Leopold, der Regisseur des Fernsehspiels, hatte mehrere Schauspieler zu ungewöhnlichen Leistungen geführt. Drei von ihnen übernahm ich für meinen Film: Fred Delmare in der Rolle des Pippig, Peter Sturm in der Rolle des Rose und Wolfram Handel in der Rolle des SS-Scharführers Zweiling.

Und ich realisierte nun, was ich in *Fünf Patronenhülsen* nicht geschafft hatte, nämlich die internationale Solidarität, um die es in diesem Film auch geht, durch ein internationales Schauspielerensemble zu unterstreichen. Für die Hauptrolle, den Lagerältesten Krämer, wollte ich Ernst Busch gewinnen.

Busch war für uns junge Leute damals eine Legende: ein berühmter Schauspieler und Sänger, seit frühester Jugend der deutschen und internationalen Arbeiterbewegung verbunden.

Busch zögerte. Er hatte seit 1945 im Berliner Ensemble und im Deutschen Theater große Rollen gespielt, aber keine einzige Rolle im Film. Und dafür gab es Gründe. Er überlebte im Zuchthaus Brandenburg zwar einen Bombenangriff, aber seitdem hatte er eine gelähmte Gesichtshälfte. Mit diesem Handicap konnte er im Theater leben, aber er wollte damit nicht vor die Kamera gehen. Ich schlug ihm vor, Probeaufnahmen zu machen und dann gemeinsam zu entscheiden, wie man mit dieser Gesichtslähmung umging. Ob man sie kaschierte durch Halbprofilaufnahmen und eine bestimmte Lichtführung bei den Nahaufnahmen oder ob man offensiv damit umging und sie aus der Figur heraus erklärte. Noch problematischer war, dass Buschs Frau nicht wollte, dass er die Rolle übernahm. Busch war herzkrank, und sie befürchtete, dass er die strapaziösen Dreharbeiten nicht durchstehen würde. Meine Erklärung, wir würden alles tun, um ihn zu schonen, wenn nötig nur halbe Tage mit ihm drehen, unterbrach sie: »Ich glaube Ihnen gern, dass Sie ihn schonen wollen, aber das Problem ist, dass er sich selber nicht schont, wenn er eine solche Rolle übernimmt.« Wir vertagten die Entscheidung, verabredeten uns aufs Neue. Ich nahm Bruno Apitz beim nächsten Besuch mit. Busch sollte das Gefühl bekommen, dass auch der Autor ihn für die ideale Besetzung hielt. Noch einmal Bedenkzeit. Dann verabredeten wir uns zu einem Mittagessen im Kulturbundclub. Ich ging voller Spannung hin. Mein Gesicht wird an diesem Tag eine einzige große Frage gewesen sein, die Busch damit beantwortete, dass er ein Büchlein mit Tucholsky-Texten und -Fotos hervorholte, umständlich seinen Füller aufschraubte und folgende Widmung für mich in das Buch schrieb:

Ob der Haifisch mit die Zähne /
Oder speichelleckend die Hyäne /
Dir am Hintern kratzt /
So und so bist Du verratzt.
Auf gute Zusammenarbeit
Ernst Busch

Apitz und ich waren glücklich. Doch 14 Tage vor Drehbeginn wurde Ernst Busch mit einer schweren Herzattacke in das Krankenhaus Buch eingeliefert. Professor Baumann, sein Arzt, machte uns keine Hoffnung, dass sein Patient in den nächsten Monaten beruflich belastet werden könne. Und eine Prognose, ob wir ein Jahr später eine Chance haben, mochte er nicht geben.

Wir mussten die Rolle umbesetzen, und ich entschied mich für Erwin Geschonneck, der in meinen Augen wahrlich keine »zweite Wahl« war.

Für Geschonneck – wie auch für Peter Sturm –, die beide jahrelang im KZ gewesen waren, bedeutete der Gedanke, diese Zeit wieder aufleben zu lassen, eine schwere psychische Belastung. Peter Sturm spielte die kleinere Rolle des Rose und dessen Angst vor der Folter beeindruckend. Und Erwin in der Hauptrolle als Lagerältester Krämer – er selbst war Blockältester in Dachau gewesen – trug maßgebend dazu bei, dass der Film ohne Sentimentalitäten und damit um so emotionaler erzählt wurde.

Eine ganz wichtige Rolle war das Kind. Es spricht im Film kein einziges Wort, reagiert aber. Ich hatte mich ziemlich früh für den kleinen Jürgen Strauch entschieden, der in unserer Nachbarschaft wohnte. Bei einem vierjährigen Kind ist es sehr wichtig, früh ein Vertrauensverhältnis herzustellen, es braucht eine

Bezugsperson, wenn ihm in einer fremden Umgebung fremde Handlungen abverlangt werden. Es muss alles wie ein Spiel organisiert werden. Der kleine Jürgen hatte mit mir geübt, auf ein bestimmtes Stichwort in den Koffer zu kriechen (in dem er im Film transportiert wird) und den Deckel über sich zu schließen, stumm im Koffer zu verharren, bis ich ihm erlaubte, herauszukommen. Er kannte meinen Namen und die Wörter Onkel und Tante, aber nicht den Unterschied. Eines Tages nannte er mich Tante Beyer, zum großen Vergnügen des Filmstabs. Wir korrigierten ihn nicht. Als wir die Szene drehten, in der das Kind in einem Sack an einen anderen Ort im Lager gebracht wird, um es vor dem Zugriff der SS zu retten, geht der Weg durch einen Kamin hinunter in einen Kellerraum. Wir hatten die Szene einmal gedreht, und der kleine Jürgen war erleichtert, als Pippig ihn aus dem Sack befreite. Aus irgendeinem technischen Grunde musste die Szene wiederholt werden. Alles ging gut. Doch als der Sack unten in der Kaminöffnung ankam, hörte man ein ängstliches Stimmchen sagen: »Tante Beyer, jetzt sind wir gleich da.«

Die Schlussszene des Films zeigt den Augenblick der Befreiung. Tausende Häftlinge rennen über den Appellplatz auf das Lagertor zu, jubelnd, in vielen Sprachen durcheinanderschreiend. Nur das Kind begreift nicht, was geschieht, es hat Angst, weint verzweifelt. Mir war völlig unklar, wie ich diese Reaktion bei dem kleinen Jürgen erreichen könnte. Jürgens Mutter hatte mir empfohlen, ihm ein paar ordentliche Backpfeifen runterzuhauen, dann würde er schon weinen, aber das wollte ich natürlich nicht.

Es war ein heißer, staubiger Sommertag, als wir diese Szene auf dem Appellplatz in Buchenwald drehten. Wir hatten 500 Kleindarsteller engagiert, eine lange Schienenfahrt für die Kamera vorbereitet. Ich hatte aufgehört, darüber nachzudenken, wie ich Jürgen zum Weinen bringen könnte, nur angeordnet, dass der Kleine bei den Vorbereitungen der Aufnahme nicht dabeisein sollte. Wir probierten die Szene gründlich. Geschonneck, als schwerverletzter Krämer, hat statt des Kindes eine Puppe unter dem Arm geklemmt, rennt mit den anderen in Richtung Tor. Dann sind wir drehfertig. Der kleine Jürgen wird geholt. Erwin klemmt ihn sich unter den Arm. Die Kamera wird eingeschaltet. Die Masse der Häftlinge rennt los. Der Kleine begreift nicht, was geschieht. Der Tumult der durcheinander schreienden Menschen macht ihm Angst. Hemmungslos fängt er an zu schluchzen und zu weinen.

Wir haben die Szene »im Kasten«. Waltraut Pathenheimer, die Fotografin, hat von den entscheidenden Momenten sogar erstklassige Fotos gemacht. Ich nehme Jürgen auf den Arm, beruhige ihn. Mir fällt ein Stein vom Herzen.

Nackt unter Wölfen war nicht nur erfolgreich beim DDR-Publikum und bei der Filmkritik, er wurde von Japan bis in die USA weltweit verkauft.

Nach den Erschütterungen des Mauerbaus in Deutschland und der Kuba-Krise, als die Welt am Rande einer atomaren Katastrophe stand, war aus Vernunftgründen die Koexistenz der Staaten etabliert worden, was nichts anderes bedeutete als: Jede Seite bewahrt ihren Besitzstand. Um so heftiger bekämpfte man sich ersatzweise in den Bürgerkriegen der dritten Welt, und um so heftiger wurde im Osten die sogenannte »ideologische Koexistenz« bekämpft, also die Vermischung der verschiedenen Ideologien, was immer man darunter verstand. Schauplatz einer der ersten großen Auseinandersetzungen auf diesem Gebiet war das Moskauer Filmfestival 1963, auf dem wir mit *Nackt unter Wölfen* vertreten waren.

Der Streit in der internationalen Jury ging um Fellinis Film *8 1/2*. Dieser Film eines »bürgerlichen« Regisseurs mit »bürgerlicher« Ideologie wurde von den Vertretern der »bürgerlichen« Länder in der Jury für den großen Preis des Festivals favorisiert. Die anderen Mitglieder der Jury unter Vorsitz des sowjetischen Filmregisseurs Grigori Tschuchrai folgten diesem Wunsch zunächst nicht. Worauf die Vertreter der westlichen Länder mit Abreise drohten.

Die sowjetische Parteiführung wollte es nicht zum Bruch kommen lassen. Man einigte sich in der Jury, und *8 1/2* war schließlich der einzige Kandidat für den Großen Preis des Festivals. Nun begann das Rennen um die Goldmedaillen. Und wir waren ein Kandidat. Mein polnischer Regiekollege in der Jury, der Auschwitz überlebt hatte, hielt nicht viel von unserem Film. Er meinte, mit diesem Film über den Widerstand in Buchenwald lügen sich die DDR-Deutschen in die eigene Tasche. Die anderen Jurymitglieder folgten dem Urteil dieses Zeitzeugen. Dennoch hatte eine Mehrheit in der Jury das Gefühl, dass man *Nackt unter Wölfen* nicht übergehen könne, und so erhielt ich eine Silbermedaille für die beste Regie.

Unsere Festivaldelegation unter Leitung des Filmstaatssekretärs Hans Rodenberg war zutiefst enttäuscht und verärgert. Sie meinte, die »ideologische Koexistenz« sei auf dem Vormarsch, die sowjetische Führung habe dem unzulässigerweise nachgegeben, und man müsse dagegen ein Zeichen setzen. Das Ergebnis war der Nationalpreis 1. Klasse, eine ganz ungewöhnliche Ehrung. Bruno Apitz' Buch hatte Jahre zuvor den Nationalpreis erhalten, und ein danach gedrehter Film hatte normalerweise keine Chance auf die gleiche Auszeichnung.

Ich selbst war nur einen Tag in Moskau zur Aufführung unseres Films im Kremlpalast, weil ich mitten in den Dreharbeiten zu meinem nächsten Film *Karbid und Sauerampfer* steckte. Ich habe die Filme des Festivals, mit denen wir konkurrierten, nicht gesehen. Aber wenig später sah ich Fellinis *8 1/2*, und ich bin noch heute davon überzeugt, dass die Moskauer Juryentscheidung richtig war. Dieser Film ist voller Innovationen, was Grammatik und Syntax des modernen europäischen Films betrifft. Selten gibt es auf einem Festival einen Film, der alle anderen überragt, in Moskau war es mit Sicherheit Fellinis *8 1/2*.

Unter den sechseinhalbtausend Zuschauern im Kremlpalast saßen ein paar Leute, die durch das Schicksal des jüdischen Kindes auf der Leinwand an das Schicksal eines ihrer Bekannten erinnert wurden, eines polnisch-jüdischen Anwalts, der mit seinem Kind Buchenwald überlebt hatte und später nach Israel ausgewandert war. Journalisten der »BZ am Abend« folgten dieser Spur, fanden in Tel Aviv Dr. Zacharias Zweig, den Vater des Buchenwaldkindes, und schließlich in Lyon den inzwischen 23jährigen Stefan Jerzy Zweig, der dort an einer Ingenieurschule studierte.

Im Februar 1964 kam es zu einer Wiederbegegnung von Stefan Jerzy und seinen Buchenwald-Vätern in Weimar, die in der DDR-Presse Schlagzeilen machte. Stefan Jerzy Zweig studierte später an der Filmhochschule in Babelsberg das Fach Kamera, wir nahmen ihn für mehrere Monate als Praktikant in unseren Drehstab von *Spur der Steine* auf, heute lebt er als Kameramann in Israel.

Die Förderung solcher Filmprojekte wie *Nackt unter Wölfen* durch die Kulturpolitik der SED wird heute als ein Beleg dafür angesehen, dass es in der DDR eine Art »verordneten Antifaschismus« gab.

Den aus dem Exil heimkehrenden Schriftstellern von Bertolt Brecht und Johannes R. Becher bis zu Anna Seghers und Arnold Zweig konnte die DDR sowieso keinen Antifaschismus verordnen, weil es sie noch gar nicht gab, als diese Autoren Bücher mit antifaschistischer Tendenz schrieben. Ich selbst, bei Kriegsende noch nicht 13 Jahre alt, fühlte mich nie einer Verordnung unterworfen, zumal auch die jüngeren Autoren, mit denen ich später zusammenarbeitete, wie Jurek Becker, Volker Braun, Hermann Kant, Wolfgang Kohlhaase und Ulrich Plenzdorf aus verschiedenen Gründen und auf sehr verschiedenen Wegen zu entschiedenen Antifaschisten wurden, keiner jedoch auf dem Weg einer Verordnung.

Später verkam der ursprüngliche Impuls des antifaschistisch gegründeten Staates zu einem Rechtfertigungssystem unter dem Motto: Wir-sind-die-Sieger-der-Geschichte, so dass ganze Schulklassen in den achtziger Jahren das Gefühl hatten, wir DDR-Bürger haben gemeinsam mit der Roten Armee und den Widerstandskämpfern in Deutschland den Faschismus besiegt.

Jurek Becker hat diesen Vorgang 1990 in einem Essay beschrieben:

»Bis in unsere Tage reichen die Versuche, die Schuld an den Taten Nazideutschlands ins Führerhauptquartier zu karren und dort abzuladen. Das ist eine wunderbare Art von Absolution, Hitler für alles verantwortlich gewesen sein zu lassen, was die Deutschen im Krieg und in den sechs Jahren davor verbrochen haben, für jede Denunziation, für jeden Rechtsbruch, für jeden Genickschuß.«

12. *Karbid und Sauerampfer* oder Darf man über die Russen lachen?

Nach *Nackt unter Wölfen* wollte ich endlich einen Film drehen, der in der Gegenwart spielte. Ich sah mich um in der Dramaturgie des Studios. Die Stoffe, die ich las: einer trostloser als der andere.

In dieser Zeit kam *Ole Bienkopp* von Erwin Strittmatter heraus, ein ausgezeichneter Filmstoff, wie ich fand. Erwin Geschonneck interessierte sich sehr für die Figur, aber es gab ein merkwürdiges Desinteresse bei der Studioleitung, das sich bald aus der ablehnenden Haltung erklärte, die führende Funktionäre in der Landwirtschaft diesem Buch gegenüber hatten. Ein Buch konnte unter Umständen gegen den Widerstand einer Behörde oder eines Ministeriums auf den Markt kommen, ein Film nicht.

Eines Tages gab mir Günter Reisch ein Szenarium mit dem Titel *Karbid und Sauerampfer* von Hans Oliva. Er wollte es mir überlassen, falls ich Gefallen daran fände. Ich las es mit großem Spaß, rief Reisch an: »Bist du verrückt, einen so guten Stoff aus der Hand zu geben?«

»Ich habe der Direktion zugesagt, als nächstes einen biografischen Film über Karl Liebknecht zu drehen. Das wird mich viel Zeit kosten. Und ich möchte nicht, dass dieser Stoff irgendeinem Pfuscher in die Hände fällt.«

Es war tatsächlich eine Film-Story, wie sie die DEFA noch nicht gedreht hatte. Ein Roadmovie aus den ersten Nachkriegsmonaten. In Dresden soll eine zerbombte Zigarettenfabrik wieder in Gang gebracht werden. Dazu muss man die Stahlkonstruktionen der zusammengebrochenen Hallen auseinanderschweißen. Zum Schweißen braucht man Karbid, und Karbid gibt es nur in Wittenberge. Der Film erzählt die Odyssee des Arbeiters Kalle Blücher, Vegetarier und Nichtraucher, der sich auf den Weg macht, eines Tages mit sieben schweren Fässern Karbid vor den Toren einer Wittenberger Fabrik steht und nicht weiß, wie er die Fässer ohne fahrbaren Untersatz nach Dresden bringen soll.

Das Besondere dieses Filmstoffs bestand darin, dass er einen heiteren Blick auf eine Zeit warf, in der es den meisten Leuten in Deutschland ziemlich dreckig ging: Deutschland im Jahre 0, das waren Hunger und Kälte, Flüchtlingselend und unendlich mühsamer Neuanfang.

Bei den Vorarbeiten zu *Nackt unter Wölfen*, in vielen Gesprächen mit Erwin Geschonneck, Bruno Apitz und anderen, war mir aufgefallen, dass selbst unter den schlimmsten Umständen Witze gerissen und Anekdoten erzählt wurden: Humor als Überlebenshilfe.

Auch viele Geschichten, die wir uns über die ersten Nachkriegsjahre erzählten, hatten diese merkwürdige Komik.

Kurt Maetzig, Chef der DEFA-Wochenschau, war einer der wenigen Leute, die über einen PKW verfügten. Im Spätsommer 1946 war er auf einer Dienstreise unterwegs nach Dresden. Bei einer Rast an einem Waldstück glaubte er seinen Augen nicht zu trauen; der Wald war voller Pilze. Es hätte ihm auffallen müssen, dass der Wald auch voller Brennholz war, aber es fiel ihm nicht auf, und das hätte ihn beinahe das Leben gekostet. In diesen ersten Nachkriegsjahren waren die Wälder wie leergefegt, jedes Stück Holz wurde aufgesammelt gegen die winterliche Kälte und auch die Pilze hatten keine Zeit alt zu werden, sondern wanderten sofort in die Kochtöpfe der hungrigen Pilzsucher.

Ich weiß nicht, ob ihn jemand darauf aufmerksam machte, oder ob er selber das Schild mit dem Totenkopf, den beiden gekreuzten Knochen und der Schrift mit dem Ausrufezeichen MINEN! entdeckte. Ich weiß auch nicht, ob ihm die Pilze noch geschmeckt haben, nachdem er ohne Zwischenfall aus dem Waldstück herausgekommen war, wir jedenfalls benutzen diese Situation für einen Zwischenaufenthalt unseres Karbid-Kalle und bauten die Situation zu einer wichtigen Station seiner Odyssee aus.

Humor am Rande der Katastrophe, das war die Tonlage, die mir für diesen Film gefiel.

Natürlich befand sich dieser Film wie fast alle ordentlichen DEFA-Filme im »Grenzgebiet des Erlaubten«. Dass Kalle, von Erwin Geschonneck gespielt, mit einem amerikanischen Motorboot, eine amerikanische Offiziersmütze auf dem Kopf, elbaufwärts fuhr, war reine Fiktion. Aber gerade weil jedermann wusste, wie scharf die Elbgrenze von beiden Seiten bewacht wurde, war es eine besondere Gaudi, dass Kalle mit dieser deutsch-deutschen Grenze und beiden Besatzungsmächten so lässig umging.

Das Problem waren die Russen und ihre Darstellung im Film. Gerade hatte die DEFA in einer Coproduktion mit der sowjetischen Firma MOSFILM eine Edelschnulze mit dem Titel *Fünf Tage – Fünf Nächte* gedreht. Es ging um die »Rettung« der während des Krieges ausgelagerten Bestände der Dresdener Gemäldegalerie, die von der sowjetischen Armee 1945 ursprünglich als Kriegsbeute requiriert worden waren. Ein Teil dieser Sammlung war Ende der fünfziger Jahre an die DDR zurückgegeben worden. Der Abtransport der Bilder 1945 war im Film zu einer Heldensaga stilisiert worden mit aufopferungswilligen sowjetischen Soldaten und Offizieren und aus Moskau angereisten Restauratoren, die nichts anderes im Sinne hatten, als deutsches Kulturgut für die Nachwelt zu retten. Der Volksmund im Studio sagte über das Thema dieses Films. »Wir danken unseren sowjetischen Freunden für die Rückgabe der Bilder, die uns die Russen 1945 geklaut haben.«

Die sowjetischen Offiziere und Soldaten in meinem Film hatten wenig zu tun mit der edlen Einfalt und stillen Größe des sowjetischen Personals in *Fünf Tage – Fünf Nächte*.

Ausgerüstet mit meinen Erfahrungen bei *Königskinder*, ließ ich es gar nicht darauf ankommen, durch in Moskau vorgetragene Besetzungswünsche im Gestrüpp der sowjetischen Filmbürokratie hängenzubleiben, sondern engagierte für die wichtige Rolle des sowjetischen Wirtschaftsoffiziers Leonid Swetlow vom Ensemble der Roten Armee in Potsdam. Auch den Kommandanten und ein paar Nebenrollen konnten wir aus diesem Ensemble gut besetzen. Damit hatten wir die sowjetische Drehbuchzensur unterlaufen. Nachdem wir den Film abgedreht hatten, war die nächste Hürde zu nehmen, die Rohschnittabnahme.

Während der Vorstellung lachte niemand, und es wollte auch niemand über den Film diskutieren. Die Frage hing förmlich in der Luft: Wird nicht in diesem Film die Sowjetarmee, die Deutschland vom Faschismus befreit hat, lächerlich gemacht oder gar durch den Kakao gezogen?

Ich war gut präpariert. Richtig ist, dass wir über ein paar sowjetische Offiziere lachen, vor allem über einen schlitzohrigen Wirtschaftsoffizier, der hinter Kalles Karbidfässern her ist und dem Kalle schließlich ein Kalkfass andreht. Aber diese Offiziere werden gerade dadurch, dass wir über sie lachen, dem Publikum menschlich nahegerückt. Und ich theoretisierte noch ein bisschen darüber, dass ein fundamentaler Unterschied besteht zwischen dem Lachen über sowjetische Soldaten und Offiziere und dem Lächerlichmachen der Sowjetarmee.

In den Gesichtern stand die Frage geschrieben: Ob das die Sowjets wohl auch so sehen werden? Die Diskussion drehte sich im Kreise, niemand wollte sich festlegen, bis der Studiodirektor ein Machtwort sprach: »Die Endfertigung des Films wird so durchgeführt, wie der Regisseur das für richtig hält, dann wird der Film erneut zur Abnahme vorgelegt.«

Ich war auf längere Auseinandersetzungen vorbereitet, aber dann nahm der neu ernannte Leiter der Hauptverwaltung Film, Günther Witt, die Sache in die Hand. Er hatte einen Termin bei seinem Kollegen in Moskau und bat die DDR-Botschaft, für einen ausgewählten Kreis sowjetischer Filmschaffender und Freunde der Botschaft eine Vorführung von *Karbid und Sauerampfer* zu organisieren. Diese Veranstaltung war ein voller Erfolg. Es wurde viel gelacht, besonders über die Szenen mit den sowjetischen Offizieren. Damit war auch die Endabnahme des Films in Berlin abgesegnet.

Ich war jetzt Anfang Dreißig, ein erfolgreicher Jungfilmer, drehte einen Film nach dem anderen, während der Endfertigung des einen arbeitete ich am Drehbuch für den nächsten, reiste von einem Festival zum anderen, war in der Sowjetunion, Rumänien, Kuba, in Indien, Ceylon, Finnland, Ägypten und anderen Ländern. Mein Kalender war vollgepackt mit Terminen. Vielleicht war er auch deshalb so vollgepackt, weil ich mich ablenken wollte von einem Problem, das mich zunehmend bedrückte: mein Ehe- und Familienleben. Es war mir in diesen Jahren hektischen Arbeitseifers nicht gelungen, in der Familie einen Ruhepunkt zu finden.

Seit einigen Jahren wohnten wir in Kleinmachnow in einer größeren Wohnung. Liddi hatte mit meiner Mutter verabredet, dass sie uns den Haushalt führt, damit wir beide weiterhin unseren Beruf ausüben konnten und die Kinder trotzdem ein Zuhause bekämen. Mein Bruder Hermann, der auf eine Internatsoberschule in der Nähe von Altenburg gehen sollte, tauschte seinen Platz ein für einen Internatsplatz in Ludwigsfelde, nicht weit von Kleinmachnow entfernt. Karin, die ältere Tochter, besuchte die Kleinmachnower Grundschule, Elke ging tagsüber in den Hort. Liddi und ich waren beide inzwischen im DEFA-Spielfilmstudio fest angestellt.

Alles schien für ein glückliches Familienleben geebnet.

Dass dieser Versuch scheiterte, war meine Schuld. Falls es Schuld in solchen Zusammenhängen gibt. Theoretisch war ich guten Willens, praktisch war ich als Familienvater völlig überfordert. Diese Ehe hätte nur Bestand gehabt, wenn ich eine wirkliche Anstrengung gemacht hätte, eine Beziehung zur Tochter meiner Frau aus erster Ehe zu bekommen. Sie hätte mich als Vater akzeptiert, nur ich war unfähig, diese Gefühle zu erwidern. Das wiederum hatte zur Folge, dass ich auch zu unserer kleinen Tochter auf Distanz ging, denn ich wollte nicht ungerecht sein. Ich flüchtete aus der Familie in die Arbeit. Ob Liddi die zunehmende Entfremdung gespürt hat, weiß ich nicht, wir haben nie darüber gesprochen. Sie verhielt sich mir gegenüber tolerant, respektierte, dass ich mich immer mehr in die Arbeit vergrub, und versuchte, neben ihrem Beruf die Familie irgendwie zusammenzuhalten.

Meine Mutter war eifersüchtig, so wie die meisten Mütter eifersüchtig auf die Schwiegertöchter sind. Die Familie driftete immer mehr auseinander. Schließlich beschloss meine Mutter, auszuziehen und mit fast 60 Jahren beruflich noch einmal neu anzufangen.

Und je länger ich darüber nachdachte, um so sicherer war ich, dass ich als Familienvater gescheitert war und daraus Konsequenzen ziehen musste.

Unsere Ehe wurde 1965 geschieden.

13. *Spur der Steine*
und die Stimme des Volkes

In der letzten Juniwoche 1966 stand auf dem Alexanderplatz in Berlin, Hauptstadt der DDR, ein riesiges Gerüst mit einer Reklame: überlebensgroß der Kopf von Manfred Krug mit dem Zimmermannshut als Balla in *Spur der Steine*. Die Premiere war angesagt für Donnerstag, den 30. Juni 1966, im Filmtheater »International«.

Ich habe einen Traum verwirklicht und einen Film gedreht, der eine konfliktreiche Geschichte aus der DDR-Gegenwart erzählt und gleichzeitig unterhaltsam ist. Er wird ein Millionenpublikum ins Kino locken und den Schauspieler Manfred Krug endgültig zum ersten Filmstar des Landes machen.

Weshalb ich so sicher war? Ich wusste das, weil der Film schon eine Art Probelauf gehabt hatte. Er wurde aus Anlass der Arbeiterfestspiele Pfingsten 1966 in Potsdam uraufgeführt. Solche Veranstaltungen sind für mich strapaziös, ich schwitze jedesmal ein Hemd durch. Ich versuche meinen Verstand zu gebrauchen, sage mir immer aufs neue, das ist keine Life-Aufführung, die gut- oder schiefgehen kann. Alles ist auf Zelluloid aufgenommen, nichts kann mehr verändert werden. Aber ich schwitze jedesmal ein Hemd durch. Wohl deshalb, weil eine solche erste Begegnung mit dem Publikum über Erfolg oder Misserfolg entscheidet. Werden sie an den richtigen Stellen lachen? Wird es still sein im Kino, wenn der Film seinem dramatischen Höhepunkt zustrebt?

An diesem Abend habe sie an den richtigen Stellen gelacht, und sie waren still an den richtigen Stellen. Und am Schluss gab es so viel Beifall, wie ich noch nie bei einer Uraufführung hatte. Eine Woche lang wurde *Spur der Steine* in Potsdam vor ausverkauftem Haus gespielt. Ausverkaufte Häuser bei DEFA-Gegenwartsfilmen, das gab es 1966 schon lange nicht mehr. Um so größer meine Freude und meine Erleichterung, denn es hatte langwierige Diskussionen über den Film gegeben. Jetzt schien alles erledigt zu sein, zum Guten gewendet.

Der Film sollte mit 56 Kopien in der DDR gestartet werden, eine Anzahl, die noch nie ein Gegenwartsfilm der DDR hatte. Die DEFA-Direktion hatte ihn für das staatliche Prädikat »besonders wertvoll« vorgeschlagen, und er sollte als Wettbewerbsbeitrag der DDR bei dem Internationalem Filmfestival in Karlový Várý laufen.

Zwei Jahre intensiver Arbeit lagen hinter mir. Als ich Anfang 1964 zum ersten Mal den Roman *Spur der Steine* las, ahnte ich nicht, dass damit eines der aufregendsten Kapitel meines Lebens beginnen würde, sowohl beruflich als auch privat.

Zunächst hatte ich mit diesem 900-Seiten-Roman wenig anfangen können, aber dann begriff ich, dass im Kern dieses Buches eine brisante Story steckte.

Der junge Parteisekretär Horrath tritt auf einer Großbaustelle, auf der es drunter und drüber geht, seinen Dienst an. Auf der Baustelle regiert der anarchistische Zimmermannsbrigadier Balla. Bei seinem Versuch, Ordnung zu schaffen, gerät Horrath mit Balla aneinander. Die beiden Männer stehen sich wie Sherrif und Outcast in einem Western gegenüber. Zwischen ihnen die junge Ingenieurin Kati Klee, in die sich beide Männer verlieben. Sie entscheidet sich für Horrath. Und da Horrath verheiratet ist, gerät er in einen schweren Konflikt. Als Kati von ihm ein Kind erwartet und er die Entscheidung zwischen ihr und seiner Ehefrau immer wieder vor sich herschiebt, zerbricht die Beziehung. Und der Parteisekretär Horrath wird zu einem »Fall«.

Der Roman wurde viel gelesen, er wurde von der dogmatischen Fraktion der Kulturpolitiker misstrauisch beäugt, es gab eine umfangreiche Pressediskussion, von der man nicht wusste, ob sie spontan entstanden war oder von oben gesteuert wurde. Wahrscheinlich war es eine Mischung von beidem. Neutschs Roman unterschied sich durch zahlreiche realistische Einzelbeobachtungen aus dem Alltag wohltuend von einer gewissen Sorte schönfärberischer Bücher, die in den Regalen der Buchhandlungen verstaubten. Dazu der scharf zugespitzte Konflikt mit der provokanten Fragestellung: Wie weit darf sich die Partei einmischen in das Privatleben, in die Intimsphäre ihrer Mitglieder?

Nach der anfänglichen Zustimmung für das Buch meldeten sich zunehmend Leute, die mit der Darstellung der Partei und ihrer Funktionäre nicht zufrieden waren. Man war mit Formulierungen wie »parteifeindlich« oder »staatsfeindlich« schnell bei der Hand, und solche Formulierungen konnten ein Buch oder einen Film rasch zu Fall bringen.

Die Anhänger von Neutsch im Verlag, in der Bezirksleitung der SED in Halle und im Kulturministerium schafften es, das Buch auf die Liste der Nationalpreise zu setzen, und damit waren die Widersacher mattgesetzt.

Der Chef des Mitteldeutschen Verlags in Halle, in dem Neutschs Buch erschienen war, hat das später so formuliert: »Als es gefährlich wurde, haben wir Neutsch den Nationalpreis umgehängt, dann war Ruhe.« Erik Neutsch war ein Schützling des Hallenser SED-Bezirkssekretärs Horst Sindermann. Sindermann galt als liberal, er war als ganz junger Mann 1933 ins KZ gesperrt worden und hatte die Jahre bis 1945 in Gefängnissen und Lagern verbracht. Im Nachbarbezirk Leipzig war Paul Fröhlich Bezirkssekretär, ein ehemaliger Wehrmachtsfeldwebel. Er galt als der Anführer der Betonfraktion in der Kulturpolitik und kam ein paar Jahre später zu trauriger Berühmtheit, als er die Sprengung der gotischen Universitätskirche St. Pauli auf dem Karl-Marx-Platz in Leipzig gegen den Widerstand der Bevölkerung durchsetzte. Unter Führung von Fröhlich und seinen Anhängern war die Diskussion über die Rolle der Partei in Neutschs Buch angezettelt worden. Das Buch sollte als Musterbeispiel des sozialistischen Realismus in der Literatur beschädigt werden.

Da Neutsch das Drehbuch nicht selber schreiben wollte, holte ich mir Karl Georg Egel als Co-Autor. Er hatte mit Paul

Wiens zusammen das Drehbuch für Konrad Wolfs *Sonnensucher* geschrieben, einen Film, den ich sehr schätzte. Das Drehbuch zu *Spur der Steine* entstand in zwei Schüben. Der erste Entwurf war mehr als sechstausend Meter lang, das sind dreieinhalb Filmstunden. Das wäre nur als zweiteiliger Film gegangen. Zwei Kinoabende wollte ich nicht haben. Der Versuchung, aus dem Ganzen einen vier- oder fünfteiligen Fernsehfilm zu produzieren, habe ich widerstanden, mein Ehrgeiz bestand darin, aus dem Material einen Kinofilm zu machen für ein breites und gleichzeitig anspruchsvolles Publikum. So schlug ich vor, eine Rahmenhandlung einzuführen, das sogenannte »Parteiverfahren« gegen den Parteisekretär Horrath, und die Story, die zu diesem Parteiverfahren führt, in Rückblenden zu erzählen. Theoretisch bin ich ein Gegner von Rückblenden, ich halte sie für ein zweitklassiges filmisches Mittel. In unserem Fall erwies sich diese Technik als vorteilhaft nicht nur, weil ganze Nebenlinien des Films in ein paar Sätzen zusammengefasst werden konnten, sondern vor allem, weil Gegenwartshandlung und Rückblenden einander ständig ergänzten und eine zusätzliche Spannung erzeugten.

Schließlich hatten wir das 900-Seiten-Opus auf eine Filmlänge von 2 Stunden 15 Minuten zusammengepresst. Das hielt ich für zumutbar für ein interessiertes Publikum.

Ziemlich früh hatte ich mich entschieden, die Rolle des anarchistischen Brigadiers Balla mit Manfred Krug zu besetzen. Seit unserer ersten Begegnung waren mehrere Jahre vergangen. Manfred hatte zahlreiche Filme und Fernsehproduktionen gemacht, unter anderem drei Filme mit Ralf Kirsten, die seinen Ruf als vielseitig einsetzbaren Schauspieler und seine Popularität beim Publikum gefestigt hatten. Ich hatte inzwischen dazugelernt und war fest entschlossen, Manfreds Fähigkeiten im Umgang mit Texten, sein Improvisationstalent am Drehort und seine Neigung zu lockeren Sprüchen für die Balla-Figur und damit für den ganzen Film maximal zu nutzen.

Jutta Hoffmann sollte die junge Ingenieurin Kati Klee spielen. Sie hatte jedoch gerade eine Hauptrolle in dem Film *Karla* nach einem Drehbuch von Ulrich Plenzdorf übernommen. So kam die Besetzung mit der polnischen Schauspielerin

Krystyna Stypulkowska zustande, und Jutta Hoffmann hat sie anschließend synchronisiert. Natürlich hätte ich auch eine andere DDR-Schauspielerin finden können, zum Beispiel Anne-Kathrin Bürger oder Angelica Domröse, aber ich suchte ein »durchschnittlicheres« Mädchen. Der Konflikt, in dem sich Horrath befand, sollte nicht auf das Problem reduziert werden können, dass er eine ältere, weniger hübsche Ehefrau zu Hause hatte und sich nun eine jüngere, schönere Freundin anschafft.

Von allen Mädchen mit »durchschnittlichen« Gesichtern, mit denen ich Probeaufnahmen machte, war Krystyna das interessanteste. Ich hatte sie in einem schönen – wenig bekannten – Film von Andrzej Wajda gesehen, einer kleinen Liebesgeschichte mit dem Titel *Unschuldige Zauberer*.

Armin Mueller-Stahl sollte den Horrath spielen. Aber ich zögerte. War er wirklich die ideale Besetzung?

Zur gleichen Zeit war Armin für die Hauptrolle eines fünfteiligen Fernsehfilms im Gespräch, den Ulrich Thein vorbereitete. Thein schwankte zwischen Mueller-Stahl und Eberhard Esche, der gerade großen Erfolg als Lancelot in *Der Drache*, der berühmten Inszenierung von Benno Besson, am Deutschen Theater hatte. Esche wollte sich für eine langfristige Arbeit nicht binden. Eines Tages rief mich Armin an, sagte, er habe nun lange genug gewartet, und er habe Thein zugesagt. Dadurch war Esche frei, und ich besetzte ihn.

In die Vorbereitungsarbeiten für den Film platzte ein Brief aus der Kulturabteilung des Zentralkomitees an den Studiodirektor Mückenberger, verfasst von Heinz Kimmel, dem stellvertretenden Leiter der Abteilung.

Gegen die Rohdrehbücher wurden Einwände erhoben, die man alle schon einmal im Zusammenhang mit dem Roman gehört hatte. Außerdem wurde beklagt, »[...] dass es im Gegensatz zum Roman, der den konfliktreichen Prozess der Entwicklung werktätiger Menschen zu einer sozialistischen Einstellung zur Arbeit im Kampf um die Anwendung und Meisterung neuer produktiver Arbeitsmethoden zum Gegenstand hat, im Drehbuch um die Liebesgeschichte der Katrin Klee vor dem Hintergrund des Aufbaus von Schkona II geht [...]«

Solche Briefe gab es bei allen wichtigen Projekten, und wenn in ihnen nicht ausdrücklich stand, dieses Drehbuch sollte so nicht verfilmt werden, wurden sie ad acta gelegt. Man verstand sie als eine Art Rückversicherung der Kulturfunktionäre. Sie wurden hervorgeholt, wenn der abgedrehte Film tatsächlich in Schwierigkeiten geriet, und dienten dann zum Beweis, dass der Parteiapparat diese Probleme alle schon vorausgesehen und rechtzeitig gewarnt hatte. Wenn ein Film bei der Abnahme glatt durchging, war der Brief vergessen.

Anfang Mai 1965 begannen die Dreharbeiten.

Nach der ersten Drehwoche erhielt ich eine Einladung des Kulturministers Hans Bentzien zu einem Gespräch. Ich erinnere mich, dass ich mich nach Drehschluss ins Auto setzte und zum Molkenmarkt fuhr, einigermaßen ungehalten darüber, dass man offensichtlich mit mir über ein Drehbuch diskutieren wollte, das allen Instanzen seit einem halben Jahr vorlag.

Hans Bentzien und Günter Witt, Bentziens Stellvertreter für den Filmbereich, saßen mir mit besorgten Gesichtern gegenüber. Es ging um die Darstellung der Parteifunktionäre in meinem Film. Sie wussten, dass Horrath und Bleibtreu, die beiden Sekretäre auf der Baustelle, auf unterschiedliche Weise im Film versagen. Daran war nichts zu ändern, das hing mit dem Ablauf der Fabel zusammen. Um so besorgter waren sie, ob denn der Bezirksparteisekretär Jansen – im realen Leben Bernard Koenen, eine Ikone der Arbeiterbewegung in der DDR – eine wirklich »positive« Figur sein würde …

Ich sagte ihnen, dass diese Figur in Neutschs Roman nicht besonders groß sei, dass ich sie aber für eine Schlüsselfigur des Films halte und sie deshalb im Drehbuch ausgebaut hätte.

Das Gespräch ging noch hin und her, es war freundschaftlich, ich habe Einzelheiten nicht mehr in Erinnerung. Mein Haupteindruck waren die sorgenvollen Gesichter der beiden Männer.

Der Grund war: Der Wind in der sowjetischen Kulturpolitik hatte sich gedreht.

Man muss wissen, alle wichtigen Entscheidungen in der DDR waren abhängig von der sowjetischen Politik. Von den ideologischen Diskussionen bis zu den Rinderoffenställen wurde alles übernommen. Als die russischen Kühe im Süden der Sowjetunion in sogenannten Offenställen, die nur drei Wände hatten, überwinterten, wurden diese Ställe ein paar Jahre später auch in Mecklenburg und Thüringen eingeführt. Es mussten erst ein paar Dutzend Kühe erfrieren, bis man sich eines Besseren besann.

Nach einer kurzen Entspannungsperiode in der sowjetischen Kulturpolitik gab es seit Ende 1962 erneut scharfe Auseinandersetzungen über die Rolle der Kunst in der Gesellschaft; eine Neuauflage der Diskussion über Formalismus und Kosmopolitismus aus den ersten Nachkriegsjahren. Die Tonlage war verheerend.

Maler wurden von Chrustschow beschuldigt, Bilder zu malen, »bei denen man nicht weiß, ob sie von Menschenhand gemalt sind oder mit dem Eselsschwanz gepinselt wurden ...«

Über Schriftsteller hieß es, dass sie von der Leidenschaft erfasst seien, »in den Hinterhöfen zu wühlen, [...] sie wollen nicht sehen, was auf den Hauptstraßen unserer Entwicklung vor sich geht [...] Nichtiges Geschmiere [...] antisowjetische, menschenfeindliche Ausfälle [...] Schmähschriften, [...] die unser Leben beschmutzen [...]«

Diese Diskussionen waren alle in deutscher Übersetzung gedruckt, und es war nur eine Frage der Zeit, wann der eisige Hauch auch uns erreichen würde. Ich war hin- und hergerissen zwischen Befürchtungen und der Hoffnung, dass am Ende doch nichts so heiß gegessen wie gekocht wird.

Chrustschow, der sowohl die Entstalinisierung als auch die Restauration eingeleitet hatte, war schon abgesetzt. Seit Ende 1964 war Breshnew an der Macht. Die internationale Lage spitzte sich wieder zu, die Auseinandersetzungen zwischen West und Ost wurden schärfer. Und in Vietnam tobte seit Jahren ein Stellvertreterkrieg der Großmächte.

Aber was interessiert einen Filmregisseur die internationale Lage, wenn er mitten in den Dreharbeiten zu einem aufregenden Film ist? Dieser Film nahm nicht nur alle meine Kraft in Anspruch, er machte auch Spaß. Manfred Krug war in diesem

Film ein idealer Partner. Die Abende nach Drehschluss hatten wir vollauf mit Textänderungen zu tun, um die Balla-Figur mit vielen komödiantischen Zügen auszustatten. Ich wollte diese Tendenz zur Komödie, die im Roman nicht angelegt ist, als Kontrast zur Härte der Auseinandersetzung.

Anfang Oktober 1965 war der letzte Drehtag. Ich hatte viele Wochen bei Außenaufnahmen in Leuna und Schwedt verbracht und nicht mitbekommen, was sich in den letzten Monaten an Konfliktstoff im Studio angesammelt hatte.

Über Monate ging eine Diskusion über den Film von Frank Vogel *Denk bloß nicht, ich heule*, der in unserer künstlerischen Arbeitsgruppe produziert worden war. Der Held des Films ist ein Oberschüler, der gegen Heuchelei revoltiert und daraufhin von der Schule fliegt. An dem Film wurde geschnitten, es wurde nachgedreht, und alles zog sich bis in den Spätherbst 1965 hin.

Ende Oktober fand die Rohschnittabnahme des Films *Spur der Steine* statt. Die Sorgen der Studioleitung waren zu diesem Zeitpunkt nicht kleiner geworden. Zum Film *Denk bloß nicht, ich heule*, der von der Hauptverwaltung Film nicht abgenommen worden war, kam ein zweiter Film, *Das Kaninchen bin ich* von Kurt Maetzig, der ebenfalls auf Eis lag. Dieser Film war nach einem Roman von Manfred Bieler gedreht worden, den die Hauptverwaltung Literatur im Ministerium für Kultur nicht zum Druck freigegeben hatte. Schlicht gesagt: Es war ein verbotenes Buch. Maetzig hatte dennoch durchgesetzt, dass dessen Bearbeitung für den Film genehmigt wurde. Aber es war klar, dass es eine schwere Auseinandersetzung um diesen Film geben würde. Zwei nicht abgenommene Filme, das war für die Studioleitung keine Kleinigkeit. Das war nicht nur eine Prestigefrage, daran hing unter Umständen das Schicksal der Funktionäre, die diese Projekte genehmigt hatten, und daran hingen auch die Jahresendprämien für die ganze Belegschaft der DEFA. Um so gespannter wartete die Studioleitung auf den Rohschnitt unseres Films.

Die Abnahme von *Spur der Steine* war ungewöhnlich wegen der großen Zahl der Teilnehmer aus Studiodirektion und

Hauptverwaltung Film. Auch Heinz Kimmel war da, der Leiter der Arbeitsgruppe Film im ZK. Etwas Ungewöhnliches passierte: Es gab keine Kritik, nur enthusiastische Zustimmung. Der Studioleitung fiel ein Stein vom Herzen. Ich wurde beauftragt, die Endfertigung des Films nach eigenem Ermessen schnell zu Ende zu führen. Die Ablieferung der Kopie an den Filmverleih sollte auf Ende Dezember 1965 vorgezogen werden.

Wir saßen noch im engsten Kreis zusammen: Klaus Wischnewski, der Leiter unserer Arbeitsgruppe, Konrad Wolf, Ralf Kirsten und Frank Vogel. Ich war ziemlich nachdenklich, sagte: »Wenn es denen allen so gut gefällt, muss ich etwas falsch gemacht haben.«

Niemand lachte.

Am nächsten Tag rief ich Wolf Biermann an, bat ihn, ein Lied für den Vorspann des Films zu schreiben. Um ihn war etwas Ruhe eingekehrt. Er durfte zwar schon längere Zeit nicht mehr öffentlich auftreten, aber seine Texte und Tonbänder waren auf dem internen DDR-»Markt«.

Ich wusste zu diesem Zeitpunkt nicht, dass gerade im Westberliner Wagenbach-Verlag sein Buch *Die Drahtharfe* erschienen war. Wir sahen uns meinen Film an, und wenige Tage später bekam ich von ihm einen Text, der mir zwar gut gefiel, mich aber in große Verlegenheit brachte.

Prolog für den Film *Spur der Steine*

Sie sehen hier ein DEFA-Stück!
Bleiben Sie sitzen, Sie haben Glück!
Frank Beyer ist der Regisseur
Das Ding handelt vom Parteisekretär
Und Arbeitsmoral
Und Suff imLokal
Und Liebe im Mai
Mit Tränen dabei
Parteidisziplin
Mit Nackend-Ausziehn
Mit Plandiskussion
Und Hochleistungslohn
Mit Lug und Betrug!
Mit Manne Krug!
Als Baubrigadier
Kübelt er Bier
Ein Volkspolizist
Fliegt in den Mist
Ein Bürokrat
Schadet dem Staat
Ein Anarchist
Wird Kommunist!
'ne schöne Frau
Macht man zur Sau
Sie kriegt ein Kind
Man kriegt davon Wind
Ein Mann geht kaputt
In all dem Schutt
'ne Ehe zerbricht
Gekittet wird nicht!

Hier ist nichts gelogen! Nichts gradgebogen!
Hier wird nix frisiert und blank poliert!
Hier ist das Leben kraß und klar
Verrückt und wahr, verrückt und wahr!

Ich wollte nicht, dass im Vorspann ein Loblied auf den Regisseur gesungen wurde, und wählte das Biermann-Lied *Warte nicht auf bess're Zeiten*. Den Prolog wollte ich für einen Trailer benutzen. Ich kam nicht mehr dazu, denn am 5. Dezember erschien ein Artikel des ND-Kulturredakteurs Klaus Höpcke unter dem Titel »Der nichts so fürchtet wie Verantwortung«, von dem man sicher sein konnte, dass er von höchster Stelle bestellt war. Es war eigentlich kein Artikel, sondern ein Kübel Schmutz, der über Biermann ausgeschüttet wurde im Zusammenhang mit seiner Westberliner Buchveröffentlichung. Da war sie wieder, die Tonlage von Chrustschow aus dem Jahre 1962. Die ideologische Auseinandersetzung war in der DDR angekommen, und von diesem Tage an war klar, dass niemand ein Biermann-Lied in einem DEFA-Film dulden würde.

Am 16. Dezember 1965 begann in Berlin das 11. Plenum des Zentralkomitees der SED.

Es war nicht das erste Mal, dass sich das SED-Zentralkomitee ausführlich mit Fragen der Kulturpolitik und der Kunst beschäftigte, aber nie vorher und auch nie danach gab es einen solchen Rundumschlag, der beinahe alle Bereiche der Kunst betraf.

Nachdem als Folge der Abgrenzung der DDR durch den Mauerbau Anfang der sechziger Jahre eine scheinbare Konsolidierung der DDR-Wirtschaft zu beobachten war, gab es 1965 erhebliche Meinungsverschiedenheiten im Politbüro der SED über die Einbindung der DDR in das sowjetische Wirtschaftssystem mit seinen enormen Belastungen durch die Rüstung. Am 3. Dezember, dem Tag vor dem Abschluss neuer Wirtschaftsverträge mit der Sowjetunion, hatte sich Erich Apel, Mitglied des Politbüros und Leiter der Plankommission, in seinem Büro mit der Dienstpistole erschossen. Man munkelte, er habe sich erfolglos gegen den Versuch zur Wehr gesetzt, die DDR-Wirtschaft zu 100 % von der sowjetischen Rohstoffbasis abhängig zu machen und die DDR über hohe Rohstoffpreise und niedrige Preise für Gegenlieferungen aus dem Bereich der Konsumgüter übermäßig an der sowjetischen Aufrüstungspolitik zu beteiligen.

Man wartete vergeblich auf eine Erklärung in der Presse, aus der man wenigstens zwischen den Zeilen etwas hätte entnehmen können. Statt dessen erschienen das Pamphlet gegen Biermann und weitere Artikel zu kulturellen Fragen und Jugendproblemen. Man begriff zunächst nicht, was beide Komplexe miteinander zu tun haben sollten.

Die Tonlage der Artikel wurde von Tag zu Tag schärfer.

Zu meiner großen Verwunderung wurde ich als Gast zu der ZK-Tagung eingeladen. Nie vorher hatte ich eine solche Einladung erhalten.

In einem Lesesaal im Gebäude des ZK lag eine umfangreiche Lesemappe mit Texten, mit dem Vermerk »*Streng vertraulich*«. Es waren zwei unterschiedliche Gruppen von Texten.

In den Berichten über die Kulturarbeit ging es vor allem darum, »feindliche Tendenzen« aufzudecken. In den Berichten über die Jugendlichen wurde behauptet, »dass mit Hilfe der Beat- und Gammlergruppen ideologische Zersetzungsarbeit geleistet werden soll«.

Der Grundtenor aller Berichte war, dass die Gesellschaft gesund sei und es vorwärtsgehe, es aber schädliche Tendenzen auf verschiedenen Gebieten der Kultur gebe, die bekämpft werden müssen.

Den ZK-Mitgliedern hatte man die beiden DEFA Filme *Denk bloß nicht, ich heule* und *Das Kaninchen bin ich* vorgeführt. Als die Rede auf die beiden Filme kam, herrschte über Strecken eine absolut hysterische Stimmung. Führende Parteifunktionäre bis hin zu Ulbricht attackierten den für das Filmwesen verantwortlichen stellvertretenden Kulturminister Günter Witt, der in einem selbstkritischen Diskussionsbeitrag zu erklären versuchte, wie es zur Produktion dieser »schädlichen« Filme hatte kommen können. Witt wurde unaufhörlich durch Zwischenrufe unterbrochen. Es wurden ihm ideologische Blindheit und Unfähigkeit vorgeworfen. Zahlreiche Diskussionsbeiträge waren bestellt worden, die alle in die gleiche Richtung gingen. Christa Wolf, die seit einiger Zeit Kandidatin des ZK war, widersprach als einzige. Heute klingt das, was sie sagte, relativ zaghaft, aber in diesem Hexenkessel war es eine sehr mutige Rede.

Hinsichtlich der gefährlichen Tendenzen in Literatur und Film und in der Jugendproblematik sprach Politbüromitglied Kurt Hager von Werken, »die die Jugend direkt zu Zweifeln, zum Skeptizismus, zur Negation erziehen«.

Skeptizismus und Pessimismus, diese beiden Schlagworte, oder besser gesagt Totschlagworte, hatten sie nicht selber erfunden, sondern bei der KPdSU abgeschrieben. Chrustschows Chefideologe Iljitschew hatte im Dezember 1962 behauptet, »dass die uns feindliche Propaganda [...] versucht, das Gift des Skeptizismus zu säen«. Den gleichen Vorwurf machte im Dezember 1965 die SED-Führung den verdutzten Filmleuten der DDR.

Es wurde folgende Kausalkette nahegelegt: Die Schriftsteller und Filmleute verbreiten Pessimismus und Skeptizismus unter den Jugendlichen. Zusammen mit den ideologischen Einflüssen aus dem Westen (Beatmusik) fangen sie an zu gammeln und zu randalieren. Das hat dann entsprechende Folgen für die Arbeitsproduktivität in den Betrieben und den Lebensstandard der Bevölkerung.

Dass keiner der angegriffenen Filme öffentlich aufgeführt worden war, dass die Jugendlichen weder die inkriminierten Theaterstücke sehen noch die inkriminierten Bücher lesen konnten, tat nichts zur Sache.

In einem Brief bat ich den Studiodirektor, mir Zeit zu lassen, meinen Film noch einmal zu überprüfen. Ich wollte Zeit gewinnen und *Spur der Steine* aus der herrschenden hysterischen Atmosphäre heraushalten. Man kannte die politischen Wellenbewegungen und wusste, dass sich die Dinge auch wieder beruhigten.

Nach der »ideologischen Diskussion« folgten die organisatorischen Maßnahmen. Der Kulturminister Hans Bentzien, sein für das Filmwesen verantwortlicher Stellvertreter Günter Witt, der Direktor des DEFA-Studios für Spielfilme, Jochen Mückenberger, und der Parteisekretär des Studios, Werner Kühn, wurden abgelöst und durch Leute ersetzt, die bereit waren, die neue Kulturpolitk der Parteiführung durchzudrücken, an ihrer Spitze der neue Kulturminister Klaus Gysi.

Es gab Beratungen und Versammlungen im Studio, eine große Unsicherheit war ausgebrochen. Niemand wusste, ob die Filme, die neben den beiden »Sündenböcken« gerade abgedreht oder noch in Produktion waren, den Forderungen der Parteiführung entsprechen würden. Man sichtete die Rohschnitte, und ein Projekt nach dem anderen verschwand im Keller.

Der bessere Teil der Jahresproduktion wurde auf Eis gelegt, abgebrochen oder, soweit es sich um Drehbücher handelte, gar nicht erst in Produktion gegeben.

Ich selbst war der Ansicht, weder einen »skeptischen« noch einen »pessimistischen« Film gemacht zu haben. Trotzdem hatte ich ein ungutes Gefühl. Um so sorgfältiger machte ich die Endfertigung meines Films im Januar und Februar 1966.

Der neue Studiodirektor Franz Bruk war ein Parteifunktionär aus dem Bezirk Halle und von Sindermann empfohlen oder, wie man im Studio hinter vorgehaltener Hand sagte, von Sindermann »weggelobt« worden. Er hatte keine blasse Ahnung vom Film, aber natürlich war ihm daran gelegen, dass die Filme, die im neuen Jahr unter seiner Verantwortung vorgelegt wurden, die Zensur passierten.

Anfang März fand eine neue Studioabnahme des jetzt fertiggestellten Films statt. Der Enthusiasmus der Herbstabnahme war verflogen. Während der Vorführung wurde an keiner einzigen Stelle des Films gelacht. Als das Licht anging, sah man nur unfreundliche, ratlose und besorgte Gesichter. Niemand wollte die Verantwortung für diesen Film übernehmen.

Spur der Steine war eine Art Chefsache geworden.

Am 11. März 1966 versammelten sich Kurt Hager, Mitglied des Politbüros und Leiter der ideologischen Kommission beim ZK der SED, Alexander Abusch, Stellvertreter des Vorsitzenden des Ministerrats, verantwortlich für die Bereiche Kultur und Volksbildung, Hans Rodenberg, Mitglied des Staatsrats, Klaus Gysi, Kulturminister, sein Staatssekretär Horst Brasch sowie Funktionäre aus der Hauptverwaltung Film und dem DEFA-Studio für Spielfilme zu einer Vorführung des Films.

Die sich daran anschließende Diskussion und Kritik waren vernichtend.

Kurt Hager:
»[...] Mich beschäftigt stark die Darstellung der Partei. Sie läßt mich tief unbefriedigt. Wenn ich die Frage stelle, ob ich nach dem Sehen des Films in die Partei eintreten würde, dann kann die Antwort so ausfallen: Der Film ist interessant, aber eigentlich hat er mich davon überzeugt, dass ich nicht in die Partei eintreten soll [...] Besonders deutlich wird das in der Parteileitungssitzung, wo die Frage nach dem Vater des Kindes gestellt wird. Ein großer Teil der Parteileitungsmitglieder spielt keine aktive Rolle. Sie sind stumme Zuhörer, einer ist sogar ein Schläfer. Diese Parteileitungssitzung ist eine widerwärtige Szene. Die Parteileitung tritt als Organisator des Kampfes auf dem Bau, als Gremium, das sozialistisches Bewußtsein durchsetzt, nicht in Erscheinung [...]«

Klaus Gysi:
»[...] Die Partei erscheint einerseits kleinbürgerlich und andererseits unmenschlich. Die Parteileitungssitzung über den Vater des Kindes, der schlafende Horrath in der Baubude sind nur einige Beispiele. Die Partei hat einen kleinbürgerlichen Sonntagsschulcharakter. Die Arbeiterklasse kommt in der Parteileitung und auch sonst nicht zum Ausdruck [...]«

Hans Rodenberg:
»[...] Wer ist die Partei im Film? [...] Es werden Genossen gezeigt, die sich im privaten Leben nicht entscheiden können. Die Partei wird repräsentiert durch den die Partei belügenden Horrath. Die Partei ist weiter der unfähige Bauleiter und der engstirnige und gefährliche Bleibtreu [...]«

Alexander Abusch:
»[...] Bei der Rolle der Partei geht es nicht nur um die Darstellung der Parteileitung, sondern man muss die Partei im Kampf schildern [...] Die gescheiten Leute sind die Parteilosen. Man wagt nicht mehr, etwas positiv auszusprechen und wenn es getan wird, dann wird es sofort wieder aufgehoben [...]«

Kurt Hager:

»[...] Jetzt kommt in dem Film ein Streik vor, und ich sehe mir das unter dem Gesichtspunkt der möglichen politischen Auswirkungen an ...

Es ist die Frage, ob man den Streik überhaupt zeigt ... Es wird nicht klar, dass der Streik kein Mittel ist, gegen die eigene Klasse zu kämpfen, und dass man zu solchen Aktionen nicht greifen kann, ohne die Folgen tragen zu müssen [...]«

Horst Brasch:

»[...] Ich fürchte, dass wir keinen Film mehr kriegen. Mit Schneiden und Dialog ändern löst man die Hauptprobleme nicht. Der Konflikt mit dem Streik ist nicht gelöst. Man kann aber die Szene auch nicht herausnehmen, weil sich alles folgende darauf aufbaut.«

Kurt Hager:

»Es gibt viele Möglichkeiten, auf Szenen zu verzichten oder Dialogrollen zu verändern. Das Grundproblem bleibt aber, dass die Grundkonzeption falsch ist. Das heißt, dass die Darstellung der Partei, die Darstellung der Kollektivität der Partei, die Rolle der Partei im Leitungsprozess nicht der tatsächlichen Rolle und dem Wesen der Partei entspricht.«

Zu meiner Überraschung endete das Gespräch nicht mit einem Verbot, sondern mit der Aufforderung, die Kritik zu überdenken, Änderungsvorschläge zu machen und den Film diesem Gremium erneut vorzulegen. Hager bot sich an, mich zu beraten, wenn ich das Bedürfnis hätte, er stünde zur Verfügung.

Man wusste offenbar nicht, wie man der Öffentlichkeit ein Verbot des Films begründen sollte. Die Popularität des Romans, die zahllosen Drehberichte, die in der Presse erschienen waren, und der gute Ruf, der dem Film seit seiner Potsdamer Uraufführung vorauseilte, hatten beim Publikum eine große Erwartungshaltung erzeugt.

Die Studioleitung verfasste ein Papier, in dem Dutzende von Änderungen verlangt wurden. In einem Augenblick kühler Überlegung sagte ich mir: Ich werde in allen mir nicht wichtigen Punkten Kompromisse machen, in allen wichtigen Punkten werde ich nicht nachgeben. Ich dachte an Goethes Verse, als er vor Drucklegung seines *Götz von Berlichingen* gezwungen wurde, Streichungen und Veränderungen im Stück zu machen:

»Mußt all die garstigen Worte lindern:
Aus Scheißkerl Schurk, aus Arsch mach Hintern.«

Und: Wenn sie den Film schon verbieten wollen, dann sollen sie keinen von mir selbst verstümmelten Torso verbieten.

Nun nahm die Angelegenheit wieder eine unerwartete Wendung. Heinz Kimmel, der stellvertretende Leiter der Abteilung Kultur des ZK schrieb am 18. 4. 1966 in einem Brief an Kurt Hager:

»In der vergangenen Woche fand die Aufführung und Aussprache zum geänderten Film ›Spur der Steine‹ statt.

Übereinstimmend ist unsere Auffassung, daß er durch die Veränderungen wesentlich gewonnen hat. Über 3 Stellen gab es keine einheitliche Meinung. [...] Wir glauben, dass es trotz dieser noch vorhandenen Meinungsverschiedenheiten möglich wäre, den Film einer kleinen Gruppe von Genossen des Politbüros – evtl. dem Genossen Walter Ulbricht – zu zeigen. [...]

Kannst Du uns bitte einen Termin nennen?«

Kurt Hager folgte diesem Vorschlag nicht, sondern wies an, dass sich der Filmbeirat des Ministeriums für Kultur den Film ansehen und über ihn entscheiden sollte.

Als ich von diesem Plan hörte, war ich zunächst misstrauisch.

Wollte Hager sich Rückendeckung holen für ein späteres Verbot, das Verbot demokratisch legitimieren lassen?

Das würde nicht einfach sein. Der Beirat hatte 44 Mitglieder, Regisseure, Schauspieler, Autoren, Kulturfunktionäre, Journalisten, Vertreter aus Betrieben und Massenorganisationen. Das waren zwar alles treue Töchter und Söhne der Arbeiter- und Bauernmacht, aber kommandieren ließen sie sich nicht, jedenfalls nicht, wenn man sie nicht vorher massiv bearbeitet hätte. Und eine solche Vorbereitung war nicht erfolgt.

Also gab es nur die andere Option, Hager sucht die Zustimmung dieses Gremiums, um nicht allein die Verantwortung für die Zulassung des Films tragen zu müssen.

Andererseits befürchtete er wohl eine allzu enthusiastische Zustimmung im Filmbeirat. Die sollte in jedem Falle etwas gedämpft werden.

Eine Mitarbeiterin von Hager fertigte später einen Bericht an, in dem es heißt:

»Die veränderte Fassung des Films wurde am 12. 5. 66 im Filmbeirat zur Diskussion gestellt.

Zur Vorbereitung dieser Beiratstagung war mit einigen Beiratsmitgliedern ... über die Notwendigkeit gesprochen worden, den Film nicht unkritisch zu sehen und in der Diskussion darauf zu achten, daß keine Lobhudelei entsteht.

Die Diskussion in der Beiratssitzung verlief trotzdem fast unkritisch. Bis auf 4–5 Diskussionsredner (von 25), die z.T. sehr kritische Einwände gegen die Gestaltung der Partei im Film vorbrachten, herrschte eine Atmosphäre des Lobs und der Anerkennung vor. Auch die 3 Genossen, mit denen vorher gesprochen worden war, schlossen sich dieser Haltung an.

Ergebnis der Diskussion war, daß sich der Filmbeirat für staatl. Abnahme des Films und für seine Einsetzung sowohl zu den 8. Arbeiterfestspielen wie auch für seine Meldung als DDR-Beitrag für Karlový Váry einsetzte.«

Und ein weiterer Abschnitt des gleichen Berichts lautete:

»Am Mittwoch, dem 15. 6., fand die Premiere des Films
in Potsdam/Babelsberg in einem gut besetzten Kino statt
... Das Publikum zeigte zustimmende Reaktionen, vor allem zur Gestaltung des Balla. Als sich nach der Vorstellung die Künstler dem Premierenpublikum vorstell-
ten, wurden sie beglückwünscht, wobei es begeisterte
Zurufe für Manfred Krug als Balla gab.
  Anschließend fand eine Diskussion statt, an der sich
ca. 80 Personen beteiligten ... Diese Diskussion war
durch eine vorhergehende interne Vorführung und Aussprache in der BL Potsdam vorbereitet worden, damit
sich nicht die allzu unkritische Haltung im Filmbeirat wiederholt. Es ergab sich aber auch hier, daß von
10-12 Genossen, die den Auftrag hatten zu sprechen,
nur 2 sich tatsächlich an der Diskussion beteiligten.
Trotzdem gab es neben vielem Lob eine ganze Reihe über-
legter Kritik, besonders zur Gestaltung des Parteikollektivs.«

Damit war klar: Hager wollte den Film aufführen lassen und
sich gleichzeitig absichern durch die Meinung des Filmbeirats.
Der Filmbeirat wiederum sollte vom Film nicht allzu begeistert
sein, deshalb diese merkwürdigen Manipulationen im Vorfeld
der beiden Aufführungen. Mir jedenfalls fiel ein Stein vom Herzen, ich hatte ein paar Kompromisse gemacht, aber nichts, was
mir an diesem Film wichtig war, hatte ich preisgegeben.
  Für den 30. Juni wurde die Berliner Premiere angesetzt. In
den zwei Wochen zwischen der Potsdamer Uraufführung und
der Berliner Premiere waren die alten Gegner des Romans zu
erbitterten Feinden des Films geworden. Sie versuchten mit allen Mitteln, den Film zu Fall zu bringen. Ich war, wie gesagt,
zwei Tage vor der Berliner Premiere nach Prag geflogen, um
die untertitelte Kopie für das Filmfestival von Karlový Várý ab-
zunehmen.Vor meinem Rückflug aus Prag fragte mich eine
Mitarbeiterin des tschechoslowakischen Filmexports, ob ich
Nachrichten aus Berlin habe. Ich verneinte. Gerade sei ein Te-

lex in Prag eingetroffen: Alle Arbeiten an der Festivalkopie von *Spur der Steine* sind sofort einzustellen. In Berlin angekommen, ließ ich mich als erstes von einem Taxi zum Alexanderplatz fahren. Dort waren Arbeiter gerade dabei, das riesige Gerüst mit der *Spur*-Reklame abzubauen. Zu Hause lag eine Nachricht aus dem Kulturministerium: Minister Klaus Gysi wünscht mich am Nachmittag zu sprechen.

Gysi teilte mit, er habe die Zulassung für den Film zurückgezogen. Der Film sei keine Verfilmung, sondern eine Verfälschung des Romans.

Gysi hatte die Lesart gefunden, die ihnen erlaubte, den Film zu verbieten und den Roman, der in mehr als 200 000 Exemplaren verbreitet war, zu retten. Neutsch, der bei dem Gespräch anwesend war, widersprach dem Minister. Er habe zwar in manchen Details Einwände gegen den Film, aber insgesamt stehe er zu dieser Verfilmung seines Romans. »Du bist als Romanautor befangen und kannst das gar nicht beurteilen«, fuhr Gysi ihm über den Mund.

Erst ein Vierteljahrhundert später, aus den Akten, erfuhr ich, dass Ulbricht sich den Film angesehen hatte und zwei Tage vor der Premiere in der routinemäßigen Polibürositzung über ihn referierte. Was er dort gesagt hat, ist nicht überliefert. Aber die Konsequenzen seiner Rede finden sich in einem Telegramm aus dem Sekretariat des Politbüros an die 1. SED-Bezirkssekretäre wieder:

»[...] In den Kinos der DDR wird in diesen Tagen der Film ›Spur der Steine‹ aufgeführt. Dieser Film wurde schon vor dem 11. Plenum des ZK hergestellt. Trotz schwerster Bedenken einiger leitender Genossen des Min. f. Kultur wurde er vom Filmbeirat beim Ministerium für Kultur für die Aufführung freigegeben. Gleichzeitig setzte eine Propaganda für diesen Film ein, die auf Grund der schlechten Qualität des Films nicht angebracht war.

Da der Film in seiner Tendenz die Rolle der Partei und des Staates in gröbster Weise verunglimpft, hat der Minister für Kultur veranlaßt, daß die weitere

145

überschwengliche Propaganda für diesen Film unter-
bleibt und festgelegt, daß der Film in der Zeit am 1.
bzw. 8.7.66 (höchstens 8 Tage) in den bereits festge-
legten Lichtspieltheatern der Bezirksstädte zum Einsatz gebracht wird. Während des kurzfristigen Einsatzes des Films ›Spur der Steine‹, der bestimmt vom
Publikum nicht unkritisch aufgenommen wird, werden in
den Bezirksstädten einige publikumswirksame Filme wie
›Spartacus‹, ›Gestern, heute und morgen‹ u. a. eingesetzt.

Im ›Neuen Deutschland‹ erfolgt eine kritische Be-
sprechung des Films, in den Bezirkszeitungen sollen
keine Rezensionen erscheinen. Die Direktoren der Be-
zirkslichtspieltheater wurden von der Entscheidung des
Ministers für Kultur informiert.[...]«

Der 30. Juni 1966 ist ein warmer Sommertag in Berlin. Vor dem
Kino »International« in der Karl-Marx-Allee drängen sich die
Menschen. Die riesige Plakatwand über dem Kino ist leer, das
Spur der Steine-Plakat abgenommen. Es gibt keine Fotos in den
Schaukästen, keinen Hinweis auf das Programm. Und doch ist
das Kino für mehrere Tage im voraus ausverkauft. An der
Kasse gibt es erregte Debatten, weil zahlreiche Journalisten aus
dem Westteil der Stadt und aus der Bundesrepublik, die einge-
laden worden waren, keine Karten erhalten. Es wird sich bald
herausstellen, für wen diese Eintrittskarten gebraucht wurden.

Kurz vor 20 Uhr komme ich mit meinen Schauspielern und
Freunden ins Kino, setze mich, wie üblich bei Filmpremieren,
in die letzte Reihe. Ich bin sehr aufgeregt. Irgend etwas liegt in
der Luft.

Pünktlich um 20 Uhr beginnt der Film.

Ungefähr zehn Minuten sind gelaufen, da gibt es die ersten
Zwischenrufe. Es stellt sich heraus, unter den 600 Zuschauern
sind 80 bis 100 Leute, die den Film schon kennen und in die
Premiere geschickt wurden, um »Stimme des Volkes« zu spielen. Sie sollen den Film niederschreien. Es kommt zu Tumulten
im Kino. Die große Mehrzahl der Zuschauer will den Film sehen und die Zwischenrufer zur Ruhe bringen. Aber wie macht

man das? Es dauert eine Weile, bis die Zuschauer begreifen, dass es sinnlos ist, sich auf Diskussionen mit den bestellten Randalierern einzulassen. Von da an gehen deren Pfiffe und Zwischenrufe ins Leere. Der Film kann zu Ende gespielt werden. Jurek Becker hat in seinem Roman *Schlaflose Tage* die Atmosphäre dieses Kinoabends so beschrieben:

»Simrock erinnerte sich an einen Vorfall, der Jahre zurücklag: Die Frau eines Bekannten wird über Nacht krank, worauf dieser Bekannte Simrock zwei Premierenkarten schenkt. Simrock sitzt mit Ruth im Kinosaal, der Film heißt Spur der Steine. *Gleich zu Beginn, das Licht brennt noch, fragt Ruth, ob er nicht auch den Eindruck habe, im Saal herrsche eine merkwürdige Atmosphäre. Er weiß nicht, was sie meint, er beruhigt sie damit, dass sie die Atmosphäre von Premieren nicht gewohnt sei, so gehe es nun einmal bei Premieren zu, sagt er. Ruth sagt, nein, es sei bestimmt etwas anderes, aber sie kann sich nicht genauer ausdrücken. Simrock fiel auch sein Satz ein: ›Du mit deinem zweiten Gesicht.‹ Der Film fängt an, und über den Bildern vergessen sie Ruths Vermutung. Eine gewöhnliche Vorstellung scheint abzulaufen, bis, etwa um die Mitte des Films, eine beleidigte Männerstimme ruft, wie lange man sich das noch mit ansehen müsse. Ruth greift nach Simrocks Hand und flüstert: ›Was habe ich dir gesagt!‹*

Simrock erinnerte sich auch noch an seine plötzliche Angst, denn noch nie hatte in seiner Gegenwart jemand laut in ein Kino hineingerufen. Und Ruth hatte es geahnt. Ein anderer Mann schreit, der erste Rufer solle sein bezahltes Maul halten und nach Hause gehen, niemand zwinge ihn, sich länger den Film anzusehen. Einige der Zuschauer gehen tatsächlich, einige pfeifen und schurren mit den Füßen, bis zum Ende des Films wird zwischengerufen. Auch Simrock möchte gehen, andererseits hält ihn die Neugier. Er flüstert: ›Wollen wir gehen?‹ Ruth schüttelt verängstigt den Kopf. Simrock achtet nicht mehr auf die Leinwand, er möchte jetzt das wirkliche Leben sehen. Er möchte einen Rufer sehen, er möchte ein empörtes Gesicht sehen. Denn er hat das Empfinden, die Empörung sei unehrlich, mit in den Saal gebracht und nicht erst hier entstanden, sei gleichmäßig über die Sitzreihen verteilt. Die Texte der Leute kommen ihm leblos vor. Jemand ruft: ›Hier wird unsere Partei beleidigt!‹ Jemand schreit: ›Buuuh! Schluss mit dem Theater! Buuuh! Macht das Licht an!‹ Nach der Vorstellung Gruppen von Diskutierenden auf der Straße, Simrock zieht Ruth dahin, wo die Erregung am größten zu sein scheint. Die heftigen Worte, die er hört, unterscheiden sich nur wenig von denen, die schon im Saal gerufen wurden. Simrock wundert sich, warum zwei Männer, die doch offenbar einer Meinung sind, so laut miteinander reden. Bald darauf ist der Film verboten, die Zeitungen schreiben nichts. Er sei auf empörte Ablehnung bei der Bevölkerung gestoßen, erklärt ein Dozent während einer Versammlung den Lehrern, und Simrock bekommt nicht den Mut zusammen, ihn einen Lügner zu nennen.«

Leipzig, Freitag, 1. Juli, 17.30 Uhr, Kino »Capitol«. Der SED-Bezirkssekretär Fröhlich hat das große Uraufführungstheater von Kampfgruppen und Parteischülern besetzen lassen. Als die Ballas mit ihren Zimmermannshüten am Anfang des Films aufmarschieren, werden sie mit Gebrüll empfangen: »Das sind nicht unsere Arbeiter!« Und an den Schauspieler Krug gerichtet: »Geh endlich arbeiten, du Schwein! So benehmen sich unsere Arbeiter nicht!« Große Teile des Films gehen im Tumult unter.

In der Abendvorstellung sind von Anfang an nur Bruchstücke des Dialogs verständlich. Noch bevor überhaupt die Kati-Horrath-Liebesgeschichte exponiert ist, kreischt eine hysterische Frauenstimme: »Unsere Barteisekredäre schlafn nich mit fremdn Fraun!« Nach der Szene, in der die Ballas den Polizisten in den Teich ziehen, die lautstarke Forderung: »Den Regisseur einsperrn.«

Die künstlich aufgeputschte Menge verlangt die Absetzung des Films. Die Vorführung wird nach 20 Minuten abgebrochen, ein Vertreter des PROGRESS-Filmvertriebs erscheint vor der Leinwand und verkündet, dass man den Forderungen der Werktätigen nachkomme, den Film abbreche und ihn vom Programm absetze.

In Berlin wird der Film noch ein paar Tage vor ausverkauftem Haus weitergespielt, jedesmal sind Gruppen von Leuten im Saal, die »Empörung« zu spielen haben.

Bei der Rostocker Premiere hatten die Organisatoren der Zwischenrufe vergessen, den Leiter des Kinos zu instruieren. Aufgeregt rief er die Polizei an: »Provokateure sind im Kino, stören unsere Werktätigen.« Die Polizei rückte an und holte die Zwischenrufer aus dem Saal.

So etwas hatte es in der Filmgeschichte der DDR noch nicht gegeben. Dass die Nazis Anfang der dreißiger Jahre den amerikanischen pazifistischen Film *Im Westen nichts Neues* nach dem gleichnamigen Roman von Erich Maria Remarque im Kino niedergeschrien hatten, wusste ich. Unfassbar war für mich, dass die SED, deren Mitglied ich war, eine solche gelenkte »Provokation« organisiert hatte
Die Presse der DDR darf den Film nicht erwähnen. Es erscheint eine einzige Kritik im NEUEN DEUTSCHLAND.

Spuren der Steine?

[...] Der Film gibt ein verzerrtes Bild von unserer sozialistischen Wirklichkeit, dem Kampf der Arbeiterklasse, ihrer ruhmreichen Partei und dem aufopferungsvollen Wirken ihrer Mitglieder. Das sozialistische Aufbauwerk der vergangenen zwanzig Jahre ist ohne die mobilisierende und führende Kraft der Partei nicht denkbar. Aber der Film »Spur der Steine« reduziert, durch seine Begrenzung auf einen Dreieckskonflikt, das Wirken der Parteiorganisation einer Großbaustelle betont vordergründig auf die Auseinandersetzung über das moralische Versagen eines Parteisekretärs. Ein merkwürdiger Schematismus macht sich in diesem Film breit. Mitglieder der Partei der Arbeiterklasse werden im Widerspruch zur Wirklichkeit fast ausnahmslos als unentschlossene Menschen oder Opportunisten geschildert, die hinter den Anforderungen des Lebens zurückbleiben und das Neue nicht erfassen. In diesem Film gibt es kaum einen Arbeiter, der einen klaren Klassenstandpunkt bezieht, der weiß, was die sozialistische Gesellschaft von ihm erwartet [...] Es lassen sich aus diesem Film viele Beispiele zitieren, an denen ablesbar ist, wie kraß der Regisseur der Wahrheit unseres Lebens Gewalt angetan, wie wenig er die revolutionären Triebkräfte unserer sozialistischen Gesellschaft künstlerisch erfaßt hat. So geht Frank Beyers »Spur der Steine« an den Entwicklungsprozessen unseres Lebens vorbei. Der Film erfaßt nicht das Ethos, die politisch-moralische Kraft der Partei der Arbeiterklasse und der Ideen des Sozialismus, bringt dafür aber Szenen auf die Leinwand, die bei den Zuschauern mit Recht Empörung auslösen.

Hans Konrad

Ein paar Tage später fand eine Parteiaktivtagung im DEFA-Studio statt, die sich ausschließlich mit dem Film *Spur der Steine* befasste. Kulturminister Klaus Gysi »analysierte« den Film und kam zu dem Schluss, dass er wegen der falschen politischen Positionen seines Regisseurs auch künstlerisch ganz schwach sei, ein Machwerk eben in jeder Beziehung.

Siegfried Wagner, Leiter der Kulturabteilung im Zentralkomitee der SED, Zögling von Paul Fröhlich in Leipzig, dem Anführer der kulturpolitischen Betonfraktion, erklärte:» Es gibt zwei Ideologien im Studio, die Ideologie der Partei und die Ideologie der Macher, Anhänger und Verteidiger dieses Films.« Dann fordert er alle Anwesenden auf, ihre Meinung zu sagen. Unter solchen Umständen ist natürlich klar, dass sich viele zur Ideologie der Partei bekennen wollten. Es waren so viele, dass der Abend nicht ausreichte, die Aktivtagung musste eine Woche später fortgesetzt werden. In welcher Stimmung das verlief, kann man auch an der Drohung Wagners ablesen:» Wer die Hand gegen die Arbeiterklasse erhebt, dem wird sie abgehauen.« Obwohl doch nur einige von uns den Finger zu einer Wortmeldung gehoben hatten.

Bei manchen Diskussionsbeiträgen empfand ich körperlichen Ekel. Als Wagner gesprochen hatte, dachte ich, diesem Menschen werde ich in meinem ganzen Leben nie wieder die

Hand geben. Mein Körper reagierte mit einem eitrigen Ausschlag an beiden Händen, der durch kein Medikament zu beseitigen war. Nie vorher hatte ich so etwas gehabt und in den mehr als 30 Jahren danach auch nicht. Mein Arzt bestärkte mich in dem Gedanken, ein paar Wochen Urlaub in Bulgarien am Schwarzen Meer zu machen. Er meinte, das Salzwasser würde vielleicht helfen. Das Salzwasser half nicht, der Ausschlag wurde von Tag zu Tag schlimmer. Ich konnte nur noch mit Gummihandschuhen, die an den Handgelenken zusammengebunden waren, baden gehen. Erst eine Mixtur, von einem bulgarischen Arzt verschrieben, aus Olivenöl und anderen, mir unbekannten Substanzen brachte Heilung.

Konrad Wolf, damals schon Präsident der Akademie der Künste, war am ersten Abend der Aktivtagung anwesend, hatte sich jedoch nicht zu Wort gemeldet. Aber seine Meinung war bekannt. Auf der zweiten Tagung erschien er nicht. Es hatte, wie ich später erfuhr, ein Gespräch zwischen ihm und Klaus Wischnewski stattgefunden. Wolf sagte, er sei ratlos, denn er könne seine positive Meinung zu dem Film nicht revidieren. Wischnewski riet ihm, schreib einen Brief, und teile deine Meinung auf diese Weise mit. Denn wenn du im zweiten Teil der Aktivtagung deine Meinung sagst, werden sie dich in ein Kreuzverhör nehmen, und du wirst vermutlich als Akademiepräsident abgesetzt werden. Daran kann niemand von uns interessiert sein. Wolf schrieb diesen Brief, entschuldigte sein Fernbleiben mit einer dringenden Reise nach Moskau, und ließ keinen Zweifel daran, auf welcher Seite er stand.

Das hatte ein Nachspiel für ihn. In einer eigens einberufenen Parteileitungssitzung im September 1966 setzte man ihn so unter Druck, dass auch er schließlich seine Meinung revidierte. Für Hager war dieser Vorgang so wichtig, dass er alle Mitglieder des Politbüros in einem Brief davon in Kenntnis setzte. Die »Einheit und Geschlossenheit« der Partei war wiederhergestellt …

Ich selbst hatte mich im ersten Teil der Parteiaktivtagung auch zu Wort gemeldet. Ich sagte: »Gegenstand dieser Beratung ist, ob der Film *Spur der Steine* parteischädigend ist. Das wird aufgeklärt werden. Aufgeklärt ist bereits für mich, dass die Organisatoren der Zwischenfälle und Tumulte in den Kinos das Ansehen der Partei bei uns und in der internationalen Öffentlichkeit geschädigt haben...«

»Wie lange will sich das Parteiaktiv noch anhören, wie Genosse Beyer Ursachen und Wirkungen vertauscht?« unterbrach mich Wagner. Er meinte, der partei- und staatsfeindliche Charakter meines Film sei die Ursache für die Unmutsäußerungen des Publikums in den Kinos. Und da ich die unterschiedliche Behandlung des Films in den einzelnen Bezirksstädten beschrieben hatte (in Halle, bei Sindermann, war der Film eine Woche lang ohne jeden Zwischenfall vor vollem Haus gelaufen), beschuldigte er mich später, dass ich die Mitglieder des Politbüros gegeneinander ausspielen wolle.

Ich erklärte mich bereit, über die Einwände gegen meinem Film nachzudenken, verteidigte aber die Konzeption des Films und war nicht willens, mich von ihm zu distanzieren. Dies war nicht die erwartete Selbstkritik.

Man musste seine Fehler bekennen, dann bekam man eine Chance. Sie hatten das von der katholischen Kirche übernommen: erst Beichte, dann Absolution. Und selbst bei so schweren Beschuldigungen wie die gegen mich erhobenen wurde einem eine Brücke gebaut. Man unterschied zwischen subjektivem Wollen und objektiver Wirkung. Die wohlmeinenden Absichten eines Künstlers schlossen also keineswegs aus, dass sein Werk objektiv den Interessen des Klassenfeinds diente.

Im Unterschied zur Beichte in der katholischen Kirche – ein vertrauliches Gespräch zwischen Priester und Gläubigem – war Selbstkritik in der Partei immer ein öffentlicher Vorgang. Denn es ging nicht um das Seelenheil dessen, der seine Fehler offen bekannte, sondern um die Abschreckung der anderen. Sie sollten lernen, nicht die gleichen Fehler zu wiederholen.

In meinem Film hatte ich das parodiert in der Figur des Oberbauleiters Trutmann, der so lange Fehler bekennt, sich Asche aufs Haupt streut und auf sich selber einprügelt, bis man ihm gnädig verzeiht.

Ich wusste, meine Haltung würde Folgen haben. Der neu ernannte Leiter der Hauptverwaltung Film, Wilfried Maaß, ein

Parteifunktionär aus Frankfurt/Oder, erklärte mir, dass ich das DEFA-Studio für Spielfilme für zwei Jahre verlassen müsste. Man empfahl mir, nicht in Berlin und Umgebung zu arbeiten, sondern an einem Theater in der Republik.

Es war praktisch ein Berufsverbot, obwohl das Wort peinlich vermieden wurde. Es war auch keine Kündigung, die hätte begründet werden müssen. Es war eine »Maßnahme«. Das Ganze fand im rechtsfreien Raum statt. Als Parteimitglied hatte man sich solchen »Maßnahmen« zu fügen. Es war eine Frage der Parteidisziplin.

Später bin ich verschiedentlich gefragt worden: Warum hast du dir eine solche Behandlung gefallen lassen. Die Antwort ist: weil ich keine Alternative hatte.

14. Gründung einer Familie.
Zweiter Versuch

Als ich nach dem Studium aus Prag in die DDR zurückkehrte, hatte ich Pläne verschiedener Art. Ich wollte Spiel- und Dokumentarfilme machen und auch am Theater Regie führen. Diesen Gedanken hatte ich aufgegeben, und zwar aus grundsätzlichen Überlegungen. Benno Bessons Inszenierungen wie *Der Frieden, Die schöne Helena, Der Drache* und *König Oedipus* am Deutschen Theater hatten mir gezeigt, dass Höchstleistungen nur mit ausschließlicher Konzentration auf diesen Beruf zu erreichen waren. Ich selbst hatte in der ersten Hälfte der sechziger Jahre mit meinen wichtigsten Mitarbeitern, dem Szenenbildner Alfred Hirschmeier und dem Kameramann Günter Marczinkowsky, jedes Jahr einen Spielfilm gedreht und versucht, von Film zu Film mein Handwerk zu perfektionieren. Dies wollte ich nun ausschließlich im Spielfilm machen, mich durch nichts davon ablenken lassen.

Kurt Bork, stellvertretender Minister für Kultur und Chef aller DDR-Theater, empfing mich freundlich.

»Also, du sollst nicht in Berlin und Umgebung bleiben. Wo willst du arbeiten?«

»Das weiß ich nicht. An einem Theater, an dem eine Vakanz für mich ist.«

»Versuchen wir es doch andersherum. Sag mir, wo du arbeiten willst, und ich werde herausfinden, ob das geht.«

Damit hatte ich nicht gerechnet. Man muss wissen, wie die Theaterlandschaft in der DDR beschaffen war. Im Gegensatz zur Bundesrepublik, die immer mehrere Theaterschwerpunkte hatte, Hamburg, München, das Rheinland und Westberlin, waren die Theater in der DDR wie eine feudale Pyramide gegliedert. Es gab ein einziges Zentrum: Ostberlin mit dem Deutschen Theater, dem Berliner Ensemble und zeitweise der Volksbühne. Alle Regisseure und Schauspieler wollten einmal an einem dieser am höchsten subventionierten Spitzentheater ankommen. Die nächste Kategorie darunter waren die Theater in Leipzig, Dresden und Rostock. Dort gab es große, leistungsfähige Schauspielensembles und mehrere Spielstätten. Rostock wurde von Hanns Anselm Perten geleitet. Bei ihm schossen die Nebenspielstätten nur so aus dem Boden, und er hatte einen interessanten Spielplan mit vielen DDR-Erstaufführungen westlicher Dramatiker. Trotzdem wollte ich in keinem Fall nach Rostock. Perten galt als ein Despot, der seine Häuser mit eiserner Hand regierte, keinerlei Widerspruch duldete und ein Zuträgersystem eingerichtet hatte, das die Atmosphäre im Ensemble vergiftete. Karl Kayser, der Generalintendant in Leipzig, war bekannt für gepflegte, etwas langweilige Klassikerinszenierungen. Blieb Dresden. Dort regierte seit kurzer Zeit Hans Dieter Mäde, ein Mann meiner Generation, dessen frühere Inszenierungen am Maxim-Gorki-Theater in Berlin ich kannte. Ich bat Bork, bei Mäde anzufragen, ob er Arbeit für mich habe.

Im November 1966 kam ich, mit ganz falschen Vorstellungen über Mädes Imperium, nach Dresden. Das Staatsschauspiel war im wesentlichen auf das Kleine Haus konzentriert, einen etwas heruntergekommenen Bau in der Dresdener Neustadt, der ständig in Gefahr war, von der Baupolizei geschlossen zu werden. Das Große Haus wurde hauptsächlich von der Oper bespielt, nur 6–8 Schauspielaufführungen fanden dort pro Monat statt. (Die Semperoper war noch nicht wiederaufgebaut.) Im Schauspiel arbeiteten, einschließlich Mäde, vier Regisseure, ich war buchstäblich das fünfte Rad am Wagen und fragte mich bald, was Mäde bewogen haben könnte, mich zu engagieren. Solidarität war gewiss nicht sein Motiv, das stellte sich schon bei den ersten Gesprächen heraus. Mäde fühlte sich als ein Reformer, wobei er der Meinung war, dass er durch Leute wie mich und Filme wie *Spur der Steine* auf seinem Reformkurs gestört worden sei. Tatsächlich hatte er Ende der fünfziger Jahre am Maxim-Gorki-Theater in Berlin *Lohndrücker* und *Korrektur* von Heiner Müller sowie *Und das am Heiligabend* von Blazek inszeniert, Stücke, die sich kritisch mit Gegenwartsproblemen auseinandersetzten. Diese Zeit war aber längst vorbei. Mäde war schon als junger Mann Kandidat des ZK der SED geworden, galt als Günstling von Ulbricht und hatte nach ein paar Jahren als Intendant in Karl-Marx-Stadt 1966 die Generalintendanz der Staatstheater Dresden übernommen. Die Theaterleute waren zwar durch das 11. Plenum vergleichsweise wenig gebeutelt worden, aber immerhin sorgten Aufführungsverbote im Vorfeld des Plenums dafür, dass Heiner Müller und Peter Hacks keine Gegenwartsstücke mehr schrieben. Die »Dramaturgie des Positiven« interessierte sie nicht, dies aber war gerade das Steckenpferd meines neuen Chefs. So bemühte er sich um Uraufführungen neuer sozialistischer Dramatik, die er selber in Auftrag gab. Stücke wie *Von Riesen und Menschen* von Kleineidam oder *Mannesjahre* nach einem Roman von Brězan folgten der neuen kulturpolitschen Linie, die leider die alte war. Die »lösbaren Widersprüche vorübergehender Art« zogen in das Theater ein, und gleichzeitig zog ein beträchtlicher Teil des zahlenden Publikums aus. Zu meiner Verwunderung waren die Dresdener Häuser laut Statistik zu 90% ausgelastet, obwohl bei den Vorstellungen dieser Stücke das Theater nur zu einem Drittel gefüllt war. Des Rätsels Lösung: Nicht die Zuschauer wurden gezählt, sondern die verkauften Eintrittskarten. Da die Eintrittskarten durch die Kulturfonds der Betriebe subventioniert wurden, ließen die Leute sie lieber verfallen, als sich bei Mädes Dramaturgie des Positiven zu langweilen.

Statistikfälschungen waren überall gang und gäbe. Weil die Jahresendprämien und Gehaltszuschläge bei den Mitarbeitern der Kinos und des Filmverleihs von der Anzahl der Zuschauer (sprich: verkaufter Kinokarten) abhing, arbeitete man bei Kindervorstellungen zum Beispiel mit folgendem Trick: Ein Kinderticket kostete 25 Pfennige, ein Ticket für Erwachsene eine Mark. Wenn man für das Erwachsenenticket 4 Kindertickets à

25 Pfennige einsetzte, entstanden aus einem Ehepaar mit zwei Kindern, also vier Personen, im Handumdrehen zehn Kinozuschauer.

Mäde wollte, bevor ich eine eigene Inszenierung machte, dass ich zuerst Betrieb und Ensemble kennenlernte, und verlangte, dass ich an seiner Inszenierung des *König Lear* mitarbeitete. Ich habe das bereitwillig getan, ich interessierte mich dabei nicht in erster Linie für Mädes Regiearbeit, sondern für die Schauspieler, meine künftigen Arbeitspartner. Vom ersten Probentag an reizte mich die Arbeitsweise von Rolf Hoppe, der in Mädes Inszenierung den Gloster spielte. Für ihn suchte ich etwas später eine O'Casey- Rolle aus, und viele Jahre später besetzte ich ihn mit großen Kino- und Fernsehrollen.

Als erste Inszenierung bot mir Mäde das Stück *Liolà* des italienischen Autors Luigi Pirandello an. Ich las das Stück, das nicht schlecht war, mich aber auch nicht sonderlich interessierte. Ich dachte sofort: eine ideale Rolle für Manfred Krug. Dieser Gedanke war natürlich vollkommen utopisch. Und Mäde hatte die Besetzung der Hauptrolle auch schon fixiert. Es sollte die Antrittsrolle für den aus Weimar neu engagierten Schauspieler Wolfgang Dehler werden. Ich kannte Dehler zu diesem Zeitpunkt nur vom Hörensagen. Er hat die Rolle dann auch gut gespielt, nur nicht unter meiner Regie. Meine bisherige Filmpraxis der Stoffsuche und der landesweiten Besetzungen kollidierte sofort mit den Gepflogenheiten und Notwendigkeiten des Repertoiretheaters.

Dann gab es – vermutlich zu einem Parteitag – die Verpflichtung des Theaters, einen Gegenwartsabend zu veranstalten. Der Abend bestand aus zwei Teilen. Den ersten Teil bestritt mein Kollege Hanns Matz mit einer Hörspielbearbeitung von Siegfried Pitschmanns *Sieben Scheffel Salz*. Ich wollte Mäde nicht zum zweiten Mal enttäuschen. Deshalb bearbeitete ich ebenfalls ein Hörspiel von Gerhard Rentzsch mit komödienhaften Zügen, *Altweibersommer*, mit zwei Paraderollen für die Altstars des Staatsschauspiels, Charlotte Friedrich und Willi Gade. Die Arbeit mit den beiden betagten Schauspielerprofis machte Spaß. Das Publikum amüsierte sich, alle meinten, es sei ein netter Abend gewesen. Abscheulich. Das Wort »nett«, im Zusammenhang mit meiner Arbeit, hat mich immer gekränkt.

Während die Proben zu *Liolà* liefen, ließ ich mich beurlauben und inszenierte als Gast am Gerhart Hauptmann Theater Görlitz/Zittau *Um 9 an der Achterbahn* von Claus Hammel, ein damals vielgespieltes Gegenwartsstück, ebenfalls eine Komödie. Das Stück hatte gute Aussichten, vom Publikum angenommen zu werden. Es war eine lockere Szenenfolge, und ich hatte, Brechts Vorschlägen für solche Stücke folgend, nur eine halbhohe, leichte Gardine statt des schweren Samtvorhangs aufspannen lassen. Als die Intendantin auf die erste Hauptprobe kam, war sie entsetzt. Nicht diese Gardine! Das ist Gift für die Zittauer Zuschauer! Das erinnert sie an Brecht! Es wird sich herumsprechen! Niemand wird in die Vorstellung kommen …! Ich versuchte ihr zu erklären … Sie unterbrach mich. Das weiß ich alles, Sie müssen mir nicht erklären, warum Brecht die Gardine … aber die Gardine ist Gift für das Zittauer Publikum! Es war nicht so, dass dieses Zittauer Publikum schlechte Inszenierungen von Brechts Stücken gesehen hatte, und sie mit der Gardine in Verbindung brachte. Aber Brecht wurde auch im Jahre 1967 von einem Massenpublikum in der Provinz noch nicht angenommen.

Wir einigten uns auf einen Kompromiss. Die Gardine blieb, aber der Bühnenbildner erklärte sich bereit, sie mit bunten Szenen aus der Inszenierung zu bemalen. Da wurden die Zuschauer in den kurzen Pausen abgelenkt durch die Bemalung und vergaßen vielleicht, dass sie vor der Brecht-Gardine saßen.

Ich war damals entsetzt über die „Rückständigkeit" des Publikums und darüber, dass die Intendantin dieser Rückständigkeit Zugeständnisse machen wollte. Heute, angesichts des Quotendenkens im Fernsehen, sehe ich das gelassener. Trivialliteratur hatte immer schon mehr Leser als Werke mit künstlerischem Anspruch. Dies gilt für Theater, Kino und Fernsehen gleichermaßen.

Das Verhältnis zu meinen Regiekollegen im Schauspiel war eher distanziert als freundschaftlich. Besonders zum Schauspieldirektor Gotthard Müller. Erst sehr viel später habe ich erfahren, dass Gotthard annahm, ich sei nach Dresden gekommen, um ihn aus seiner Funktion zu verdrängen. Tatsächlich war ich eine Figur auf Mädes Schachbrett. Er wollte seine drei Regiekollegen im Schauspiel loswerden und hatte in mir einen Ersatzmann, zumal er mich, wie ich später erfuhr, nicht aus seinem Theateretat bezahlte. Mein halbiertes DEFA-Monatsgehalt wurde aus dem Kulturministerium überwiesen und vermutlich aus dem DEFA-Etat genommen. Gotthard Müller verließ dann als erster das Staatsschauspiel und wechselte zu den Städtischen Bühnen Leipzig.

Meine Bilanz dieser ersten Spielzeit in Dresden: dürftig. Aber wie sollte ich das ändern? Ich hatte ja nicht vor, mir eine Theaterkarriere aufzubauen. Ich wollte, sobald es möglich war, zurück zur DEFA und wieder Filme drehen. Und es war mir klar, ein eigenes Konzept war an einem solchen Hause nicht zu verwirklichen, solange man nur eine Gastrolle spielte.

Aber ich war keineswegs unglücklich. Ich hatte mich in eine junge Schauspielerin verliebt, die in ihrem jugendlichen Fach der Star des Ensembles war: Renate Blume. Ich hatte sie bei den Filmfestspielen in Karlový Váry kennengelernt, als ich 1964 Mitglied der internationalen Jury war. Sie spielte die Hauptrolle in Konrad Wolfs Film *Der geteilte Himmel* nach einem Roman von Christa Wolf, der im Wettbewerb lief. Aber damals war sie 20 und verlobt, und ich war noch mit Liddi verheiratet.

Jetzt trafen wir uns in Dresden wieder. Sie hatte sich vor einiger Zeit von ihrem Verlobten getrennt. Jedenfalls verliebte ich mich in sie. Aber ich war mir nicht sicher, ob sie sich auch in mich verliebt hatte. Ich war schließlich 12 Jahre älter als Renate, und vielleicht verwechselte sie Sympathie mit Liebe. Also, ich war sehr vorsichtig, denn ich wusste vom ersten Tage an, Renate war kein Mädchen für einen Flirt.

Nach meiner Trennung von Liddi hatte ich in Berlin mit einer jungen Schauspielerin zusammengelebt. Irgendwie war ich lange nach der Ehescheidung noch unter dem Eindruck dieser Niederlage (obwohl die Trennung meine Entscheidung gewesen war, empfand ich das Scheitern der Ehe als eine Niederlage) und entschlossen, auf absehbare Zeit keine feste Bindung einzugehen.

Jetzt, nachdem ich Renate wiederbegegnet war, wusste ich ziemlich rasch, dass ich mit ihr eine Familie gründen wollte. Auch Renate wollte das, denn eines Tages erklärte sie mir: Ich möchte ein Kind mit dir haben, und nicht erst, wenn ich fünfundzwanzig bin.

Es hat dann doch ein wenig gedauert. Wir heirateten im Januar 1969, und kurz nach Renates fünfundzwanzigstem Geburtstag, im Juni 1969, wurde unser Sohn Alexander geboren.

Ich schlug Mäde vor, zwei Einakter von O'Casey in den Spielplan aufzunehmen, die mir sehr gefielen und die darüber hinaus aus dem Ensemble erstklassig besetzt werden konnten: *Bedtime Story*, in deutscher Übersetzung *Abschied vier Uhr früh*, und *The end of the beginning*, deutsch *Das Ende vom Lied*.

Dieser Abend mit den beiden O'Casey-Einaktern war ein Renner beim Publikum und blieb sehr lange im Spielplan. Unmittelbar nach der Premiere begann ich im Großen Haus mit den Proben zu Shakespeares *Komödie der Irrungen,* und schließlich inszenierte ich noch kurz vor Ende der Spielzeit mit dem Ensemble des Staatsschauspiels für das Fernsehen in Adlershof *Der Geizige* von Molière. Zum ersten Male arbeitete ich mit Renate zusammen. Sie spielte in beiden Stücken große Rollen.

Die DEFA-Direktion betrachtete meinen Abstecher zum Theater als eine befristete Angelegenheit und schickte mir seit Frühjahr 1967 ständig Stoffe und Drehbücher nach Dresden. Aber die Angebote waren ziemlich trostlos, und ich hatte keine Lust, irgendeinen belanglosen Film zu inszenieren. Unter den Stoffen war auch der zweite Teil des Karl-Liebknecht-Films mit dem Titel *Trotz alledem.* Damit hätte ich ein Comeback feiern können. Aber ich wollte mich nicht an den DEFA-Heldensagen aus der Geschichte der Arbeiterbewegung beteiligen. Schließlich traf ich mich im März 1968 mit dem Studiodirektor Bruk, und wir verabredeten, dass ich zum 1. August des gleichen Jahres zu den alten Bedingungen zur DEFA zurückkehren sollte. Mein erstes Projekt sollte die Verfilmung von Hermann Kants

Romans *Die Aula* sein. Es vergingen Wochen und Monate, ohne dass ich etwas von der DEFA hörte. Bruk und auch der neue Filmminister Günter Klein versicherten zwar, dass sie alles tun würden, um meine baldige Rückkehr ins Studio zu erreichen, aber schon aus dieser Formulierungen ging hervor, dass es Widerstände gab.

Mir ging es wie Josef K. in Kafkas *Prozess*. Irgendeine mächtige, für K. unbekannte Instanz trifft Entscheidungen über sein Leben, ohne dass er eine Chance hat, diese Entscheidungen zu beeinflussen. Im Gegensatz zu K. kannte ich diese im Hintergrund wirkende mächtige Instanz, die offenbar über mein weiteres berufliches Leben einen Beschluss gefasst hatte. Aber ähnlich wie K. gelang es mir trotz großer Anstrengungen nicht, herauszufinden, was man mit mir vorhatte. Um in dieser Zeit der ungeklärten Verhältnisse bis zur Rückkehr ins DEFA-Studio für Spielfilme nicht untätig zu sein, hatte ich mit Mäde für den Spielzeitanfang 68/69 eine Inszenierung im Großen Haus verabredet, *Herr Puntila und sein Knecht Matti* mit Rolf Hoppe in der Titelrolle. Aus Gründen, die ich bis heute nicht weiß, änderte Mäde den Spielplan und ersetzte das Stück durch *Die Verschwörung des Fiesco zu Genua*.

Meine Entscheidungen für oder gegen Stücke und Drehbücher habe ich zeit meines Lebens aus einer Gefühlslage heraus getroffen und nicht in erster Linie mit dem Verstand. Selten habe ich mich dabei geirrt. Unter solchen Umständen hätte ich zu *Fiesco* nein sagen müssen, denn ich hatte weder eine spontane gefühlsmäßige Beziehung zu dem Stück, noch fand ich die gedankliche Substanz besonders aufregend. Dass ich die Regie trotzdem übernahm, hing damit zusammen, dass ich in Joachim Zschocke einen erstklassigen *Fiesco* hatte, weit entfernt von dem Bonvivant, der gewöhnlich diese Rolle spielt. Auch den Verrina und die Frauenrollen konnte ich mit Hoppe, Elster und Blume sehr gut besetzen, und Karl von Appen vom Berliner Ensemble hatte zugesagt, das Bühnenbild zu machen. Und schließlich war es für mich eine Herausforderung, Schiller zu inszenieren.

Ich bereitete mich gründlich vor, machte aus den verschiedenen Stückvarianten, die es bei Schiller gibt, eine Bühnenfassung und hatte am Ende die Schwierigkeiten des Stücks dennoch unterschätzt. Es war alles ordentlich gearbeitet, aber die Inszenierung hatte keinen wirklich großen Atem. Die Premiere des *Fiesco* war für Sonnabend den 23. November 1968 angesetzt, die öffentliche Generalprobe fand am Tag vorher vormittags vor einem vollbesetzten Hause statt.

Zunächst ging alles gut. In der ersten Szene, dem Maskenball, versucht der Mohr, an Fiesco heranzukommen, um ihn zu ermorden. Er zückt das Messer, da hat ihn Fiesco im Griff, das Messer fliegt in weitem Bogen in den Hintergrund der Bühne, dann schleudert Fiesco mit einer schnellen Bewegung den Mohren von sich weg auf den Bühnenboden. So weit ist es Inszenierung.

Ich hatte beiden Schauspielern während der Proben gesagt, das alles müsse blitzschnell gehen und dabei sehr elegant und professionell aussehen. Außerdem musste es perfekt einstudiert werden, sonst war es gefährlich. Den Trainingsmeister des Balletts hatte ich gebeten, die Bewegungsabläufe mit beiden zu erarbeiten. Sie hatten versprochen, meinem Rat zu folgen, aber sie hatten nicht wirklich trainiert.

Donath als Muley Hassan liegt also auf dem Bühnenboden und rührt sich nicht. Ich sitze in der Mittelloge im ersten Rang. Mir bricht der Schweiß aus. Das Publikum hält den Atem an. Immer noch liegt Donath am Boden. Dann kommt er zu sich und versucht aufzustehen, was ihm nicht gleich gelingt. Als er weiterspielen will, hat er einen Schwächeanfall. Neben ihm steht, als Teil des Bühnenbilds, eine Säule mit einer Porträtbüste. Donath versucht, sich an der Säule festzuhalten, reißt sie um und bricht zusammen. Immer noch meint das Publikum, einer Inszenierung beizuwohnen, es folgt den Vorgängen mit angehaltenem Atem. Donath liegt wieder am Boden. Dann macht er einen letzten Versuch, aufzustehen, es gelingt ihm, er schaut zu mir in Richtung Mittelloge, macht eine hilflose Geste. Er kann nicht weiterspielen. Ich stehe auf, gebe ein Zeichen, der Vorhang schließt sich. Die Generalprobe ist, bevor sie noch recht angefangen hat, beendet.

Donath wird mit der Schnellen Medizinischen Hilfe ins Krankenhaus gebracht. Alles ist ungewiss. Er hat eine Gehirnerschütterung, die normalerweise ausgelegt werden muss. Er wird die Premiere nicht spielen können. Aber die Premiere muss stattfinden. Sie kann nicht durch eine andere Vorstellung ersetzt werden. Also lautet die Frage: Woher kriegen wir innerhalb von 36 Stunden einen anderen Muley Hassan? Ich erinnere mich an eine Volksbühnenaufführung in Berlin, die Jahre zurückliegt, in der Gerry Wolff in einer ganz anderen Bearbeitung des Stücks den Mohren gespielt hat. Das Betriebsbüro des Theaters fahndet nach Gerry Wolff. Findet ihn auch. Er ist sogar auf dem Weg nach Dresden. Hat an diesem Freitagabend hier eine Veranstaltung. Und am nächsten Tag frei, wie die Damen des Betriebsbüros herausfinden. Was ist, wenn wir ihn bitten, nach der Veranstaltung ins Theater zu kommen und den Mohren zu übernehmen? Das Büro sagt, telefonieren Sie bitte mit Gerry nach 22 Uhr im Hotel, und überreden Sie ihn, die Rolle zu übernehmen. Ja, gewiss doch.

Mir fällt in solchen beinahe unlösbaren Situationen meistens etwas Komisches ein. Uli Thein, zum Beispiel, lebte als junger Schauspielschüler in Hannover und saß an einem Sonntagnachmittag in einer Schülervorführung von Schillers *Räuber*. Veranstalter war ein kleines Tourneetheater, der Direktor hieß Rumpel-Delmonde. Die Vorstellung hatte begonnen, der Darsteller des Kosinsky, der erst nach der Pause auftritt, war auch schon im Hause. Nur: Er war volltrunken, hatte sich in seiner Garderobe sofort aufs Ohr gelegt und war in einen Tiefschlaf gefallen, aus dem ihn niemand wecken konnte. Rumpel-Delmonde wusste, dass Thein in der Vorstellung saß. Er holte sich den Inspizienten:

»Begeben Sie sich unauffällig in den Zuschauerraum. In der 8. oder 9. Reihe sitzt Thein. Holen Sie ihn bitte zu mir.«

Der Inspizient begab sich »unauffällig« in den Zuschauerraum, das heißt, er kroch langsam auf allen vieren den Seitengang entlang, was dazu führte, dass die Aufmerksamkeit des ganzen Saales für fünf Minuten von der Bühne abgezogen wurde. Dann gab er heftige Zeichen in Richtung Thein, bis dieser aufstand und sich zum Seitengang durchdrängte. Auf ein weiteres Zeichen des Inspizienten ging auch Thein auf die Knie. Beide krochen jetzt »unauffällig« unter voller Anteilnahme der Zuschauer durch den Seitengang in Richtung Bühne.

Rumpel-Delmonde: »Thein, möchten Sie bei mir den Kosinsky spielen?«

Thein, begeistert: »Ja. Wann?«

Rumpel-Delmonde: »Jetzt gleich.«

Ich weiß nicht, wie Uli über die Runden kam, die Kosinsky-Rolle hat ziemlich viel Text. Vermutlich mit Hilfe der Souffleuse. Jedenfalls fühlte ich mich am Abend, als ich Gerry Wolff im Hotel gegenüberstand, wie der Theaterdirektor Rumpel-Delmonde:

»Gerry, möchtest du bei mir den Muley Hassan spielen?«

»Ja. Wann?«

»Morgen abend.«

»Das ist nicht dein Ernst?«

Ich erklärte Gerry die Gründe, gab ihm ein eingestrichenes Exemplar des Stückes und bat ihn, es über Nacht zu lesen. Ich fügte hinzu, da, wo der Text allzu weit von der Fassung entfernt sei, die er seinerzeit gespielt habe, könne man natürlich Striche machen.

»Überleg es dir bitte, und lass mich nicht im Stich. Morgen Vormittag um 10 Uhr ist die Generalprobe, wir können bis kurz vor Premierenbeginn um 19 Uhr probieren.«

Schauspieler haben eine unglaubliche Disziplin. Auch wenn sie 40 Grad Fieber haben, kommen sie am Abend ins Theater, um die Vorstellung zu retten. Und auch auf ihre Solidarität in solchen Fällen kann man sich verlassen. Punkt 10 Uhr erschien Gerry am nächsten Morgen im Großen Haus. Wir begannen mit der Probe. Gegen 11 Uhr kam Rudolf Donath aus dem Krankenhaus, allen fiel ein Stein vom Herzen. Donath spielte die Premiere, natürlich ohne die geplanten artistischen Einlagen, aber Gerry hätte die Vorstellung auch gerettet.

In dieses Jahr 1968, in dem ich in Dresden angespannt arbeitete, fällt ein Ereignis, das mich tief erschütterte: der Einmarsch der Truppen des Warschauer Pakts in die ČSSR.

In meinem Tageskalender steht am 21. August lapidar: 9.00 BEI APPEN. An diesem Tage war ich in Berlin mit dem Bühnenbildner Karl von Appen verabredet, um die Entwürfe für die *Fiesco-* Inszenierung zu besprechen. Als ich ankam, fragte ich ihn: »Haben Sie heute morgen schon das ND gelesen?« Appen antwortete einsilbig: »Ja.« Er hatte keine Lust zu einem Meinungsaustausch. Er kannte mich ja nicht näher, wusste nichts von meinen engen Beziehungen zu unserem Nachbarland. Aber es war spürbar, dass ihn die Ereignisse bedrückten. Wir wandten uns unserer Arbeit zu.

Meine erste Reaktion auf den Einmarsch unter DDR-Beteiligung war: Sie müssen von allen guten Geistern verlassen sein. Mindestens zwei Generationen heute noch lebender Tschechen und Slowaken haben den Einmarsch der Nazitruppen 1939 erlebt. Was werden sie denken, wenn ihre Verbündeten in Uniformen, die sie an die Nazis erinnern müssen, jetzt wieder auftauchen? Ich hätte natürlich nicht gewagt, das öffentlich kundzutun. Schließlich befand ich mich im Zustand der »schweren Ungnade«. Aber ich hätte niemals ein Papier unterschrieben, in dem der Einmarsch der Panzer in Prag begrüßt wurde.

Feigheit? Ja, sicher. Anpassung in aussichtsloser Lage? Ich wollte möglichst bald in meinen Beruf als Filmregisseur zurückkehren, und dies hätte ich durch öffentliche Erklärungen für die Prager Reformpolitik aufs schwerste gefährdet.

Seit meinem Studium war ich fast jedes Jahr in Prag gewesen und habe mich natürlich besonders für die Filmentwicklung dort interessiert. 1964 war ich Mitglied der Internationalen Jury bei den Filmfestspielen in Karlový Várý. Dort vergaben wir den großen Preis der Jury an den Film *Der Angeklagte (Obžalovaný)* von Elmar Klos und Jan Kadar. Dieser Film steht für den Anfang einer demokratischen Entwicklung im tschechoslowakischen Kino. Ja, diese Entwicklung im Kino unseres Nachbarlandes nahm in gewisser Weise vorweg, was später mit dem Begriff »Prager Frühling« oder »Sozialismus mit menschlichem Antlitz« bezeichnet wurde. *Der Angeklagte* ist ein tschechischer Ingenieur, der unter Verletzung geltender Gesetze vernünftige Produktionsentscheidungen durchsetzt und damit auf die Anklagebank gerät. Generell stellt der Film überholte Rechtsnormen in der sozialistischen Gesellschaft in Frage.

Der Angeklagte erhielt den großen Preis. In der DDR wurde dieser Film nie gezeigt. Und als im Vorfeld zum 11. Plenum 1965 das Drehbuch zu diesem Film in den »filmwissenschaftlichen Mitteilungen« abgedruckt wurde, musste Heinz Baumert, der Chefredakteur, seinen Hut nehmen.

Wie hatte doch Kurt Hager, unser Vordenker in allen kulturellen Fragen, gesagt: »Wir lassen uns aus Prag keine faulen Eier ins Nest legen«.

Nachdem Alexander Dubček im Januar 1968 zum 1. Sekretär der KPČ gewählt wurde, gab es zum ersten Male in der Geschichte der sozialistischen Länder eine Parteiführung, die sich auf eine breite Mehrheit in der Bevölkerung stützen konnte. Das war eine wirkliche Sensation.

Für wenige Monate im Jahre 1968 sah es so aus, als ob sich ein sozialistischer Traum verwirklichen ließe. Und dieser sozialistische Traum war mehrere Jahre lang auch von zahlreichen tschechoslowakischen Filmen vorbereitet worden.

Es fand eine vollständige inhaltliche und formale Erneuerung des tschechoslowakischen Kinos statt.

Sie waren offenbar doch nicht von allen guten Geistern verlassen. Zwar erteilte Generaloberst Keßler, der Chef des Hauptstabes der NVA, am 26. Juli 1968 den Befehl, zwei Divisionen für das gemeinsame Manöver DONAU im Grenzraum zur ČSR bereitzustellen, und am 21. August 1968 druckte das ND an exponierter Stelle eine TASS-Meldung, aus der man entnehmen musste, dass DDR-Verbände gemeinsam mit der sowjetischen Armee in die ČSR einmarschiert waren. Aber tatsächlich sind DDR-Verbände nicht einmarschiert. Deshalb gibt es auch weder Fotos noch Filmaufnahmen von DDR-Soldaten auf tschechoslowakischem Territorium.

Es gab 6 Stabsoffiziere und 24 Nachrichtensoldaten der NVA, die in den Stab des sowjetischen Marschalls Jakubowski nach Milovice befohlen wurden. Die beiden von Keßler bereitgestellten NVA-Divisionen blieben im grenznahen Raum zur ČSR unter sowjetischem Oberbefehl, bis sie in der zweiten Oktoberhälfte in ihre Garnisonen zurückkehren durften. Die Fakten sind also weitgehend bekannt.

Nicht bekannt ist, warum die DDR-Divisionen in Reserve blieben. War man sich im Politbüro der SED der prekären Situation bewusst, die entstehen musste, wenn wieder deutsche »Besatzer« in Prag einrücken? Und hat man diese Bedenken in Moskau vorgetragen? Es gibt keine Äußerungen von DDR-Politikern zu dieser Problematik. Die es wissen müssen, sind tot oder schweigen.

In dem Buch *Politische Erinnerungen* von Valentin Falin, langjähriger Botschafter der Sowjetunion in Bonn und zum Zeitpunkt des Einmarsches hochrangiger Mitarbeiter im sowjetischen Außenministerium, findet sich der Satz dass »aus gewissen Erwägungen Einheiten der Nationalen Volksarmee nicht einbezogen« waren. Vermutlich war die sowjetische Führung zwar entschlossen, mit der Reformpolitik in Prag Schluss zu machen, dies aber sollte von der sowjetischen Armee besorgt werden und diese sollte keinesfalls deutsche Soldaten an ihrer Seite haben, deren Uniformen die Tschechen und Slowaken in fataler Weise an ihre Besatzer aus dem zweiten Weltkrieg erinnern mussten.

15. Fernsehen

Unter den Projekten, die mir in Dresden angeboten wurden, war auch ein Szenarium mit dem merkwürdigen Titel *Rottenknechte*. Es kam nicht von der DEFA, sondern vom Fernsehen der DDR in Berlin-Adlershof. Obwohl ich mir vorgenommen hatte, keine Filme mehr über Kriegsereignisse zu drehen, faszinierte mich dieses Projekt. Es war kein Spielfilm, es gab keine erfundene Story, es war die Rekonstruktion von Ereignissen in der deutschen Kriegsmarine zur Zeit der Kapitulation 1945. Im Zentrum der Handlung stand die Besatzung eines Minenräumbootes, das am 5. Mai 1945 aus Sönderburg/Dänemark über die Ostsee nach Kurland auslaufen sollte. Dort, im Norden von Ostpreußen, waren Hunderttausende deutscher Soldaten von der Roten Armee eingekesselt, der einzige Fluchtweg ging über die Ostsee. Der Minenräumer M 612 sollte Verwundete aus diesem Kessel herausholen. Jedoch trat an diesem 5. Mai 8 Uhr morgens in ganz Norddeutschland, Dänemark und dem westlichen Ostseeraum eine Teilkapitulation in Kraft, die jede Schiffsbewegung der deutschen Kriegsmarine verbot. Trotzdem hatte die Flottillenleitung das Auslaufen des Minenräumers befohlen. Die Besatzung weigerte sich, dem Befehl zu folgen, und setzte den Kommandanten und die Offiziere fest. Sie änderte den Kurs und lief in Richtung Heimat. Unterwegs wurde der Minenräumer von Schnellbooten aufgebracht. Die Rädelsführer der angeblichen Meuterei wurden vor ein Kriegsgericht gestellt, elf von ihnen wegen Meuterei zum Tode verurteilt und am späten Abend des 6. Mai 1945 standrechtlich erschossen.

Am gleichen Abend machte sich eine kleine Gruppe von deutschen Marinesoldaten, die zu einer Schnellbooteinheit gehörte und im dänischen Svendborg stationiert war, zu Fuß auf den Weg in die Heimat. Sie wurde unterwegs aufgegriffen, arretiert und mit ihrem Bataillon in die Geltinger Bucht transportiert.

Am 8. Mai wurde in Berlin-Karlshorst die bedingungslose Kapitulation der deutschen Armee unterzeichnet, die Kriegsflaggen im Schnellbootverband wurden niedergeholt. Am nächsten Tag, an dem die Welt den ersten Tag des Friedens feierte, wurden die Matrosen aus Svendborg vor ein Kriegsgericht gestellt. Es wurde ihnen vorgeworfen, sich in der Nacht vom 5. zum 6. Mai unter Mitnahme von Wehrmachtseigentum von der Truppe entfernt zu haben. Das galt als versuchte und vollzogene Fahnenflucht. Drei von ihnen wurden zum Tode verurteilt. Am 10. Mai bestätigte der Führer der Schnellboote, Kapitän zur See Rudolf Petersen, als Gerichtsherr die Todesurteile. Die drei Matrosen wurden noch am gleichen Tag, dem zweiten Tag des Friedens, standrechtlich erschossen.

Diese sehr aufregenden Geschichten waren verknüpft mit einer »Königsebene«. Auf dieser Ebene agierte die Hitlernachfolgeregierung unter Großadmiral Dönitz. Sie spekulierte auf ein Zusammengehen mit den Westalliierten gegen die Sowjetunion und motivierte die ihr unterstellten Marineoffiziere, die Disziplin in der Truppe auch nach der Kapitulation mit allen Mitteln aufrechtzuerhalten. Und schließlich gab es eine Nebenhandlung über die Teilnahme deutscher Antifaschisten am Widerstandskampf in Dänemark und deren Rolle bei der Entwaffnung deutscher Marineeinheiten nach der Teilkapitulation vom 5. Mai 1945.

Das Ganze war in einer sehr fernsehgerechten Form aufgeschrieben: Dokumente, Zeugenaussagen, die Protokolle der Standgerichte und anderes Material waren in eine minutiös rekonstruierte Spielhandlung eingefügt.

Ich war fasziniert von dem Stoff, traf eine Verabredung mit Heinz Nahke, dem damaligen Leiter der Abteilung Dramatische Kunst im Fernsehen der DDR, um Einzelheiten der Realisierung zu besprechen und natürlich auch darüber zu reden, dass bei meinem augenblicklichen Status eine Genehmigung für diese Arbeit aus dem ZK erforderlich sei. Als ich zum verabredeten Zeitpunkt in Berlin Adlershof erschien, war Nahke nicht anwesend, auch kein Vertreter von ihm. Eine Sekretärin entschuldigte sich bei mir und erklärte ohne Begründung, das Gespräch müsse auf einen späteren Zeitpunkt verlegt werden. Ich würde von ihnen hören. Ich hörte ein Jahr lang nichts.

Dann kam ein neuer Anruf aus dem Fernsehen der DDR. Ein wenig kleinlaut fragte man bei mir an, ob ich bereit sei, erneut über das Projekt *Rottenknechte* zu sprechen. Es stellte sich heraus, dass von einem anderen Kollegen Material für zwei Stunden Sendezeit gedreht worden war und sie diese Arbeit abgebrochen hatten. Ich ließ mir die Drehbücher kommen und sah mir das gedrehte Material an. Sie hatten die hoch emotionale Geschichte über die Matrosen, die den Krieg von sich aus beenden und nach Hause wollten, zu einer Nebenhandlung degradiert und statt dessen eine völlig unglaubwürdige Geschichte erfunden: Deutsche kommunistische Widerstandsgruppen in Kopenhagen und Bornholm sind maßgeblich an der Befreiung Dänemarks beteiligt. Mit dieser Akzentverschiebung waren sie kläglich gescheitert.

Zwei Millionen waren in den Sand gesetzt. Diese ganze Sache hatte natürlich einen ideologischen Hintergrund, der mit dem Heldenbild im DDR-Fernsehen zu tun hatte. Matrosen, die für sich den Krieg beenden wollten, konnten gar keine wirklichen Helden sein, sie waren Opfer und demzufolge keine Vorbilder. Helden waren die deutschen kommunistischen Emigranten in Kopenhagen. Deren Mitwirkung an der Entwaffnung deutscher Wehrmachtseinheiten nach Eintritt der Teilkapitalution war natürlich ehrenhaft, jedoch als Stoff für einen mehrteiligen Fernsehfilm höchstens eine nebensächliche Episode.

Das große Thema des Films war mit der Tragödie der jungen Matrosen verknüpft.

Sie mussten sterben, weil fanatische Offiziere der Kriegsmarine sich mit einer intakten Truppe als Juniorpartner der Westalliierten bereithalten wollten für die Fortführung des Krieges gegen die Sowjetunion.

Nach meiner Meinung sollte der Hauptgedanke für den künftigen Film sein: Die Tragödie der jungen Matrosen wird in den großen geschichtlichen Zusammenhang gestellt. Ihr Tod ist nicht nur das letzte Kapitel des heißen Krieges, sondern gleichzeitig das erste Kapitel des sich abzeichnenden Kalten Krieges zwischen Ost und West. Sie wurden zerrieben im Schnittpunkt von Kriegshandlungen und politischen Konzepten, von denen sie nichts ahnen konnten.

Das merkwürdige Wort »Rottenknechte« war ein Fachbegriff aus der deutschen Kriegsmarine. Zwei Schnellboote bildeten eine Rotte, der Kommandant des ersten Bootes war der Rottenführer, der des zweiten der Rottenknecht. Die Assoziationen, die dieser Titel hervorrief, waren mir recht. Diese Marineoffiziere in ihren schicken Uniformen, die ihre jungen Untergebenen noch nach der Kapitulation gnadenlos in den Tod schickten, waren in Wirklichkeit eine Rotte fanatischer Landsknechte.

Ich erklärte Nahke, dass ich den Film nur dann drehen würde, wenn sich das Fernsehen entschließen könnte, meine konzeptionellen Überlegungen zu übernehmen. Ich könne auch nicht einen einzigen Meter des bisher gedrehten Materials verwenden. Zahlreiche Schauspieler müssten umbesetzt werden.

Was mir bei der Vorbereitung eines Films nie vorher und bis heute nie wieder passiert ist – Nahke antwortete: »Es darf kosten, was es will, aber mach uns diesen Film.« Sie erwarteten also Rettung in höchster Not.

Ich traf mich dann mit den Autoren. Gerhard Stuchlik hatte als Journalist eine große Materialfülle zusammengetragen; Klaus Poche, den ich damals kennenlernte und mit dem ich bis heute befreundet bin, hatte die ersten Drehbuchentwürfe geschrieben, jenen fernsehgerechten Vorschlag gemacht, der dem Stoff angemessen war und mich bei der ersten Lektüre fasziniert hatte. Klaus war sofort bereit, mit mir gemeinsam an die Überarbeitung der Drehbücher zu gehen.

Der Film war auf fünf Teile à 90 Minuten angelegt, ein seinerzeit sehr beliebtes Fernsehformat. Wenn die Zuschauer es interessant fanden, waren sie absolut bereit, vier oder fünf Abende vor dem Bildschirm zu verbringen. Das waren die sogenannten »Straßenfeger«. Ob wir es mit diesem hochpolitischen Stoff schaffen würden, ein breites Publikum zu fesseln, wusste ich natürlich nicht, jedoch versuchen wollte ich es unbedingt.

Rottenknechte war für alle Beteiligten künstlerisch und organisatorisch eine Herausforderung. Ein Langstreckenrennen über 155 Drehtage, alles in allem fast zwei Jahre Arbeit. Ungefähr 180 Rollen mussten besetzt werden, Schiffe der Volksmarine wurden für unsere Zwecke umgebaut, wir drehten fast alle Szenen an Originalschauplätzen, viele Drehtage verbrachten wir auf der Ostsee.

Es gab natürlich auch Pannen. Ich erinnere mich an einen besonders aufwendigen Drehtag, an dem wir mit dem Minenräumer und einem Dutzend Schnellbooten auf dem Greifswalder Bodden waren. Mit der Einweisung der Besatzungen, der Schauspieler und der Koordinierung der Schiffsbewegung hatten wir den halben Drehtag verbracht.

Es ging um eine dramatische Szene aus dem zweiten Teil des Films. Die Schnellboote haben den auf Heimatkurs laufenden Minenräumer mit der »meuternden« Besatzung ausgemacht. Mehrere Kameras waren postiert. Mit hoher Geschwindigkeit näherten sich die Schnellboote von achtern dem M-Bock. Als Drohgebärde der Schnellboote sollten die Torpedorohre zum Abschuss klargemacht werden. Alles funktionierte wunderbar, die Kameras wurden eingeschaltet, mit hoher Bugwelle näherten sich die Schnellboote. Im richtigen Moment öffneten sich auf ein Funkkommando unseres Marineberaters die Klappen der Torpedorohre auf den Schnellbooten – und gaben den Blick frei auf die Küstenlinie der Insel Rügen! Die Torpedorohre waren leer, man hatte vergessen, die mit ziemlichen Aufwand angefertigten Köpfe der Torpedos in die Rohre zu montieren. Also, das Ganze am nächsten Tag noch einmal, denn es dauerte Stunden bis alle Boote wieder auf ihre Ausgangspositionen dirigiert waren.

Während wir an den Teilen I bis III drehten, schrieben Poche und Stuchlick die Teile IV und V. Diese Teile beschäftigten sich mit dem weiteren Schicksal der Marineoffiziere, die 1945 direkt oder indirekt für den Tod der jungen Matrosen verantwortlich waren. Viele von ihnen machten eine neue Karriere in der Bundesmarine, einige waren – gedeckt von bestimmten Kreisen der Westmächte – an Kommandoaktionen gegen die Ostseeküste der Sowjetunion beteiligt.

In drei aufeinanderfolgenden Prozessen – auf deren Protokolle wir uns stützen konnten – wurden Petersen, Führer der Schnellboote, und andere beteiligte Offiziere von 1945 angeklagt.

Man kann an den Gerichtsprozessen geradezu ablesen, welche Fortschritte die Wiederaufrüstung in der Bundesrepublik machte: je weiter sie fortschritt, umso geringer die Strafen, die die Staatsanwaltschaft beantragte. Schließlich, im dritten Prozess, wurden alle freigesprochen.

In diesen Teilen polemisiert der Film heftig gegen die Wiederaufrüstung in der Bundesrepublik unter antikommunistischen Vorzeichen und die Wiederverwendung des Nazimarinepersonals in der Bundeswehr.

Irgendwann im Laufe des Jahres 1969 wurde mir klar, Bruk und Klein sind guten Willens und wollen mich zur DEFA zurückholen. Das ist auch in ihrem eigenen Interesse, denn mein Name stand ja inzwischen für gute DEFA-Filme. Aber warum dürfen sie mich nicht engagieren?

Ich bin auf Vermutungen angewiesen, aber inzwischen so gut mit der Denkweise unserer Funktionäre vertraut, dass mir langsam dämmert, worum es geht: die Fraktion Wolf–Beyer im DEFA-Studio für Spielefilme darf nicht wieder hergestellt werden. In der vom ZK der SED direkt kommandierten Ideologiefabrik Fernsehen wird man schon dafür sorgen, dass Beyer die Filme macht, die wir von ihm haben wollen.

Wieder ist ein Jahr vergangen. Die *Rottenknechte* sind abgedreht und erfolgreich gesendet worden. Nach wie vor bekomme ich vom Dresdener Staatstheater mein Monatsgehalt überwiesen, dadurch bin ich weiter sozialversichert. Dieser Vertrag, der nicht auf meinen Wunsch zustande gekommen ist, wird von mir auch nicht gekündigt. Da ich für die Staatstheater keine Leistungen mehr erbringe, zahle ich die Monatsgehälter auf Heller und Pfennig aus den Honoraren meines Drehbuch-und Regievertrags zurück. Von Günter Klein, dem Leiter der HV Film erfahre ich, dass über meine Rückkehr zur DEFA noch immer nichts entschieden ist. Gleichzeitig bietet mir das Fernsehen einen festen Vertrag an.

Mir wird klar, dass ich keine Chance habe, meine Rückkehr zur DEFA gegen den Willen hochrangiger Funktionäre durchzusetzen. So lasse ich mir in den Fernsehvertrag wenigstens eine Klausel hineinschreiben, die mir erlaubt, in Abständen auch Filme für das Kino zu drehen.

Zwei Jahre hatte ich erneut mit der Aufarbeitung der Vergangenheit verbracht und wollte nun einen Gegenwartsfilm drehen, bevor ich mein nie aufgegebenes Projekt *Jakob der Lügner* realisierte. Aber was für eine Art Gegenwartsfilm konnte man Anfang der siebziger Jahre in der DDR drehen? Die DEFA erholte sich nur mühsam von den Folgen des 11. Plenums und seinen Verboten. Zwar gab es nie wieder ein solches Scherbengericht über Filme und Bücher wie 1965/66. Die Verbotspolitik und die öffentlichen Krawalle wurden ersetzt durch lautlose Verwaltungsakte. Fertige Filme wurden nicht mehr im Kino niedergeschrieen, sondern die Drehbücher verschwanden bereits vor der Produktion im Archiv.

In der DEFA gab es eine neue Richtung: den »Romantischen Realismus«, das war die euphemistische Bezeichnung für Gegenwartsfilme, die sich ab 1966 im Produktionsprogramm breitmachten und in denen die DDR-Gegenwart hemmungslos schöngefärbt wurde.

Auf der anderen Seite begann eine Gruppe von jungen Regisseuren (die erste Regiegeneration der DDR-Filmhochschule) kleine Alltagsgeschichten zu drehen, die genaue Beobachtungen enthielten, sich aber hüteten, gesellschaftliche Hintergründe kritisch zu beleuchten.

Im Jahre 1971 fand der VIII. Parteitag der SED statt. Honecker hatte Ulbricht als Parteichef abgelöst, und alle horchten auf, als er auf dem Parteitag erklärte, es solle in der Kunst keine Tabus mehr geben. Das war aber nur der erste Teil des Satzes. Im zweiten Teil hieß es, »[…] wenn die Künstler von gesicherten sozialistischen Positionen ausgehen«. Über das 11. Plenum begann allmählich Gras zu wachsen, und sogar Funktionäre redeten hinter vorgehaltener Hand von dem »blöden Plenum«. Aber selbstverständlich wagte keiner, öffentlich die Frage nach dem Sinn und den Ergebnissen dieses Plenums zu stellen, denn der Hauptreferent auf dem Plenum war Honecker gewesen. Überhaupt gehörte es nicht zu den Gewohnheiten der Partei, sich von fehlerhaften Entscheidungen später zu distanzieren oder sie zu korrigieren. Das Höchste an Einsicht war, dass man schlimme Fehler nicht wiederholte. Jedenfalls gab es nicht die geringste Hoffnung, dass die Beschlüsse des Plenums modifiziert oder revidiert würden und auch nur einer der verbotenen Filme das Licht der Öffentlichkeit erblicken könnte.

Was für Gegenwartsfilme konnte man in der DDR unter solchen Umständen drehen?

Die Fernsehdramaturgie schickte mir ein Romanmanuskript von Eberhard Panitz mit dem Titel *Die sieben Affären der Doña Juanita*. Das war kein Stoff im historisch-exotischen Milieu. Es handelte sich vielmehr um sieben Gegenwartsgeschichten, in deren Mittelpunkt die junge Architektin Anita Nachtigall steht, genannt Doña Juanita, deren Lebensweg über etwa zehn Jahre verfolgt wird. Sieben Männer spielen im jeweiligen Abschnitt ihres Lebens eine Rolle. Die Geschichten waren von unterschiedlicher Länge, deshalb eignete sich das Buch nicht, wie ursprünglich geplant, für eine Serie. Aber es gab für mich mehrere Gründe, diese Arbeit zu übernehmen. Der radikale Wechsel der Genres wurde für mich immer wichtiger, in diesem Falle also von dem gewichtigen historischen Semidokumentarfilm zur leichten, unterhaltsamen Gegenwartsgeschichte. Überhaupt spielte der »Unterhaltungswert« eines Stoffs eine immer größere Rolle in den damals geführten Diskussionen. Dem DDR-Kino liefen die Zuschauer weg, und die Fernsehzuschauer befriedigten ihr Unterhaltungsbedürfnis mit alten Ufa-Filmen, die regelmäßig montags gesendet wurden, oder sie wichen auf die Kanäle des bundesdeutschen Fernsehens aus. Und schließlich gab es in den *Sieben Affären* eine Hauptrolle für meine Frau.

Renate und ich wollten in Berlin zusammen leben und unsere Berufe von dort aus ausüben. Zunächst blieb Renate noch eine Spielzeit lang in ihrem Dresdener Engagement.

Später bewarb sie sich an der Volksbühne und beim Fernsehen. Beides klappte nicht. Als Heinz Adameck, der Intendant des DDR-Fernsehens, ein paar Monate später erfuhr, dass Renate Blume meine Frau war, fragte er mich, warum sie nicht Mitglied des Fernsehensembles sei. Als er hörte, dass sie sich beworben habe, jedoch nicht akzeptiert wurde, korrigierte er diese Entscheidung. Er kannte sie aus den Filmen *Der geteilte Himmel* und *Die gefrorenen Blitze*. Renate wurde engagiert. Das stärkte ihr Selbstbewußtsein nicht. Im Gegenteil, sie war verletzt. Die Tatsache, dass sie meine Frau war, hatte bei der Entscheidung Adamecks eine Rolle gespielt – die Hauptrolle, wie Renate meinte. Ich bat sie um Geduld. Ich zweifelte keinen Augenblick daran, dass sie ihren Weg als Schauspielerin auch unabhängig von mir gehen würde. Und so kam es auch. Sie spielte Hauptrollen in *Romanze für einen Tag* bei Christian Steinke und in dem Vierteiler *Die Bilder des Zeugen Schattmann* bei Kurt Jung-Ahlsen. Ich war erleichtert, dass sie auch jetzt, wie vor unserer Beziehung, ihren eigenen Weg ging.

Renate hatte von allem Anfang an ein Problem mit mir (oder mit sich), das sie mir verschwieg: das Problem, ob sie als Schauspielerin für mich in Frage käme.

Schon ganz früh spielte ihre Unsicherheit, ob ich sie als Schauspielerin mochte, eine Rolle. Als Thea Elster aus dem Dresdener Engagement ausschied, musste ich ihre Rolle in *Abschied vier Uhr früh* umbesetzen. Ich entschied mich für eine junge Anfängerin, die gerade von der Schauspielschule gekommen war. Ich kam gar nicht auf die Idee, Renate anzubieten, die Rolle »nachzuspielen«, nicht weil ich ihr die Rolle einer jungen Prostituierten nicht zugetraut hätte, sondern weil ich dachte, eine solche Zweitbesetzung sei eine Zumutung für eine Schauspielerin, die am Hause erstes Fach spielt. Renate wiederum hätte die Rolle gerne übernommen. Sie hätte ihr Repertoire gern in eine Richtung erweitert die sie bisher nicht gespielt hatte. Aber wir sprachen nicht darüber. Sie vermutete, dass ich ihr nicht zutraute, diese Rolle zu spielen.

Unser privates Glück, die Freude über unseren heranwachsenden kleinen Jungen überdeckten offenbar eine Zeit lang die Sorge oder Befürchtung Renates, dass wir im Beruf nicht genügend Gemeinsamkeiten hätten.

Ich muss gestehen, gründlich hatte ich über das Zusammenleben mit einer jungen, erfolgreichen Schauspielerin nicht nachgedacht. Und als ich begann, mir darüber Gedanken zu machen, war es zu spät.

Ich hatte berufliche und persönliche, private Dinge bisher immer auseinandergehalten. Ich hatte dafür auch eine Theorie. Wenn ich mit meiner Ehefrau, die Maskenbildnerin ist, zusammenarbeite, wird der ganze Drehstab gespannt sei, wie behandelt er seine Frau bei künstlerischen Meinungsverschiedenheiten. Oder sie ihn. Und solche Konfliktsituationen mit Masken- oder Kostümleuten gab es ja hin und wieder. Da hatte ich meine Erfahrungen. Deshalb hatte ich mit Liddi nie gemeinsam einen Film gemacht. Ich hatte es ihr auch so erklärt. Und weil sie eine gesuchte Maskenbildnerin war, entstand daraus auch kein Problem. So dachte ich jedenfalls.

Vielleicht wäre sie lieber ein paar Jahre lang zu Hause geblieben, um sich um die Erziehung der Kinder zu kümmern. Ich weiß es bis heute nicht, denn es war meine Entscheidung, es war keine Verabredung zwischen uns.

Jetzt stand die Besetzung der Hauptrolle für den Panitz-Stoff zur Debatte, und ich folgte auch hier wieder meiner Theorie, dass Privates nicht mit Beruflichem vermischt werden darf. Das heißt, ich begann für die Rolle der Anita mit verschiedenen Schauspielerinnen Probeaufnahmen zu machen und hatte auch Renate gebeten, sich diesen Tests zu stellen. Ich hätte mir natürlich als erstes die Frage stellen müssen, ist Renate die optimale Besetzung für die Hauptrolle. Und wenn ich diese Frage mit ja beantwortet hätte, wäre das o.k. gewesen. Niemand im Fernsehen hätte etwas dabei gefunden, dass ich meine Ehefrau besetze, im Gegenteil, alle hätten das als selbstverständlich genommen. Nur für mich war es nicht selbstverständlich. Wenn ich aber zu dem Schluss gekommen wäre, sie ist nicht optimal, hätte ich das Projekt abgeben müssen.

In keinem anderen Beruf sind die Abhängigkeiten so groß wie zwischen Regisseur und Schauspielerin. Er liebt sie, deshalb spielt sie bei ihm auch im Beruf die Hauptrollen. Sie liebt ihn und erwartet, dass er sie mit Hauptrollen besetzt, daraus entnimmt sie, dass sie seine Herzkönigin ist. So simpel kann man es formulieren. Aus solchen Beziehungen sind hervorragende Filme und Theaterinszenierungen entstanden aber auch ziemliche Flops.

Und natürlich lassen sich private und berufliche Fragen auf Dauer gar nicht voneinander trennen. Wer es trotzdem versucht, zahlt dafür einen hohen Preis. Der Preis, den ich zu zahlen hatte, war das Ende meiner zweiten Ehe. Und das hatte ich wirklich nicht gewollt.

Wir haben den Film *Die sieben Affären der Doña Juanita* zwar gemeinsam gedreht, aber ich hatte Renate mit meiner Unentschiedenheit tief verletzt. In dieser Zeit müssen bei ihr Zweifel an unserer Beziehung aufgekommen sein.

Ich wiederum war entschlossen, die Fehler, die ich in meiner ersten Ehe gemacht hatte, nicht zu wiederholen. Die Kinder damals waren quasi hinter meinem Rücken aufgewachsen. Jetzt wollte ich für Alexander ein guter Vater sein und für die Familie ein Nest bauen. Zum ersten Mal in meinem Leben interessierte ich mich für eine »Datsche«, ein Urlaubs- und Wochenendgrundstück auf dem Lande. Und als der Film fertig war, war auch das Haus auf dem Lande einzugsbereit. Das Kind, inzwischen vier Jahre alt, fühlte sich wohl auf dem Lande mit dem kleinen Badesee in der Nähe. Nur Renate hatte sich innerlich so weit von mir entfernt, dass der endgültige Bruch nur noch eine Frage der Zeit war.

Die Zeit beruflichen Unglücks nach *Spur der Steine* war gleichzeitig eine Zeit persönlichen Glücks. Und die Zeit meines größten privaten Unglücks, als meine Beziehung zu Renate zu Ende ging, war die Zeit eines großen beruflichen Erfolgs mit dem Film *Jakob der Lügner*.

Auf beiden Gebieten unglücklich zu sein, das hält man wohl nicht aus. In meinem Leben fiel das, Gott sei Dank, nie zusammen.

Im Herbst 1975, ein halbes Jahr nach der Scheidung von Renate, hatte ich Monika Unferferth kennengelernt. Sie war geschieden und lebte wie ich allein. Sie war Fernsehansagerin, sehr engagiert in ihrem Beruf, eher unpolitisch, aber geübt im Umgang mit den Mächtigen des Landes. Fernsehansagerinnen wurden gern verpflichtet bei Festveranstaltungen der Regierung und der Armee sowie bei der Betreuung von Staatsgästen. Irgendwie gehörten sie zum DDR-Establishment. Man erwartete von ihnen absolute Loyalität.

Das erste Jahr unseres Zusammenlebens war für sie schwierig. Sie litt darunter, dass ich noch immer gefühlsmäßig an Renate hing. Auch war sie eifersüchtig auf meinen inzwischen sechsjährigen Sohn Alexander, der oft Wochenenden und Schulferien bei mir in Reichenwalde verbrachte. Ich war in der ersten Zeit unseres Zusammenlebens sehr unsicher, ob unsere Beziehung von Dauer sein würde. Erst ein Jahr später, als nach der Biermann-Ausbürgerung ein starker Druck auf sie und mich ausgeübt wurde, fanden wir uns so zusammen, dass ich dachte, es wird alles gut gehen.

16. Die wahre Geschichte von
Jakob dem Lügner

Sie beginnt damit, dass Vater Becker seinem Sohn Jurek, Philosophiestudent und angehender Schriftsteller, eine Geschichte aus dem Getto Łódź erzählt. Ein Mann dort besaß ein Radio. Das war streng verboten und mit der Todesstrafe bedroht. Dieser Mann versorgte das Getto mit Nachrichten von der Außenwelt, besonders mit Nachrichten, von den vorrückenden Russen. Mit der Roten Armee verbanden die Gettobewohner ihre Hoffnung auf Befreiung. Dieser Mann war ein wirklicher Held, und seine Geschichte solltest du aufschreiben, meinte Vater Becker.

Aber Sohn Jurek hatte das Gefühl, Geschichten dieser Art schon bei anderen Autoren gelesen zu haben, bei Anna Seghers, bei Willi Bredel, bei Bruno Apitz, und er hatte nicht den Wunsch, diesen Geschichten eine weitere, ähnliche hinzuzufügen.

Aber irgendwie ließ ihm Vaters Erzählung keine Ruhe.

Und irgendwann hatte er einen Einfall, einen genialen Einfall, wie ich meine.

Was wäre, wenn dieser Gettoheld gar kein Radio besitzt, sondern nur durch einen Zufall die Nachricht von der heranrückenden Roten Armee aufschnappt?

Und in Jureks Version geht die Geschichte so:

Jakob und seine Freunde leben 1944 irgendwo in Polen in einem Getto. Ihre Situation ist hoffnungslos. Sie sind vollständig von der Außenwelt isoliert und wissen nicht, was auf den Kriegsschauplätzen vor sich geht. Durch einen verrückten Zufall schnappt Jakob aus einem Gestaporadio die Nachricht auf, dass die Russen zwanzig Kilometer vor Bezanika stehen. Die Rote Armee auf dem Vormarsch, das ist eine Nachricht, die neuen Lebensmut geben könnte. Aber die Umstände, unter denen Jakob sie erfahren hat, sind so unwahrscheinlich, dass man ihm nicht glaubt… Damit die Wahrheit geglaubt wird, muss Jakob lügen. Er sagt, er besitze ein Radio. Nun verbreitet sich die Nachricht von den herannahenden Russen in Windeseile im Getto. Jakob gerät in den Mittelpunkt der Aufmerksamkeit. Es beginnt sein tragikomischer Leidensweg. Tagtäglich wollen sie das Neueste von ihm wissen über den Frontverlauf und die Weltpolitik, über das vermutliche Wirtschaftsleben nach dem Kriege und die Chancen des Opernsängers Jan Kiepura in den Vereinigten Staaten…

Die Selbstmorde im Getto hören auf, Hoffnung breitet sich aus. Und Jakob sieht, dass Hoffnung unter Umständen wichtiger sein kann als ein Stück Brot. Die Nachrichten, die er aus seinem erdachten Radio weitergibt, bewirken, dass Pläne gemacht werden für die Zukunft, für ein Leben ohne gelben Stern, ein Leben ohne Kampf um das tägliche Stück Brot, ein Leben, in dem sich die Liebe entfalten kann.

Der Traum vom besseren Leben erfasst sie alle. Darf Jakob ihnen diesen Traum zerstören, darf er sie zurückstoßen in die Ungewissheit? Die Umstände bürden diesem kleinen Mann, der so gar nicht zum Helden vorbestimmt ist, eine ungeheure Verantwortung auf. Und er stellt sich ihr, hilft seinen Leidensgenossen, ein Stück weiter zu leben. Als die Last zu groß wird, versucht er auszubrechen: das Radio ist kaputt. Da schicken sie ihm einen Rundfunkmechaniker, der es reparieren soll… Dann kann er der kleinen Lina den Wunsch nicht abschlagen, wenigstens etwas auf dem Radio vorzuspielen, wenn sie es schon nicht sehen darf. Und er führt das Kind in die Wunderwelt der Märchen…

Mit dem Fortschreiten des Films wird der Traum vom besseren Leben immer mehr zur Illusion und schließlich zum Selbstbetrug. Aus der Komödie wird die Tragödie. Jakob bricht unter der selbstaufgebürdeten Last zusammen…

Diese Filmstory lag seit Januar 1963 als Exposé in der Dramaturgie des DEFA-Studios für Spielfilme vor. Jurek hatte sie also mit fünfundzwanzig geschrieben. Ich lernte den Stoff erst im Frühjahr 1964 kennen, als Jurek schon den ersten Entwurf für ein Szenarium geschrieben hatte.

Zu diesem Zeitpunkt fanden große Veränderungen bei der DEFA statt. Die Produktion war ausgeweitet worden. Anfang der sechziger Jahre wurden jährlich mehr als zwanzig abendfüllende Filme für das Kino gedreht, man konnte sie nicht mehr von einer Zentrale aus übersehen. Deshalb wurden sogenannte Künstlerische Arbeitsgruppen gegründet, die eigenverantwortlich Teile der Gesamtproduktion übernehmen sollten. Unsere Arbeitsgruppe »Heinrich Greif« stand unter der Leitung von Klaus Wischnewski, dem ehemaligen Chefdramaturgen des Studios, der sein Amt selbst abgeschafft hatte, um Verantwortung nach unten zu delegieren. Ein Quartett von Regisseuren arbeitete mit Wischnewski zusammen: Konrad Wolf, Frank Vogel, Ralf Kirsten und ich. Kurt Bartel, ein junger Regieassistent, der bei Konrad gearbeitet hatte, sollte hier seine erste selbstständige Arbeit realisieren.

Als Klaus Wischnewski eines Tages Jureks Szenarium in der Gruppe verteilte und um unsere Meinung bat, erinnerte ich mich nur an ein Grundgefühl, das ich hatte: Neid. Ich fand Jureks Filmentwurf wunderbar, aber es war klar, ich würde diesen Film nicht machen können, denn ich hatte gerade begonnen, das Drehbuch für *Spur der Steine* zu schreiben und dieses Projekt würde mich bis zum Ende des Jahres 1965 beschäftigen. Auch die anderen Kollegen waren langfristig mit Filmstoffen gebunden, da aber alle den Stoff von Becker mochten und nicht wollten, dass er auf die lange Bank geschoben wurde, beschlossen wir, ihn unserem jungen Kollegen Bartel anzubieten. Ich war traurig, denn ich wusste, solche Kinogeschichten gibt es nur im Abstand von Jahren. Aber es wäre unkollegial gewesen, wenn ich versucht hätte, den Stoff zu blockieren.

Ein paar Monate später, mitten in den Dreharbeiten von *Spur der Steine* rief Klaus Wischnewski an und fragte mich, ob ich *Jakob der Lügner* übernehmen würde, Kurt Bartel habe den

Stoff abgegeben, er hatte Probleme mit dem Stil des Films und sich deshalb inzwischen für einen anderen Stoff entschieden.

Ich sagte sofort zu. Ich hielt das für einen Glücksfall in meinem beruflichen Leben. Parallel zur Endfertigung von *Spur der Steine*, im Herbst 1965, schrieben Jurek und ich das Drehbuch. Wir lieferten es am 15. Dezember ab; am nächsten Tag begann das 11. Plenum der SED.

Was mir besonders gefiel an Jureks Text, war der Schwebezustand der Geschichte zwischen Komik und Tragik. Aber der Stoff hatte auch seine Schwierigkeiten und Tücken.

Ich wusste aus den Vorstudien bei *Nackt unter Wölfen* ziemlich genau, wie es in den Konzentrationslagern, aber auch den Gettos unter Nazibesetzung aussah. Die Gettostraßen waren immer überfüllt, in Jureks Text sind die meisten leer. Die Menschen waren in den Wohnungen auf engstem Raum zusammengepfercht, bei Jurek wohnen sie relativ komfortabel, Jakob hat sogar ein Zimmer allein. Die SS-Bewacher prügelten und mordeten wahllos, bei Jurek kommen SS-Leute gar nicht vor. Das war mir zwar symphatisch, aber wie würde man die Atmosphäre der latenten Bedrohung im Film darstellen?

Und das Problem der leeren Straßen und komfortablen Wohnverhältnisse ließ sich nicht ohne weiteres ändern, denn viele intime Szenen zwischen zwei Personen verboten geradezu die Anwesenheit anderer Menschen. Aber Jurek schrieb aus genauer Kenntnis über das Getto. Er hatte als Kind mit seinen Eltern im Getto Łódź, später im Konzentrationslager Sachsenhausen gelebt, seine Mutter war in Ravensbrück umgekommen.

Unser Drehbuch wurde Anfang 1966 von der Leitung der künstlerischen Arbeitsgruppe »Heinrich Greif« akzeptiert und zur Produktion freigegeben.

Während des endlosen Hin und Hers um Änderungen an dem Film *Spur der Steine* begann ich mit den Produktionsvorbereitungen für *Jakob*, dessen Dreharbeiten für den Herbst 1966 angesetzt wurden. Ich bat die Studiodirektion darum, meinen alten Freund Vlastimil Brodský, mit dem ich vor mehr als zehn Jahren in Prag schon zusammengearbeitet hatte, für die Hauptrolle zu engagieren.

Und ich bat Jurek, mit mir eine Reise durch Polen zu machen. Das war ein ungewöhnlicher Vorschlag. Normalerweise fahren Regisseur, Kameramann und Szenenbildner auf Motivsuche. Aber ich wollte Jurek auf dieser Reise genauer kennenlernen und herausfinden, was an seiner Beschreibung des Gettos Erinnerung und was Phantasie war. Im Mai, unmittelbar nach der Abnahme von *Spur der Steine* durch den Filmbeirat, reisten wir in Begleitung eines polnischen Produktionsleiters zehn Tage lang durch den Süden und den Osten Polens und besuchten fast alle Orte, an denen die Nazis während des Krieges die jüdische Bevölkerung in Gettos zusammengetrieben hatten. Schließlich kamen wir nach Krakau und besichtigten dort das ehemalige jüdische Getto. Das war nicht ein von den Nazis errichtetes Getto, sondern der sehr alte Stadtteil Krakaus, in dem die polnischen Juden seit Jahrhunderten ihren Wohnsitz hatten. Wir beschlossen, diesen Ort zum Hauptschauplatz unseres Films zu machen.

Die polnischen Kulturbehörden, die unser Unternehmen zunächst förderten, hatten inzwischen das Drehbuch gelesen und waren nun überhaupt nicht mehr daran interessiert, dieses Projekt zu unterstützen. Das hing wohl mit dem Verhältnis der Polen zu ihren jüdischen Mitbürgern zusammen. Neben Akten der Solidarität während des Krieges gab es ja auch Antisemitismus und Verrat. Das war aber damals ein Tabu in Polen.

Die zweite Erkenntnis, die wir aus Polen mitbrachten, war, dass die Russen kein einziges Getto befreit hatten. Nicht weil sie die Gettos nicht befreien wollten, sondern weil die Nazis die Gettos beim Annähern der Roten Armee geräumt und ihre Bewohner entweder in die Gaskammern oder auf Transporte in Richtung Westen getrieben hatten. Das brachte uns in große Verlegenheit hinsichtlich des Schlusses unseres Films, der damals so aussah:

Jakob spürt, dass es seine schwindenden Kräfte übersteigt, auf ungewisse Zeit mit den erfundenen Nachrichten aus dem erfundenen Radio fortzufahren. Vorsorglich bringt er die kleine Lina zu Mischa und Rosa. Dann versucht er zu fliehen. Nachts, beim Ausbruchsversuch am Stacheldrahtzaun des Gettos, wird er erschossen. Am nächsten Morgen sind die Russen da. Und niemand im Getto begreift, warum Jakob, der doch so gut über das Näherkommen der Russen informiert war, ausgerechnet in dieser Nacht fliehen wollte. Nur die kleine Lina weiß, dass er gar kein Radio besaß …

Das war in meinen Augen ein sehr bewegender Schluss, von dem wir uns aber nun trennen mussten. Wir wollten die große historische Wahrheit, dass die Rote Armee halb Europa vom Faschismus befreit hatte, nicht durch eine kleine Lüge in Misskredit bringen.

Mit Jurek befreundete ich mich auf dieser Reise durch Polen, und mehr noch, ich dachte, außer unserer persönlichen Freundschaft könnte die gemeinsame Arbeit an diesem Film auch eine dauerhafte Arbeitsbeziehung begründen. Die Kulturpolitik in der DDR hat diese Zusammenarbeit immer wieder behindert und schließlich ganz zerstört. Aber Freunde blieben wir bis zu Jureks frühem Tod im Jahr 1997.

Der eigentliche Grund für unsere Reise, Jureks Erinnerungen zu aktivieren und für den Film nutzbar zu machen, führte zu nichts. Jurek hatte keine Erinnerungen an seine Kindheit im Getto, oder sie waren so tief verschüttet, dass sie bei der Abfassung des Drehbuchs keine Rolle gespielt hatten. Sein Vater hatte im Getto 1937 als Jureks Geburtsjahr angegeben. Aber hatte er die Wahrheit gesagt? Die Überlebenschancen eines Kindes im Getto waren um so größer, je älter es war. Also je mehr es als auszubeutende Arbeitskraft in Frage kam. Hatte Vater Becker seinen Sohn um ein oder zwei Jahre älter gemacht? Und gab es deshalb keine Erinnerungen an das Getto in Łódź? Woran erinnert sich ein Vierjähriger? Vielleicht nur daran, was ihm seine Eltern später erzählt haben?

Ich wusste nicht, dass Jurek damals vor allem deshalb auf die Reise mitkam, um etwas über seine eigene Vergangenheit herauszufinden, dass es für ihn ein Versuch war, durch Signale aus der Wirklichkeit etwas über sich selbst und seine frühe Kindheit zu erfahren. Darüber sprach er nicht mit mir. Erst sehr viel später erfuhr ich, dass die weißen Flecken in der Erinnerung an die frühe Kindheit ihn ein Leben lang beschäftigten

und auch quälten. Er hat darüber geschrieben in einem Vorwort für einen Ausstellungskatalog, als einige Dutzend Farb-
fotos aus dem Leben im Getto von Łódź, die ein Laie aufgenommen hatte, in seine Hände gerieten:

»*Als ich zwei Jahre alt war, kam ich in dieses Getto, mit fünf
verließ ich es wieder in Richtung Lager. Ich kann mich an
nichts erinnern. So hat man es mir erzählt, so steht es in meinen Papieren, so war folglich meine Kindheit. Manchmal denke ich: Schade, dass dort nicht etwas anderes steht. Jedenfalls
kenne ich das Getto nur vom dürftigen Hörensagen.*

*Ein paarmal hat mein Vater mit mir darüber gesprochen, wi-
derwillig und selten. Solange er lebte, war ich nicht neugierig
genug, ihn mit geschickten Fragen zu überlisten, und dann war
es zu spät. Dennoch habe ich Geschichten über Gettos geschrieben, als wäre ich ein Fachmann. Vielleicht habe ich gedacht, wenn ich nur lange genug schreibe, werden die Erinnerungen schon kommen. Vielleicht habe ich irgendwann auch
angefangen, manche meiner Erfindungen für Erinnerung zu
halten. Ohne Erinnerungen an die Kindheit zu sein, das ist, als
wärst du verurteilt, ständig eine Kiste mit dir herumzuschlep-
pen, deren Inhalt du nicht kennst. Und je älter du wirst, um so
schwerer kommt sie dir vor, und um so ungeduldiger wirst du,
das Ding endlich zu öffnen.*

*Jetzt ist der Fußboden meines Zimmers übersät mit den Fo-
tos dieser Ausstellung. Wenn ich Erinnerungen hätte, müssten
sie dort zu Hause sein, in jenen Straßen, hinter jenen Mauern,
unter diesen Leuten. Am meisten interessieren mich die Frau-
en auf den Bildern: Ich weiß nicht, wie meine Mutter ausgese-
hen hat. Es existiert kein Foto von ihr, sie ist im Lager gestorben. Ich könnte mir eine der Frauen aussuchen, mein Vater hat
gesagt, sie sei auffallend hübsch gewesen, natürlich. [...]*

*Ich starre auf die Bilder und suche mir die Augen wund nach
dem alles entscheidenden Stück meines Lebens. Aber nur die
verlöschenden Leben der anderen sind zu erkennen, wozu soll
ich von Empörung oder Mitleid reden, ich möchte zu ihnen
hinabsteigen und finde den Weg nicht.*«

Bald nach unserer Rückkehr aus Polen kam die Nachricht aus Warschau, dass man uns in diesem Jahre leider bei der Produktion unseres Filmes nicht helfen könne. Das hieß, wir hatten keine Möglichkeit, Außenaufnahmen in Krakau zu drehen, und auch keine Chance, polnische Schauspieler zu engagieren. Denn mit einem eigenen Stab nach Krakau zu reisen, dort alle Leistungen in DDR-Mark zu bezahlen und polnische Mitwirkende auf die gleiche Weise zu verpflichten, war ausgeschlossen. Ich erklärte dem neuen Studiodirektor Bruk, dass ich den Film ohne Originalschauplätze nicht drehen will und die Produktion zeitlich verlegt werden muss. Gleichzeitig ließ ich keinen Zweifel daran, dass ich am Projekt festhalte und neu überlegen will, wie man es ohne polnische Mitwirkung realisieren kann.

Ich wusste nicht, dass meine Entfernung aus dem DEFA-Studio damals schon beschlossene Sache war.

Bruk war die Verschiebung der Dreharbeiten recht, die neue DEFA-Leitung hatte in diesem Jahr nach dem 11. Plenum der SED keinen Nerv für einen solchen Film.

Die später vom SPIEGEL aufgestellte Behauptung, Becker sei mit seinem Drehbuch bei der DEFA »durchgefallen«, ist frei erfunden.

Auch die in der WELT verbreitete Meinung, der »kleinbürgerliche Pufferbäcker Jakob« habe nicht in das DEFA-Schema des positiven Helden und Widerstandskämpfers gepaßt, entspricht nicht den Tatsachen.

Aber die DDR-Zensur hat im Fall von *Jakob der Lügner* zu keinem Zeitpunkt versucht, Jurek oder mich zu veranlassen, Änderungen an unserem Stoff vorzunehmen.

Die damalige DEFA-Direktion und die polnischen Kulturbehörden haben in jedem Fall eine Aktie an einem schönen Stück DDR-Literatur, denn hätten wir den Film, wie geplant, 1966 gedreht, wäre Jurek nie auf die Idee gekommen, diesen Stoff in ein Buch zu verwandeln.

Als ich Jurek im Sommer 1967 in Berlin besuchte, zeigte er mir ein Dutzend Prosaseiten, die er gerade geschrieben hatte. Es war der Anfang des Romans *Jakob der Lügner*.

Er erschien zwei Jahre später in der DDR und wurde ein

großer Erfolg bei den Lesern und der Kritik. Auch die westdeutsche Ausgabe und Übersetzungen in andere Sprachen ließen nicht lange auf sich warten.

Nun waren viele Kollegen daran interessiert, aus diesem Roman einen Film zu machen, aber Jurek hielt an dem Gedanken fest, diesen Film gemeinsam mit mir zu drehen.

Als das ZDF die Verfilmungsrechte für den Roman kaufen wollte, rief er mich an und sagte, dass er sich weiterhin mit mir im Wort fühle, ich möge ihn aber bitte nicht auf den Sankt Nimmerleinstag vertrösten. Das war während der Dreharbeiten zu *Juanita*. Ich ging zu Heinz Adameck, dem Chef des DDR-Fernsehens, verwies auf den Passus in meinem Vertrag, der mir erlaubte, in bestimmten Abständen für die DEFA zu arbeiten, und bat um die Genehmigung. Aus Loyalitätsgründen – ich war ja jetzt ein Fernsehangestellter – schlug ich vor, den Film als Coproduktion zwischen DEFA und DDR-Fernsehen zu realisieren. Das habe ich später bereut.

Nach acht Jahren begann ich bei der DEFA genau an der Stelle wieder mit der Arbeit, an der ich 1966 aufgehört hatte: mit der Vorbereitung des Films *Jakob der Lügner*.

Vom ZDF kam ein interessantes Angebot. Heinz Rühmann hatte den Roman gelesen und wollte die Hauptrolle spielen. Ich war nach wie vor entschlossen, Vlastimil Brodský zu besetzen, aber es gab natürlich auch Gesichtspunkte, die für Rühmann sprachen, der nicht nur ein hervorragender Schauspieler, sondern auch in ganz Deutschland höchst populär war. Ein deutscher Filmstar als Zugpferd in einem Film, von dem man zunächst nicht erwarten konnte, dass er auf die Gegenliebe eines breiten Kinopublikums stoßen würde, das war ja eine Überlegung wert. Denn das sogenannte »antifaschistische Thema«, unter dem das Publikum natürlich alle Filme subsumierte, die in der Nazizeit beziehungsweise während des Krieges spielten, war in Misskredit geraten. Die Menge der mittelmäßigen und schlechten Filme, in denen immer gleiche Typen von Widerstandskämpfern auf immer gleiche Typen von bösartigen Nazis und SS-Männern trafen, hatte das Publikum gründlich satt. Dann gab es Fernsehfilme, die das antifaschistische Thema nur noch als Vorwand benutzten, um Schießereien, Folterungen und Verfolgungsjagden zu inszenieren. Aber auch das hat das Publikumsinteresse nicht mehr stimuliert. Die Leute unterschieden nicht mehr zwischen guten und schlechten Filmen, sie gingen einfach nicht mehr hin, wenn ein »Kriegsfilm« gespielt wurde.

Rühmann war die Wunschbesetzung für eine ZDF-Produktion, aber er war auch bereit, die Rolle in einem DEFA-Film zu spielen. Obwohl er in der Nazizeit im Unterhaltungsgenre der Filmstar Nummer eins war, galt er nicht als belastet. Er war kein Nazi gewesen und hatte in Filmen mit faschistischer Ideologie nicht mitgewirkt. Ich war hin- und hergerissen zwischen dem Gedanken, meinem alten Freund Brodský treu zu bleiben oder mit Rühmann für einen schwierigen Stoff einen Publikumsmagneten zu haben. Aber die Entscheidung zwischen dem populären Rühmann und dem in Deutschland wenig bekannten Brodský wurde mir abgenommen. Die Angelegenheit wurde von einem Schreibtisch auf den anderen geschoben und landete schließlich auf dem des Generalsekretärs der SED. Es klingt absurd, aber tatsächlich hatte Erich Honecker das letzte Wort in dieser Besetzungsfrage. Er ließ ausrichten, wir möchten doch bitte »zum gegenwärtigen Zeitpunkt auf eine solche Besetzung verzichten«. Das hing mit der sogenannten »Abgrenzungspolitik« zusammen. Es sollte alles vermieden werden, was auf eine einheitliche deutsche Kulturnation hinweisen könnte. Mein Kollege Egon Günther, der zur gleichen Zeit Lilli Palmer für die Hauptrolle seines Thomas-Mann-Films *Lotte in Weimar* zur DEFA holte, hatte keine Schwierigkeiten, denn die Palmer war britische Staatsbürgerin.

Ich bin heute sehr zufrieden, dass Vlastimil den Jakob gespielt hat, er war ein Glücksfall für unseren Film. Und ich war nicht mehr in Gefahr, meine eigenen Überzeugungen zu verraten. Dies verdanke ich dem Mann, der nicht nur Generalsekretär der SED und Staatsratsvorsitzender der DDR war, sondern, wenn nötig, auch noch Zeit fand, als oberster Castingchef für Film und Fernsehen zu arbeiten.

Selbstverständlich holten wir nicht einfach unser altes Drehbuch wieder hervor. Wir waren ja beide acht Jahre älter geworden. Ich zum Beispiel war 1966 fest entschlossen gewesen, den Film in Schwarzweiß zu drehen, 1974 dachte ich darüber ganz anders. Während ich damals Rückblenden im Film generell für ein zweitklassiges filmisches Mittel hielt, hatte Jurek jetzt eine Reihe von Erinnerungen Jakobs in seinen Roman einmontiert, die mir gut gefielen und die wir schließlich in die Neufassung des Drehbuchs übernahmen. Andererseits hatte Jurek zahlreiche Filmszenen aus dem alten Drehbuch in seinen Roman integriert, warum sollten wir auf sie verzichten? Später hat ein renommierter Kritiker aus der Bundesrepublik, der die Herkunft des Romans aus dem Drehbuch nicht kannte, mir diese Übernahmen angekreidet. Da Jurek in den Roman einen Erzähler eingeführt hatte, veränderte das die Erzählperspektive, schaffte einen Abstand zu der nun weit in der Vergangenheit spielenden Geschichte. Das wollte ich auf keinen Fall. Der Filmzuschauer sollte nicht auf Abstand gehalten, sondern emotional in die Filmstory hineingezogen werden.

Nach wie vor war Jureks Phantasiegetto auch im Roman erhalten geblieben. Es gab keine Leichen in den Straßen und keine zusammengepferchten Menschen. Aber ich stand dem nicht mehr ratlos gegenüber wie 1966. Ich hatte begriffen: Diese Geschichte war nicht auf Rekonstruktion tatsächlicher Verhältnisse im Detail aus. Über Hunger und Elend würden wir durch die Sorgfalt und Gründlichkeit, mit der der letzte Tropfen Suppe aus einer Schüssel gekratzt wird, erzählen. Und über Grausamkeit, wenn wir die Angst zeigen, die Jakob vor einem gutgelaunten Posten hat.

Die Konsequenz all dieser Überlegungen war, den Film in Farbe zu drehen.

In Jureks Romangetto gab es keinen Baum und keinen Strauch, niemand durfte Nutz- oder Zierpflanzen besitzen. Es gab kein Grün. Die SS hatte alle Bäume gefällt und die Büsche ausgerissen. Mir war lange unklar, wie man die Abwesenheit von etwas deutlich machen könnte. Zunächst ist das ja nichts Auffälliges, vermutlich wäre die Abwesenheit der Farbe Grün vom Publikum gar nicht bemerkt worden. Dann fiel mir ein, dass ich die Farbe Grün hin und wieder zitieren könnte, zum Beispiel durch eine einzelne Pflanze, die jemand ausgräbt und mitnimmt, oder durch den grünen Hügel mit der Burg außerhalb des Gettos, zu dem die sehnsüchtigen Blicke der kleinen Lina gehen. Im Finale des Films gibt es dann einen starken Farbkontrast: Die Zugfahrt in den Tod ist zunächst eine Fahrt in die farbige Natur mit dem strahlenden Blau des Himmels, dem Weiß der Wolken und dem Grün der vorbeihuschenden Wälder.

In der Gegenwartsebene des Films sollte es außer den Gesichtstönen und den gelben Judensternen auf den Kleidungsstücken keinerlei Farben geben, die Schauplätze im Getto sowie die Kostüme der Schauspieler sind grau und graubraun, der Himmel über den Häusern ist schmutzigweiß. Die etwas verklärten Erinnerungsfetzen, die hin und wieder die Handlung unterbrechen, sollten dagegen märchenbuchhaft farbenfroh wirken.

Bei der Suche nach den Außenschauplätzen für den Film machte ich diesmal einen großen Bogen um die befreundete Volksrepublik Polen. In der DDR hatten wir keine geeigneten Motive gefunden, aber in der benachbarten ČSSR gab es einen Ort, der für uns geradezu ideal war. Die kleine Industriestadt Most, in Nordböhmen gelegen, stand auf hochwertigen Braunkohlelagern, sie sollte deshalb abgerissen werden, und die Bewohner wurden in eine neu errichtete Stadt in der Nähe umgesiedelt. Das Zentrum des Städtchens, aus dem die Bewohner schon vor einem Jahr ausgezogen waren, machte einen verwahrlosten Eindruck. Unser Szenenbildner Freddy Hirschmeier verwandelte dieses Stadtzentrum in das Getto für den Film.

Bei der Besetzung hielt ich an dem Gedanken fest, neben DDR-Schauspielern solche aus Polen, der ČSSR und Ungarn zu engagieren.

Die wichtigste Rolle neben Jakob war sein Freund, der Friseur Kowalski. Ich hatte Erwin Geschonneck, mit dem ich schon drei Filme gedreht hatte, diese Rolle angeboten. Aber Erwin wollte lieber den Jakob spielen. Verständlich. Der Film hieß *Jakob der Lügner*.

Ich hatte Erwin meinen Besetzungsgedanken erklärt: der

schmale, zerbrechliche Brodský als Jakob und der kräftige, massive Geschonneck als Friseur, dass war das Kontrastprogramm, das ich mir wünschte. Die Figur des Kowalski war durch den neuen Schluss, den Jurek geschrieben hatte, auch stark aufgewertet worden. Nicht mehr Jakob geht am Ende des Films zugrunde, sondern Kowalski. Als Jakob, am Ende seiner Kräfte, dem Freund gesteht, dass er kein Radio besitzt, nimmt dieser die Nachricht scheinbar gelassen zur Kenntnis. Aber am nächsten Tag ist er tot. Er hat sich erhängt. Er hat den Sturz in die Hoffnungslosigkeit nicht ertragen. Er ist an der Wahrheit gestorben. Und Jakob fühlt sich als sein Mörder.

Aber Geschonneck blieb, obwohl wir Brodský schon unter Vertrag hatten, noch lange bei seiner Forderung; schließlich erlag er meiner Hartnäckigkeit und den Argumenten, die ich ihm vorgetragen hatte.

Damit hatte ich mein Wunschduo beisammen. Und als wir nach vielen Probeaufnahmen die kleine Manuela für die Rolle der Lina gefunden hatten, konnte ich mit gutem Gewissen dem Termin für den ersten Drehtag zustimmen.

Es gab ein wichtiges technisches Problem: Erwin verstand nicht Tschechisch, und Vlastimil sprach nur wenig deutsch. Ich hatte deshalb mit ihm verabredet, dass er den Jakob in seiner Muttersprache spielen würde. Nun wollte ich mich vor dem ersten Drehtag mit meinen beiden Hauptdarstellern – wenn sie sich schon nicht verstehen konnten – wenigstens über die Tonlagen in wichtigen Szenen des künftigen Films verständigen. Erwin kam ausgeruht, hervorragend vorbereitet und mit gelerntem Text auf die Probe, Vlastimil kam erschöpft von einem Drehtag und anschließender Abendvorstellung in Prag vom Flugplatz Schönefeld. Er war unvorbereitet und hatte auch keine Zeit gehabt, Text zu lernen. Vielleicht wollte er sich seiner Filmfigur auch langsam und vorsichtig nähern. Jedenfalls begannen die beiden miteinander zu probieren, und es sah aus, als spielten sie in ganz verschiedenen Filmen. Je mehr Erwin »seinem Affen Zucker gab«, um so mehr zog sich Vlastimil in sich selber zurück. Ich verhielt mich zunächst abwartend, kritisierte weder die eine noch die andere Art und betätigte mich auf die-

Frank Beyer
Foto: Durniok

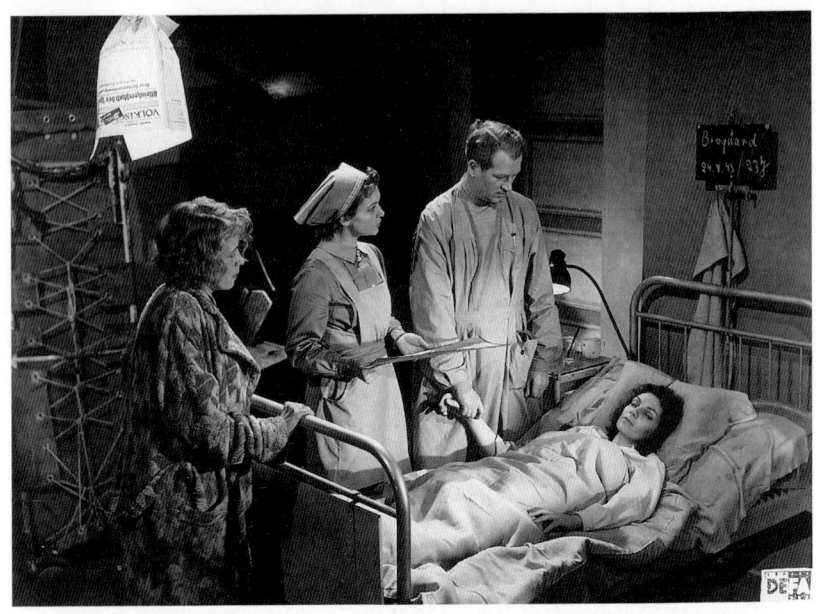

Zwei Mütter
Helga Göring, Ruth Wacker, Wilhelm Koch-Hooge und Françoise Spira
© DEFA – Neufeld

Eine alte Liebe
Erich Franz und Gisela May
© DEFA-Teschner

Fünf Patronenhülsen
Arbeitsfoto: Frank Beyer, Günter Marczinkowsky und Edwin Marian
© DEFA – Daßdorf

Fünf Patronenhülsen
Armin Mueller-Stahl und Manfred Krug
© DEFA-Daßdorf

Fünf Patronenhülsen
Ulrich Thein
© DEFA-Daßdorf

Fünf Patronenhülsen
Manfred Krug, Günter Naumann, Edwin Marian, Erwin Geschonneck,
Ernst-Georg Schwill und Armin Mueller-Stahl
© DEFA-Daßdorf

Königskinder
© DEFA-Pathenheimer

Königskinder
Annekathrin Bürger und Armin Mueller-Stahl
© DEFA-Pathenheimer

Königskinder
Annekathrin Bürger
© DEFA-Pathenheimer

Alfred Hirschmeier, Frank Beyer, Herbert Köfer
und Günter Marczinkowsky während einer Fernsehsendung.
© DEFA-Pathenheimer

Nackt unter Wölfen
Herbert Köfer, Albert Zahn, Bruno Apitz und Jürgen Strauch
© DEFA-Pathenheimer

Nackt unter Wölfen
Jan Pohan, Krystyn Wójcik, Gerry Wolff, Armin Mueller-Stahl und
Hans-Hartmut Krüger
© DEFA-Pathenheimer

Nackt unter Wölfen
Erwin Geschonneck und Jürgen Strauch
© DEFA-Pathenheimer

Nackt unter Wölfen
Jürgen Strauch, Armin Mueller-Stahl, Krystyn Wójcik und Fred Delmare
© DEFA-Pathenheimer

Karbid und Sauerampfer
Erwin Geschonneck
© DEFA-Wenzel

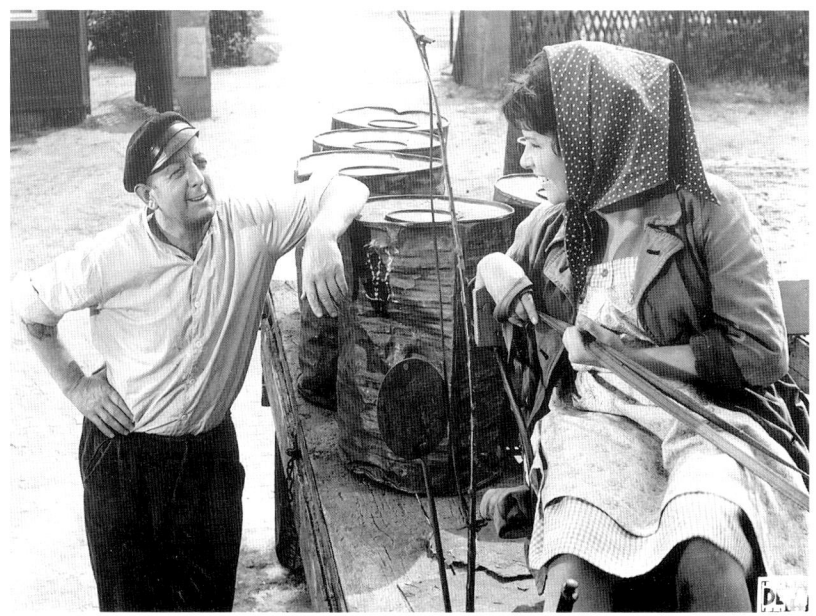

Karbid und Sauerampfer
Erwin Geschonneck und Marita Böhme
© DEFA-Wenzel

Plakat *Spur der Steine*

Spur der Steine
Karl Brenk, Erik Veldre, Fred Ludwig, Manfred Krug, Helmut Schreiber,
Hans-Peter Reinecke und Detlef Eisner
© Foto: Klaus D. Schwarz

Spur der Steine
Manfred Krug
© Foto: Klaus D. Schwarz

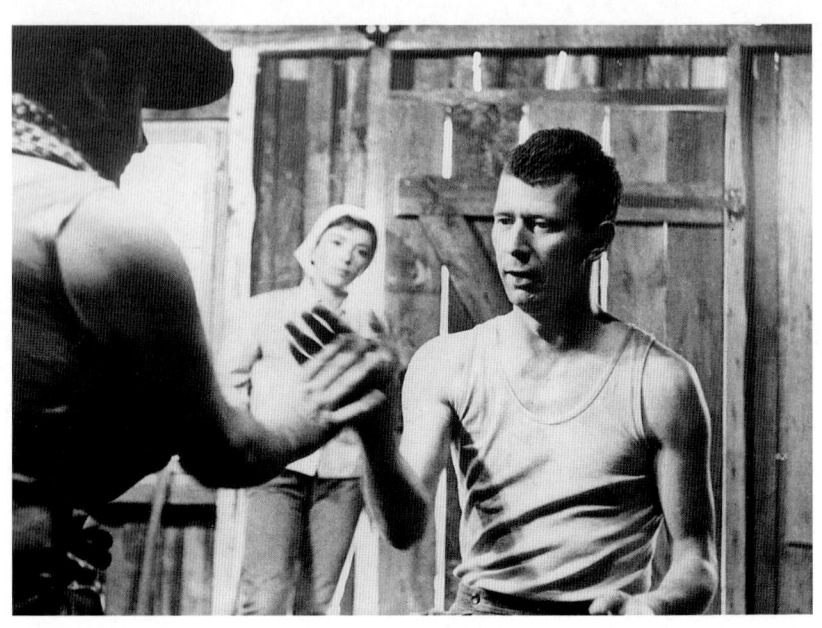

Spur der Steine
Manfred Krug, Krystyna Stypulkowska und Eberhard Esche
© Klaus D. Schwarz

Frank Beyer am Ende der Dreharbeiten
© Klaus D. Schwarz

Rottenknechte
Dieter Mann und andere
© DEFA-Wioland

Rottenknechte
Frank Obermann, Jackie Schwarz, Mathis Schrader und Hans-Peter Reinecke
© DEFA-Wioland

Die sieben Affären der Doña Juanita
Alfred Müller und Renate Blume
© DEFA-Fleischer

Doña Juanita
Werner Tietze, Mathis Schrader, Winfried Glatzeder,
Dieter Mann und Dieter Wien
© DEFA-Fleischer

Die sieben Affären der Doña Juanita
Renate Blume
© DEFA-Fleischer

Jakob der Lügner
Plakat

Jakob der Lügner
Vlastimil Brodský und Manuela Simon
© DEFA-Kroiss

Jakob der Lügner
Vlastimil Brodský und Henry Hübchen
© DEFA-Kroiss

Jakob der Lügner
Manuela Simon
© DEFA-Kroiss

Jakob der Lügner
Vlastimil Brodský
© DEFA-Kroiss

Jakob der Lügner
Frank Beyer und Jurek Becker bei den Dreharbeiten 1974
© DEFA- Kroiss

Jakob der Lügner
Vlastimil Brodský und Erwin Geschonneck
© DEFA-Kroiss

Jakob der Lügner: Oscar-Nominierung
© LPI, Los Angeles, CA

Das Versteck
Jutta Hoffmann und Manfred Krug
© DEFA-Pathenheimer

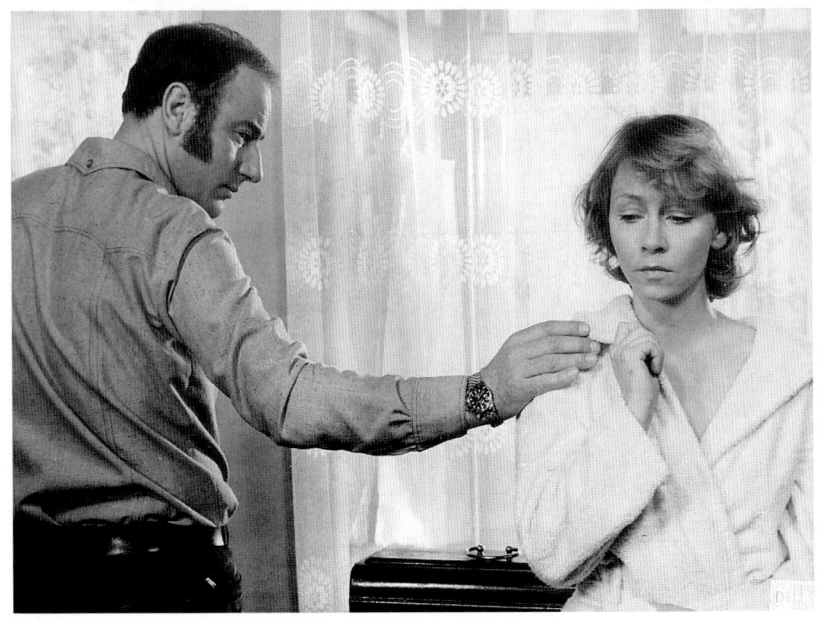

Das Versteck
Manfred Krug und Jutta Hoffmann
© DEFA-Pathenheimer

Das Versteck
Jutta Hoffmann
© DEFA-Pathenheimer

Geschlossene Gesellschaft
Jutta Hoffmann, Andreas Pfaff und Armin Mueller-Stahl
Foto: DDR-Fernsehen

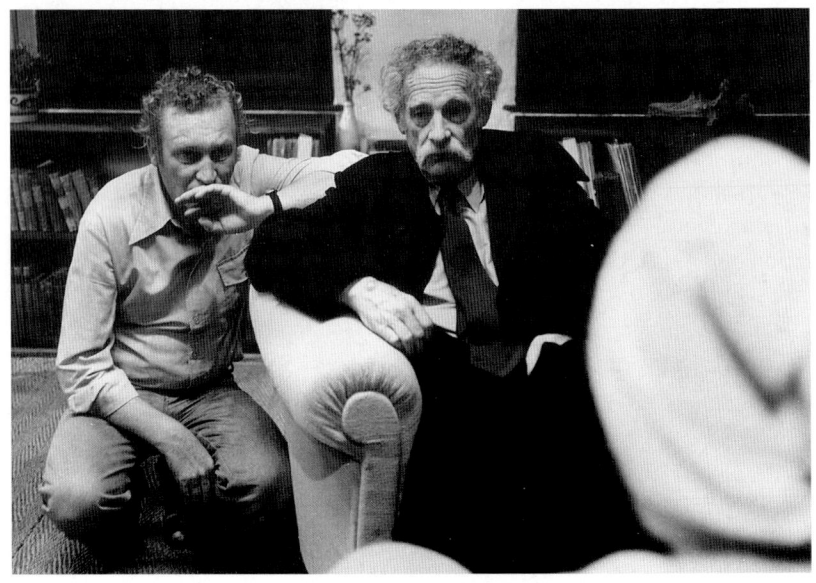

Geschlossene Gesellschaft
Arbeitsfoto: Frank Beyer und Sigfrit Steiner
© Gerd Platow

ser ersten Probe nur als Dolmetscher zwischen den beiden. Nach Probenschluss wollten beide mich getrennt sprechen. Vlastimil war ziemlich deprimiert, er war sich wohl bewußt, dass ihn Erwin auf der Probe »an die Wand gespielt hatte«.

»Herr Geschonneck ist ja ein hervorragender Schauspieler. Ich habe ihn in mehreren Filmen gesehen und bewundere ihn«, sagte Vlastimil. »Aber willst du wirklich gestatten, dass er in deinem Film auf diese entsetzliche Weise outriert? Wie soll ich mich denn gegen diesen Hanswurst wehren?«

Ich bat Vlastimil, nicht ungeduldig zu sein; wir würden uns schon im Laufe der nächsten Proben über den schauspielerischen Stil des Films verständigen.

Dann kam Erwin. »Herr Brodský soll ja ein hervorragender Schauspieler sein. Ich habe ihn zwar noch in keinem Film gesehen, aber er hat diesen Ruf«, sagte er. »Aber willst du wirklich gestatten, dass er in deinem Film überhaupt nicht spielt? Warum spielt er eigentlich auf der Probe gar nicht? Ist er überhaupt ein Schauspieler?«

Ich bat Erwin, nicht ungeduldig zu sein; wir würden uns schon im Laufe der nächsten Proben über den schauspielerischen Stil des Films verständigen.

Die beiden haben sich dann während der Dreharbeiten sehr gut verstanden. Und ich war sehr zufrieden mit diesem Pärchen: der stille, introvertierte Jakob und der aufgedrehte, extrovertierte Kowalski, das ging im Film gut zusammen.

Fünf Tage vor Drehbeginn gab es noch eine Aufregung. Aus Warschau wurde uns mitgeteilt, dass die von mir ausgesuchten polnischen Schauspieler nicht anreisen würden. Ohne Begründung. Anfang der neunziger Jahre, während der Vorbereitung des Films *Wenn alle Deutschen schlafen,* traf ich einen dieser Schauspieler in Warschau wieder. Man hatte ihm und seinen Kollegen im polnischen Kulturministerium nahegelegt, in dem Film *Jakob der Lügner* nicht aufzutreten. Und natürlich sah keiner der Schauspieler eine Möglichkeit, sich dem zu widersetzen.

In einer Blitzaktion versuchten wir, ohne den Drehbeginn zu verschieben, aus dieser Schwierigkeit herauszukommen. Für die kleineren neu zu besetzenden Rollen war das nicht schwer. Und bei Probeaufnahmen fand ich für die große Rolle des Mischa einen jungen, in Magdeburg engagierten Schauspieler, der zwar gar nicht »jüdisch« aussah, aber sehr begabt war: Henry Hübchen, heute ein Star im Ensemble von Castorfs Volksbühne.

Er hatte gleich zu Beginn des Films eine komplizierte, für die Exposition des Lügenmotivs sehr wichtige Szene mit Vlastimil zu spielen und meisterte sie mit Bravour.

Mischa will aus einem Güterwagen Kartoffeln stehlen. Das ist eine aus dem Hunger geborene lebensgefährliche Dummheit. Jakob erzählt ihm, was er im Radio des Gestaporeviers aufgeschnappt hat. Aber Mischa glaubt ihm kein Wort, es liegt für ihn auf der Hand, dass Jakob ihn nur davon abhalten will, sich in Gefahr zu begeben. Als er losläuft, stellt Jakob ihm ein Bein und zerrt ihn in die Deckung einer großen Kiste zurück. Da die Wahrheit nicht geglaubt wird, muss eine Lüge her. Jetzt wird das Radio erfunden. Und Mischa glaubt Jakob, dass er die Nachricht von den sich nähernden Russen auf seinem eigenen Radio gehört hat, und lässt davon ab, sich für ein paar Kartoffeln in Lebensgefahr zu begeben. Damit ist die Lüge in die Welt gesetzt und bestimmt nun das Leben dieser kleinen Gemeinschaft bis zum bitteren Ende.

Während der Drehbucharbeiten improvisierten Jurek und ich oft spielerisch Varianten des Jakob-Stoffs. Unter anderem fragten wir uns, wie wohl die US-Amerikaner eine solche Geschichte im Film erzählen würden. Unsere Gedanken gingen ungefähr so:

Jurek:
Natürlich würden sie die Geschichte als Thriller erzählen. Irgendwann erfährt die SS von der Existenz des Radios, zum Beispiel durch einen Spitzel, dann kommt die schwarze Limousine der Gestapo, gefolgt von zwei Lastwagen mit SS-Leuten, die das Getto auf den Kopf stellen.

Frank:

Du meinst eine Art surrealistischen Thriller? Sie suchen ja ein Radio, das es gar nicht gibt.

Jurek:

Nein, einen wirklichen Thriller nach Hollywood-Art mit einem langen Showdown. Dass es das Radio gar nicht gibt, weiß ja nur der Zuschauer, nicht aber die SS. Sie können zwar das Radio nicht finden, aber sie finden und verhaften Jakob, den angeblichen Besitzer des Radios. Sie foltern ihn, sie wollen wissen, wo er das Radio versteckt hat. Zum zweiten Male im Film wird die Wahrheit nicht geglaubt, denn Jakob bleibt ja nichts anderes übrig, als die Wahrheit zu sagen.

Frank:

Dann treiben sie das Getto zusammen und verlangen von Jakob, dass er seinen Leuten sagt, dass er ein Lügner ist, dass er gar kein Radio besitzt?

Jurek:

Zum Beispiel. Aber Jakob weigert sich natürlich, seinen Leuten die Hoffnung zu nehmen. Und da schlagen sie ihn tot oder erschießen ihn.

Frank:

Die Amerikaner würden überhaupt keinen Film drehen, in dem es um die Rote Armee als Hoffnungsträger für ein Getto in Polen geht.

Jurek:

Das weißt du nicht. Sie würden doch auf alle Fälle ein Happy-End machen, und da könnten die Russen mit amerikanischen Panzern und Lastautos vor dem Getto auffahren. Sie haben ja den Russen während des Krieges viel Material geliefert...

Dreißig Jahre nachdem wir über solche Varianten unseres Stoffes sprachen, haben die Amerikaner tatsächlich ein Remake von *Jakob der Lügner* gedreht mit einem Showdown und einem Happy-End, wie wir es damals entworfen hatten.

Und sie gingen noch weiter. Sie machten Jakob zum Anführer einer bewaffneten Widerstandsgruppe im Getto. Und das Happy-End mit den Panzern, die den Evakuierungszug der Häftlinge stoppen, ist so, als habe das amerikanische Kino die Traditionen des sozialistischen Realismus aus der Stalinzeit übernommen.

Wir blieben bei der poetischen Version des Stoffs: Nicht die SS stellt das Getto auf den Kopf, sondern die kleine Lina beginnt die Suche nach dem Radio, findet in Jakobs Zimmer schließlich eine alte Petroleumlampe. Und da sie weder weiß, was eine Petroleumlampe ist, noch wie ein Radio aussieht, hält sie die Petroleumlampe für das Radio. Und sie quält Jakob so lange, bis er ihr verspricht, das Radio etwas spielen zu lassen, wenn sie es schon nicht ansehen darf, und Jakob erzählt ihr als Märchenonkel im Radio die Geschichte von der kranken Prinzessin, die eine weiße Wolke haben muss, um wieder gesund zu werden. Auf der Fahrt im Güterwaggon erinnert sich Lina an das Märchen von der Prinzessin, die ein Stück Watte bekam und wieder gesund wurde. Jakob korrigiert ihre Erinnerung: »Die Prinzessin wünschte sich eine Wolke. Der Witz ist, sie dachte, Wolken sind aus Watte, und nur deswegen war sie mit der Watte zufrieden.«

»Aber sind denn Wolken nicht aus Watte?« Damit endet der Film.

Jakob der Lügner sollte seine Uraufführung auf der großen Kinoleinwand haben. Aber die Leitung des DDR-Fernsehens machte sich Sorgen über das Weihnachtsprogramm. Es fehlten sogenannte »emotionale Höhepunkte«. Über die mächtige Abteilung Agitation im ZK der SED setzte sie durch, dass unser Film am Sonntag vor Weihnachten zur Hauptsendezeit ins Programm genommen wurde.

Den Film, in dessen Farbgestaltung wir so viel Sorgfalt gelegt hatten, sahen Millionen Zuschauer am Sonntag, dem 23. Dezember 1974, in Schwarzweiß.

Der Film wurde mit dem Nationalpreis der DDR ausgezeichnet. Er lief 1975 auf den Filmfestspielen in Westberlin. Vlastimil Brodský bekam für seine schauspielerische Leistung einen Silbernen Bären. Anfang 1977 erhielt unser Film eine Oscar-Nominierung in der Kategorie »fremdsprachiger Film«. Im März reisten Vlastimil, Erwin und ich nach Los Angeles, um an der Verleihungszeremonie teilzunehmen. Diese erste Reise in die USA war für mich aufregend – und enttäuschend. Denn wenn der Moment kommt, in dem von der Bühne aus verkündet wird: »The winner is...«, und man hat den Hintern schon halb aus dem Sessel und ist es dann doch nicht... Ich würde mich einer solchen Prozedur nicht mehr aussetzen wollen.

Auf dem Flugplatz in New York, kurz vor der Heimreise, sagte Erwin Geschonneck nachdenklich zu mir: »Weißt du, wenn ich die Hauptrolle gespielt hätte, hätten wir vielleicht doch den Oscar bekommen...«

17. *Das Versteck* und Wolf Biermann

Als wir im Juni 1975 mit *Jakob der Lügner* beim Filmfestival in Westberlin waren, lief in der Charlottenburger *Kurbel* die Kinofassung von Bergmans *Szenen einer Ehe*, die ich unbedingt kennenlernen wollte. Die DDR und andere sozialistische Länder nahmen nach langen Verhandlungen in diesem Jahr zum ersten Male am Wettbewerb des Festivals teil, und unsere Hauptverwaltung Film hatte auch die Bedingungen für die Teilnehmer festgelegt. Wir sollten am Tag der Aufführung unseres Films nach Westberlin fahren, am Vormittag eine Pressekonferenz veranstalten, am Abend an der Vorführung unseres Films im Zoopalast teilnehmen und anschließend in die DDR zurückfahren. Ich weigerte mich, unter solchen Bedingungen teilzunehmen. Ich erklärte das mit ziemlich drastischen Worten dem Stellvertreter des Ministers für Kultur: »Ich werde mich nicht auf der Toilette des Bahnhofs Zoo für die Vorstellung am Abend umziehen.« Ich wollte nicht nur mit Presseinterviews für unseren Film werben, sondern auch andere Festivalfilme ansehen, mich mit Filmjournalisten und Kollegen treffen und insbesondere an der Vorführung meines Films im Studentenkino in Dahlem teilnehmen. Mein Visum für Westberlin wurde auf eine Woche verlängert, und ich erbot mich, das auch für Jurek durchzusetzen. Aber Jurek wollte nicht, dass ich für ihn interveniere.

So kam er nur für einen Tag nach Westberlin und ging auf meine dringende Bitte in die 16-Uhr-Vorstellung von Bergmans Film in die *Kurbel*. Der Film lief dort schon mehrere Monate, zunächst auch sehr erfolgreich, aber an diesem Nachmittag war nur ein Besucher im Kino: Jurek Becker. Der Vorführer kam in den Saal und bat Jurek darum, die Eintrittskarte zurückzugeben und am Abend oder an einem der nächsten Abende wiederzukommen. Aber Jurek bestand darauf, dass ihm der Film gezeigt würde. Der Vorführer war sauer, zumal ihm Jurek nicht den Grund für seine Weigerung mitteilte. Schließlich einigten sie sich darauf, dass der gesamte Reklamekomplex am Anfang weggelassen wurde. Und diese Exclusiv-Vorführung war der letzte Anstoß für unser nächstes gemeinsames Projekt, den Film *Das Versteck*.

Beide waren wir vor kurzer Zeit geschieden worden und hatten verschiedentlich darüber gesprochen, unsere Eheerfahrungen einmal in einem Film zu »verarbeiten«. Aber wie bekannt, ein Thema ist noch kein Film, man braucht einen Einfall, eine Story.

Es vergingen ein paar Monate, und ich bekam ein Exposé von Jurek, in dem eine Filmkomödie skizziert war mit dem Arbeitstitel *Resturlaub*.

Jurek erzählt eine Ehegeschichte, genauer gesagt: die Geschichte eines versuchten Neubeginns. Denn Max und Wanda sind seit einem Jahr geschieden, sie hat einen Freund, er ist allein und hat den dringenden Wunsch, mit ihr noch einmal einen Neuanfang zu wagen. Aber wie soll das gehen? Er kann sie nicht aufsuchen und ihr erklären, er habe noch eine Woche Urlaub aus dem vergangenen Jahr, die er nun gemeinsam mit ihr in ihrer Wohnung verbringen will. Sie würde ihn nicht hineinlassen. Also inszeniert er mit einem Freund eine kleine Intrige, die ihm Wandas Tür öffnet. Sie nimmt ihn tatsächlich auf, denn der Freund hat Wanda suggeriert, dass Max sich in einer Situation extremer Hilfsbedürftigkeit befindet, weil er sich eine Woche lang vor der Polizei verstecken muss. Das ist die Ausgangssituation für eine Komödie, bei der die Zuschauer von Anfang an mehr wissen als die agierenden Figuren und diese bis zum Schluss voller Vergnügen begleiten können.

Die Arbeit verlief zunächst reibungslos. Wir erklärten uns dem Studio gegenüber bereit, das Drehbuch bis zum Sommer 1976 zu schreiben, und ich rief Jutta Hoffmann und Manfred Krug an und bat sie darum, sich vorsorglich den Spätherbst für diesen Film frei zu halten.

Die Jahresplanung des Studios war zwar längst abgeschlossen, aber wie immer, wenn ein guter Stoff kam, wurde ein weniger guter aus der Planung herausgenommen. *Das Versteck* war noch dazu ein unaufwendiger, kleiner, intimer Film. Im August 1976, eine Woche nach Ablieferung des Drehbuchs, besuchte mich der Chefdramaturg des Studios. Ich willigte ein, den Film noch in diesem Jahr zu beginnen.

Aber das Studio wollte den Film noch in diesem Jahre an den Verleih abliefern. Ich erinnere mich an die freundliche und gelöste Arbeitsatmosphäre beim Drehen. Alle mochten das Script von Jurek, und tatsächlich hatten wir mit diesem Stoff die Chance, mit zwei populären Schauspielern einen unterhaltsamen Film für ein breites Publikum zu produzieren.

Im Atelier gab Manfred in den Pausen lockere Sprüche von sich, wie er das immer macht. An einen erinnere ich mich noch:
»Das ist unsre Jutta, ach,
sie kommt nun bald ins Mutti-Fach.«

Aber Jutta ließ sich keinesfalls von Manfreds kessen Sprüchen einschüchtern. Später hat sie erzählt, dass sie sich zunächst in diesem von Männern dominierten Film benachteiligt gefühlt und geargwöhnt habe, ihre Figur sei vom Autor nicht so differenziert angelegt worden wie die ihres männlichen Gegenspielers. Richtig ist, dass Jutta durch ihre schauspielerische Brillanz die Figur der Wanda erheblich vertieft hat.

Dann kam der 16. November 1976. Wir hatten bis auf ein Winterbild alle Außenaufnahmen abgedreht und arbeiteten in den Babelsberger Ateliers. Am Abend wurde in den Fernsehnachrichten die Ausbürgerung Wolf Biermanns bekanntgegeben. Das war ein unglaublicher Schock für mich und, wie sich bald herausstellte, nicht nur für mich.

Ich hatte gehört, dass Biermann eine Genehmigung erhalten hatte, bei einer Veranstaltung der westdeutschen Gewerkschaften in Köln aufzutreten. Elf Jahre lang war er in der DDR boykottiert worden, seit dem 11. Plenum 1965 hatte er faktisch

Auftrittsverbot. Dass man ihn nun zu einer großen Veranstaltung in die Bundesrepublik reisen ließ, wunderte mich zwar, denn das sah eher nach Entspannung als nach Zuspitzung aus. In Wirklichkeit war es ein Hinterhalt, eine Falle, die man ihm stellte, um ihn endgültig loszuwerden.

Zwei Tage später trafen sich im Hause von Stephan Hermlin ein Dutzend Schriftsteller und verfassten eine Resolution gegen die Biermann-Ausbürgerung. Sie wurde dem »*Neuen Deutschland*« und der DDR-Nachrichtenagentur ADN zur Veröffentlichung übergeben. Aber weil die Schriftsteller die Bräuche im Lande kannten, glaubten sie keinen Augenblick daran, dass ND oder ADN ihr Papier veröffentlichen würden. Und da sie nicht wollten, dass ihr Schreiben in irgendeinem ZK-Papierkorb verschwindet, übergaben sie es mit der Sperrfrist von ein paar Stunden auch der französischen Nachrichtenagentur AFP und der britischen Agentur Reuters.

Ich kann heute nicht mehr genau sagen, wann ich von dieser Petition erfuhr. Ich wusste auch nicht, dass inzwischen zu den Erstunterzeichnern zahlreiche andere Autoren, Schauspieler, Musiker und Regisseure gekommen waren, die ebenfalls unterschrieben hatten. Unter ihnen meine beiden Hauptdarsteller Jutta Hoffmann und Manfred Krug. Sie hatten mir das verschwiegen, wie Manfred mir später erzählte. »Laßt Beyer aus dem Ding raus«, hatte er gesagt, »er hat 1966 derartige Prügel bezogen, wenn wir ihn hier reinziehen, geht das wieder von vorn los.«

Ich erfuhr von der Unterschriftensammlung durch meinen staatlichen Leiter im Fernsehen. Die Funktionäre waren sofort ausgeschwärmt, um möglichst viele Leute daran zu hindern, die Petition zu unterschreiben. Mein Chef versuchte mich nun also zu verpflichten, dass ich mich unter gar keinen Umständen an irgendwelchen Aktionen beteilige. Ich sagte ihm sofort, was ich von der Ausbürgerung halte und dass nach meiner Meinung die Regierung durch diese Maßnahme ihrem eigenen und dem Ansehen unseres Landes erheblichen Schaden zugefügt hätte.

Ich fuhr nach Hause, dachte einen Abend lang nach und fragte am nächsten Morgen Manfred im Atelier, was ich tun muss, um das Papier zu unterschreiben.

»Du musst mir das nur sagen.«

»Dann sage ich es dir hiermit.«

Nach Drehschluss rief ich meinen Chef an und informierte ihn.

Diese Unterschrift hatte erhebliche Folgen für mich. Ich hatte als einziges SED-Mitglied unter den Fernsehmitarbeitern unterschrieben. Parteilose Angestellte wie Armin Mueller-Stahl und Eva-Maria Hagen wurden zwar auch zu Aussprachen vorgeladen und sollten ihre Unterschrift zurückziehen. Wenn sie sich weigerten, und das taten sie, konnte man ihnen aber zunächst wenig anhaben. Ich hingegen war Parteimitglied und hatte »dem Klassenfeind in die Hände gearbeitet«. Das war ein Verbrechen. Dafür gab es keine Entschuldigung. Sie versuchten mit allen Mitteln, mich zur Zurücknahme meiner Unterschrift zu bewegen.

Ich weigerte mich jedoch und blieb bei meinem Standpunkt, dass nicht Biermann und seine Verteidiger dem Ansehen unseres Landes geschadet hatten, sondern die Regierung mit ihrem Ausbürgerungsbeschluss. Keine deutsche Regierung – außer den Nazis – hatte in diesem Jahrhundert ausgebürgert, und nun war ausgerechnet die DDR-Regierung mit ihrem Willkürakt in deren Nähe gerückt. Das war ja, trotz aller Differenzen auf kulturpolitischen Gebiet, immer noch meine Regierung, und ich schämte mich für den Wortbruch Biermann gegenüber. Er hatte schließlich ein Wiedereinreisevisum in seinem Pass.

Fast täglich nach Drehschluss und dann an drehfreien Tagen fanden verhörartige Sitzungen und Gespräche statt, morgens bei Adameck im Büro, anschließend in der Parteileitung und nachmittags in der Parteiversammlung mit 120 Leuten. Die Tonart wurde immer schärfer und drohender.

Mein Hauptproblem in diesen Tagen war, unter diesen Umständen den leichten Ton meines Films aufrechtzuerhalten. Ich drehte ja eine Komödie.

Der ZK-Sekretär Werner Lamberz war das jüngste Politbüro-mitglied und damals Honeckers Kronprinz. Er galt als fein-fühlig und war ein intelligenter und gebildeter Mann. Er war nur wenige Jahre älter als ich. Lamberz war der Chef der Agita-tionsabteilung und für Presse, Rundfunk und Fernsehen zuständig. Wir vermuteten damals, er habe im Auftrag des Politbüros die Ausbürgerung von Biermann gemanagt und war nun auch für die Schadensbegrenzung zuständig. Denn kein Mensch glaubte daran, dass die Sache in der Regie-rung entschieden worden war. Später stellte sich heraus, dass die Regierungsmitglieder, einschließlich Kulturminister Hoff-mann, von dem Ausbürgerungsbeschluss, den angeblich die Regierung gefasst hatte, genauso überrascht worden waren wie wir.

Die Sache war zwischen Honecker und Mielke ausgemacht worden, nachdem angeblich ein Teil der Politbüromitglieder dafür gestimmt hatte, Biermann einzusperren. Honecker hatte selber längere Zeit im Zuchthaus gesessen und wollte vermei-den, dass Dichter und Schriftsteller eingesperrt würden, so hat er sich jedenfalls später Stephan Hermlin gegenüber geäußert. Einsperren oder Aussperren – auf die Idee, beides zu unterlas-sen, kam er wohl nicht.

Biermann hatte sie lange Zeit mit seinen Texten geärgert. Sie warteten auf eine Gelegenheit, ihn vor die Tür zu setzen. Ob sie damit gerechnet hatten, dass sie auf diese Weise die kultu-relle Szene in der DDR dauerhaft spalten würden, ist schwer zu sagen. Vermutlich erwarteten sie, dass es einen Sturm im Was-serglas geben würde und nach ein paar Tagen alles vergessen wäre. Dass es im Lande Leute geben würde, die diese Gele-genheit benutzen könnten, das Meinungsmonopol der SED außer Kraft zu setzen, damit rechneten sie nicht. Denn um nichts weniger handelte es sich, als die Autoren beschlossen, den Text der Petition an westliche Agenturen zu geben, um in jedem Fall eine Veröffentlichung zu erzwingen.

Die Diskrepanz zwischen öffentlicher Meinung und veröf-fentlichter Meinung in der DDR war seit Jahren für viele Leute ein ständiges Ärgernis. Millionen bezogen inzwischen ihre

Informationen aus westlichen Rundfunkstationen und Fernsehsendern. Auch in diesem Falle war es so, dass die Bevölkerung von dem Eklat nur aus westlichen Quellen erfuhr. Die Leute lasen im ND, dass sich massenhaft Künstler und Intellektuelle auf die Seite der DDR-Regierung stellten und sich von denen distanzierten, die die Ausbürgerung Biermanns missbilligten. Aber wer war das, um Gottes willen? Wer hatte sich erdreistet, die DDR-Regierung zu kritisieren? Das konnte man nur aus den westlichen Medien erfahren. Und was meinte der Schauspieler Ekkehard Schall, wenn er im ND erklärte, er ziehe jetzt seine Unterschrift zurück, er sei missbraucht worden? Er habe seine Unterschrift unter die Petition gesetzt, im Glauben, sie solle im Inland veröffentlicht werden. Was für eine Unterschrift? Unter welche Petition? Und wer hatte ihn missbraucht? Das konnte man nicht aus dem ND erfahren, das erfuhr man nur, wenn man westliche Fernsehsender oder Radiostationen einstellte. Und wer war überhaupt Biermann, und warum hasste ihn die DDR Regierung so? Auch das erfuhr man nur, wenn man zu später Stunde das Westfernsehen einstellte und die Übertragung seines Konzerts aus Köln hörte. Und hatte Biermann nicht in diesem Konzert sogar die DDR als den besseren deutschen Staat verteidigt? In Dresden, im »Tal der Ahnungslosen«, wie der Volksmund sagte, weil man dort die westdeutschen Fernsehstationen nicht empfangen konnte, grübelte man vergeblich darüber nach, was es in Berlin wohl wieder für Ärger gäbe.

Die Informationspolitik der DDR war um diese Zeit schon so weit pervertiert, dass sie selbstverständlich davon ausging, dass die Leute sich über das Westfernsehen und den Westrundfunk informierten. Die Autoren hatten also vollkommen recht, wenn sie das berücksichtigten. Die DDR-Informationspolitik benutzte die Westmedien, warum sollten die Autoren das nicht auch tun. Verheerend für die Regierung waren auch die Reaktionen in Kreisen der linken westlichen Intelligenz, die bisher zum großen Teil mit der DDR sympathisiert hatten. Es war ein Desaster auf der ganzen Linie.

Werner Lamberz wollte sich mit Unterzeichnern der Petition treffen. Er hätte natürlich die Erstunterzeichner ins Haus des ZK zu einem Gespräch bitten können. Und sie wären dieser Bitte sicher alle gefolgt. Aber genau das wollte er nicht. Ein Treffen an diesem Ort zu einem Gespräch, dessen Ausgang man nicht voraussehen konnte, war ihm zu riskant.

So traf man sich am Sonnabend nach der Ausbürgerung im Haus von Manfred Krug in Pankow. Lamberz kam in Begleitung eines Mitarbeiters und mit dem Chef des DDR-Fernsehens, Heinz Adameck. Die Wortführer der Unterzeichner waren Stefan Heym, Christa Wolf, Jurek Becker und Manfred Krug. Man redete höflich, aber kontrovers miteinander, es gab fundamentale Meinungsverschiedenheiten nicht nur über die Ausbürgerung Biermanns, sondern auch über die Kultur- und Informationspolitik der Partei.

Für die Regierungsvertreter ging das Gespräch aus wie das Hornberger Schießen, niemand von uns hatte sich überzeugen lassen. Aber auch für uns war die Begegnung enttäuschend: Es war klar, sie würden den Ausbürgerungsbeschluss nicht zurücknehmen.

Einigkeit wurde nur in einem Punkt erzielt: Die Konfrontation sollte beendet werden. Lamberz erklärte, dass die Kampagne der Zustimmungserklärungen im ND zum nächsten Wochenanfang beendet würde, wir sagten: Okay, dann beenden wir auch die Sammlung von Unterschriften gegen die Ausbürgerung.

In Manfred Krugs Buch *Abgehauen*, das 1996 erschien, ist der vollständige Dialog dieses Treffens abgedruckt. In einem tolldreisten Akt hatte Manfred im Nebenzimmer ein Mikrofon angebracht und das Gespräch mitgeschnitten. Nicht auszudenken, was passiert wäre, wenn ein Lamberz-Sicherheitsmann sich Zutritt zu diesem Zimmer verschafft hätte. Manfred schrieb das Tonband in zwei Nächten ab. Es war sehr mühsam, weil die Texte ganz schwer verständlich waren. Das Hauptgeräusch auf dem Band war das Ticken einer Standuhr, die nicht weit vom Mikrofon entfernt stand ...

Von nun an gab es keine gemeinsamen Gespräche mehr, sondern nur noch »Einzelabfertigung«. Die Taktik bestand darin, jeden Unterzeichner vorzuladen und ihn zur Rücknahme der Unterschrift zu bewegen.

Der spektakulärste und folgenreichste Fall eines solchen Einzelgesprächs war eine Begegnung Erich Honeckers mit Stephan Hermlin.[1]

Honecker bat Stephan Hermlin darum, ein Papier zu unterschreiben, das er angeblich für die Festigung seiner Position im Politbüro brauchte. Dieses Papier bestand nur aus wenigen Sätzen. Der Kernsatz: »Es war ein Fehler, diese Petition an eine westliche Nachrichtenagentur zu geben.« Hermlin hat, nach eigener Aussage, das Wort e i n durch das Wort m e i n ersetzt, also die alleinige Verantwortung übernommen. In seinem Verständnis sicher eine Geste von Mut. Vielleicht meinte er auch, dadurch andere Unterzeichner zu schützen; das Gegenteil war jedoch der Fall, wie sich bald herausstellte.

Hermlins »mutige« Haltung hatte schlimme Folgen für manche Mitunterzeichner, für Jurek Becker zum Beispiel, den die Bezirksleitung der Partei jetzt erneut in stundenlangen Gesprächen unter Druck setzte, und zum Beispiel auch für mich.

Mir war ein Parteiverfahren angekündigt worden, und es gab zahlreiche Leute, die meinen Auschluss aus der SED forderten. Hermlins Papier, das angeblich vertraulich und nur für die Mitglieder des Politbüros bestimmt war, kursierte sofort auf allen möglichen Parteiebenen.

Jetzt begann eine neue Diskussionsrunde im Fernsehen mit mir. Sie lief unter dem Motto: Der »Anführer« hat klein beigegeben, er hat sich im Hauptpunkt korrigiert, willst du der letzte sein, der uneinsichtig ist? Sie drohten mir mit Auschluss aus der SED, wenn ich mich nicht wenigstens in der Frage der Übergabe des Papiers an die westlichen Agenturen einsichtig zeigte.

Sie hatten das Gefühl, durch das Papier Hermlins wäre die Front der Opponierenden aufgebrochen, und mir war klar, jetzt

---

[1] Die Kenntnisse darüber verdanke ich dem Buch *Der Winter unseres Missvergnügens* von Stefan Heym.

206

ging es auf Biegen und Brechen, und alle Mittel des psychischen Drucks waren ihnen dabei recht.

Mich riefen verschiedene Freunde und Bekannte an, unter anderem auch der parteilose Schauspieler Ulrich Thein und dessen Frau, die Schauspielerin Renate Geissler, die Mitglied der SED war und sich als einzige von 120 Leuten beim Fernsehen der Eröffnung eines Parteiverfahrens gegen mich widersetzt hatte. Die Bekannten und Freunde argumentierten so: Sie haben den Gedanken aufgegeben, dich zur Rücknahme der Unterschrift zu zwingen. In der Frage der Veröffentlichung im Westen bist du wirklich dem Parteistatut verpflichtet, das hat ja auch Hermlin zugegeben. Und wenn du in der Partei bleiben willst, was wir auch wollen, dann gib in diesem Punkt nach. Wir wollen, dass dieser Meinungsterror endlich aufhört, der Kampf um Biermanns Wiedereinreise ist verloren, wir wollen endlich wieder in Ruhe arbeiten. Tatsächlich bastelte ich mit Freunden an einem Papier, das ich dann auch in der Parteileitung abgab. Die beiden Hauptsätze in diesem Papier lauten: »Nach meiner heutigen Erkenntnis war die Übergabe des Briefes der Schriftsteller an eine französische Presseagentur falsch. [...] Es wäre richtig gewesen, meine Bedenken innerhalb der Partei zur Sprache zu bringen. Vor allem hätte ein solches Verhalten den Normen der Parteidisziplin entsprochen, die verletzt zu haben ich mir bewusst bin.«

Am 6. Dezember 1977 wurde das Parteiverfahren gegen mich eröffnet, ich erhielt eine strenge Rüge wegen grober Verstöße gegen das Parteistatut. Es gab eine Gegenstimme und vier Enthaltungen. Das waren Leute, die mit der strengen Rüge nicht einverstanden waren, sondern meinen Ausschluss aus der Partei verlangt hatten. Jurek, der keinerlei Zugeständnisse gemacht hatte, wurde am 7. Dezember 1977 aus der SED ausgeschlossen.

Ich war zermürbt und müde. Sie wollten belogen werden, und ich habe sie belogen. Auch redete ich mir mein Handeln schön: Im Hauptpunkt, der Rücknahme meiner Unterschrift unter die Petition, hatte ich nicht nachgegeben, und ich wusste doch, der H a u p t p u n k t war nicht die Unterschrift, sondern die Veröffentlichung der Petition im Westen.

Mein Gesicht im Spiegel gefiel mir in diesen Tagen nicht.

Im Januar 1977 beendeten wir mit Winteraufnahmen im Erzgebirge die Dreharbeiten für den Film *Das Versteck*. Im Anschluss daran ging Manfred Krug mit dem Fischer-Quintett auf eine mehrwöchige Tournee durch die DDR. Krug und Fischer hatten eine große Fan-Gemeinde, die Säle waren voll, wenn sie kamen.

Das war auch diesmal so. Nur saßen jetzt Leute im Saal, die eine eisige Atmosphäre verbreiteten. Man hatte die Karten an Leute verteilt, die dem »Rädelsführer« beim Protest gegen die Biermann-Ausbürgerung zeigen sollten, was sie von ihm hielten ... Eine kleine Abreibung könne ihm nichts schaden, die Stimme des Volkes äußerte sich diesmal durch eisiges Schweigen im Saal.

Krug hatte verstanden: Sie wollten ihm sein Publikum wegnehmen. Als er mehrere Wochen später nach Berlin zurückkam, hatten wir mit der Sprachsynchronisation unseres Film begonnen. Manfred wirkte verändert, irgendwie verstört. Ich zeigte ihm die eine und andere Szene des Films. Was er sah, gefiel ihm. Und dann sagte er den Satz: Schade, dass dieser Film nie rauskommen wird.

Mir war klar, was damit nur gemeint sein konnte: Er trug sich mit dem Gedanken, das Land zu verlassen.

In dem Gespräch mit Werner Lamberz in Krugs Haus war auch die Frage nach Repressalien aufgeworfen worden. Wir wussten, dass Jenaer Studenten verhaftet worden waren, denen man nichts anderes zur Last legen konnte als das, was wir auch getan hatten. Lamberz hatte hoch und heilig versprochen, dass niemand wegen der Unterschrift beruflich eingeschränkt würde. Manfred Krug hatte im Produktionsprogramm des Fernsehens für das Jahr 1977 zwei große Projekte stehen, die Hauptrollen in *Götz von Berlichingen* und *Michael Kohlhaas*. Beide Projekte wurden mit fadenscheinigen Gründen aus dem Programm gestrichen. Ich verzichte darauf, ein weiteres Dutzend von Beispielen für repressive »Maßnahmen« zu nennen, sondern zitiere einfach ein paar Sätze aus einem Papier der Hauptabteilung XX des Ministeriums für Staatssicherheit, dass ich Mitte der neunziger Jahre in meiner Stasiakte gefunden habe:

»Durch den Kaderleiter im Fernsehen der DDR, Genossen Werner Schiller, wurde mitgeteilt, daß in der Komiteesitzung vom 7. 12. 1976 folgende Festlegungen getroffen wurden:

1. Alle Unterzeichner der Protestresolution betreffs Biermann, die im Fernsehen der DDR fest angestellt sind und sich trotz nochmaliger Aussprache nicht von ihrer Haltung abbringen lassen, werden aus dem Arbeitsverhältnis entlassen [...]

2. Die Bereichsleiter im DDR-Fernsehen haben Abzüge von der Liste der 105 Unterzeichner der Protestresolution bekommen und sind angewiesen, dafür zu sorgen, daß Beiträge von Unterzeichnern, die sich nicht klar von dieser Unterschrift distanzieren, aus dem Programm des DDR-Fernsehens herausgenommen werden. [...]

Sie ließen also Schwarze Listen kursieren wie zu Zeiten der Kommunistenverfolgung durch McCarthy in den USA und begannen, die Unterzeichner auszugrenzen.

Das betraf im übrigen nicht nur »Unterzeichner«. Von den Fernsehansagerinnen verlangte die Leitung des Fernsehens, ein Papier zu unterschreiben, in dem die Biermann-Ausbürgerung bejubelt wurde. Monika Unferferth weigerte sich, dieses Papier zu unterschreiben, sie wollte mir nicht in den Rücken fallen. Am 2. Februar 1977 wurde sie auf Anweisung von Adameck von den Abenddiensten im Fernsehen suspendiert. Life-Auftritte im Fernsehen waren kein Beruf, sondern ein Privileg, das man ganz schnell verlieren konnte, wie Monika bei dieser Gelegenheit erfahren musste.

Für ein paar Wochen wurde ich von allen aktuellen Querelen abgelenkt durch die Einladung zu den Oscar-Veranstaltungen in den USA. Am 20. April 1977, kurz nach meiner Rückkehr, fand die Endabnahme des Films *Das Versteck* statt im neu erbauten Mischatelier der DEFA, das auch als Kino diente, in aller Öffentlichkeit.

Am Abend vorher telefonierte ich mit Jurek. Auf meine Frage, ob Manfred am nächsten Tag zur Vorführung komme, antwortete er: »Nein. Er hat gestern seinen Ausreiseantrag abgegeben.«

Die Abnahme ging reibungslos über die Bühne, der Film erhielt viel Beifall. Ob die Kulturfunktionäre an diesem Tag schon vom Ausreiseantrag Manfreds wussten, war mir unklar, sie ließen sich jedenfalls nichts anmerken. Aber absolut sicher war ich mir, dass unser Film nach der Ausreise Manfreds nie öffentlich aufgeführt werden würde. Ich besuchte ihn am nächsten Tag, las seinen Ausreiseantrag. Es war eine traurige Lektüre. Seine Bilanz der letzten Monate gebe ich am besten mit Manfreds eigenen Worten aus seinem Tagebuch wieder:

»[...] was sie mit mir gemacht haben: einen anständigen Menschen bestrafen, indem sie ihm die Arbeit wegnehmen; einem Schauspieler zeigen, was 'ne Harke ist, indem sie so tun, als sei er nie wirklich gebraucht worden, als seien ihm bloß aus Erbarmen ein paar Brocken hingeschmissen worden; ihm eins rüberziehen und sagen: Ohne uns bist du gar nichts; seine Ehre verletzen, seinen Ruf schädigen, indem er verleumdet wird – das kränkt den Stolz des Künstlers. Mit denen bin ich fertig. Die waren hart mit mir, jetzt muss ich hart mit denen sein. Ein Zurück kann es nicht geben. Wenn ich umkehre, bin ich verloren.«[1]

Sie gaben ihm den Ausreiseantrag zweimal zurück, weil er nicht um die Entlassung aus der Staatsbürgerschaft der DDR gebeten hatte. Erst als er das tat, genehmigten sie seine Ausreise – unter großzügigen Bedingungen und zu einem ihm genehmen Termin. Jutta Hoffmann und ich baten ihn, mit der Übersiedelung ein halbes oder ein Jahr lang zu warten, damit wir unseren Film herausbringen können. Manfred war einverstanden. Jutta und ich ersuchten Kurt Hager um ein Gespräch. Wir wollten von ihm wissen, warum man Krug gegen seinen Willen die Staatsbürgerschaft der DDR entzog. Hagers Antort war nur: »Das ist wohl so.« Dann trugen wir unsere Bitte nach baldiger Aufführung unseres Films vor. Krug würde seine Ausreise erst ein halbes Jahr danach antreten. Hager sagte unter der Bedin-

---

[1] Manfred Krug: *Abgehauen*, Seite 119.

gung zu, dass die Westpresse sich in der Ausreiseangelegenheit ruhig verhalten würde

Es war natürlich ganz und gar blauäugig von mir anzunehmen, dass sie Krug noch einmal populär machen und anschließend ausreisen lassen würden. Als einige Tage später eine STERN-Notiz Krugs bevorstehende Ausreise ankündigte, hatte sich alles erledigt. Manfred musste mit seiner Familie bis Ende Juni die DDR verlassen.

Dem Film *Das Versteck* wurde die bereits erteilte staatliche Zulassung zu öffentlichen Aufführungen wieder entzogen. Ich beschloss, mich geduldig zu verhalten, aber in keinem Falle den Kampf um die Aufführung unseres Films aufzugeben.

Und was würde Jurek nach Manfreds Ausreise tun? Beide waren seit frühester Jugend so eng miteinander befreundet, dass weder der eine noch der andere eine dauernde Trennung ertragen würde. Jurek war von Rieke, seiner ersten Frau, geschieden. Familiäre Gründe würden ihn also nicht auf Dauer in der DDR halten. Er hatte ein Buch mit dem Titel *Schlaflose Tage* geschrieben, die Geschichte eines 35jährigen DDR-Lehrers, der sein bisheriges Leben von einem Tag auf den anderen in Frage stellt. Ich schickte Kopien des Manuskripts mit einem Begleitbrief sowohl an die DEFA als auch ans Fernsehen, mit der Bitte, dieses Buch als Grundlage für meinen nächsten Film zu akzeptieren. Ziemlich schnell kam von beiden Häusern der ablehnende Bescheid. Ich schrieb daraufhin an den Generaldirektor der DEFA, Hans Dieter Mäde, einen ziemlich langen offenen Brief. Es war mein letzter Versuch, eine Art Gespräch zu beginnen. Der Chefredakteur von »Film und Fernsehen« weigerte sich, meinen Text abzudrucken. Die Leitung des Filmverbandes verhinderte eine Diskussion unter den Kollegen. Der Brief führte aber immerhin dazu, dass Mäde und Adameck mit mir über neue Projekte sprachen. Ich nahm das Angebot an, für das Fernsehen einen zweiteiligen Film nach dem Roman der frühverstorbenen Autorin Brigitte Reimann *Franziska Linkerhand* zu drehen.

Da fand ich eines Tages in meinem Briefkasten ein Manuskript mit dem Titel *Geschlossene Gesellschaft* von Klaus Poche. Eine Ehegeschichte, eine Art Gegenstück zum *Versteck*. Ich sagte Klaus sofort zu; aber würde das Fernsehen diesen Stoff produzieren wollen? Bei der Besetzung der Hauptrollen dachte ich an Jutta Hoffmann und Armin Mueller-Stahl. Armin hatte die Biermann-Petition ebenfalls unterschrieben. Danach war es ihm ähnlich ergangen wie Manfred. Er war Mitglied des Fernsehensembles, aber als »Prominenter« fiel er zunächst nicht – wie auch ich – unter die am 7. 12. 76 im Komitee beschlossene Entlassungsklausel. Aber sie stellten ihn kalt. Er bekam keine Rollenangebote mehr. Später versuchten sie, es zu kaschieren, indem sie ihm minderwertiges Zeug ins Haus schickten. Als er solche Projekte ablehnte, verkündeten sie, nicht das Fernsehen, sondern Mueller-Stahl sei schuld daran, dass er nicht mehr auf dem Bildschirm erscheine. Armin beendete dieses Spiel, indem er nach der Ausreise von Manfred ebenfalls einen Ausreiseantrag für sich und seine Familie stellte. Dieser Antrag wurde zunächst genehmigt, da aber Armin zögerte, die Ausreise zu realisieren, wurde die Genehmigung wieder zurückgezogen.

Wir haben uns in diesem Sommer 1977 oft gesehen, er hat mich fast jedes Wochenende in Reichenwalde besucht, allein oder mit seiner Frau Gabi.

Unser Hauptthema war: G e h e n oder B l e i b e n. Für mich war es damals, trotz mancher herber Enttäuschung, schwer vorstellbar, die DDR zu verlassen. Ich habe auch Armin damals abgeraten wegzugehen. Ich befürchtete, dass ein Schauspieler, der die Vierzig überschritten hatte, wenig Chancen hatte, in einem völlig anderen Land eine neue Karriere zu beginnen. Das war übrigens auch ein wichtiger Grund für mich, in der DDR zu bleiben.

Als vom Fernsehen die Drehgenehmigung für *Geschlossene Gesellschaft* kam, bot ich Armin sofort die männliche Hauptrolle an. Er besuchte mich ungefähr eine Woche vor Drehbeginn und sagte mir, dass er nach wie vor entschlossen sei, das Land zu verlassen. Das war fair von ihm und schockierend für mich. Ich hatte wirklich keine Alternative für die Besetzung der männlichen Hauptrolle. »Armin, es gibt zwei Möglichkeiten«, sagte ich, »entweder du versprichst mir, hierzubleiben und einen Ausreiseantrag erst zu stellen, wenn der Film abgedreht und gesendet worden ist, oder ich muss dich umbesetzen. *Spur der Steine* liegt im Keller, *Das Versteck* ist so gut wie verboten, weil Manfred weggegangen ist. Du kannst nicht von mir verlangen, dass ich beginne, einen dritten Film zu drehen mit der Gewissheit, dass er nicht aufgeführt wird. In einer Woche ist Drehbeginn, und ich freue mich auf die Arbeit mit Jutta und mit dir. In spätestens zwei Tagen will ich wissen, wie du dich entschieden hast.«

Armin rief mich am nächsten Tage an und erklärte, er wolle den Film drehen und akzeptierte meine Bedingungen.

Im März 1978 begannen wir mit den Dreharbeiten.

18. Der lange Abschied oder
Wie man einen Film exekutiert

Eine Geschichte in Briefen und Berichten

Sektor Rundfunk/Fernsehen[1]   Berlin, den 20. 3. 1978
                                              Sch/He

Genossen Heinz Geggel[2]

Im Fernsehen der DDR haben die Dreharbeiten zu dem
Fernsehfilm »Geschlossene Gesellschaft« begonnen. Das
Buch schrieb Klaus Poche, Regie führt Frank Beyer, die
Hauptrollen spielen Jutta Hoffmann und Armin Mueller-
Stahl.

Wir haben das Buch gelesen, das nach unserer Ansicht
zu Bedenken Anlaß gibt.

Kurz zur Fabel. Ein Ehepaar, wohnhaft in einem Hoch-
haus in der Leipziger Straße, macht Urlaub auf dem
Lande in einem abseits gelegenen, ausgebauten Bauernhaus. Ursprünglich war vereinbart, dass noch zwei weitere befreundete Ehepaare eintreffen. Doch ein Auto-
unfall des einen Ehepaares und eine plötzliche
dienstliche Verpflichtung des anderen schaffen eine
unerwartete Situation: die beiden sind allein mit sich
und ihrem Kind in einem einsam gelegenen Haus, sie

214

können sich gegenseitig nicht ausweichen. Die solange verborgen gebliebene Krise dieser Ehe bricht offen aus, es kommt zu quälenden Auseinandersetzungen, Vorwürfen, Geständnissen, Selbstanklagen. Er gibt zu, im Beruf schon lange nicht mehr die Erfolge zu haben, die er vorgetäuscht hatte (er scheint so etwas wie ein Technologe zu sein).

Er sei ein Versager, um sich zu bestätigen, sei er auch schon mehrmals »fremdgegangen«. In ihrem Stolz verletzt, begibt sie sich (sie ist Mitarbeiterin in der Jugendhilfe) in eine Situation, wo sie sich fast verliert und nur um Haaresbreite einem moralischen Ausrutscher entrinnt.

Schließlich fährt das Ehepaar wieder nach Hause, die Schlussszene deutet an, dass sie es wieder miteinander versuchen werden.

Scheinbar ein privater, fast banaler Ehekonflikt. Doch wir sehen in der Anlage des Buches einige weltanschauliche Probleme. Gesellschaftliche Bezüge sind äußerst sparsam angedeutet, sie sind es aber in einer Weise, dass sich der Eindruck herstellen kann: Unsere Gesellschaft gewährleistet zwar wachsenden Wohlstand, doch keineswegs menschliches Glück. Dieser Wohlstand hat etwas Genormtes, der Individualität Abträgliches. Fast alle handelnden Personen, mit Ausnahme eines skurrilen Alten, der das Bauernhaus verwaltet, haben ein erhebliches Defizit an Befriedigung ihres Glücksanspruchs. Das wird besonders sinnfällig an der Figur des Kindes, aber auch noch an einigen anderen Nebenfiguren. Ob und in welchem Grade diese Aspekte den Gesamteindruck des Films bestimmen werden, hängt ganz entscheidend von der Regie bzw. von der Stückauffassung des Regisseurs ab.

Nachdem das Buch von der Bereichsleitung bestätigt worden ist und die Dreharbeiten bereits begonnen haben, halten wir folgende Maßnahmen für unumgänglich:

- Die verantwortliche Leitung des Fernsehens muss diesem Projekt ständig besondere Aufmerksamkeit schenken.
- So früh wie möglich sieht sie sich nach einem ersten Stand der Dreharbeiten Muster an, von deren Beschaffenheit evtl. notwendig werdende Leitungsentscheidungen abhängig gemacht werden.
- In der Produktionsgruppe ist eine Parteigruppe zu bilden, die sich mit der Lösung inhaltlicher und weltanschaulicher Fragen des Werkes auseinandersetzt.

In diesem Sinne hat Genosse Eberhard Fensch bereits mit den Genossen Adameck und Bentzien gesprochen.

W. Schwemin[3]

---

1 In der Abteilung Agitation des ZK der SED.
2 Leiter der Abteilung Agitation.
3 Sektorenleiter in der Abteilung Agitation.

Sektor Rundfunk/Fernsehen   Berlin, den 2.8.1978

Information

Am 27. 7. 1978 nahmen wir an einer Informationsvorführung der Rohfassung des neuen Fernsehfilms »Geschlossene Gesellschaft« teil.

Szenarium: Klaus Poche, Regie: Frank Beyer, Hauptdarsteller: Armin Mueller-Stahl, Jutta Hoffmann.

Da es sich bei allen vier Hauptakteuren um Unterzeichner der sogenannten Biermann-Petition handelt, die sich inzwischen auch nicht deutlich von ihrer

216

falschen Handlung distanziert haben, hatten wir bereits vor den Dreharbeiten Einsicht in das Szenarium genommen. Wir machten die Leitung des Fernsehens seinerzeit auf verschiedene ideologische und politische Gefahrenpunkte aufmerksam und forderten eine strenge Kontrolle bei dem Produktionsablauf.

Bei der jetzt fertiggestellten Fassung zeigt sich aber, daß diese Hinweise nicht nur nicht beachtet, sondern daß durch die Inszenierung alle ideologischen und politischen Schwächen, die dem Szenarium anhafteten, bewußt verstärkt, zum Teil sogar zugespitzt wurden. Es ist ein Film entstanden, der auf eine zwar hintergründige, aber dennoch deutliche Art revisionistische, zum Teil linksrevisionistische und außerdem kosmopolitische Positionen gegenüber der Entwicklung in der DDR bezieht.

Der Film wird von seinen Schöpfern als eine Ehegeschichte deklariert. Oberflächlich gesehen ist er dies auch, denn im Mittelpunkt der Handlung stehen die Auseinandersetzungen zweier mehrjährig verheirateter Partner um ihr Verhalten zueinander, um den Sinn und Bestand ihrer Ehe. In Wahrheit aber benutzen die Schöpfer diesen Ehekonflikt vor allem als Vehikel, um weltanschauliche Grundfragen nach dem Glück des Menschen in unserer Gesellschaft zu behandeln. Dabei wird insgesamt ein Bild vermittelt, daß wahres Glück unter den heutigen Bedingungen nicht oder zumindest nur äußerst schwierig herstellbar ist. Es werden Isolierung, Entfremdung, Ratlosigkeit und Resignation vorgeführt. Und es wird kein Ausweg gezeigt. Der Film suggeriert die Ohnmacht des Menschen, unter den gegenwärtigen Umständen das Leben zu meistern, das zwar eine äußere Geborgenheit gewährleistet, den Einzelnen aber in die Isolierung treibt. Die Schöpfer betonen zwar, daß sie dies mit ihrer Darstellung kritisieren wollen, aber diese Wirkung stellt sich für den Betrachter nicht ein. Sie erklären, daß sie mit dem Film wichtige geistige Fragestellungen und Debatten in der Gesellschaft mit dem Ziel der Besserung des Menschen auslösen wollen. Tatsächlich aber wirkt der Film über weite Strecken deprimierend und fatalistisch.

Dabei muß hervorgehoben werden, daß dieses Werk formal meisterhaft gefilmt ist. Dies aber bestärkt noch die negativen Eindrücke, weil das gezeigte Dilemma um so schärfer hervortritt. Der Film besitzt elitäre Züge und ist auch wenig massenwirksam. Längere Passagen bestehen aus zermürbenden, zum Teil langatmigen Diskussionen. An verschiedenen Stellen wird mit zum Teil fast naturalistischen Mitteln außerordentlich stark betonte Brutalität und Aggressivität gezeigt. Der Film arbeitet darüber hinaus mit einer Menge von Symbolen und Allegorien, die eine eindeutig gesellschaftskritische Funktion haben und dennoch schwer entschlüsselbar sind.

Der Vorsitzende des Staatlichen Komitees für Fernsehen, Genosse Heinz Adameck, hat von der Leitung des Bereichs Dramatische Kunst zunächst eine gründliche Diskussion mit dem Schöpferkollektiv über alle diese Probleme verlangt, bevor an die Endfertigung des Films herangegangen wird. Dabei sollen Änderungsvorschläge erarbeitet werden.

Nach unserer Einschätzung ist eine grundlegende Reparatur, ohne daß ganze Passagen neu gedreht werden, kaum denkbar. Es sind durch Schnitte sicher Entschärfungen möglich, aber es ist nicht daran zu denken, daß mittels einer Reparatur ein wirklich parteilicher Film entstehen kann. Dies umso mehr, als sich schon bei der ersten Debatte mit dem Regisseur und dem Autor gezeigt hat, daß sie ihr Werk entschieden verteidigen und jede Kritik abzuwehren versuchen. Unter Berücksichtigung der Tatsache, daß es sich bei diesem Werk um eine Konzentration von Biermann-Petitionisten mit einem erheblichen künstlerischen Ruf handelt, muß politisch

218

sorgfältig abgewogen werden, welche Entscheidung in bezug auf das Schicksal des Films die günstigste ist.

Unerläßlich erscheint uns, daß notwendige politische und ideologische Diskussionen mit dem Schöpferkollektiv ohne jede Einschränkung prinzipiell und bis zu Ende geführt werden. Dies erscheint uns auch deshalb zwingend notwendig, weil sonst bei jedem weiteren Film, den die Schöpfer herstellen oder an dem sie beteiligt sind, die gleichen ideologischen und politischen Probleme wiederum auftreten müssen. Außerdem ist diese Auseinandersetzung nötig, um den vielen guten und parteilichen Künstlern des Fernsehens die notwendige Sicherheit für ihre Arbeit zu geben.

Taktische Varianten sind denkbar, was den Einsatz des Films anlangt. Da die Schöpfer mit an Sicherheit grenzender Wahrscheinlichkeit nicht dazu zu bewegen sein werden, wirklich gravierende Änderungen zu akzeptieren, müßte normalerweise an eine Nichtaufführung gedacht werden. Dabei muß aber kalkuliert werden, daß dann schwerwiegende Konflikte mit den Schöpfern und weiteren Künstlern unvermeidlich sind, in die sich auch der Gegner massiv einschalten wird. Die notwendige Konsequenz wäre sicher die Entfernung Frank Beyers aus der Partei und wahrscheinlich gäbe es auch einen neuen Ausreiseantrag von Armin Mueller-Stahl.

Es wäre deshalb zu überlegen, ob nicht nach erfolgter ideologischer Auseinandersetzung der Film mit gewissen Schnitten doch eingesetzt wird, und zwar in einer Weise, wo ein Minimum an Zuschauerbeteiligung gesichert wäre. Denkbar wäre z. B. ein kurzfristiger Einsatz in einigen wenigen Kinos der DDR. Denkbar wäre vielleicht auch eine Fernsehausstrahlung außerhalb der Hauptsehzeit.

/E. Fensch//W. Schwemin/

219

V e r m e r k

Über ein Gespräch mit dem Genossen Eberhard Fensch, stellv. Leiter der Abteilung Agitation im ZK der SED

Genosse Fensch informierte im Auftrag des Leiters der Abteilung Agitation, Genossen Geggel, über den jetzt abgedrehten Film des DDR-Fernsehens

»Geschlossene Gesellschaft«

[...] Die Dreharbeiten sind nun abgeschlossen, und der erste Rohschnitt ist erfolgt, und die erste Rohfassung liegt vor.

[...] Nach Einschätzung des Genossen Fensch werden durch die Regieführung und durch den bisherigen Filmschnitt »weltanschaulich fast konterrevolutionäre Tendenzen« zum Ausdruck gebracht. Das, was nicht im Szenarium steht, »wurde durch die Regie hineingestellt«.
Hier wird nicht mehr eine Ehegeschichte abgehandelt, sondern hier werden zwei DDR Bürger gezeigt,« die im Sozialismus nicht mehr atmen können«.

Selbst der Komponist und Musiker Günter Fischer, der die Filmmusik schreiben soll, äußerte gegenüber dem Genossen Fensch in einem vertraulichen Gespräch, »er habe zwar nicht alle Szenen gesehen, aber was er bisher gesehen habe, zeige unsere Gesellschaft triste und finster. Er wisse nun nicht, ob er die Filmmusik machen solle.«

Genosse Fensch schätzte zu Beyer ein, daß dieser nichts gelernt habe und der Film eine ideologische Kampfansage des Beyer an die Partei bedeute. [...]

Mögliche Reaktionen des Beyer wären, zu versuchen nach-
zuweisen, daß

- jeder Film, bei dem er Regie führt, politisch-ideologisch von der Partei angefochten und kritisiert
  wird und er deshalb seine Mitgliedschaft in der SED
  in Frage stellt
- sich die Notwendigkeit ergibt, seinen Film offen in
  Fachkreisen zur Diskusdsion zu stellen, um eine Diskussion zu politischen Grundfragen zu erzwingen
- er keine Möglichkeiten für eine weitere Tätigkeit
  als Regisseur in der DDR mehr hat
- ihm nur noch die Möglichkeit bleibe, die DDR zu verlassen.

Unter Berücksichtigung dieser möglichen Reaktionen ist
es nach Auffassung des Genossen Fensch erforderlich,
die Gesamtproblematik gründlich zu durchdenken und eine Information für die Parteiführung vorzubereiten, um
unter Berücksichtigung aller möglichen Konsequenzen
eine abgestimmte Entscheidung über das weitere Vorgehen herbeizuführen.

Aus taktischen Erwägungen hält es Genosse Fensch für
erforderlich, den vorliegenden Rohschnitt mit einer
vierwöchigen Frist zur Überarbeitung zurückzuweisen.
Dies hat vor seinem Urlaub noch Genosse Adameck veranlaßt mit der Begründung, es sollte eine Ehegeschichte
verfilmt werden, aber das Rohprodukt ist keine Ehegeschichte [...]
Genosse Fensch hat dem Parteisekretär des DDR-Fernsehens, Genossen Schäfer, empfohlen, das MfS über alle
operativ interessierenden Fragen im Zusammenhang mit
dem Film »Geschlossene Gesellschaft« weiterhin ausführlich zu informieren.

Genosse Fensch schlug abschließend vor, daß verantwortliche Mitarbeiter des MfS an einer für die näch-

ste Woche vorgesehene nochmalige interne Vorführung des Rohschnitts im DDR-Fernsehen teilnehmen, um sich ein eigenes objektives Urteil bilden zu können. Diesbezüglich will er Genossen Schäfer informieren.

---

[1] Im Ministerium für Staatssicherheit, zuständig für den Staatsapparat, Kultur, Kirchen, Untergrund.

Abteilung Agitation   Berlin, den 10. 8. 1978
                                                   Ge/n.

Genossen Joachim Herrmann[1]

Anliegend übersende ich Dir einige Materialien zu einer Angelegenheit im Fernsehen, die uns noch beschäftigen wird und zu der Entscheidungen getroffen werden müssen. Es handelt sich um einen Fernsehfilm »Geschlossene Gesellschaft« in dem alle vier Hauptakteure zu den Unterzeichnern der sogenannten Biermann-Petition gehören. Es war seinerzeit festgelegt worden, mit diesen Leuten weiterzuarbeiten. Allerdings wurde trotz nachdrücklicher Warnungen unsererseits (siehe Durchschlag des Schreibens vom 20. 3. 1978 und auch mündliche Hinweise) ein Film abgedreht, der ganz und gar nicht auf unserer kulturpolitischen Linie liegt, sondern mehr oder weniger ausgeprägt die bekannten politischen und kulturpolitischen Auffassungen dieser Kreise beinhaltet.

Die Stellungnahme des Genossen Hans Bentzien, Leiter des Bereichs Dramatische Kunst des Fernsehens, erscheint mir auch sehr unbefriedigend. [...]

Wir müssen von Heinz Adameck verlangen, daß er uns
vorschlägt, wie er in dieser Angelegenheit weiter zu
verfahren gedenkt.

Heinz Geggel

---

[1] Mitglied des Politbüros und Sekretär des ZK für den Bereich Agitation.

Schwerpunktaufzeichnungen
– nicht zum Protokoll –

über den Verlauf der Diskussion zu den Fernsehfilmen
»Geschlossene Gesellschaft«, »Ursula« u. a.[1]

Genosse Lange:
»Geschlossene Gesellschaft« ist ein schlimmer Film.
Das Anliegen des Films besteht darin, den Sozialismus
in Mißkredit zu bringen. Er verstößt gegen Grundin-
teressen unserer Partei und unseres Staates. Dieser
Film sollte nicht in unserem Programm laufen. Er wirkt
eskalierend und beleidigt diejenigen, die täglich für
unsere Gesellschaft arbeiten.
    Es ist unverständlich, warum dieser Film nicht eher
im Komitee vorgeführt wurde.
    Wo sind wir in der Parteierziehung gelandet? Warum
hat es vom Bereich bzw. vom Drehstab keine Signale
während der Produktionsphase gegeben, die diese Entwicklung angezeigt hätten.

Genosse Schröder:
Kann eine tiefe innere Beschämung nicht verhelen. Der
Film richtet sich gegen unseren Staat, gegen den So-
zialismus. Er paßt in die Linie des Antikommunismus,

223

und das ist kein Zufall. Der Beitrag ist bewußt so konzipiert. Er ist entsetzt, daß dieser Film produziert bzw. abgenommen werden konnte. Dagegen, daß der Film gesendet wird.

Genosse Dr. Herde:
[...] Der vorgeführte Film hat nichts mit Mut zum Risiko und mit einer Vielfalt der Handschriften zu tun. Hier wurde mit unserer Parteilinie experimentiert. Habe nicht langjährige Parteiarbeit geleistet, um mir sowas bieten zu lassen. Hier sind die Grenzen überschritten. Unsere Zuschauer und das Kollektiv unserer Mitarbeiter haben diesen miesen Film nicht verdient. Mit unserer Macht lassen wir nicht spielen. [...]

Genosse Hochneder:
Der Partei wird hier bewußt eine Schlacht geliefert. Wer ermuntert die Schöpfer dazu? In kurzer Zeit gab es mehrere solcher Filme, die in diese Kerbe schlagen. Dieser Film ist der kulturpolitischen Konzeption der Partei entgegengestellt. Nicht senden.
Die Quintessenz des Films: 30 Jahre DDR haben die Menschen so werden lassen.
Man muß ernsthaft überlegen, wie die Produktion solcher Filme künftig auszuschließen ist. Dazu sind Konsequenzen nötig.

Genosse Prohl:
Im Film werden falsche gesellschaftliche Grundbezüge eingenommen, die von den Schöpfern gerechtfertigt werden. Die negative Entwicklung des einzelnen wird im Film der sozialistischen Gesellschaft zugeschoben. Es werden falsche philosophische Positionen vertreten. Der Film sollte nicht gesendet werden.

Genosse Dr. Leucht:
Der Film ist ein Angriff gegen die Grundpositionen unserer Gesellschaft, gegen die Weiterführung der Poli-

tik des VIII. und IX. Parteitages, die erfolgreich realisiert wird.

Genosse Dr. Leuschel
Film ist eine klare politisch-ideologische Konzeption
gegen unsere Gesellschaft. Wie konnte man diesen Film
drehen? [...]
Es wurde vorgeschlagen, den Film nicht zu senden.
Danach gab es die Entscheidung, aus politischen Erwägungen diesen Film spätabends zu senden.
Es wurden nochmals drei Veränderungen im Film verlangt.
Unter allen möglichen Vorwänden wurde aber nur eine davon realisiert.
Die Schöpfer sind sich der Wirkung ihres Films durchaus bewußt. Ihre Meinung: »Sie haben eine Schlacht geliefert.«
Frank Beyer ist der General des Unternehmens. Wie
gegenüber Beyer verhalten? Es wurden hier falsche Kompromisse gemacht. Beyer hat keine Bereitschaft gezeigt,
mit uns parteilich zusammenzuarbeiten. Der Versuch, ihn
stärker an uns heranzuführen, ist nicht gelungen.
Künftig werden keine Kompromisse mehr eingegangen.
[...]

Genosse Adameck:
Genosse Bentzien ist der General der Kunstproduktion
- nicht Frank Beyer. Darum sollte er sich hinter niemanden verstecken.
Jeder weiß, daß wir den konterrevolutionären Angriff
nach Biermann abwehren mußten; das ist uns auch gelungen. Wir haben viele Diskussionen geführt und versucht, einzelne Leute stärker wieder an uns heranzu-
ziehen.
Jetzt ist eine neue Situation. In erster Linie ist
Gen. Bentzien für die Produkte seines Bereiches
zuständig und zu seinem Bereich gehört auch Frank Beyer.
Aber Gen. Bentzien distanziert sich nicht von die-

sem Vorhaben, weist es nicht zurück. Dieses Verhalten kann man nicht verstehen. [...]

Es gab einen Auftrag, mit F. Beyer wieder stärker zusammenzuarbeiten. Aber die Entscheidung über die Produktion der »Geschlossenen Gesellschaft« traf Genosse Bentzien. [...]

Man hätte bereits aus dem Drehbuch die strategischen Grundpositionen gegen unsere Gesellschaft herauslesen müssen. Die Ehegeschichte diente nur als Vorwand. Poche hat dies auch bestätigt (auch im Zusammenhang mit seinem Roman »Atemnot«).

Es bedarf dringend der Klärung der Grundpositionen im Bereich, denn bei den dortigen Mitarbeitern herrscht teilweise große Verunsicherung.

Zur Zeit ist der Bereich Dramatische Kunst die unsicherste Position im DDR-Fernsehen. [...]

Genosse Schmotz:
Die »Überspitzer« hatten leider recht. [...]

In der Dramatischen Kunst haben die anderen die Führung in der Hand. Einmal muß Schluß sein mit der Geduld, die wir manchen Schöpfern entgegenbringen. [...]

Wie soll ich unseren Mitarbeitern, die täglich hohe Anstrengungen unternehmen, um ihre Aufgaben zu erfüllen, solche falschen Werke erklären. [...]

Genosse Fensch:
Stehe inhaltlich voll hinter den hier geäußerten Meinungen zur »Geschlossenen Gesellschaft«. Bewußt und gezielt wurde eine antisozialistische Konzeption erarbeitet, um uns eine Schlacht zu liefern. [...]

Es muß klar sein, daß das Fernsehen als Ganzes ein Instrument der Partei ist und in diesem Sinne seine Aufgaben zu erfüllen hat. [...]

---

[1] Im Staatlichen Komitee für Fernsehen der DDR. (Diese Aufzeichnungen wurden stark gekürzt.)

Hauptabteilung XX   Berlin, 6.10.1978

I n f o r m a t i o n

Durch den IM[1] »Ruth« wurde zur Situation im Bereich
Dramatische Kunst im Fernsehen der DDR folgendes erarbeitet:

Im ersten Halbjahr 1978 erfolgte die Produktion des
Filmes »Geschlossene Gesellschaft«.

Laut Einschätzung der Leitung des Fernsehens der DDR
ist der vorliegende Film gegen die gesellschaftlichen
Verhältnisse der DDR gerichtet und kann aufgrund seiner politisch-ideologischen Mängel im DDR-Fernsehen
nicht gezeigt werden. Dem IM wurde bekannt, daß vor
der Einschätzung der Leitung des Fernsehens der DDR
Hans BENTZIEN sich gegenüber den Schöpfern zu dem Film
bekannte und ihn als gut bezeichnete. Dieses ist auch
aus der Einschätzung, die BENTZIEN am 2. 8. 1978 erarbeitet hat, ersichtlich. BENTZIEN ist darin bemüht,
die negativen Seiten des Filmes abzuschwächen und bezeichnet ihn als ein humanistisches Werk mit einigen
Übertreibungen. [...]

In einem internen Gespräch sagte BENTZIEN zur Quelle,
daß der Film »Geschlossene Gesellschaft« unsere Gesellschaft ist.
  Der IM schätzt ein, daß BENTZIEN vor allem solche
Autoren fördert, die ihm diese »kaputte« Welt zeigen.

BENTZIEN hat bekannten Autoren wie

Helmut SAKOWSKI,
Benito WOGATZKI,
Karl-Georg EGEL,

die bislang die Fernsehkunst bestimmt haben und zu dem positiven Kern der Schriftsteller gehören, die Verträge gekündigt, um sie zu »zwingen«, intensiver zu arbeiten und in kürzeren Zeitabständen produktionsreife Werke abzuliefern.

Mit solchen Festlegungen kann man nach Meinung des IM keine tiefgründigeren Kunstwerke schaffen.

Die Quelle schätzt ein, daß BENTZIEN einige politische Unklarheiten besitzt. Er hat Zweifel an der Einheit unserer Wirtschafts- und Sozialpolitik. Er unterstützt Autoren, die ebenfalls solche Ansichten haben.

---

[1] Inoffizieller Mitarbeiter des Ministeriums für Staatssicherheit.

STAATLCHES KOMITEE FÜR FERNSEHEN
BEIM MINISTERRAT DER DDR

DER VORSITZENDE

Mitglied des Politbüros und
Sekretär des ZK der SED
Genosse Joachim Herrmann

102 B e r l i n
Marx-Engels-Platz

Berlin, 22.10.1978

Werter Genosse Herrmann!

Der Auftrag, den Film »Geschlossene Gesellschaft« soweit wie möglich noch zu verändern, um eine schnelle
Sendung zu gewährleisten, wurde am 19. 10. 1978 ausgeführt.

Regisseur und Autor sind nicht bereit, an der weltan-
schaulichen Substanz des Films irgend etwas zu ändern.
Das Gespräch nach der Vorführung hat in dieser Hinsicht zu keinen Ergebnissen geführt. Die in der Endfertigung hinzugekommene Musik- und Sprachsynchronisation ist so gehalten, daß sie den resignierenden
Grundton nicht weiter verstärkt.

Folgende Veränderungen sind vorgenommen worden:
- Aus dem Vorspann ist das Polizei-Auto heraus, das
  durch die Leipziger Straße fuhr; die Wohnblocks mit
  dem überblendeten Titel »Geschlossene Gesellschaft«
  sind geblieben.
- Der schockierende Todesschrei beim Verkehrsunfall
  ist durch Musik ersetzt.

- Der gesamte Schluß wurde neu geschnitten; Teile der Fahrt auf der Autobahn und die Rückkehr in die Leipziger Straße sind herausgelassen.

Die entscheidende Szene mit den Kindern, die außer der falschen philosophischen Grundaussage sehr stark die Gefühle der DDR-Zuschauer verletzt, nahm die längste Zeit des Gesprächs in Anspruch.
Regisseur und Autor zeigten keinerlei Bereitschaft, die ganze Szene zu entfernen.

Das erzielte Ergebnis ist folgender Kompromiß:

Das aggressive Schreien der Kinder ist durch Musik ersetzt bzw. überdeckt. Einige der schockierendsten Bilder, in denen die Bösartigkeit der Kinder in unserer Gesellschaft besonders zugespitzt zum Ausdruck kommen sollte, sind herausgenommen bzw. verändert worden.

Ich schlage vor, den Film am Mittwoch, dem 29. 11. 78 im I. Programm um 21.30 zu senden.
Eine Wiederholung ist nicht vorgesehen.
Eine Voraufführung vor der Presse findet nicht statt.
Die Ankündigung in der FF-dabei erfolgt in der besprochenen Weise.

Mit sozialistischem Gruß

A d a m e c k

Anlage
Programm des DDR-F
Mitt., 29. 11. 78

Berlin, 27. 10. 1978

Lieber Heinz Adameck,

wir erfuhren, daß unser Film »Geschlossene Gesellschaft« am Mittwoch, dem 29. November 1978, 21.30 Uhr,
im I. Programm des Fernsehens der DDR gesendet werden
soll. Wir sind tief enttäuscht über diese ungewöhnliche Tageszeit und den ungewöhnlichen Tag für die Uraufführung eines neuen Films des Bereichs Dramatische
Kunst, dessen hohe Qualität von Ihnen besonders hervorgehoben wurde. Wir bitten Sie sehr dringlich darum, unseren Film zu einer günstigeren Zeit und unter
normalen Umständen im Programm unseres Fernsehens aus-
strahlen zu lassen.
   Gleichzeitig erinnern wir daran, daß Sie entsprechend der Verträge verpflichtet sind, zumindest ein
Minimum an Publizität zu gewährleisten, wie das jeder
anderen Produktion unseres Bereichs zugestanden wird.
Darüber wäre noch zu reden.
   Im Augenblick erscheint es uns am dringlichsten, einen gemeinsamen Nenner zu Sendezeit und Sendetermin zu
erreichen, deshalb stellen wir alle anderen Fragen hier
zunächst zurück.

Es liegt weder im Interesse der Leitung des Fernsehens der DDR noch in unserem eigenen, daß unser Film
Gegenstand politischer Spekulationen und Fehldeutun-
gen wird, die sich durch seine bisherige Behandlung
gegenüber der Öffentlichkeit geradezu anbieten.

Eine Kopie dieses Briefes haben wir dem Genossen
Joachim Herrmann übersandt.

Mit freundlichen Grüßen.

Frank Beyer Klaus Poche Jutta Hoffmann
Armin Mueller-Stahl

Im Auftrag der Unterzeichneten: Frank Beyer

231

I n f o r m a t i o n

Fernsehfilm »Geschlossene Gesellschaft«

Während eines internen Gesprächs mit dem Vorsitzenden
des Staatlichen Komitees für Fernsehen, Genossen Adameck, teilte dieser mit, daß die Entscheidung der Leitung des DDR-Fernsehens, den Fernsehfilm »Geschlossene
Gesellschaft« zur Sendung freizugeben, keinesfalls als
ein Nachgeben vor negativen Kräften bzw. als ein Kompromiß gegenüber den Schöpfern bezeichnet werden darf.

Genosse Adameck brachte während der Abnahme gegenüber
Beyer und Poche deutlich zum Ausdruck, daß er sich mit
den Grundpositionen, die in diesem Film eingenommen
werden, nicht einverstanden erklären kann und die
Diskussion dazu auf alle Fälle weitergehen muß. Die
Festlegung, den Film zu senden, wurde aus der taktischen Erwägung heraus getroffen, um zu erwartende negative Reaktionen seitens der Schöpfer des Films und weiterer Kulturschaffenden zu verhindern. Der Film soll am
29.11.1978, 21.30 Uhr im I. Programm gesendet werden.

Gleichzeitig mit dieser Entscheidung wurden konkre-
te Festlegungen getroffen, um zu verhindern, daß derartige negative Werke künftig im DDR-Fernsehen entstehen. [...]

Genosse Adameck hat persönlich das Szenarium »Franziska Linkerhand« gelesen, was von Frank Beyer als
Nästes verfilmt werden sollte. Er hat daraufhin die
weitere Arbeit an diesem Vorhaben sofort gestoppt.

In seiner Aussage ist der geplante Fernsehfilm
gegen das Wohnungsbauprogramm gerichtet. Die DDR-
Wirklichkeit wird verzerrt dargestellt, es treten
fast ausschließlich »gebrochene« Menschen auf. Die
Hauptheldin sieht alle ihre Ideale durch die »Realität« des Lebens zunichte gemacht. [...]

In einer Beratung beim Mitglied des Politbüros, Genossen Joachim Herrmann, wurde festgelegt, den Leiter des Bereichs Dramatische Kunst unter ständiger Kontrolle zu halten, da er als eine Potenz der negativen Kräfte im Fernsehen anzusehen ist. [...]

Abteilung XX/7   Potsdam, 4. November 1978
                                  ger-kn

Tonbandabschrift
Quelle: IMV[1] »Lorenz« 19. 10. 78

Frank Beyer, Regisseur im Fernsehen der DDR

Der letzte gedrehte Film Frank Beyers war Anlaß sehr ernster Auseinandersetzungen zwischen dem Leiter des Bereichs Dramatische Kunst im Fernsehen, Hans Bentzien, und dem Komitee des Fernsehens der DDR, vor allem seinem Vorsitzenden Heinz Adameck. [...]
Beyer hat im Freundeskreis und auch darüber hinaus verstreut, daß er ein Angebot bei Hollywood habe. Er hat auch nicht dementiert, daß es sich bei dem Filmangebot aus Hollywood um die sowohl bei der DEFA als auch beim Hinstorff-Verlag als beim Fernsehen der DDR nicht genehmigte Erzählung Jurek Beckers handelt, die vor einem Jahr etwa harte Auseinandersetzungen um Beyer mit leitenden Kadern unserer Kulturpolitik ausgelöst hat. Diese unser Leben in der DDR entstellende Erzählung in Hollywood verfilmt, würde ein Politikum darstellen, das weit über das hinausgeht, was z.B. die Biermann-Ausbürgerung hervorgerufen hat. Im Moment scheint es so, dass keiner so recht mit Beyer reden möchte.

Für mich gibt es in diesem Zusammenhang nur eine Antwort auf Beyer:

Es kann ihm nur gesagt werden, wenn er durch die Verfilmung dieser Erzählung in Hollywood unser Land diffamiert, habe er wie Biermann das Recht verwirkt, weiter Bürger unseres Landes zu sein, und er solle sich in diesem Sinn entscheiden, ob er nach Hollywood gehen wolle oder nicht, halten sollte man ihn nicht, wenn er diese Entscheidung trifft.

gez. »Lorenz«

---

[1] IMV - Inoffizieller Mitarbeiter mit vertraulichen Beziehungen zu im Vorgang bearbeiteter Person

Abteilung XX/7

Potsdam, 6. November 1978
ger-kn

Tonbandabschrift
Quelle: IMV »Lorenz«

Vorgänge im Fernsehen der DDR um die Produktion des Films »Geschlossene Gesellschaft«

[...] In der Zwischenzeit hat Frank Beyer den Film synchronisiert bzw. gemischt, so daß am Donnerstag vergangener Woche die Vorführung des nun fertigen Films stattgefunden hat. Es ist bekannt geworden, daß vor dieser Vorführung auch noch eine Extravorführung im ZK stattgefunden hat. Bei dieser Endabnahme des Films am Donnerstag trat nun eine große Überraschung für die Genossen des Fernsehens ein. Der Film wurde zur Sendung bestätigt, und der Sendetermin wurde bekanntgegeben, es ist der 29.11.1978.

Diese Entscheidung hat, soweit sie schon bekannt ist, zu einer großen Aufregung im Fernsehen geführt. Sehr viele parteiverbundene Genossen wissen nun überhaupt nicht mehr, was sie denken sollen. Der Gen. Bentzien, und das ist vielleicht das Komplizierteste und das Gefährlichste an dieser Situation, nimmt die Stellung ein, daß er der Meinung ist, diese Entscheidung, offensichtlich verantwortlich getroffen vom Gen. Herrmann, diese Entscheidung nimmt er als einen persönlichen Erfolg seiner Politik im Fernsehen und einen Mißerfolg der Idioten vom Komitee, vor allem auch des Vorsitzenden, Adameck. [...]

Es besteht die große Gefahr, daß eine Reihe von Unterabteilungen des Bereichs Dramatische Kunst diese Entscheidung, den Film zu senden, so bewerten, daß sie vielleicht noch stärker als in der »Geschlossenen Gesellschaft« ein Zerrbild unserer Wirklichkeit über unseren Bildschirm bringen. [...]

Es geht ja gar nicht darum, ob dieser Film nun als ein Fernsehabend unter 350 des Jahres an der Wahrheit unseres Lebens vorbeigeht, sondern es geht einfach darum, daß eine Sendung dieses Films eine große Signalwirkung hat auf viele unserem Leben gegenüber unzufriedene Künstler, Gleiches zu tun und, wie das meist so ist, einen Film noch nach rechts zu überholen. [...]

Ein sehr guter Freund Frank Beyers hat im Rias am Sonnabend die Katze aus dem Sack gelassen. Es ist Jurek Becker, mit dem Frank Beyer mehrere Filme gemacht hat. Jurek Becker hat dort, befragt von einer Westberliner Schulklasse, offen gesagt, daß er so eine Art Privatkrieg mit unserer Parteiführung führe, und seine sehr aggressve Weise, mit der er die Genossen angehe, könne er sich aus der Schwäche und dem Mangel an Entscheidungsfreude unserer Parteiführung leisten. Das Interessante ist, daß Becker sogar durchblicken ließ, daß er, zwar jetzt in WB z. Z. wohnend, mit einem DDR-Paß ausgestattet, seine meiste Zeit, wie er sagte, in Ostberlin - er verbesserte sich dann - in der Hauptstadt der DDR zubringe, um dort mit seinen Freunden zu sprechen.

Es besteht also eine kluge und durchaus sehr wirksame Gruppe von Provokateuren, denen es durch diese Entscheidung gelungen ist, bis ins Fernsehen der DDR zentral einzudringen. Es möge daran erinnert werden, daß das tschechische Fernsehen in der Zeit der revisionistischen Führung unter Dubcek eine entscheidende Rolle gespielt hat, daß es so etwas gewesen ist wie das politische Zünglein an der Waage, und daß in dem Moment, als das Fernsehen zu den Revisionisten überging, die Würfel gefallen waren. Es soll hier kein Vergleich gezogen werden, aber irgendeinmal hat es ja in der Tschechoslowakei auch im Fernsehen angefangen. Und irgendeinmal ist es dem Gegner gelungen, seine Ideologie im Fernsehen unterzubringen.

So wie es jetzt im Fernsehen der DDR am 29.11. eine Sendung geben wird, von der bis zu dieser Entscheidung alle Verantwortlichen des Fernsehens bis auf den Gen. Bentzien überzeugt waren, daß der von Beyer geschaffene Film dem Sozialismus feindlich ist. [...] Für einen durchschnittlichen Fernsehmitarbeiter muß es zwangsläufig so aussehen, daß Bentzien persönlich eine Schlacht gewonnen hat, und ich halte das für eine ungeheuer gefährliche Angelegenheit, da es sich nicht um irgendein Kulturinstitut handelt, sondern um das entscheidende Massenmedium unseres Landes, welches auch bisher in seiner zentralistischen Praxis in einer klaren Weisungspraxis gearbeitet hat und diese jetzt durch den Gen. Bentzien [...] in seiner Tätigkeit immer mehr unterwandert worden ist.

Dabei spielt überhaupt keine Rolle, wieweit subjektive Ehrlichkeit oder nicht bei ihm vorhanden ist und wieweit er noch glaubt, dieselbe Linie der Partei zu vertreten wie der Gen. Adameck.

Sicher kann man über die Entscheidung, »Geschlossene Gesellschaft« zu senden oder nicht, geteilter Meinung sein. Über eins gibt es für meine Begriffe nur ein klares Nein: Es darf nicht herauskommen, daß dieser unserer Ideologie nicht entsprechende Film sozusagen durch die erfolgreiche Tätigkeit des Gen. Bentzien gegenüber Dogmatikern und Hohlköpfen durchgesetzt worden ist.

gez. »Lorenz«

Hauptabteilung XX   Berlin, 29.11.1978

V e r m e r k

Der Vorsitzende des Staatlichen Komitees für Fernsehen, Gen. Heinz Adameck, wurde in Kenntnis gesetzt, daß mehrere SED-Kreisleitungen, Mitglieder ihrer Parteiorganisationen aufgefordert haben, sich den Fernsehfilm »Geschlossene Gesellschaft« anzusehen und anschließend dagegen zu protestieren.

Durch die Leitung des Fernsehens wurde organisiert, daß alle nach der Sendung des Films »Geschlossene Gesellschaft« eingehende Anrufe vom amtierenden Programmdirektor Gen. Gerhard KAISER entgegengenommen und aufgezeichnet werden. [...]

Der Kritiker meint

[...] Das erste Programm des DDR-Fernsehens hat am vergangenen Mittwochabend den Fernsehfilm »Geschlossene Gesellschaft« eine Stunde später, als im offiziellen Programm ausgedruckt, ausgestrahlt. Ohnehin sollte der Film erst zu der für DDR Verhältnisse sehr späten Zeit von 21.30 Uhr gesendet werden.

Zunächst war die Unterhaltungssendung »Außenseiter – Spitzenreiter« rund eine Viertelstunde später als vorgesehen beendet worden. Dann meldete sich die Ansagerin des DDR-Fernsehens und erklärte, nun folge »aus aktuellem Anlaß« ein Dokumentarfilm von den Internationalen Dokumentar- und Kurzfilmwochen in Leipzig über »Nicaragua 78«. Dabei wurde dem Zuschauer nicht gesagt, wie lange der Dokumentarfilm dauern werde. Es hieß lediglich: »Danach«, also ohne genaue Zeitangabe, werde das Programm fortgesetzt. Der Nicaragua-Film war erst um 22.20 Uhr beendet. Da meldete sich die Ansagerin mit dem Satz: »Sehen Sie nun die Sendung des Films »Geschlossene Gesellschaft«. [...]

Der Film erzählte eine Ehegeschichte, genauer: die Geschichte einer Ehekrise. Man mochte dabei an Ibsen denken oder an schwedische Filme dieser Thematik, die in der DDR nicht eben en vogue ist, aber auch gerade in neuen Romanen und Erzählungen immer wieder auftaucht oder sogar die dominierende Rolle spielt. [...]

Es ist dies ein Film der Nuancen, der inneren Spannungen. Diese verhaltene Stimmungslage ist neu in der DDR, sie ist schon deshalb interessant. Aber sie faszinierte auch den westlichen Kritiker. Es war beeindruckend, wie sparsam Jutta Hoffmann mit ihren Mitteln umging, immer wieder wechselnd zwischen Charme und Aggression, Liebreiz und zornigen Tränen. Armin Mueller-Stahl beherrschte die Tonart zwischen Aufbegehren und verzweifeltem Schweigen, das Reden, das immer dichter am Verstummen ist. Schließlich ist es ein Film der zugleich schönen und tristen Bilder einer herbstlich-kargen Landschaft, der Melancholie ... Melancholie und Sozialismus, sie sollten voneinander geschieden sein. Aber sie sind es eben nicht.

jbe

Programmdirektion   04.12.1978
                              Vertrauliche Dienstsache

Bericht zur 49. Programmwoche
27.11. 03. 12.

[...] Das Komitee hat in in der letzten Sitzung eine völlig einhellige Einschätzung des Films »Geschlossene Gesellschaft« vorgenommen und wird die Lehren weiter auswerten.
   Zuammengefaßt: Das ist ein Film, der von revisionistischen und damit feindlichen Positionen her den realen Sozialismus verleumdet. Es ist ein Angriff auf die Grundwerte unserer Gesellschaft, auf die Politik des VIII. und IX. Parteitags, die auf das Wohl des Menschen gerichtet ist.

In dieser Geschichte voller Aggressionen und Brutalitäten soll der Eindruck erweckt werden, daß bei uns angeblich der Glücksanspruch der Menschen nicht verwirklicht wird.
   Es ist außerdem ein Film, der künstlerisch sehr schwach ist, langweilig und elitär, der modernistische Gestaltungsformen nachäfft, die im Kapitalismus längst abgehalftert sind.

Die Programmgestaltung am 29.11. hat hoffentlich dazu beigetragen, daß dieser Film von möglichst wenig Zuschauern gesehen wurde (22.25 bis 0.10 Uhr)

Abteilung XX/7   Potsdam, 5. Dezember 1978
                                  gern-kn

Tonbandabschrift
Quelle: IMV »Lorenz« 4.12.1978

Zur Situation im Fernsehen der DDR

Freitagmorgen wurde zunächst den Mitgliedern der Bereichsleitung, d.h. den Chefdramaturgen der einzelnen Abteilungen sowie für die Regisseure zuständigen künstlerischen Direktoren und dem Ersten Stellvertreter Bentziens, Krecek, mitgeteilt, daß vom 1. Dezember an der Gen. Bentzien wegen grober politischer Fehler als Bereichsleiter des Bereichs Dramatische Kunst abgesetzt worden ist. [...]
   Weiterhin wurde den Genossen mitgeteilt, daß der bisherige Leiter der Aktuellen Kamera, Erich Selbmann, ab Montag, den 4.12., den Bereich Dramatische Kunst übernimmt.
   Die eigentliche Diskussion über das Ausscheiden des Gen. Bentzien hat dann am Nachmittag in einer kurzfristig einberufenen erweiterten Parteileitungssitzung stattgefunden. [...]
   Als Vertreter einer übergeordneten Leitung war einzig und allein ein Vertreter der KL[1] Treptow anwesend, der nur einmal zu der ganzen Sache Stellung nahm, als die Genossen fragten, welche Konsequenzen denn das Ganze für Frank Beyer habe. Auf diese Frage hin er-

Geschlossene Gesellschaft
Armin Mueller-Stahl
© Gerd Platow

Geschlossene Gesellschaft
Jutta Hoffmann, Sigfrit Steiner und Armin Mueller-Stahl
© Gerd Platow

Geschlossene Gesellschaft
Jutta Hoffmann
© Gerd Platow

Der König und sein Narr
Götz George und Wolfgang Kieling
© Kövesdi Presse Agentur

Der König und sein Narr
Wolfgang Kieling und Götz George
© Kövesdi Presse Agentur

Der König und sein Narr
Wolfgang Kieling
© Kövesdi Presse Agentur

Der König und sein Narr
Das Tabakskollegium
© Kövesdi Presse Agentur

Die zweite Haut
Hilmar Thate und Angelica Domröse
© WDR

Die zweite Haut
Jana Brejchová und Angelica Domröse
© WDR

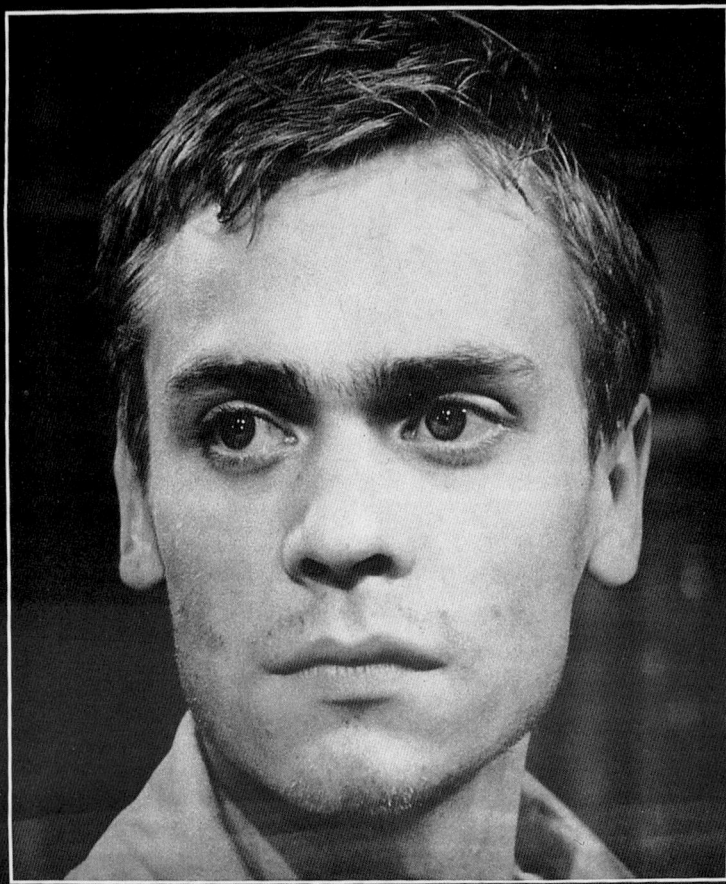

Nach dem Roman von
Hermann Kant
Ein DEFA-Film der Gruppe
»Babelsberg«
Es spielen: Hans-Uwe Bauer

Fred Düren, Matthias Günther
Alexander van Heteren
Horst Hiemer, Günter Junghans
Gustaw Lutkiewicz
Zygmunt Maciejewski
Andrzej Pieczyński, Klaus
Piontek, Roman Wilhelmi u.a.

Drehbuch:
Wolfgang Kohlhaase
Regie:
Frank Beyer

Kamera: Eberhard Geick
Szenenbild: Alfred
Hirschmeier
Musik: Günther Fischer
Produktion: Herbert Ehler

DER AUFENTHALT mit Sylvester Groth als Mark Niebuhr

Dies ist die Geschichte eines jungen Deutschen, der - als er glaubt, der Hölle des Krieges entronnen zu sein - noch einmal von ihr eingeholt wird. Er nennt sich Mark Niebuhr, aber wer glaubt ihm? Wenn er beweisen kann, wer er ist, kann sein Leben retten. Wer ist sein Freund, wer ist sein Feind, wer belügt und wer verleugnet ihn und was ist die Wahrheit?

Der Aufenthalt
Plakat

Der Aufenthalt
Fred Düren und Sylvester Groth
© DEFA-Lück

Der Aufenthalt
Arbeitsfoto mit Wolfgang Kohlhaase, Frank Beyer und Sylvester Groth
© DEFA-Lück

Bockshorn Jeff Dominiak und Bert Löper

Bockshorn New York-Szene, Rap-Dance

Bockshorn Jeff Dominiak und Bert Löper
© DEFA-Goldmann

Der Bruch
Hermann Beyer, Axel Werner und Volker Ranisch
© DEFA-Pathenheimer

Der Bruch
Götz George, Otto Sander und Rolf Hoppe
© DEFA-Pathenheimer

Ende der Unschuld
Wolfram Teufel, Udo Samel, Hans Zischler, Jürgen Hentsch, Rolf Henniger,
Rolf Hoppe, Götz Schubert, Rolf Illig, Johannes Herrschmann und Klaus Pohl
© Helmut Röttgen, WDR

Ende der Unschuld
Im Haigerloch finden im Frühjahr 1945 die letzten Versuche mit der
Uranmaschine statt. Szene mit Jürgen Hentsch
© Helmut Röttgen, WDR

Der Verdacht
Nikolaus Gröbe und Christiane Heinrich
© DEFA Köfer

Der Verdacht
Arbeitsfoto: Frank Beyer und Ulrich Plenzdorf
© DEFA Köfer

Sie und Er
Reimar J. Baur und Senta Berger
© Christa Köfer, WDR

Sie und Er
Senta Berger und Reimar J. Baur
© Christa Köfer, WDR

Sie und Er
Maja Maranov und Reimar J. Baur
© Christa Köfer, WDR

Sie und Er
Arbeitsfoto: Frank Beyer, Klaus Poche und Regieassistentin Doris Borkmann
© Christa Köfer, WDR

Das große Fest
Elsa Grube-Deister, Hans-Christian Blech und Iris Berben
© Christa Köfer

Das große Fest
Hans-Christian Blech und Rolf Hoppe
© Christa Köfer

Das letzte U-Boot
Mannschaft
Foto: ZDF

Das letzte U-Boot
Matthias Habich und Ulrich Tukur
Foto: ZDF

Das letzte U-Boot
Johannes Herrschmann, Ulrich Mühe und Udo Samel
© ZDF

Das letzte U-Boot
Kaoru Kobayashi, Ulrich Tukur und Goro Ohashi
© ZDF

Wenn alle Deutschen schlafen
Reiner Heise, Benjamin Kaatz, Robin Timptner

Wenn alle Deutschen schlafen
Mario Grünewald und Christiane Hagedorn

Wenn alle Deutschen schlafen
Ilja Smoliansky, Benjamin Kaatz und Robin Timptner

Nikolaikirche

Regie Frank Beyer
Nach dem Roman von Erich Loest

Barbara Auer · Ulrich Matthes · Annemone Haase · Daniel Minetti · Ulrich Mühe
Otto Sander · Jutta Wachowiak · Peter Sodann · Ulrich Tukur

Drehbuch Frank Beyer, Eberhard Görner, Erich Loest · Kamera Thomas Plenert · Ausstattung Alfred Hirschmeier, Thomas Knappe · Herstellungsleitung Wolfgang Plehn · Regie Frank Beyer · Produzent Jürgen Haase · Redaktion Martin Wiebel · Eine Produktion der PROVOBIS-FILM Jürgen Haase in Zusammenarbeit mit WDR, MDR, ORF und ARTE
Der Roman von Erich Loest ist im Linden Verlag erschienen

PROGRESS FILM · VERLEIH

Nikolaikirche
Plakat

Nikolaikirche
Erich Loest und Ulrich Mühe bei den Dreharbeiten
© Christa Köfer, WDR

Nikolaikirche
Ulrich Matthes und Barbara Auer
© Christa Köfer, WDR

Der Hauptmann von Köpenick
Katharina Thalbach und Harald Juhnke
© NDR

Der Hauptmann von Köpenick
Harald Juhnke, Reiner Heise und Sophie Rois
© NDR

Der Hauptmann von Köpenick
Harald Juhnke

Abgehauen
Karoline Eichhorn und Peter Lohmeyer
© WDR/Alex Reuter

Abgehauen
Hermann Beyer, Thomas Neumann, Hermann Lause und Viktor Deiß
© WDR/ Alex Reuter

Abgehauen
Arbeitsfoto: Ulrich Plenzdorf, Manfred Krug und Frank Beyer
© UFA/Reuter

klärte er, man solle doch sehr vorsichtig vorgehen, denn man könne sich vor dem 30. Jahrestag[2] keinen Skandal leisten. [...]

Ganz am Anfang sprach der Gen. Adameck, der sich nur auf polit. Fehler Bentziens bezog und seine Person völlig aus der Sache heraushielt. Er erklärte z. B., daß die Vernachlässigung von Autoren wie Wogatzki und Sakowski von Bentzien als bewußte Politik zu betrachten sei. Er habe diese Autoren regelrecht diffamiert.

Weiterhin erklärte er, daß Bentzien eine besondere Vorliebe für Künstler wie Frank Beyer, wie Klaus Poche u. a. entwickelt habe und mit ihnen neben der generellen Sendepolitik eine eigene Linie machen wollte. Er bezog sich auf einzelne Aussprüche Bentziens, wie z. B. daß er gesagt hat, daß Filme unseres Fernsehens die Zuschauer betroffen machen müßten, und damit sei jetzt endgültig Schluß. Er bezog sich auch auf die Entwicklung und Adaption des Romans »Franziska Linkerhand« von der verstorbenen Brigitte Reimann und sagte in diesem Zusammenhang, [...] dieser Roman wird bei mir nicht über den Sender kommen. [...]

Diese lapidare Art, wie der Gen. Adameck jetzt sozusagen das Steuer herumreißen wollte, in sehr untaktischer und politisch gefährlicher Weise jetzt die Konsequezen ziehen will, erregte unter den Genossen Widerspruch. [...]

Dieser Widerspruch führte zu einer Reihe von Fragen, die allerdings z. T. dann gestellt wurden, als der Gen. Adameck schon diese erweiterte Parteileitungssitzung verlassen hatte. [...]

Eine weitere Frage, die in diesem Zusammenhang kam, war die Frage nach den politischen Konsequenzen, die die ganzen Vorgänge im Fernsehen für den Gen. Frank Beyer haben werden. Die Genossen waren sich darüber einig, daß er die führende Figur in einer Fraktion sei, die unserem Fernsehen schwer geschadet hat und

241

die auf einen offenen Antikurs gegen den sozialistischen Realismus und die Prinzipien unserer Kulturpolitik gerichtet sind. [...]

Sie waren sich darüber einig, daß es sicher richtig gewesen wäre, während der Vorgänge um Biermann Frank Beyer schon die Frage zu stellen, ob er überhaupt noch Mitglied der Partei sein könnte oder nicht. Es müsse diese Frage unbedingt wiederholt werden. Damals hat man ihm eine Chance gegeben, wieder auf die Linie der Partei zu kommen, doch er hat – und das wissen in diesem Kreis alle Genossen – mit erpresserischen Mitteln bis zum Gen. Herrmann hin diese revisionistische Linie weitergeführt, und er wurde zum Sprachführer einer Reihe von Genossen und Kollegen, die man durchaus im Bereich Dramatische Kunst als eine Fraktion betrachten kann. [...]

Die Genn. Demuth, Dramaturgin im Bereich Dramatische Kunst, spitzte die Frage Frank Beyer so zu, daß sie erklärte, für sie ist das Kriterium der Glaubwürdigkeit einer neuen Politik, eines neuen politischen Anfangs im Fernsehen der DDR, ob Frank Beyer aus der ganzen Sache ohne jede Kritik und ungeschoren als Genosse herauskäme oder nicht. Dieser Meinung schlossen sich alle Genossen an und in individuellen Gesprächen wurde immer wieder betont, sie werden sich nicht vergattern lassen, Frank Beyer etwa außerhalb der Diskussion zu halten, weil es bedeuten würde, daß die Ursachen des Ganzen, nämlich die Erpressungspolitik Frank Beyers gegenüber hohen und höchsten Funktionären unserer Partei weiterginge, und wer einmal erpreßt würde, würde weiter erpreßt werden.

Die Genossen waren sich darüber einig, daß Ausgangspunkt und Endpunkt der Vorgänge um »Geschlossene Gesellschaft« zweifellos die Tätigkeit Frank Beyers ist und war. Das hat überhaupt nichts damit zu tun, ihm die Möglichkeit zu nehmen, am Fernsehen der DDR zu inszenieren, aber es wurde ganz klar auseinandergehalten, daß ein Genosse sein Statut einzuhalten habe, und wer das nicht tut, nicht mehr zur Partei gehöre. In diesem Zusammenhang erinnerte der Gen. Hübner daran, daß er Frank Beyer nach den Biermann-Ereignissen die Frage Auge in Auge in einer Parteileitungssitzung gestellt habe und ihm gesagt habe, wenn du nicht eindeutig Stellung nimmst zu deinem Fehler, den Biermann-Brief unterschrieben zu haben, gehörst du nicht mehr in die Partei. Damals hat Frank Beyer zu dieser Frage geschwiegen. Gen. Hübner ist der Meinung, man müsse ihm die Frage neu stellen, und man müsse den Zusammenhang zwischen seinem damaligen Verhalten und dem heutigen herstellen.

Der Genosse von der KL warnte in diesem Zusammenhang davor, diese Frage zu stellen, weil es nur neue Huddelei mit Frank Beyer dann geben würde vor dem 30. Jahrestag.

Das wurde von der Mehrheit der Genossen nicht akzeptiert. [...]

Gez. »Lorenz«

---

[1] Kreisleitung der SED
[2] der Gründung der DDR

Abteilung XX/7   Potsdam, den 6. Dezember 1978

Vorschlag
Zur Prämierung des IMV »Lorenz«, IV/577/70

»Lorenz« hat in direkter Auseinandersetzung mit politisch-negativen Kräften bzw. opportunistischen im Bereich der Dramatischen Kunst des Fernehens, unter den
Schriftstellern und im Spielfilmstudio operativ bedeutsame Informationen erarbeitet, die geeignet waren,
Maßnahmen in diesen Bereichen einzuleiten, die der weiteren Durchsetzung der staatlichen Kulturpolitik dienen. Bei seinem Einsatz bewies sich »Lorenz« erneut
als politisch zuverlässig. Die Erledigung der ihm übertragenen Aufgaben erfolgte schöpferisch und mit hohem
persönlichen Einsatz. Seine Berichterstattung war präzise.

Wegen seiner hervorragenden Leistungen wird vorgeschlagen, ihn mit einer Prämie von 300,- M auszuzeichnen.

Leiter der Abteilung

gez. Unrath   gez. Gericke
Oberstleutnant   Hauptmann

244

21. 12. 78

MfS/BV/Verw. HA XX/7   Berlin ..., den 18.12.1978

Diensteinheit

Mitarbeiter   Weller   Reg.-Nr. XV / 4863/78

186

Beschluß MfS

über das Anlegen

eines Operativen Vorganges

     1. Deckname   "Karbid"

     2. Tatbestand §§ 219 und 220 StGB

eines Ermittlungsverfahrens

(nur bei Ermittlungsverfahren ohne Haft/gegen Unbekannt/bei Übernahme von anderen Organen)

     1. Tatbestand

eines Vorganges über Feindobjekt

     1. Bezeichnung des Objektes

eines Sicherungsvorganges

Gründe für das Anlegen:

Der Verdächtige wurde in westlichen Massenmedien als Protes-
tierender gegen die Aberkennung der Staatsbürgerschaft des Biermann
genannt.und gehört zu den Mitunterzeichnern der sogenannten Protest-
resolution.Er unterhält aktive Verbindungen zu weiteren Unterzeichne
nern,auch zu solchen,die die DDR verlassen haben.
Der Verd. hat eine negative Haltung zur DDR und besonders zur
Kulturpolitik der Partei.

Weller - Hptm.
Mitarbeiter *

Pirschel OSL
Leiter der Diensteinheit *

Bestätigt am: vom

Unterschrift *

Anmerkung: * Zusätzlich Name und Dienstgrad mit Maschine bzw. Druckschrift angeben.

Form 1b   792 1075 50.0

§ 219 Ungesetzliche Verbindungsaufnahme
§ 220 Staatsverleumdung

245

DDR/FERNSEHEN

Vom Halse geschafft.

Im Machtkampf rivalisierender ZK-Gruppen ist der Fern-
sehkulturchef Bentzien gestürzt: Die SED verschärft
die Kulturzensur.

In der TV-Zeitschrift der DDR war für Mittwoch, den
29. November um 21.30 Uhr, im Ersten Kanal, nur eine
geheimnisvolle Notiz ausgedruckt: »Geschlossene Gesellschaft«. Die Auflösung des Programmrätsels ließ
auch am Sendetag auf sich warten. [...]
  Gegen halb elf endlich - das schläfrige DDR-Volk hatte sich mehrheitlich längst zur Ruhe gebettet – wurde das Mysterium doch noch entschleiert: Die »Geschlossene Gesellschaft« war ein Fernsehspiel
heimischer Produktion, ein brisantes, brillantes Stück
über die Krise eines DDR-Ehepaars, das im Urlaub private und gesellschaftliche Konflikte aufarbeitet.
[...]

Da kamen Seitensprünge zur Sprache und Scheidungsab-
sichten; da war von Leistungs- und Anpassungsdruck die
Rede. »Ich spüre mein Alter«, sagt der Mann,»und versuche verbissen, mit dem Arsch an die Wand zu kommen.
Denn hinter mir drängeln und schieben die Jungen mit
ihrem ungetrübten oder geheuchelten Optimismus. Ihre
Karrieregeilheit macht mich fassungslos.« Er klagt
über »das Rennen nach den maximalsten Resultaten«, das
ihn »zermürbt« hat; sie kontert: »Deine Bequemlichkeit
war dir heilig.«

Ein Kammerspiel ohne billige Lösungen, ohne den staatlich verordneten Fortschritts-Frohsinn lief da über

den Ost-Schirm, und das galt vielen Parteifrömmlern als eine böse Panne. [...]

Kurz nach der Sendung des Ehedramas wurde Hans Bentzien, Kulturchef des Adlershofers Fernsehfunks, seines Postens enthoben. [...]

In Adlershof ist Bentzien, so scheint es, das Opfer innerparteilicher Macht- und Flügelkämpfe, Konservativer gegen Ultrakonservativer geworden. Er galt als Getreuer des ZK-Sekretärs für Kultur und Wissenschaft, Kurt Hager. Das DDR-Fernsehen aber wird von dem ZK-Sekretär für Agitation und Propaganda, dem ehemaligen Chefredakteur des »Neuen Deutschland«, Joachim Herrmann, beherrscht. Bentzien, den auch kritische DDR-Intellektuelle als besonnenen, Argumenten zugänglichen Gesprächspartner schätzten, war dem Muster-Apparatschik Herrmann als Weichling verdächtig. [...]

Der Sturz Bentziens deutet darauf, daß die DDR-Kulturschaffenden künftig wieder härter an die Kandare genommen werden sollen.

»Zum 30. Staatsjubiläum im nächsten Jahre«, sagt ein DDR-Insider, »will sich die SED alles Störende vom Hals schaffen.« Dem Regisseur Beyer hat sie bereits ein Projekt, die Verfilmung des Romans »Franziska Linkerhand« von Brigitte Reimann, untersagt. [...]

Hauptabteilung XX   Berlin, 12. 1. 1979

Information

Während eines internen Gespräches mit dem Vorsitzenden das Staatlichen Komitees für Fernsehen, Genossen Adameck, wurde von diesem dargelegt, daß zum gegenwärtigen Zeitpunkt die Auseinandersetzung mit Frank Beyer nicht gesucht und forciert wird. Auf schriftliche Eingaben an den Genossen Adameck oder Genossen Selbmann wird dem Beyer mündlich durch untergeordnete Mitarbeiter eine kurze ablehnende Antwort gegeben, meist durch Genossen Faschina, Chefdramaturg der Arbeitsgruppe Gegenwart im Bereich Dramatische Kunst.

Genosse Adameck vertritt den Standpunkt, daß Beyer zur Zeit im Fernsehen auch keine Produktion übernehmen sollte, da jeder Stoff von ihm zu einer politisch-ideologisch negativen Aussage mißbraucht wird. Eine Produktion von Beyer würde die Arbeit des Genossen Selbmann sehr belasten und das will Genosse Adameck vermeiden, Genosse Selbmann hat zur Zeit andere Aufgaben, als sich um Beyer zu kümmern. [...]

Genosse Adameck weiß, daß sich Beyer um Arbeit beim DEFA-Spielfilmstudio bemüht. Genosse Mäde, Generaldirektor des Spielfilmstudios, ist auch bereit, mit Beyer ins Gespräch zu kommen und ihm evtl. in einem halben Jahr einen Stoff zu geben. Genosse Adameck und Genosse Mäde wollen darüber im Gespräch bleiben.

Sollte Beyer in nächster Zeit mit einer neuen Produktion beauftragt werden, dann nur in Abstimmung mit den Politbüromitgliedern, den Genossen Hager und Herrmann.

Genosse Adameck weiß, daß viele Genossen BEYER sofort aus der Partei ausschließen würden, wenn sie dazu grünes Licht bekämen.

Jetzt soll er erst einmal links liegengelassen werden, um ihm zu zeigen, dass es auch ohne ihn geht und er die Grenzen spürt, die er mit der Produktion »Geschlossene Gesellschaft« überschritten hat. [...]

Monika Unferferth verbleibt vorläufig als Ansagerin. [...] Es wird jedoch darauf geachtet, dass sie nicht mehr als Moderatorin von Sendungen im Fernsehen zum Einsatz kommt.

Bereich Dramatische Kunst   Berlin, den 5. 3. 1979

A k t e n n o t i z

Am 5. 3. 1979 führte ich gemeinsam mit der Genn. Margit Schaumäker, stellvertretender GO[1]-Sekretär, ein Gespräch mit Frank Beyer. [...]

Ich sagte ihm, daß ich ihm keinen Auftrag erteilen könne, solange er nicht die Gewähr dafür biete, daß ein künftiger Film diametral der »Geschlossenen Gesellschaft« entgegengesetzt sei und in voller Übereinstimmung mit der Parteilinie sich befände. Wenn er mir eine solche Erklärung geben könne, würde ich auch über ein neues Projekt mit ihm sprechen.

Frank Beyer wiederholte seinen bisherigen Standpunkt und dies sogar in zugespitzter Form. Er lehnte es ab, sich von seinem Film »Geschlossene Gesellschaft« zu distanzieren. Er bezeichnete die von der Leitung des Fernsehens formulierte Einschätzung des Films als »Verwendung des Shdanowschen[2] Vokabulars«, behauptete erneut, daß es über diesen Film keine Diskussion gegeben hat, und erklärte, daß er sich in voller Übereinstimmung mit der kulturpolitischen Entwicklung außerhalb des Fernsehens und mit den sozialistischen Ländern befände. Er bezog sich hierbei auf sowjetische Autoren »Granin, Trifonow, Rasputin, u. a.« sowie auf Filmschaffende in Polen und Ungarn. Er erklärte es als seine Absicht seit vielen Jahren, den Freiraum der Kunst immer etwas weiter auszudehnen, das habe er mit allen Filmen und so auch mit der »Geschlossenen Gesellschaft« versucht.

In diesem Gespräch, das ihn völlig verhärtet auf seinen alten Positionen zeigt, gab es zwei mögliche Ansatzpunkte eines evtl. notwendig werdenden weiteren

Gesprächs: Er räumte ein, dass die Bedingungen des Fernsehens besonderen ideologischen Anforderungen genügen müssen, und stellte die Frage, ob er im Fernsehen richtig am Platze ist.

Übereinstimmung in der Vergangenheit könne er nicht herstellen (d. h. er könne nicht von seinem Film abrücken), er sähe aber eine Möglichkeit, diese für die Zukunft an einem konkreten Projekt zu erzielen. Sowohl Genossin Schaumäker als auch ich sind der Meinung, daß diese letzte Bemerkung nicht fruchtbar sein kann.

Selbmann
Stellvertreter des Vorsitzenden

---

[1] Grundorganisation der SED.
[2] Shdanow, Andrej Alexandrowitsch (1896-1948). Sekretär des ZK der KPdSU (B), Hauptakteur der Formalismusdiskussion in der SU 1946 mit rüden Ausfällen gegen Schriftsteller und Komponisten.

24 IV 79

Werter Genosse Selbmann,

[...] In unseren Gesprächen am 25. Januar und am 5. März dieses Jahres ist von meinem letzten Film *Geschlossene Gesellschaft* die Rede gewesen. Wir haben festgestellt, dass es bei der Beurteilung dieses Films weitgehende Meinungsverschiedenheiten gibt, die nach meiner Meinung im Augenblick nicht durch rückwärts gerichtete Diskussionen auszuräumen sind.

Ich hatte deshalb vorgeschlagen, in Gesprächen über künftige Projekte eine Annäherung oder Übereinstimmung der Ansichten zu suchen. Deinem Brief muss ich entnehmen, dass Du nicht bereit bist, solche Gespräche zu führen, bevor bestimmte Voraussetzungen erfüllt sind, die Du nicht näher bezeichnest.

Aber uns beiden ist natürlich klar, was das für Voraussetzungen sein sollen. Wie man es auch immer umschreibt, letzten Endes läuft Dein Ansinnen darauf hinaus, dass ich mich von meinem eigenen Film distanziere.

Dazu bin ich nicht bereit, und ich will Dir die Gründe dafür erläutern.

Ein großes Kollektiv hat, ermutigt von der Bereichsleitung, mit Lust und Begeisterung an der Realisierung des Films *Geschlossene Gesellschaft* gearbeitet. Am 19. 10. 1978 wurde unser Film von der Leitung des Fernsehens abgenommen. In dieser Abnahme war die Rede von den großen künstlerischen Qualitäten des Films, es war auch die Rede davon, daß es zu bestimmten Punkten Meinungsverschiedenheiten gibt. Es wurde verabredet, den Film möglichst bald zu senden; ihn anschließend zu diskutieren und, meinem Wunsche entsprechend, eine Möglichkeit zu schaffen, ihn auch in Filmtheatern zu zeigen.

Bald darauf gab es erste Anzeichen einer totalen Meinungsänderung über unseren Film in der Leitung des Fernsehens. [...]

Am 4. 12. 1978, in einer Einschätzung unseres Films im Bericht zur 49. Programmwoche, erfuhren schließlich alle Beteiligten von der Meinungsänderung der Leitung des Fernsehens.

Der Unfehlbarkeitsgestus dieser »Einschätzung«, mit dem den Schöpfern des Films *Geschlossenen Gesellschaft* zunächst die politische Ehre abgeschnitten wird, anschließend die künstlerischen Fähigkeiten abgesprochen werden, wird nur noch übertroffen durch den Zynismus des Schlußsatzes. »Die Programmgestaltung am 29. 11. hat hoffentlich dazu beigetragen, daß dieser Film von möglichst wenig Zuschauern gesehen wurde. [...]

Inhalt und Tonart dieser Einschätzung sind so, daß jede Bereitwilligkeit, in Diskussionen kritische Distanz zur eigenen Arbeit herzustellen, blockiert wird.

Aber auf Diskussion sind die Verfasser dieser Einschätzung offenbar gar nicht aus. Vermutlich meinen sie, die Drohgebärde müsse nur massiv genug sein, um Unterwerfung unter das Verdikt zu erzwingen.

Ich werde mich durch meine anhaltende Empörung nicht dazu hinreißen lassen, meinerseits das Vokabular dieser Einschätzung in den Umgangston einzuführen. [...]

Welche Absichten wir mit unserem Film verfolgten, ist in einer umfangreichen Regiekonzeption niedergelegt, die zusammen mit dem Drehbuch allen Instanzen rechtzeitig und in einer genügend großen Anzahl von Exemplaren vorgelegt wurde.

Einer kritischen Diskussion, die das Ergebnis der Arbeit an den Absichtserklärungen mißt, die von vielen geführt wird und die das Ziel hat, für künftige Filme zu lernen, werde ich mich nie verschließen. Produktion und Aufführung von Filmen sind öffentliche Angelegenheiten. Deshalb muss auch die Diskussion öffentlich geführt werden und nicht in einer geschlossenen Gesellschaft. Dies wird natürlich außerordentlich erschwert, wenn Ansichten über einen bestimmten Film von vornherein in den Rang von gesicherten Wahrheiten gehoben werden. [...]

Aber auch unter diesen Umständen hat die Öffentlichkeit unseres Landes ein Recht darauf, die Meinung des Staatlichen Komitees über den Film *Geschlossene Gesellschaft* kennenzulernen, und natürlich sollte man ihr auch andere, davon abweichende Meinungen nicht vorenthalten. Schließlich werden auch die Zuschauer, die den Film trotz der ungewöhnlichen Umstände seiner Ausstrahlung gesehen haben, sich eine eigene Meinung gebildet haben.

Niemandem ist gedient mit der Politik des Totschweigens, wie sie in diesem Fall und in anderen Fällen praktiziert wird.

Ich selber bin bereit, mich jeder öffentlichen Diskussion zu stellen. Nur eine solche Diskussion würde den Prozeß des Nachdenkens und des Distanzgewinnens fördern, der Dir so wichtig zu sein scheint als Voraussetzung künftiger Zusammenarbeit.

Mit sozialistischem Gruß
Frank Beyer

In einem Brief hatten Hoffmann, Mueller-Stahl, Poche und Beyer unter Berufung auf das Statut des Verbandes um Unterstützung des Verbandes dafür gebeten,
– daß »GESCHLOSSENE GESELLSCHAFT« unter normalen Umständen in den Filmkunsttheatern der Republik aufgeführt wird,
– daß wir Gelegenheit haben, uns in der Presse zu unserem Film zu äußern,
– daß öffentliche Diskussionen im Anschluss an die Vorführungen erlaubt werden,
– daß der Film zumindest in der Fachpresse besprochen wird,
– dass der Film exportiert werden darf.
Erfolglos. Der Verband der Filmschaffenden verhielt sich so, wie er sich immer verhielt, nämlich als Interessenvertretung der Partei unter den Filmschaffenden und nicht als Interessenvertretung der Filmschaffenden in der Gesellschaft.

FERNSEHEN DER DDR
Zentrale Parteileitung   19. 6. 1979

Information über ein Gespräch mit dem Regisseur Genossen Frank B e y e r

Gemäß unserer Einladung erschien Gen. Frank Beyer am 18. 6. zu einer Aussprache in der Zentralen Parteileitung. Daran nahm der Stellv. des Vorsitzenden des Staatlichen Komitees, Genosse Erich Selbmann teil. [...]

Gen. Beyer reagierte auf unsere Bemühungen, mit ihm in ein sachliches Gespräch zu kommen und einen Klärungsprozeß herbeizuführen, abweisend. Er beharrte absolut auf seinem Standpunkt, dass das Urteil der zuständigen Parteigremien und des Staatlichen Komitees über den Film »Geschlossene Gesellschaft« falsch und nicht aufrecht zu erhalten sei. Er verwies erneut auf eine Komiteevorlage vom Dezember 1978 und behauptete, durch die dort enthaltene Charakteristik des Films sei er persönlich diffamiert und entwürdigt worden. Er könne deshalb nicht im Ernst annehmen, daß wir eine ehrliche Diskussion wünschten.

Gen. Beyer sagte, die Partei und auch die KPdSU habe eine Kette von katastrophalen Fehlurteilen über Künstler und ihre Werke aufzuweisen, vom Fall Shdanow bis zum Film »Spur der Steine«. Er denke nicht daran, sich erneut einem Verdikt zu unterwerfen. Das Staatliche Komitee für Fernsehen habe leider sehr wenig Ahnung von Kunst. Hier seien schon 16 Leiter der Dramatischen Kunst in Unehren abgelöst worden.

Als Gen. Beyer in einer ungebührlichen Tonart und Lautstärke solche u. ä. Vorwürfe erhob, mußte ich ihn unterbrechen und um Anstand und Sachlichkeit ersuchen.

Gen. Beyer bezeichnete meinen Hinweis auf das Parteistatut als Bedrohung seiner Person. Das geschehe nicht zum ersten Mal. Er erinnere sich mit Entsetzen an eine mehrstündige Sitzung des Sekretariats der Zentralen Parteileitung mit ihm Ende 1976, in deren Verlauf ich ihn bereits massiv bedroht hätte. (Nach seiner Unterschrift gegen die Ausweisung Biermanns und seinen Erklärungen, es sei sein Recht, sich an die »Weltöffentlichkeit« zu wenden ...)

Auf unsere abschließende Frage, ob er bereit sei, den Standpunkt seines Parteikollektivs und seiner zuständigen Parteileitungen zu respektieren, oder ob er weiter in Gemeinschaft mit dem aus dem Schriftstellerverband ausgeschlossenen Klaus Poche unannehmbare Forderungen stellen und Diskussionen erzwingen wolle, antwortete er, sein Standpunkt sei in dem Brief an das Präsidium[1] niedergelegt, und er bleibe dabei.

Ich habe Gen. Beyer angekündigt, daß Gen. Selbmann und ich eine Niederschrift vom Ergebnis dieses Gesprächs an die Leitung der Grundorganisation Dramatische Kunst übergeben werden und daß er von seiner Parteileitung zum Zweck der Klärung seiner Position eine Einladung erhalten werde.

gez. Schäfer
Sekretär des Verbandes der Filmschaffenden

Abschrift

FERNSEHEN DER DDR

1199 Berlin-Adlershof   Rudower Chaussee
Zentrale Parteileitung

Genossen
Joachim Herrmann

Mitglied des Politbüros
und Sekretär des ZK

19. 6. 79

Lieber Genosse Herrmann!

Beiliegend schicke ich Dir eine Information über eine Aussprache mit dem Regisseur Frank Beyer.

Gen. Selbmann und ich haben während des Gesprächs intensiv versucht, Beyer zu Einsichten und zur Zurücknahme seiner Forderungen zu bewegen. Die Aussprache erhärtete jedoch den Eindruck, daß Beyer nicht im geringsten dazu bereit ist. Wegen seiner Unnachgiebigkeit, Arroganz und Unbeherrschtheit sahen wir uns veranlaßt, das Gespräch nach einer Stunde zu beenden.

Unserer Meinung nach bleibt nichts anderes übrig, als in der zuständigen Abteilungsparteiorganisation ein Parteiverfahren zu eröffnen und Beyer aus der Partei auszuschließen.

Bevor wir weitere Schritte gehen, bitte ich um eine Konsultation.

Mit sozialistischem Gruß

(gez.) Schäfer

Parteiorganisator des ZK

Anlage

Information
Für Genossen Hager[1] mit der Bitte um Entscheidung

Der Regisseur Frank B e y e r hat mich in diesen Tagen von folgendem informiert:

Der Klub der Filmjournalisten in West-Berlin, der in jedem Jahr einen Preis an einen Film (bzw. dessen Regisseur) ihrer Wahl vergibt, habe ihm diesen Preis für seinen Film »Das Versteck« angetragen. Die Überreichung soll im März stattfinden. Der Preis ist nicht dotiert. Nach Beyers Ansicht könne er diesen Preis annehmen, weil er sich damit in guter Gesellschaft befände, er sei bisher nur an ernstzunehmende und zumeist auch progressive Filmemacher vergeben worden.

Nach Informationen, über die ich z. Zt. verfüge, handelt es sich bei dem Klub der Filmjournalisten in West-Berlin um ein in sich differenziertes Gremium, dem eine Reihe aber nicht alle Filmkritiker angehören.

Der Klub unterhält enge Beziehungen zum Filmkunsttheater »Arsenal« in West-Berlin. In diesem Theater wird zum Teil initiiert immer aber unterstützt durch diesen Klub eine ernstzunehmende Arbeit mit Filmen aus sozialistischen Ländern, darunter auch mit DEFA-Filmen geleistet. Es handelt sich um ein selbständiges Gremium, das sich als Teil einer in der BRD bestehenden Vereinigung versteht.

Bei dem Preis handelt es sich um den sogenannten »Ernst-Lubitsch-Preis«. Er wird - soviel wir wissen - nur an deutschsprachige Filme aus der BRD, West-Berlin, Österreich und eben auch der DDR vergeben.

Unter den bisherigen Preisträgern waren aber noch nie ein Film aus Österreich oder der DDR. Zur Zeit wissen wir nur, daß zu den bisherigen Preisträgern Ulrich Schamoni, Margarete von Trotta und auch Schlöndorf (für den Film »Die Ehre der Katharina Blum«) gehören.

Wenn nicht Faktoren dagegen sprechen, die ich nicht beurteilen kann bzw. nicht richtig beurteile, würde ich die Annahme des Preises empfehlen. Sie würde jedenfalls weit weniger Aufsehen erregen, als Frank Beyer die Möglichkeit zu verweigern, den Preis entgegenzunehmen.

Horst Pehnert[2]

---

[1] Kurt Hager, Mitglied des Politbüros und Sekretär des ZK für Kultur und Propaganda.

[2] Stellvertreter des Ministers für Kultur und Leiter der Hauptverwaltung Film. Ich hatte ihn davon informiert, daß ich den Preis angenommen habe. Es ging also nur noch um die Frage, ob man mir gestatten würde, den Preis in West-Berlin entgegenzunehmen.

Frank Beyer

Sehr geehrter Genosse Professor Hager,

vor etwa zwei Jahren habe ich meinen letzten Film gedreht: »Geschlossene Gesellschaft«. Seitdem bin ich
ohne Arbeit. Ich lebe als hochbezahlter Frührentner.
Dieser Zustand ist für mich unerträglich, und ich bin
entschlossen, ihn zu beenden. Ich erlebe etwas, von
dem ich sicher war, daß es ein zweites Mal nicht geschehen kann. 1966, nach dem Film »Spur der Steine«,
wurde ich, wie Sie wissen, aus dem DEFA-Studio für
Spielfilme entfernt. Damals hatte ich Pläne für mehrere Jahre. Ich wollte »Jakob der Lügner«, »Die Aula«
und »Warten an der Sperre« drehen. Eines dieser Projekte konnte ich schließlich acht Jahre später realisieren. Die 1966 getroffene Verabredung, nach zwei Jahren in das DEFA-Studio für Spielfilme zurückzukehren,
wurde bis heute nicht eingehalten. 1978, zur Zeit der
Arbeit an »Geschlossene Gesellschaft«, gab es wiederum Verabredungen für die Produktion von drei Filmen:
»Franziska Linkerhand«, »Der rote Ballon« (Martin) und
»Extempore« (Poche), also Arbeit für mehrere Jahre.
Auch diese Verabredungen wurden gebrochen. Zwar hat
jetzt niemand den Versuch gemacht, mir meinen Ar-
beitsvertrag wegzunehmen, dennoch empfinde ich heute
meine Lage als trostloser: 1966 hatte ich, wenn auch
auf einem anderen Gebiet, wenigstens Arbeit. Außerdem
war ich damals 34, heute bin ich 48 und bemerke, daß
meine Fähigkeit, Demütigungen hinzunehmen, rasant abgenommen hat und sich gegen Null hin bewegt.
    Parallel zum Entzug der Arbeit wurde – wieder unter
Bruch getroffener Verabredungen – eine Kampagne gegen
meinen Film »Geschlossene Gesellschaft« geführt. Die
Sendung dieses Films unter Ausschluß der Öffentlichkeit, der totale Presseboykott, das Exportverbot und

die Methoden der politischen Verunglimpfung mir gegenüber schien den Verantwortlichen im Fernsehen die angemessene Antwort zu sein auf die Realisierung eines Projekts, das sie vorher stark gefördert hatten. Insofern ähnelt die Sache wie ein Ei dem anderen den Vorgängen um »Spur der Steine« 1966. In äußerst arrogantem Ton und Vokabular wurde ein offizieller Text des Staatlichen Komitees für Fernsehen verbreitet, den man zusammenfassend nur mit dem Wort M e i n u n g s - t e r r o r charakterisieren kann. Mir gegenüber versprach man sich offenbar einen Einschüchterungseffekt. Vermutlich war es ein Fehler von mir, daß ich mich in dieser Zeit weiterhin geduldig und kooperativ verhalten habe. Ich dachte, daß ein solches Verhalten die Partner im Fernsehen und im DEFA-Studio für Spielfilme zu gemeinsamen Anstrengungen bei der Suche nach einem neuen Projekt bringen könnte. Das muß ich nun als einen Irrtum einsehen. Ich habe vermutlich unbeabsichtigt die Leitung des Fernsehens in dem Gedanken bestärkt, daß sie genau die rechte Art des Umgangs mit mir gefunden hat. Ich bin entschlossen, diesen Irrtum aufzuklären. Auf den Wortbruch hinsichtlich der verabredeten Projekte habe ich mit neuen Vorschlägen geantwortet. Meine Vorschläge wurden entweder abgelehnt oder auf die lange Bank geschoben. Unter den mir gemachten Gegenvorschlägen befindet sich kein einziger, der Aussicht hätte, 1980 realisiert zu werden. Und es ist anzunehmen, daß auch in den Produktionsplänen für 1981 mein Name wieder fehlen wird. Ich werde ausgeschlossen aus einem Kunst-Prozeß, an dem ich doch zwei Jahrzehnte lang an exponierter Stelle mitgewirkt habe.

Ich schreibe Ihnen, sehr geehrter Genosse Hager, diesen Brief bewußt unter Mißachtung aller »Unterstellungsverhältnisse«, als einen beinahe letzten Versuch, ein Minimum an Konsens aufrechtzuerhalten. Ich habe mich immer als Mitgestalter eines Kunstprozesses gefühlt, für den Sie die Verantwortung in unserem Lande tragen. Und ich weiß, daß Ihnen die Umstände, unter denen künstlerische Arbeit stattfinden kann, einigermaßen vertraut sind. Ich fühle mich auf der Höhe meiner Möglichkeiten. Um so mehr erbittert es mich, daß ich fast zwei Jahre lang daran gehindert wurde und weiterhin daran gehindert werde, meinen Beruf auszuüben. Ich bin entschlossen, dem jetzt ein Ende zu machen, ich sagte es bereits zu Beginn dieses Briefs. Ich habe präzise Vorstellungen von dem, was jetzt geschehen soll, und ich will sie hier mitteilen. Wie Sie sich denken können, erreichen mich als Resultat meiner in der DDR produzierten und auch im westlichen Ausland erfolgreich gelaufenen Filme auch Angebote dortiger Produktionsfirmen. Zunehmend befinden sich darunter Stoffe, die meinen Qualitätskriterien entsprechen, und es gibt einige mit Chancen für eine Produktion in diesem Jahr. Aus diesem Grunde beantrage ich ein Visum, das mir erlaubt, ab Ende März nach der BRD, Westberlin, Schweiz, Österreich und Italien zu reisen, die Angebote zu überprüfen und gegebenenfalls die Produktion an Ort und Stelle in die Wege zu leiten. Wenn letzteres geschehen ist, werde ich um einen Arbeitsurlaub ersuchen. Für die damit im Zusammenhang stehenden Fragen bitte ich mir einen kompetenten Gesprächspartner zu benennen. Noch hoffe ich, daß man sich über alles freundschaftlich verständigen kann, aber ich weiß natürlich auch, daß dies nicht allein von mir abhängt.

Für die Zukunft sind meinerseits alle Möglichkeiten offen, neue Filmvorhaben mit der DEFA oder dem Fernsehen der DDR zu erörtern und vorzubereiten. Im übrigen ist Arbeit im internationalen Rahmen für Regisseure überall auf der Welt etwas ganz Normales. Ich äußere also hier keine unüblichen Wünsche. Ich werde hier nicht beschäftigt und will deshalb da arbeiten, wo man meine Arbeit und meinen Namen schätzt. Da es in absehbarer Zeit in der DDR kein produktionsreifes Projekt für mich gibt, der Zustand der Untätigkeit für mich aber nicht länger zu ertragen ist, denke ich, daß die Zustimmung zu meinem Vorschlag der einzige Weg ist, eine weitere Zuspitzung des Koflikts zu vermeiden. In diesem Sinne bitte ich Sie um Ihre Hilfe. Selbstverständlich stehe ich Ihnen jederzeit zu einem persönlichen Gespräch zur Verfügung.

Mit sozialistischem Gruß

Frank Beyer

VERBAND DER DEUTSCHEN KRITIKER E.V.

Der Kritikerpreis 1979 in der Sparte F i l m wird vergeben an

Frank Beyer

für seine Inszenierung des Films „Das Versteck".

Die Auszeichnung gilt einem Regisseur, dessen bisheriges Gesamtwerk Hochachtung verdient. Ihm ist der erschütternde Bericht aus der Konzentrationslagerwelt „Nackt unter Wölfen" zu verdanken und eine der wenigen realistischen Komödien über die erste Nachkriegszeit „Karbid und Sauerampfer". Tief bewegt hat seine tragische Komödie „Jakob der Lügner", die er in Zusammenarbeit mit Jurek Becker schuf, der ihm nun auch das Buch für die ernsthaft heitere und nachdenkliche Komödie einer gescheiterten Ehe, „Das Versteck", schrieb.

In diesem Film, dessen dunkleres Gegenstück der Fernsehfilm „Geschlossene Gesellschaft" ist, wird mit großartiger Selbstverständlichkeit die emanzipierte Geschichte einer Frau aus dem bürgerlichen Alltag der Deutschen Demokratischen Republik erzählt, die durch ihre Wärme, Natürlichkeit und Intelligenz, nicht zuletzt durch ihre Aufrichtigkeit und Sensibilität fesselt.

Die Jury war sich klar darüber, daß das Gelingen des Films von der einverständigen Zusammenarbeit zwischen Frank Beyer, Jurek Becker und den beiden Protagonisten Jutta Hoffmann und Manfred Krug bestimmt wurde. Gerade in der Fähigkeit zu kreativer Zusammenarbeit liegt die besondere Qualität des Filmemachers Frank Beyer, in der sich menschliche Reife und hohes handwerkliches Können miteinder verbinden.

Ursula Schaaf   Kurt Habernoll   Heinz Ritter

261

Der Film »Das Versteck«, für den Sie gerade den Deutschen Kritikerpreis bekommen haben, wurde vor vier
Jahren produziert und läuft seit 1979 auch in der
Bundesrepublik. Ihr nächster und bisher letzter Film
»Geschlossene Gesellschaft« wurde 1978 produziert und
bisher nur einmal spät abends vom Fernsehen der DDR
ausgestrahlt. Was haben Sie seitdem gemacht?

Sehr viel gelesen. Die neuen Filmprojekte, die ich
vorgeschlagen habe, wurden nicht akzeptiert. Andere,
die mir vorgeschlagen wurden, entsprachen nicht meinen Vorstellungen. Über einige sind noch Gespräche im
Gange.

Gibt es auch Angebote aus dem westlichen Ausland?

Ja. Es liegen ein paar Manuskripte auf meinem Tisch,
die mir gut gefallen. Einige sind sehr weit gediehen,
so daß man an die Realisierung denken kann.

Wird man Ihnen erlauben, hier zu arbeiten?

Ich nehme an, ja. Ich bin durch meine in der DDR
produzierten Filme über die Grenzen unseres Landes hinaus bekanntgeworden, einige meiner Filme sind in der
ganzen Welt gelaufen. Da kommt natürlich ein Echo
zurück, auch in Form von Angeboten. Es würde mir Spaß
machen, einmal im Ausland zu arbeiten, neue und andere Erfahrungen zu sammeln - im übrigen ist es in aller Welt branchenüblich.

Die meisten Ihrer Arbeiten haben Sie für die DEFA gemacht. Kann man sagen, daß Ihre Beziehungen zur DEFA
und - nach »Geschlossene Gesellschaft« - zum Fernsehen der DDR etwas abgekühlt sind?

Fast alle Freuden und Leiden, die man in diesem Beruf erleben kann, sind bei mir mit dem DEFA-Studio für
Spielfilme in Potsdam-Babelsberg verbunden. Die Fäden

262

dorthin sind in den letzten Jahren etwas dünner geworden, aber sie sind nicht abgerissen. Und ich habe nie darauf hingearbeitet, daß sie abreißen.

Also zunächst Arbeit außerhalb der DDR?
  Es sieht so aus. Es gibt Verabredungen. Um Verträge abzuschließen bedarf es meinerseits einiger Klärungen.

Sehen Sie eine Chance, daß Ihr letzter Film »Geschlossene Gesellschaft« die Filmzuschauer der Bundesrepublik erreicht?
  Ein größerer Verleih hier ist interessiert. Und mir wurde bei uns gesagt, daß die Frage des Exports im Augenblick wohlwollend geprüft wird.

Hauptabteilung X   Berlin, den 25.3.1980

I n f o r m a t i o n
über
        Beyer, Frank
        Tätigkeit: Regisseur im Fernsehen der DDR

Inoffiziell wurde bekannt, daß der Beyer nach wie vor engen Kontakt zu dem jetzt in Westberlin wohnhaften Schauspieler Armin Mueller-Stahl hat und sich mit diesem mehrmals während seines Aufenthaltes in Westberlin anläßlich der 30. Filmfestspiele traf.
Am 29.2.1980 hat sich Beyer in Westberlin mit

        Sauer, Norbert
        UFA-Fernsehen Westberlin

getroffen und eine Absprache bezüglich der Realisierung einer Filmproduktion für diese Firma geführt.

Beyer hat sich das vorhandene Drehbuch, welches noch unvollständig ist, geben lassen und arbeitet es gegenwärtig durch. Für den gleichen Partner schreibt Klaus Poche an einem Szenarium für einen Film.

Des weiteren hat Beyer versucht, mit dem Westberliner Lyriker

Meckel, Christoph
wh.: Westberlin

in Kontakt zu treten.

Am 21. 3. 1980 wird Beyer vom Verband der deutschen Kritiker in der Akademie der Künste in Westberlin ein Kritikerpreis für 1979 verliehen. Für diese Veranstaltung hat auch Jutta Hoffmann eine Einladung erhalten.

Im Zusammenhang mit der Realisierung dieser Projekte hat Beyer eine Verlängerung seines Visums zur Reise nach Westberlin beim Fernsehen der DDR beantragt.

Es kann eingeschätzt werden, daß Beyer ein dienstliches Visum für seine persönlichen Interessen ausnutzen will. Beyer unterhält zu den operativ bekannten und in Westberlin lebenden Kulturschaffenden

Becker, Jurek Schriftsteller
Mueller-Stahl, Armin Schauspieler
und Poche, Klaus Autor

enge Kontakte.

H. Schäfer   Berlin, den 15.4.1980
Parteiorganisator des ZK

Genossen
Eberhard Fensch
Stellv. Abteilungsleiter Agitation

Information zur Angelegenheit Frank Beyer

Lieber Eberhard!
Am 14. April fand eine Mitgliederversammlunmg der APO[1]
Weltliteratur/Serie/ Polizeiruf im Bereich Dramatische
Kunst statt.
   Der Sekretär der Grundorganisation, Genosse Werner
Krecek, wertete die persönlichen Gespräche[2] aus und
teilte u.a. mit, daß vier Gespräche in den nächsten
Tagen noch stattfinden, darunter mit Genossen Beyer.
Genosse Beyer fehlte zur Versammlung unentschuldigt.
   Im Verlauf der Aussprache wurden Fragen gestellt und
Kritik an der Behandlung der Angelegenheit Beyer geübt:
   1. Genosse Hans Kohlus fragte, wer das Gespräch mit
Beyer führen werde.
   Genosse Krecek teilte mit, daß Genosse Selbmann und
er vorgesehen seien. Genosse Selbmann befinde sich je-
doch im Krankenhaus.

Ich schlug vor, an seiner Stelle einen Genossen aus
der APO zu bestimmen. Dazu ist niemand bereit, wenn
Beyer Parteimitglied bleiben soll. Offenbar gibt es
eine einmütige oder fast einmütige Position aller Genossen, daß Beyer längst nicht mehr in unsere Partei
gehört. [...]

Die Genossen kennen die Erwägungen, weshalb einem Ausschluß bisher nicht zugestimmt worden ist. Aber sie
halten sie in diesem Falle für erwiesenermaßen falsch.

2. Genossin Vera Loebner, Genosse Hans Kohlus und Genosse Rudi Kurz kritisierten heftig die Entscheidungen im Zusammenhang mit der Entgegennahme des Kritikerpreises der Westberliner Akademie der Künste. Dieser Preis sei bisher nur an BRD- bzw. Westberliner Bürger verliehen worden. Der Akt liege auf der »gesamtdeutschen« Linie.

Die Genossen fragten,
[...] weshalb eine ganze APO und sogar die Leitung der Grundorganisation nicht informiert werden, sondern den Vorgang über die »Abendschau« erfahren.

3. Genosse Kohlus, Lutz Schön und andere Genossen fragten, wer eigentlich welche Gespräche mit Beyer geführt habe.
Die APO sei immer gebremst worden, wenn sie sich konsequent auseinandersetzen wollte. Es sei immer gesagt worden, daß dies auf höhere Ebene zu entscheiden sei.
Wie ist der Vorgang über drei Jahre hinweg mit der innerparteilichen Demokratie vereinbar? [...]

Ich habe mich unter diesen Bedingungen ernsthaft bemüht, die Fragen zu beantworten (ohne zu sagen, daß Gespräche im ZK stattgefunden haben) und die Weichen so zu stellen, wie es in Deiner Stellungnahme an die Genossen Herrmann und Geggel steht.
Alle Argumente vermochten nicht, die Position zu Beyer zu ändern.
Nach der Versammlung wurde mir gesagt, es bestehe der Verdacht, wir wollten uns vor dem persönlichen Gespräch und vor der Entscheidung drücken und sie nun plötzlich wieder der APO auferlegen.
Zahlreiche Genossen der Grundorganisation und auch Komiteemitglieder billigen die überaus große Geduld mit Beyer als Parteimitglied auch nicht.
Es ist offensichtlich, daß es angesichts der Kom-

promisse immer komplizierter wird, in anderen, geringfügigeren Fragen das Parteistatut anzuwenden.

Ich muß sagen, dass ich eine Entscheidung, Beyer als Parteimitglied n i c h t zu streichen (wozu im Rahmen der Kontrolle der Dokumente nur noch bis Ende April Gelegenheit wäre), auch nicht mehr überzeugend erklären kann, obwohl ich die weiträumigeren Erwägungen kenne.

Ich bitte, dies alles bei der Entscheidung in Betracht zu ziehen.

H. Schäfer

---

[1] Abteilungsparteiorganisation der SED.

[2] Im Abstand von ein paar Jahren fanden in der SED sogenannte Parteiüberprüfungen statt. Sie hießen manchmal »Kontrolle der Parteidokumente«, manchmal »persönliche Gespräche«. Es ging um einen sogenannten vertrauensvollen Meinungsaustausch über Probleme der Parteimitglieder im persönlichen Leben und in der Gesellschaft. Aber es ging hauptsächlich darum, den einzelnen Genossen auf den Zahn zu fühlen, und die Gespräche endeten regelmäßig für einen kleinen Prozentsatz der Mitglieder mit Parteirügen, Streichungen aus der Mitgliederliste oder Ausschluss aus der Partei. Manchmal wollten Genossen auch aus der Partei austreten. Bis 1976 wurde das nicht erlaubt, obwohl es im Statut vorgesehen war. Die Austrittswilligen wurden sofort zu Parteifeinden erklärt, aus der SED ausgeschlossen und in ihrer beruflichen Entwicklung erheblich behindert. Seit 1976, nach der Ausbürgerung Wolf Biermanns, wurde diese Praxis geändert, jedenfalls im Bereich der Kunst. Tatsächlich trat Ulrich Plenzdorf Ende 1976 aus der SED aus, und das wurde noch nicht einmal geahndet durch die Kündigung seines Szenaristenvertrags bei der DEFA.

Gen. E. Honecker
Generalsekretär
des ZK der SED
J. Herrmann   He/g 17.4.80

Lieber Genosse Honecker!
Das Verhalten des Fernsehregisseurs Frank Beyer, mit
dem es seit längerem sowohl Probleme als auch eine in-
tensive Arbeit gibt, stellt uns vor die Notwendigkeit,
einige Entscheidungen zu treffen. F. Beyer hat jetzt
[...] bei Genossen Hager den Antrag gestellt, ihm für
ein Jahr die Genehmigung zu erteilen, ein bis zwei
Filme in der BRD zu produzieren. Genosse Hager, der
während meines Urlaubs mit Frank Beyer gesprochen hat,
ist dafür, dem zuzustimmen.
   [...] Bei Lage der Dinge und angesichts der zahlreichen vergeblichen Bemühungen, Beyer mit Aufgaben zu
betrauen und ihn wieder zu einem parteimäßigen Verhalten zu veranlassen, sollte man entsprechend der Aussprache bei Genossen Hager verfahren. Beyer ist gegenwärtig nicht nur unproduktiv, sondern ist damit auch
ein ständiger Unruhefaktor für das Kollektiv des Fernsehens, das seine Haltung entschieden ablehnt. Die Ab-
wicklung der Ein- und Ausreise von F. Beyer sollte so
durchgeführt werden, daß klar ist, daß es sich um eine begrenzte Erlaubnis für eine Tätigkeit im kapitalistischen Ausland handelt.
   Die Regelung für seine Frau, der im Fernsehen beschäftigten Monika Unferferth, sollte so getroffen
werden, daß sie ebenfalls beurlaubt wird und ihren Mann
in die BRD begleiten darf. Weitere Regieangebote an F.
Beyer unsererseits sollten von seinem Verhalten in der
BRD abhängig gemacht werden. In den nächsten Tagen findet in der Parteiorganisation des Fernsehens, der F.
Beyer angehört, das Parteigespräch im Rahmen der Kontrolle der Parteidokumente statt. Nachdem wir über längere Zeit von uns aus jede Zuspitzung mit ihm, der

nach wie vor auf politisch und ideologisch falschen Positionen verharrt und seit der Biermann-Angelegenheit noch immer eine strenge Rüge hat, vermieden haben, steht nun die Frage, wie parteimäßig weiter mit ihm verfahren werden soll. In der Parteiorganisation des Fernsehens gibt es sehr starke Stimmungen gegen F. Beyer und seine weitere Parteizugehörigkeit, verbunden mit der Auffassung, daß der gegenwärtige Zustand die Erziehungsarbeit im Kollektiv ernstlich erschwert.

Wir sollten der Parteiorganisation freie Hand lassen, bei dem Parteigespräch in Abhängigkeit vom Verhalten F. Beyers nach dem Parteistatut zu entscheiden und keinen Einfluß auf die zu treffenden Maßnahmen einschließlich einer zu erwartenden Streichung als Parteimitglied nehmen. Ich bitte für das gesamte Vorgehen um Deine Zustimmung.

Mit vielen Grüßen
J. Herrmann

Hauptabteilung XX   Berlin, den 25.4.1980

I n f o r m a t i o n
Über den Fernsehregisseur Frank BEYER

Am 22.4.1980 führte der Vorsitzende des Staatlichen Komitees für Fernsehen, Gen. Heinz Adameck, mit Beyer ein Gespräch, bei dem er ihm die Mitteilung machte, daß seinem Wunsch nach einem Jahr Arbeitsurlaub entsprochen wurde und er Gelegenheit erhält, in Westberlin einen Film zu drehen. Gen. Adameck sprach Beyer gegenüber die Erwartung aus, daß sich dieser, sowohl was den Gegenstand des Films und seine Realisierung als auch sein Auftreten in der Öffentlichkeit betrifft, als Mitarbeiter des DDR-Fernsehens verhalten muß. Von seinem Verhalten wird es abhängen, welche Filme er künftig in der DDR realisieren kann.

Beyer nahm dies kommentarlos zur Kenntnis. Er legte jedoch dar, daß er großen Wert auf frühzeitige Klärung seiner nächsten Arbeitsprojekte im DDR-Fernsehen lege.

Er habe den festen Willen, einer möglichen Verfilmung des Romans von Hermann Kant »Der Aufenthalt« näherzutreten. Dazu will er im ständigen Gespräch mit Hermann Kant und Wolfgang Kohlhaase, der als Szenarist vorgesehen ist, bleiben. Er sprach in diesem Zusammenhang den Wunsch aus, nach 10jähriger Tätigkeit im DDR-Fernsehen in seinen ursprünglichen Stammbetrieb, das DEFA-Studio für Spielfilme, zurückkehren zu können.

Während des Gesprächs wurde auch über die Reisemöglichkeiten und berufliche Perspektive seiner Lebensgefährtin, der Fernsehansagerin Monika Unferferth, gesprochen. Es wurde ihm nahegelegt, Monika Unferferth könnte mit ihm ausreisen, müßte dann aber eine andere berufliche Arbeit übernehmen.

Darauf reagierte Beyer zunächst sehr allergisch. Da beide jedoch die politische Begründung nicht entkräften konnten, daß Monika Unferferth nicht regelmäßig im Westen sein und andererseits im DDR-Fernsehen ansagen kann, verzichteten sie auf einen ständigen Reiseantrag für Monika Unferferth und erklärten, es würde reichen, wenn sie die Möglichkeit erhält, zur Premiere des Films von Beyer in die BRD bzw. nach Westberlin zu reisen und evtl. vorher einmal gesondert zu Besuch fahren könnte. [...]

Monika Unferferth kam daraufhin mit einem völlig neuen, bisher unbekannten Vorschlag, daß sie gern als Sprecherin bei Radio DDR arbeiten würde. Sie sei jetzt schon hin und wieder als freie Mitarbeiterin dort tätig. Sie moderiert eine Unterhaltungssendung, deren Umfang sie nach und nach vergrößern wolle, um langsam schrittweise ihre Ansagetätigkeit im DDR Fernsehen zu beenden. Gen. Adameck nahm dies zur Kenntnis, ohne sich dazu zu äußern.

N i e d e r s c h r i f t
über das persönliche Gespräch mit Genossen Frank
B e y e r am 25. 4. 1980 im Rahmen der Kontrolle der
Parteidokumente

Das Gespräch führten

Genosse Schäfer   Parteiorganisator des ZK

Genossin Schaumäker   Mitglied der Leitung der
                         Grundorganisation und
                         Stellv. des Leiters des
                         Bereiches Dramatische Kunst

Genosse Peter Deutsch   Mitglied der Leitung der
                         Abteilungsparteiorganisation,
                         Regisseur

1. Genosse Beyer wurde auf das Anliegen des Parteige-
sprächs hingewiesen, insbesondere auf die Gelegenheit
für jeden Genossen, über seinen Beitrag zur Erfüllung
der Beschlüsse des IX. Parteitages Rechenschaft zu legen und Auskunft über seine weiteren Absichten und Taten im Sinne der Parteipolitik zu geben. [...]
2. Wir erklärten ihm, daß dieses Parteigespräch nicht
darauf angelegt ist, die Zusage des Vorsitzenden für
einen Arbeitsurlaub rückgängig zu machen. Seine Parteiorganisation habe jedoch das Recht, von ihm Auskunft über die Motive seines Antrags, über seine
politischen Erwägungen und über seine ideologisch-
künstlerischen Absichten zu erhalten.
    Genossin Schaumäker wies darauf hin, daß Frank Bey-
er auch während dieses Urlaubs Mitarbeiter des Fernsehens der DDR bleibt, womit sich doch wohl selbstverständlich für ihn die Pflicht verbindet, seine

konzeptionellen Überlegungen für die Tätigkeit und das Auftreten in der BRD der Leitung des Bereiches Dramatische Kunst mitzuteilen.

Frank Beyer reagierte an dieser Stelle heftig, er werde vorher hier keine Regiekonzeption vorlegen. [...]

3. Wir wiederholten unsere Fragen nach seiner Position zur Politik der Partei und zum Statut der Partei. Die APO verlange von ihm mit Recht, zu erfahren, ob er seinen Protest gegen die Ausbürgerung Biermanns aufrechterhalte, ob er seine damaligen Auffassungen gegen die Informationspolitik unserer Partei gändert habe. [...]

Er antwortete nur, daß er die Ausbürgerung Biermann unverändert für falsch halte. Zum Film »Geschlossene Gesellschaft« habe er seinen Standpunkt hinreichend artikuliert. Er wolle sich nicht wiederholen. Er habe weiterhin unterschiedliche Auffassungen zu einige Fragen der Kulturpolitik.

Wir widerlegten, daß es sich nur um kulturpolitische Fragen handele.

Seit 1976 habe er offen gezeigt, daß er von der klassenmäßigen Position über den Charakter der imperialistischen BRD und ihrer Massenmedien abgerückt ist.

Bisher habe er keinerlei Zeichen gesetzt, die eine Korrektur bei ihm erkennen ließen.

Sein unproduktives Verhalten seit 1978, sein Film »Geschlossene Gesellschaft« und die Motivierung seines jetzigen Antrags, Filme in der BRD zu machen, seien doch wohl eher umgekehrte Zeichen.

Genosse Deutsch versuchte noch einmal, Frank Beyer zu der Einsicht zu führen, daß jeder seiner Schritte eine politische Aussage im Spannungsfeld der Klassenauseinandersetzung darstellt. Beyer entgegnete herausfordernd, Gen. Deutsch müsse begreifen, daß es heute normal ist, wenn DDR-Künstler im Ausland wirken. Bei Kupfer, Solter und anderen melde dies sogar das ND.

272

Beyers Bezüge zu Künstlern, die im Sinne der Außenpolitik der DDR konstruktiv und in Übereinstimmung mit uns im Ausland wirken, mußten wir prinzipiell widerlegen.

Frank Beyer vermied jede Äußerung zur Klassenauseinandersetzung mit dem BRD-Imperialismus und gab sich in diesen Fragen naiv.

Es war keine Bereitschaft zu klärender politischer Aussprache zu erkennen. In der einstündigen Aussprache wiederholte Fr. Beyer die groben Vorwürfe, er sei zur Untätigkeit verdammt worden.

4. Frank Beyer nahm unsere Mitteilung zur Kenntnis, daß nach dem Verlauf dieses Gesprächs die Mitgliederversammlung der APO am 28. 04. über den vorliegenden Antrag aus der APO-Leitung, ihn als Mitglied zu streichen, entschieden werde.

Wir machten ihn aufmerksam, daß es ihm überlassen bleibt, ob er an dieser Versammlung teilnimmt. Er antwortete, er werde es überdenken.

Diese Konsequenz tue ihm nach vielen Jahren Parteimitgliedschaft leid. Er habe die Differenzen für nicht so ausschlaggebend gehalten.

Die sachliche Zusammenfassung der Ergebnisse des Gesprächs unterbrach er mit der schroffen Zwischenbemerkung: » also sind wir wieder bei Verbalinjurien«, stand auf und sagte, es sei nichts mehr hinzuzufügen.

Wir stellten fest, daß er das Gespräch für beendet hielt. Er erklärte noch einmal, er habe nichts hinzuzufügen und verabschiedete sich.

Schäfer

GO III
Dramatische Kunst
APO 9

Frank Beyer geb. am 26.5.1932
           Mitglied seit 30.5.1950
           Dokument Nr. 1. 505.482
           Anschrift:
           1017 Berlin, Strausberger Platz 1

Beschluss der Mitgliederversammlung vom 28. April 1980:
Der Genosse Frank B e y e r wird als Mitglied der Partei gestrichen.

Begründung:
Genosse Frank Beyer hat Ende 1976 eine strenge Rüge erhalten. Er hat die Zeit der Bewährung nicht genutzt, um sich in Grundfragen der Politik dem Standpunkt der Partei auch nur zu nähern, obwohl viele Genossen sich in zahllosen Gesprächen mit ihm geduldig und kameradschaftlich bemühten. Das persönliche Gespräch während der Kontrolle der Dokumente, das die Genossen Johannes Schäfer, Parteiorganisator des ZK, Genossin Schaumäker, Mitglied der Leitung der GO III, und Genosse Peter Deutsch, Mitglied der Leitung der APO 9, mit ihm führten, ergab, daß Frank Beyer heute in allen entscheidenden Fragen die gleiche Haltung hat wie 1976. So hat er 1980 auch durch sein Auftreten im BRD–Fernsehen gezeigt, daß er von der klassenmäßigen Position über den Charakter der imperialistischen BRD abgerückt ist. Statt dessen hat er ohne vorherige Abstimmung mit der Leitung des DDR-Fernsehens oder der Parteileitung bei der Westberliner Filmgesellschaft UFA-International Regievereinbarungen über Stades Buch »Der König und sein Narr« getroffen. Vorschläge zu Arbeitsaufgaben bei der DEFA bzw. beim DDR-Fernsehen hat er in den letzten Jahren abgelehnt; dazu zählen »Pugowitza« nach A. Wellm,

274

»Romanze für Amelie« nach B. Wogatzki, »Erfolg« nach L. Feuchtwanger, »Leutnant York von Wartenburg« nach S. Hermlin sowie eine Verfilmung aus den Werken von A. Seghers. Im persönlichen Gespräch zeigte Frank Beyer keinerlei Bereitschaft zu klärender politischer Aussprache. Aufgrund der unveränderten Haltung Frank Beyers in allen wesentlichen ideologischen Fragen und der Tatsache, daß er keinen Weg gefunden hat, durch seine künstlerische Arbeit einen Nachweis seiner Verbundenheit mit den Beschlüssen unserer Partei zu erbringen, ist zu schlußfolgern, dass er zu keiner Zeit die Absicht hatte, die ihm 1976 gegebene Chance der Bewährung zu nutzen.

In der Diskussion sprachen sechs Genossen und begründeten mit sehr überlegten Argumenten, warum sie für den Antrag der APO-Leitung zur Streichung des Genossen Beyer sind: die Regisseure Fritz Bornemann, Horst Zaeske und Richard Engel, der Autor Walter Baumert, der Dramaturg Lutz Schön und der Chefdramaturg Alfried Nehring.

Stärke der APO: 38 Mitglieder

anwesend: 32

Für die Streichung: 32 Mitglieder

gegen die Streichung: keine

(Dr. Werner Krecek)

APO-Sekretär

Frank Beyer   28.4.1980

Werte Genossen,
die Teilnahme an der Versammlung heute ist mir freige-
stellt worden. Ich habe mich entschlossen, nicht teilzunehmen, und zwar erstens aus gesundheitlichen Gründen. Nicht, daß ich krank bin, aber ich muß befürchten,
krank zu werden, und dem will ich mich nicht aussetzen.
    Die das Parteigespräch mit mir geführt haben, haben
alle Weichen konsequent – jedenfalls aus meiner Sicht
– in die falsche Richtung gestellt. Ich habe also keine Chance, in der Parteiversammlung noch irgend etwas
zu bewirken. Das ist der zweite Grund für meine Nicht-
teilnahme.

Ich bedaure diese Entwicklung. Ich bin schockiert darüber, dass sich Leute finden, die mich nach 30jähri-
ger Mitgliedschaft in der Partei und einem Dutzend Filmen für unser Land aus der Partei entfernen wollen und
das auch durchsetzen werden. Ich muß das hinnehmen.
Meine Überzeugungen werden sich dadurch nicht ändern.

                              Mit sozialistischem Gruß
                              Frank Beyer

Gen. E. Honecker
Generalsekretär   Joachim Herrmann   30.4.80
des ZK der SED

Lieber Genosse Honecker!

Nachdem die den Fernsehregisseur Frank B e y e r betref-
fenden Maßnahmen wie festgelegt durchgeführt worden
sind, möchte ich Dich über die Ergebnisse informieren:
    Am 22.4.1980 fand bei Genossen Adameck das Gespräch
mit F. Beyer über seinen Antrag auf einjährigen Arbeitsurlaub für Filmproduktionen in der BRD statt. F.
Beyer nahm sowohl die Mitteilung, daß sein Anliegen
positiv entschieden wurde als auch die Hinweise, was
man von ihm als einem Mitarbeiter des DDR-Fernsehens
bei seinem Aufenthalt im kapitalistischen Ausland erwartet, kommentarlos zur Kenntnis.
    Im Verlauf des Gesprächs erklärt F. Beyer dann von
sich aus, daß er nach Rückkehr aus der BRD wieder in
der DDR Filme machen möchte, und erneuerte dabei seinen Wunsch, vom Fernsehen zur DEFA überzuwechseln. Im
Zusammenhang mit F. Beyers Wunsch, seiner Lebensgefährtin, der Fernsehansagerin Monika Unferferth, Rei-
sevisen für Besuchszwecke zu erteilen, wurde ihm erklärt, daß sie ihn begleiten bzw. besuchen könne. Die
Tätigkeit als Fernsehansagerin werde, so wurde Beyer
mitgeteilt, nach einer von beiden Seiten vorgesehenen
Veränderung des Arbeitsbereichs vorgenommen.
    Am 25.4.1980 wurde mit F. Beyer in seiner Grund-
organisation das Parteigespräch im Rahmen der Kontrolle der Mitgliedsbücher geführt. Dabei zeigte sich
deutlich, dass F. Beyer auf falschen politischen und
ideologischen Positionen verharrt. So bekannte er sich
erneut zu seiner Unterschrift unter die gegen die DDR
gerichtete »Biermann-Petition«. Außerdem verteidigte
er im Zusammenhang mit seinem Film »Geschlossene Gesellschaft« weiterhin politisch-ideologische Auffas-

sungen, die unserer grundsätzlichen Position widersprechen. Einer klaren Stellungnahme zu seinen sich
aus dem Parteistatut ergebenden Pflichten wich er,
trotz erneuter Versuche der Genossen seiner Grundorganisation, ihn von seinen falschen Positiotionen ab-
zubringen, wiederum aus.

Dementsprechend entschloß sich die Leitung seiner
Grundorganisation, der Mitgliederversammlung die
Streichung F. Beyers aus den Reihen der Partei vorzuschlagen. Die Mitgliederversammlung bestätigte diesen
Vorschlag am 28. 4. 1980 nach einer außerordentlich
verantwortungsbewußten und parteimäßigen Diskussion
einmütig.

F. Beyer blieb der Versammlung fern.

Mit sozialistischem Gruß
J. Herrmann

Eine Bemerkung zu den Dokumenten dieses Kapitels:
Der aufmerksame Leser hat gewiss begriffen, dass es nicht nur um Meinungsverschiedenheiten über die Filme *Geschlossene Gesellschaft* und *Ursula* ging, sondern um einen Machtkampf zwischen zwei verfeindeten Fraktionen im Fernsehen der DDR. Auf der einen Seite stand das von Journalisten dominierte Staatliche Komitee für Fernsehen unter seinem Chef Heinz Adameck, auf der anderen Seite Hans Bentzien, Hauptabteilungsleiter Dramatische Kunst. Bentzien war als 34jähriger 1961 Minister für Kultur geworden, im Zusammenhang mit dem 11. Plenum des ZK der SED war er im Januar 1966 abgesetzt worden. Er arbeitete erfolgreich als Verlagsleiter und als Chef der Hörspielabteilung im Staatlichen Rundfunkkomitee. 1976 war er mit großen Vollmachten von Werner Lamberz, dem für die Medien verantwortlichen ZK-Sekretär, im Fernsehen eingesetzt worden. Er begann mit Entschiedenheit, den Einfluß und die ständige restriktive Einwirkung des Komitees auf den Bereich Dramatische Kunst zurückzudrängen, und versuchte künstlerische Qualität bei Fernsehspielen und Filmen durchzusetzen. (Nur in dieser Kostellation hatte das Drehbuch *Geschlossene Gesellschaft* überhaupt eine Chance, in den Produktionsplan für 1978 aufgenommen zu werden.)

Aber als unser Film Mitte 1978 abgedreht war, lebte Werner Lamberz nicht mehr. Er war während eines Libyenbesuchs mit mehreren Mitarbeitern unter bis heute nicht aufgeklärten Umständen bei einem Hubschrauberabsturz umgekommen. Der Tod von Lamberz war ein tiefer Einschnitt in die Kulturpolitik im Fernsehen, denn auf den liberalen Lamberz folgte ein Vertreter der »Betonfraktion« ins Politbüro, der die alten Verhältnisse wiederherstellte. Für Bentzien war Lamberz' Tod eine Katastrophe. Das Komitee benutzte den Streit um die beiden genannten Fernsehfilme, um Bentzien aus seinem Amte zu drängen. Bis zum Ende der DDR wurde die Hauptabteilung Dramatische Kunst von Erich Selbmann geleitet, dem ehemaligen Chef der Aktuellen Kamera. Das von Journalisten dominierte Komitee hatte auf ganzer Linie gesiegt, mit entsprechenden Konsequenzen für die Qualität der Fernsehfilme.

19. Zensur

Zensur in der DDR gab es nicht. Jedenfalls gab es keine Behörde, in deren Namen das Wort Zensur vorkam.

Als Walter Ulbricht im Frühsommer 1968 von tschechischen Genossen, die gerade die Zensur in ihrem Lande abgeschafft hatten, gefragt wurde, wie es denn die DDR in Zukunft damit halten werde, antwortete er mit der ihm eigenen Unverfrorenheit: »Zensur? Was ist das? Wir haben in der Deutschen Demokratischen Republik Zensur gar nicht erst eingeführt, also müssen wir sie auch nicht abschaffen.«

Für jedes Buch musste eine Druckgenehmigung erteilt werden von einer Abteilung des Ministeriums für Kultur, jeder Film, der öffentlich vorgeführt werden sollte, brauchte aus der Hauptverwaltung Film dieses Ministeriums eine Zulassung. Es gab absolute Tabuthemen. Dazu gehörte zum Beispiel das Verhältnis der russischen Soldaten zu den jungen deutschen Frauen 1945. Jedermann wusste, dass es zahlreiche Vergewaltigungen gegeben hatte. Dieses Thema durfte keinesfalls in Büchern oder Filmen vorkommen. Als es der Autor Werner Heiduczek in den späten siebziger Jahren in seinem Roman »Der Tod am Meer« in einer Nebenlinie behandelte und das Buch in der DDR bereits eine Druckgenehmigung erhalten hatte, griff der oberste Zensor ein, der in Moskau saß. Der Botschafter Puschkin intervenierte bei Honecker. Das Buch erschien nicht. Dieser oberste Zensor griff sehr selten ein. Und wenn er es tat, versuchte er sein Eingreifen zu kaschieren. Er bediente sich dabei der Hilfe seiner DDR-Untergebenen.

1957 wurde der Film *Sonnensucher* von Konrad Wolf auf sowjetische Intervention hin am Premierentage vom Kinospielplan abgesetzt. Der Film spielte in der »Wismut«. Das war ein streng begrenztes und abgesperrtes Gebiet in Sachsen, in das man nur hineinkam, wenn man einen sogenannten Propusk der sowjetischen Militärbehörden hatte. Jedermann wusste, was in diesem Gebiet geschah: Unter strenger Kontrolle der Russen wurde hier Uran für die sowjetische Atombombenproduktion abgebaut. Wolfs Film hatte eine spannende Story und zeichnete ein realistisches Bild der Verhältnisse in der »Wismut«. Dort wurde mit Hochdruck und ohne Rücksicht auf spätere gesundheitliche Schäden gearbeitet. Dafür gab es Sonderbedingungen: höchste Löhne, unversteuerten Schnaps u.s.w. Zahllose Abenteurer, Glücksritter und leichte Mädchen aus der gesamten DDR, also alle, die eine schnelle Mark machen wollten, wurden angelockt. Die »Wismut« war in diesen Jahren unser Wilder Westen. *Sonnensucher* hatte bei der deutschen Zensur keine Freude ausgelöst. Es war lange unklar, ob der Film herauskommen würde. Aber nach vielen Diskussionen, Änderungen, Kürzungen und nachgedrehten Szenen erhielt der Film seine Zulassung. Aus Gründen, die niemals ganz aufgeklärt wurden, war die sowjetische Regierung 1957 nicht daran interessiert, dass in einem Film vom Abbau der Uranpechblende in der DDR erzählt wurde. Der Film durfte nicht aufgeführt werden. Am geplanten Premierentag, dem 23. Oktober, konnten Regisseur und Autoren auf der außenpolitischen Seite 5 des »Neuen Deutschland« lesen, sie selbst hätten darum gebeten, den Film abzusetzen:

»Sonnensucher zurückgezogen.
Die Pressestelle der VVB Film teilt mit: Die Leitung des VEB DEFA-Studio für Spielfilme hat in Übereinstimmung mit den Schöpfern des Films ›Sonnensucher‹ beschlossen, diesen Film zurückzuziehen, obwohl er durch die zuständigen Organe zur Aufführung freigegeben wurde. Der Beschluß erfolgte im Hinblick auf die seit der Konzipierung und Schaffung des Films ›Sonnensucher‹ eingetretene allgemeine politische Entwicklung. Die Leitung der VVB Film hat diesen Beschluß

des Studios für Spielfilme geprüft und gebilligt. Sie sieht in diesem Beschluss einen Ausdruck hohen Verantwortungsbewußtseins des Studios und der künstlerischen Mitarbeiter des Films gegenüber unserer nationalen Filmproduktion.«

Als 1971 *Sonnensucher* 14 Jahre nach der geplanten Premiere doch noch herauskam, wurde er in einer Serie alter DEFA-Filme versteckt, die im Fernsehen in einer Retrospektive ausgestrahlt wurden. Der Zuschauer sollte glauben, dass es sich um eine Wiederaufführung dieses Films handelte.

Wer meint, dass diese Praxis in die »Flegeljahre der DDR« gehört, irrt. Als auf Geheiß Honeckers 1989 die sowjetische Zeitschrift »Sputnik«, eine sowjetische Variante des »Reader's Digest«, in der DDR verboten wurde, las der Postminister am nächsten Tag im »Neuen Deutschland«, er habe die Zeitschrift aus dem Postzeitungsvertrieb gestrichen.

Ein anderes Tabuthema war der Hitler-Stalin-Pakt von 1939. Für diesen Pakt gab es eine von der Partei autorisierte Lesart. Stalin habe diesen Pakt mit Hitler geschlossen, um Zeit zu gewinnen und sich auf den Krieg mit Hitlerdeutschland vorzubereiten. Nicht erklärt wurde, dass Stalin einen großen Teil des Offizierskorps der Roten Armee ein paar Jahre vorher ausrotten ließ. Nicht erklärt wurde, warum ein beträchlicher Teil der sowjetischen Soldaten am 21. Juni 1941 von der Hitlerwehrmacht im Schlafe überrascht und in Unterhosen aus den Kasernen gejagt wurde, obwohl die sowjetische Abwehr nicht nur von Richard Sorge das Datum des Überfalls erfahren hatte. Und nicht erklärt wurde, warum die Sowjets zahlreiche deutsche antifaschistische Emigranten nach Paktabschluss an Hitler auslieferten.

Und als letztes Beispiel für die einzig zugelassene Lesart eines Tabuthemas: der Mauerbau 1961. Die Mauer hieß in der Presse »antifaschistischer Schutzwall« und war angeblich gebaut worden, um die DDR vor dem Überfall der westdeutschen Imperialisten zu schützen.

Am liebsten war es dem obersten Zensor, wenn er gar nicht in Erscheinung treten oder zumindest nicht öffentlich auftreten musste, wenn er seine Entscheidungen nach unten delegieren konnte: also Honecker an das für Kultur verantwortliche Politbüromitglied, das Politbüromitglied an den Abteilungsleiter für Kultur im ZK, der Abteilungsleiter an den Kulturminister, der Kulturminister an seinen Stellvertreter, der Stellvertreter an den Studiodirektor der DEFA, der Studiodirektor an den Chefdramaturgen, der Chefdramaturg an den Arbeitsgruppenleiter, der Gruppenleiter an Regisseur und Autor.

Wenn die Zensur dort ankam, wurde sie am wirkungsvollsten ausgeübt. Sie trat als Selbstzensur auf, wenn Autor und Regisseur gar nicht erst versuchten, Geschichten zu erzählen, in denen Tabuthemen steckten. Aber weil die Kulturpolitik andererseits verlangte, konfliktreiche Geschichten aus der Gegenwart des Landes zu erzählen, waren die Zusammenstöße vorprogrammiert.

Ein Hauptgrund für den Weggang von Jurek Becker aus der DDR war die Einsicht in diesen unentrinnbaren Mechanismus. Er wollte nicht mehr in einem Lande leben, in dem er vor der Niederschrift jedes Satzes darüber nachdenken musste, ob dieser Satz unter den Bedingungen der heimischen Zensurhierarchie erlaubt war.

Denn wenn man etwas Ernsthaftes aufschrieb, befand man sich immer im Grenzgebiet des Erlaubten.

Die Zensur saß also nicht in e i n e r Behörde, sie war wie Krebs, der den ganzen Organismus der Gesellschaft befallen hatte.

Man konnte der Zensur nicht entgehen, man konnte höchstens versuchen, sie zu überlisten. Manchmal gelang das in Detailfragen, aber nie, wenn es um etwas Wichtiges ging. Im Laufe der Jahre entwickelte man gewisse Techniken. Man konnte zum Beispiel der Zensur etwas Unwichtiges zum Fraße vorwerfen, um etwas Wichtiges zu retten. Als ich den Film *Karbid und Sauerampfer* abgedreht hatte, war ich überhaupt nicht sicher, ob es mir gelingen würde, die Szenen mit den russischen

Offizieren und Soldaten durch die Zensur zu bringen. Ich hatte ein paar Szenen gedreht, die mir bei der Arbeit im Schneideraum als überflüssig erschienen. Zum Beispiel saß in der sowjetischen Kommandantur ein Schneider im Keller, der die Russen bestohlen hatte. Ich ließ diese Szenen aber zunächst im Film drin. Wenn es zu Auseinandersetzungen käme über die Darstellung der Roten Armee in meinem Film, würde ich mich »schweren Herzens« von diesen Szenen trennen, die ich sowieso aus dem Film rausschmeißen wollte.

Die Zensur wollte sowenig wie möglich tätig werden, sie meinte ja von sich, es gäbe sie gar nicht. Wenn sich herausstellte, dass sie tätig sein musste, tat sie als wollte sie möglichst überzeugen und keinesfalls anordnen und kommandieren. Oder sie behauptete, wie bei *Sonnensucher*, Autoren und Regisseur selbst hätten Zensur ausgeübt. Und später im Falle von *Spur der Steine*, das Kinopublikum sei so empört über den Film gewesen, dass dem PROGRESS-Filmverleih nichts anderes übriggeblieben wäre, als den Film abzusetzen.

Einmal gelang es mir, mich mit einer Abteilung der Zensur gegen eine andere Abteilung zu verbünden. Nach langem Hin und Her wurde im November 1978 *Das Versteck* im Kino »Colosseum« in Berlin uraufgeführt. Es gab gegen diesen Film keine inhaltlichen Einwände. Aber nachdem Manfred Krug die DDR verlassen hatte, wurde die bereits erteilte staatliche Zulassung des Film wieder zurückgezogen. Man befürchtete offenbar Sympathiekundgebungen für Krug im Kino und wollte abwarten. Nur – das Gras des Vergessens wuchs und wuchs nicht, denn Manfred hatte bald im Westen Fuß gefasst und seine Fans in der DDR sahen ihn nun statt in den DDR-Kinos regelmäßig im West-Fernsehen. Schließlich hatte man im Kulturministerium entschieden, die fünf vorhandenen Kopien versuchsweise einzusetzen und, falls die Aufführungen ohne Zwischenfälle verliefen, den Film dann unter normalen Umständen mit einer größeren Kopienzahl weiterzuspielen. Dazu kam es jedoch nie. Die Aufführungen verliefen ohne Zwischenfälle, und trotzdem wurde der Film nach 14 Tagen bei ausverkauften Vorstellungen aus dem Kino »Colosseum« herausgenommen. Im dichtbesiedelten Stadtbezirk

Prenzlauer Berg hatte die Mundpropaganda für volle Häuser gesorgt. Die vier anderen Kopien, die in kleinen Kinos außerhalb Berlins nur jeweils drei Tage liefen, waren schwach besucht, denn der Film wurde in der Tagespresse vollständig totgeschwiegen.

Rundfunk, Fernsehen und Presse wurden von der ZK-Abteilung für Agitation »angeleitet«, Verlage, Theater und die Filmstudios von der ZK-Abteilung für Kultur. Da aber die Kulturseiten der Tageszeitungen ebenfalls der Abteilung Agitation unterstanden, passierte es immer wieder einmal, dass Bücher oder Filme von der Kultur-Zensur zugelassen, aber von der Agitations-Zensur boykottiert wurden. Über den Film *Geschlossene Gesellschaft* war zwischen Suhl und Warnemünde in keiner Zeitung ein Sterbenswörtchen erschienen. Totschweigen und anschließendes Verbot waren die beiden Hauptgriffe, welcher sich die Zensur bediente. Jemand in der Agitationsabteilung hatte sich im Falle von *Versteck* einen dritten Griff ausgedacht: Während der Laufzeit des Films erschien im »Sonntag«, einer langweiligen Wochenzeitung, die kaum jemand las, eine positive Kritik. Diese Kritik konnte den Kinobesuch nicht stimulieren. Im vielgelesenen »Filmspiegel« wurde die Kritik so lange zurückgehalten, bis der Film aus den Kinos verschwunden war. Der verdutzte »Filmspiegel«-Leser konnte also *Das Versteck,* welches ihm als gelungene Komödie angekündigt wurde, in keinem Kino mehr finden.

Dann gab es noch die unterschiedliche Behandlung der einzelnen Bereiche durch die Zensur ... Das Fernsehen der DDR galt als das populärste Medium, deshalb war hier die Zensur am schärfsten. Es folgten Film und Prosa. Und am Ende der Kette standen Hörspiel und Lyrik. Je weniger bekannt ein Medium war, um so größer war die Bewegungsfreiheit des Künstlers, der in ihm arbeitete.

Jurek Becker hatte als Autor mit Fernsehspielen angefangen, später schrieb er Drehbücher für Filme, und schließlich begann er, Romane zu schreiben. Er hat also, wie er selber sagte, seine Karriere in die Richtung ausgerichtet, wo die Einspruchsversuche der Zensur immer geringer wurden. Und wenn er die DDR nicht 1977 verlassen hätte, wäre er womöglich Lyriker geworden ...

Der Roman *Der König und sein Narr* von Martin Stade war die Vorlage für mein erstes Filmprojekt in der Bundesrepublik. Das Buch war 1975 in der DDR erschienen. Ganz undenkbar, dass es die Hürden der Film- oder Fernsehzensur genommen hätte. Schwemmin hatte seinem Vorgesetzten Herrmann sofort eine ziemlich korrekte Inhaltsangabe angefertigt, die Herrschaften wollten ja möglichst frühzeitig wissen, was sie von mir zu erwarten hatten. Schwemmin irrte sich allerdings, wenn er meinte, dass nur mit Raffinesse und Willkür aktuelle Bezüge zu DDR-Verhältnissen hergestellt werden könnten. König Friedrich Wilhelm I. hatte ein genaues Konzept für Öffentlichkeitsarbeit in Brandenburg-Preußen. Er hat es seinem Hofrat Gundling so erläutert:

»Wenn Calamitäten im Lande sind, so sollen sie kaschiert werden und nicht vor aller Welt ausposaunt! Ihr und jedermann sollen zwar seiner Majestät jederzeit die Wahrheit berichten, aber vor aller Welt müssen alle Calamitäten als Bagatellen dargestellt werden, merkt Euch das.«

Ich dachte mit diesem Zitat Joachim Herrmann, im Politbüro für die Presse- und Informationspolitik verantwortlich, daran zu erinnern, dass die Grundprinzipien der DDR-Informationspolitik aus dem 18. Jahrhundert stammten. Es hat aber nichts genützt. Bis zum Ende der DDR hat sich Herrmann an die einfache Grundregel Friedrich Wilhelms gehalten, freilich damit auch geschafft, dass sich kaum noch ein DDR-Bürger für Nachrichten des DDR-Rundfunks und -Fernsehens interessierte.

20. Ausflug in die
Bundesrepublik Deutschland

Ulrich Plenzdorf hatte für die Westberliner Firma UFA einen ersten Drehbuchentwurf nach Stades Roman *Der König und sein Narr* geschrieben, der mir gut gefiel. Seine Konzeption zielte auf das Kernproblem des Stoffes, das auch mich an Stades Roman interessierte: die Position des Intellektuellen in der Nähe der Macht.

Die Handlung des Films setzt mit der Thronbesteigung Friedrich Wilhelms I., des Soldatenkönigs, ein. Ein junger, achtundzwanzigjähriger dynamischer Typ kommt an die Macht, der eine völlig andere Konzeption als sein verschwenderischer Vorgänger hat. Er hat schon gelegentlich demonstriert, was er von der Verschwendungssucht und dem barocken Prunk am Hofe seines Vaters hält, mit einer Perücken- und Kostümverbrennung ein Signal gesetzt für die »einfache Lebensweise«, die er einzuführen gedenkt. Unter seiner Regierung wird nun überall gespart: bei der Hofhaltung, bei den sozialen Ausgaben, bei Wissenschaft und Kunst. Die Folge sind Entlassungen. Auch Jacob Paul von Gundling, zur Zeit des Machtwechsels vierzig Jahre alt, ein Mann der alten Majestät, universal gebildet, Professor des Rechts, der Geschichte und Literatur, wird, wie viele andere, Opfer dieser Sparmaßnahmen. Berühmte Männer gehen außer Landes, der Bildhauer Andreas Schlüter, der Baumeister Eosander; andere, wie der Philosoph Wolff, werden später wegen angeblich aufrührerischer Gedanken des Landes verwiesen.

Friedrich Wilhelm I. hat für sie nur Verachtung übrig: »Wenn

Künstler und Tapetenmacher weggehen, sie mögen nur hinziehen. Es wird sie eher gereuen als mich ...«

Gundling jedoch bleibt.

Neben den Einsparungen will Friedrich Wilhelm I. die »Commerzien« entwickeln – heute würde man sagen, die Konjunktur soll angekurbelt werden – um aufzurüsten und eine Politik der Stärke zu betreiben. Er will keine Kriege führen, aber eine starke Armee braucht er. Das Land ist kein geschlossenes Ganzes, er hat irrsinnig lange Grenzen zu verteidigen und er will sich nicht von europäischen Großmächten »kujonieren« lassen.

Da Gundling auch Verfasser von ökonomischen Schriften ist, die auf der Linie der vom König verordneten Konjunkturentwicklung liegen, kommt es zur einer Wiedereinstellung als Commerzienrat am Hofe.

Friedrich Wilhelm I. weiß zwar von aufrührerischen Äußerungen Gundlings über Kirchen- und Staatsangelegenheiten, aber er braucht sachkundige und ehrliche Berater, um seine Politik erfolgreich durchführen zu können.

Das Tabakskollegium, eine Runde, in der niemand ein Blatt vor den Mund nehmen soll, wird zum Hauptschauplatz der Auseinandersetzungen. Denn die dringend nötigen Reformen schaffen Interessenkonflikte zwischen Krone und Adel. (Das kennt man doch: Reformen sind dringend nötig, aber sie kosten Geld und sie lassen sich nur durchführen, wenn die Interessen bestimmter sozialer Gruppen eingeschränkt werden.)

Der König benutzt Gundling als ein Werkzeug, um Reformen auf Kosten des Adels durchzusetzen, aber nicht immer schützt er ihn vor den Übergriffen der aufgebrachten Adligen. Erlittenes Unrecht wird vom König durch eine Beförderung, einen neuen Titel oder Orden gutgemacht.

Der König braucht Gundling und seine originellen Ideen, und Gundling glaubt, dass er nur bei Hofe etwas bewirken kann. Aber bald stellt sich heraus, für den Zuschauer früher als für die Protagonisten, man kann in der Nähe der Macht nicht gleichzeitig originell und angepasst sein.

In den Figuren Friedrich Wilhelm I. und Gundling stehen sich zwei grundverschiedene Denkweisen gegenüber, die Denkweise des absoluten Herrschers, des Machtausübenden, und die Denkweise des Intellektuellen. Daraus entsteht eine auch von persönlichen Leidenschaften geprägte gegenseitige Anziehung und Abstoßung.

Weil sowohl Gundling als auch Friedrich Wilhelm I. an der Illusion festhalten, dass Originalität der Gedanken und Anpassung sich nicht ausschließen, geraten sie in immer schärfer werdende Konflikte, denen sich Gundling durch Flucht zu entziehen versucht.

Aber Friedrich Wilhelm I., der von Gundling als Staatsbeamten absoluten Gehorsam und Pflichterfüllung erwartet, erzwingt die Einhaltung des mit ihm geschlossenen Vertrages, denn er hat aufgrund seiner Machtposition von vornherein den längeren Atem. Friedrich Wilhelm I. dämmt die immer aufs neue ausbrechenden und immer schwereren Krisen in ihrer Beziehung durch Ämter, Orden und Gunstbezeugungen ein, schließlich sucht er Gundling durch Haus und Familie an sich und den Staat zu fesseln: Männer mit Besitz und Familie haben bekanntlich selten aufrührerische Gedanken und falls doch, warten sie gewöhnlich zu Hause auf dem Sofa, bis der Anfall vorüber ist.

Gundling macht eine beispiellose Karriere. 1724, mit 51 Jahren, wird er Freiherr, er ist »seiner Majestät hochbestallter Ober-Ceremonienmeister, Commerzienrath, Hofrath, Geheimer Rath, Kriegsrath, Kammeroberappellationsrath, Kammergerichtsrath, Kanonikus von Halberstadt und Präsident bey der Königl. Sozietät der Wissenschaften.«

Gundlings Aufstieg zu einem der höchsten und einflußreichsten Hofbeamten ist in Wirklichkeit ein Abstieg in Einflusslosigkeit, Opportunismus, Verrat an den eigenen Ideen und totalem Identitätsverlust. Seine Flucht in den Alkohol ist äußeres Zeichen für die wachsende Ausweglosigkeit, in die er geraten ist. Gesundheitlich ist er zu diesem Zeitpunkt ein Wrack, unheilbarer Trinker, er hat noch sieben Jahre zu leben, der Sarg in Form eines Weinfasses, ein Geschenk des Königs, steht schon in seinem Hause.

In der Figur Gundlings bezahlt der Intellektuelle die Illusion, sich der Staatsmacht bedienen zu können, um Einfluss zu gewinnen und dadurch Veränderungen zu bewirken, mit dem Leben.

Ich war während der Vorbereitung dieses Films in einer merkwürdigen Situation. Ich fuhr täglich von meiner Wohnung am Strausberger Platz im Osten nach Westberlin. Ich war ein »Grenzgänger«, ein Privilegierter. Für mich war die Mauer durchlässig. In meinem nächsten Film *Die zweite Haut*, wieder von Klaus Poche geschrieben, sagt eine Figur, nachdem sie zum ersten Male aus beruflichen Gründen in den Westen fahren durfte: »Ich glaube, wir sind verrückt. Die ganze Zeit kam ich mir vor wie ein Soldat, der das Land des Feindes betritt...« Dies war zwar nicht mein Gefühl, denn ich hatte schon wiederholt Reisen in westliche Länder gemacht, immer aus beruflichen Gründen, aber tatsächlich kam ich mir in der Bundesrepublik immer wie ein Fremder vor, wie jemand, der nicht dazugehört. Und ich hatte bei diesen Reisen immer ein schlechtes Gewissen. Es äußerte sich darin dass ich – außer meiner kranken Mutter – niemandem Postkarten aus dem westlichen Ausland schrieb. Auf der anderen Seite fühlte ich, dass ich meinen Beruf gar nicht ausüben konnte ohne eine Kenntnis der Welt. Ich wusste, was es für die Erweiterung meines Horizonts bedeutet hatte, dass ich in Prag studieren durfte, mich schon in früher Jugend in einem fremden Lande, in einer fremden Sprache behaupten musste. Ich war auch immer der Meinung, dass sich der Konflikt nicht dadurch lösen ließ, dass man den wenigen, die reisen durften, die Möglichkeit dazu nahm, sondern nur dadurch, dass man den vielen, die nicht reisen durften, diese Möglichkeit gab. Ich sagte mir auch, ich habe nicht zu verantworten, dass Reisen in die Welt in der DDR nur für Privilegierte vorgesehen ist.

Die Produktionsbedingungen im Westen waren für mich zunächst eine terra incognita. Ich wusste nur, dass die Kollegen dort ihre Filme wesentlich schneller drehen mussten, als ich es bei der DEFA gewohnt war. Was für ein Druck auf mich ausgeübt würde, wenn es mir nicht gelang, mich innerhalb der Produktionsvorgaben zu bewegen, wusste ich nicht.

Alle Befürchtungen erwiesen sich als unbegründet. Wir hatten eine leichte, zeitsparende Technik und hochmotivierte Mitarbeiter, die entschlossen waren, auch in knapper Zeit ein erstklassiges Ergebnis zu erzielen. Mit den beiden Hauptdarstellern Wolfgang Kieling und Götz George hatte ich eine Traumbesetzung, und die Produktion lief in der vorgegebenen Zeit wie ein Uhrwerk ab. Aber wir hatten auch Glück. Zwei Stunden, nachdem wir unsere letzte Außenaufnahme im November 1980 gedreht hatten, schneiten wir ein.

Um den Etat gab es vor Drehbeginn erheblichen Wirbel. Ein durchschnittlicher Fernsehfilm von 90 Minuten Länge kostete damals in der Bundesrepublik etwa 1,5 Millionen DM. Die erste Kalkulation für unseren Film lag bei 2,5 Millionen. Das hing damit zusammen, dass es ein historischer Film war mit teuren Schauplätzen und Kostümen, aber auch mit einem großen Ensemble von Schauspielern. Es begann ein wochenlanges Hin und Her zwischen der UFA und dem SFB, dem auftraggebenden Sender. Und irgendwann war klar: Wird die Kalkulation nicht unter die 2-Millionen-Grenze gedrückt, ist das ganze Projekt gefährdet.

Diskussionen über Filmetats gab es auch bei der DEFA, Regisseure wurden selbstverständlich auch mit Einsparungen befasst. Schauplätze streichen, Rollen streichen, Kleindarstellerzahlen kürzen, Szenen streichen, um die Zahl der Drehtage zu kürzen, das gehörte auch in der DDR zum Alltag einer Filmvorbereitung. Aber die Zwänge in der DDR gingen nur um die Etatverteilung für die gesamte Jahresproduktion. Man verhielt sich unkollegial, wenn man seinen Etat überschritt, denn bei den folgenden Produktionen der Kollegen mussten diese Etatüberschreitungen wieder eingespart werden.

In der profitorientierten Westproduktion konnte leicht ein Punkt erreicht werden, an dem eine Produktionsfirma ihr Interesse am Projekt verlor, weil der auftraggebende Sender nicht zu leistende Einsparungen verlangte, so dass der eingeplante Gewinn der Produktionsfirma nach Null hin tendierte. Ich hatte mich schon bereit erklärt, für die einzige Massenszene des Films, ein Fest bei Hofe, die Komparsenszene um die Hälfte zu reduzieren. Als die Komparserie noch einmal von 100 auf 50 Personen reduziert werden sollte, erklärte ich mich einverstanden unter der Bedingung, dass im Festsaal Spiegel an den Wänden angebracht würden, mit denen man die Komparsenzahl wieder verdoppeln könnte. Der Vorschlag wurde akzeptiert.

Als der sowieso schon knappe Kostümetat noch einmal gekürzt werden sollte, schlug ich vor, ein Dutzend Schauspieler, die nur in der Tabagie zu tun hatten, lediglich mit Oberteilen von Kostümen auszustatten – so ähnlich, wie das bei den Ansagerinnen im Fernsehstudio gehandhabt wird –, Hosen und Stiefel, die unter dem Tisch blieben, sähe man sowieso nicht im Film. Außerdem könnte ich den Kameramann bitten, in den Totalen alles, was unter der Tafel ist, im Dunkeln zu lassen. Man verstand gut, dass hier eine Grenze erreicht war, die man schwer unterschreiten konnte. Mein nicht ernst gemeinter Vorschlag wurde vom Produktionsleiter nicht angenommen. Schließlich, einen Tag vor Drehbeginn, hatte man durch verschiedene Maßnahmen und Tricks – wie Eigenleistungen des Senders, die nicht in der Kalkulation erschienen – erreicht, dass der Etat des Films eine Million neunhundertneunundneunzigtausend DM betrug. Das Signal für den Film stand auf Grün, und es wurde während der Produktion und Endfertigung des Films nie wieder über Geld gesprochen.

In langen Lehrjahren hatte ich in der DDR begriffen, wie man in ideologischen Fragen Kompromisse schließt, ohne die Substanz eines Films anzutasten.

In einem kurzen Lehrgang bei der Vorbereitung des Films *Der König und sein Narr* wusste ich nun auch, wie man im Westen in ökonomischen Fragen Kompromisse schließt, ohne die Substanz des Films anzutasten.

Die Kenntnis dieser Mechanismen hat mir nach der Wende sehr geholfen, mich in den Produktionsbedingungen der westdeutschen Szene zurechtzufinden.

Das zweite Projekt für die Ufa war nach einem Drehbuch von Klaus Poche: *Die zweite Haut*, wiederum für das ARD-Programm, diesmal im Auftrag des WDR.

Er wäre vielleicht unsere nächste gemeinsame Arbeit für das Fernsehen der DDR geworden, wenn sie dort unseren letzten Film nicht so erbärmlich behandelt hätten. Klaus Poche bekam keine Aufträge mehr in der DDR, weder beim Fernsehen noch bei der DEFA. Er hatte viele Jahre als freischaffender Schriftsteller für diese beiden Institutionen gearbeitet. Nun konnte er zusehen, wie sich sein Bankkonto gegen Null hin bewegte. Die DDR-Behörden hatten zwar, im Gegensatz zu den Nazis, nicht vor, Schriftsteller wegen abweichender Meinungen in Konzentrationslager zu sperren oder gar umzubringen, wohl aber hatten sie vor, sie finanziell zu ruinieren und sie vor die Alternative zu stellen, sich entweder anzupassen oder das Land zu verlassen.

Die Ausreisepraxis für Schriftsteller und Künstler war geändert worden. Anträge auf Ausreise wurden kaum noch mit dem Entzug der Staatsbürgerschaft, wie im Falle von Manfred Krug, bestraft. Die Ausreisewilligen erhielten Reisepässe der DDR mit einem Visum für zwei bis drei Jahre, sie durften mit ihrem gesamten beweglichen Besitz umziehen, im Gegensatz zum DDR-Normalbürger, der fast alles zurücklassen musste, wenn er sich nach langer Wartezeit und oft mit dem Umweg über ein DDR-Gefängnis die Ausreise erkämpft hatte. Tatsächlich wurde nach Erhalt eines Visums niemand mehr damit bestraft, dass er die DDR nicht mehr betreten und weder Verwandte noch Freunde besuchen durfte. Auf der anderen Seite wurde natürlich mit dem Erhalt der DDR-Staatsbürgerschaft auch Wohlverhalten erzwungen. Denn unfreundliche Äußerungen im Westen über DDR-Politik konnten jederzeit mit Entzug des Visums geahndet werden. Und noch etwas Wichtiges hatte man bald nach dieser neuen Handhabung der Ausreiseanträge entdeckt. Mein Regiekollege Adolf Dresen, der nach der Biermann-Ausbürgerung ebenfalls mit einem DDR-Pass in der Bundesrepublik lebte, hat es auf den kürzesten Nenner gebracht:

»Diese DDR-Leute, hatte die DDR-Regierung gesehen, schlossen sich im Westen schnell den Linken an. Die Sache war also günstig: im Osten ein Kritiker weniger, im Westen einer mehr ... «

Mein Autor Klaus Poche lebte also seit zwei Jahren mit einem DDR-Pass in Köln. Im Mittelpunkt seines neuen Drehbuchs stand wieder ein Ehepaar, genauer gesagt: eine junge Frau. Sie lief aus einer in ihrer Sicht missratenen Ehe einfach davon. So beginnt der Film.

Nach der Trennung von Mann und Kind stellt sie fest, dass die emotionalen Bindungen aus der alten Beziehung viel stärker sind, als sie vermutet hat. Der Film beschreibt diesen mühevollen Ablösungsprozess. Es ist natürlich, wie könnte es anders sein, eine DDR-Geschichte.

Ich hatte aus guten Gründen in der DDR nie einen Film gedreht, dessen Handlung in der Bundesrepublik spielt. Jetzt stand ich plötzlich vor dem Problem, im Westen einen Film zu drehen, der im Osten spielt. Zunächst hatte ich keine Schwierigkeiten damit, denn die Protagonisten Angelica Domröse, Hilmar Thate und Jana Brejchová kamen aus dem Osten. Wir verständigten uns schnell über die Machart des Films. Auch die Landschaft der Westberliner Außenbezirke glich den entsprechenden Bezirken im Osten. Die Leute sprachen den gleichen Dialekt, und doch unterschätzte ich die enormen Unterschiede in den Alltagsdetails.

Lichtschalter und Türklinken, Badezimmerfliesen und Kinderspielzeug, Flaschenetiketten und Handtaschen – alles war anders als in der DDR. Ausstattung und Requisite sind für die Glaubhaftigkeit einer Story im Film sehr wichtig. Das DDR-Publikum hatte immer einen besonders kritischen Blick für Fernsehfilme, die im Westen gedreht wurden und im Osten spielten. Und mein Ehrgeiz bestand darin, auch mit diesem Film vor dem DDR-Publikum zu bestehen. Ich kam, wie man so sagt, mit einem blauen Auge davon, aber ich nahm mir vor, nie wieder einen Film im Westen zu drehen, der im Osten spielt.

21. *Der Aufenthalt*

Hermann Kants Roman *Der Aufenthalt* ist ein Erinnerungsbuch. Kant erzählt seine Geschichte aus großem zeitlichen Abstand im Rückblick. Es gibt Kindheitserinnerungen und innere Monologe, zahlreiche anekdotische Abschweifungen und – wie immer bei Kant – Sprachartistik und Sprachwucherungen, die mitunter die Kernstory überlagern.

1978 kamen sowohl vom DDR-Fernsehen als auch vom DEFA-Spielfilmstudio Anfragen, ob ich mir eine Verfilmung vorstellen könne. Das Fernsehen wäre bereit gewesen, jede Art von mehrteiligem Film zu produzieren. Aber ich hatte wenig Lust, damaligen Konzepten für Romanverfilmungen zu folgen, die darin bestanden, dicke Bücher in Scheiben zu schneiden und damit an vielen Abenden hintereinander die Fernsehzuschauer heimzusuchen.

Später unterhielt ich mich mit Wolfgang Kohlhaase, der den Roman gut kannte und irgendwann den Gedanken formulierte, man müsse aus diesem Buch die Geschichte Mark Niebuhrs im Warschauer Gefängnis herauslösen, sie als novellistischen Kern eines künftigen Films verwenden und ansonsten nicht den Ehrgeiz haben, den Roman eins zu eins zu übernehmen.

Die Änderung der Erzählperspektive des Romans veränderte auch die Hauptfigur. Im Roman ist Mark Niebuhr ein Stehaufmännchen, der in der schlimmsten Situation immer noch das letzte Wort hat und sich einen Witz abquält, bei uns im Film ein wortkarger, in sich gekehrter Junge, ein Körper, der mit fortschreitender Handlung immer schwächer wird, und ein

295

Wille, der sich immer zäher an seine bedrohte Existenz klammert.

Die Ausgangsposition unseres Films, in der Niebuhr unter für ihn und den Zuschauer unklarer Beschuldigung aus der Gruppe der Kriegsgefangenen herausgeholt wird, erinnert an den Anfang von Kafkas Roman »Der Prozeß«:

»Jemand mußte Josef K. verleumdet haben, denn ohne daß er etwas Böses getan hätte, wurde er eines Morgens verhaftet.«

Hier ist es eine verzweifelte polnische Frau, die auf diesen jungen Deutschen zeigt und eine Beschuldigung ausspricht, die weder Niebuhr noch der Zuschauer versteht. Es beginnt die Untersuchung, Niebuhrs »Prozess«.

Die Geschichte des Mark Niebuhr war für mich so interessant und aufregend, weil in ihr exemplarisch vorgeführt wird, dass jemand unschuldig im juristischen Sinne sein kann und gleichzeitig doch beteiligt ist an Unternehmungen, die er nicht übersieht.

Im Frühjahr 1980, bevor ich mit den Produktionsvorbereitungen für den UFA-Film *Der König und sein Narr* begann, hatten wir das Konzept für die *Aufenthalt*-Verfilmung schon fertig, Wolfgang begann, ein Filmtreatment zu schreiben. Wir trafen uns mit Hermann Kant beim Generaldirektor der DEFA, um Fragen der Realisierung zu besprechen. Alle Beteiligten wussten, dass ich ein Jahr unbezahlten Arbeitsurlaub vom Fernsehen bekommen hatte, um in der Bundesrepublik zu drehen, und dass ich mich nach wie vor in einem scharfen Konflikt mit der Leitung des Fernsehens in Adlershof befand. Vorbereitung und Produktion des Films wurden für die zweite Hälfte 1981 in Aussicht genommen. Hermann Kant hatte die Verfilmungsrechte für sein Buch der DEFA noch nicht übertragen und erklärte Mäde ungefragt, dass er die Rechte nur abgäbe unter der Bedingung, dass Kohlhaase als Drehbuchautor und Beyer als Regisseur für den Film in diesen Rechtevertrag eingebunden würden. Er nahm wohl mit Grund an, dass man versuchen würde, ihn unter Druck zu setzen und nicht auf einem Regisseur zu bestehen, der gerade beschlossen hatte, ein Jahr lang beim »Klassenfeind« zu arbeiten.

Zwei Richtungen der Kulturpolitik lagen ja nach wie vor im

Clinch miteinander und es sah auch nicht nach Entspannung aus. Die einen dachten wie Friedrich Wilhelm I. dereinst: »wenn Künstler und Tapetenmacher weggehen, sie mögen nur hinziehen. Es wird sie eher gereuen als mich.« Honecker hat diese Meinung im Sommer 1989, als nicht nur Künstler und Tapetenmacher das Land verließen, sondern die DDR-Jugend in Massen über die offene ungarische Grenze emigrierte, sogar noch zugespitzt mit seinem zynischen Spruch, dass man niemandem eine Träne nachweinen werde ...

Die anderen meinten, die fortgesetzte Konfrontationspolitik, die weiterhin Autoren, Regisseure und Schauspieler aus dem Lande trieb, müsse beendet werden durch toleranteren Umgang mit ihnen.

Tatsächlich fand ich viele Jahre später in meiner Stasiakte folgende Aufzeichnung des bei der DEFA angestellten Stasi-Majors Gericke an die Hauptabteilung XX/7 seines Ministeriums:

[...] Im Juni 1980 wurde der Präsident der Akademie der Künste der DDR, Konrad Wolf, zusammen mit dem Filmautoren Wolfgang Kohlhaase beim Gen. Kurt Hager vorstellig, um eine Variante zur »Rettung« des B. für die DDR vorzuschlagen. Nach seiner Aussage hatte Konrad Wolf alle damit im Zusammenhang stehenden Faktoren mit Hermann Kant, Wolfgang Kohlhaase sowie anderen Mitgliedern der Akademie der Künste abgesprochen.

Ohne daß vorher eine Abstimmung mit dem Ministerium für Kultur, dem Fernsehen der DDR bzw. der staatlichen.Leitung des Filmwesens erfolgt ist, hat der Gen. Hager sein Einverständnis zu diesem Vorhaben einschränkungslos erklärt, wenn es über diesen Weg gelingen würde, den B. für die DDR-Filmkunst zurückzugewinnen.

Über sein Büro ließ er der DEFA-Leitung mitteilen, daß sie den Auftrag haben, die Realisierung der Verfilmung von »Aufenthalt« vorzubereiten [...]

Es wird vermutet (ohne daß Belege dafür erarbeitet werden konnten), daß die Verfilmung des Spitzenromanes von Hermann Kant durch Frank Beyer eine langfristig angelegte Provokation der Gegenseite ist, und daß sich gegnerische Kräfte dabei der Hilfestellung des Präsidenten der Akademie der Künste bedienen.

Zur Begründung dafür wird angeführt, daß die bisherigen Arbeiten des B. in Westberlin der DDR und ihrem Ansehen geschadet haben, B. durch seine politische Haltung und sein Verhalten, besonders nach den staatlichen Maßnahmen gegen Biermann unter Beweis gestellt hat, daß er eine verfestigte negative Einstellung zur sozialistischen Kulturpolitik hat [...]

Unter den Regisseuren des Spielfilm-Studios sowie unter Mitarbeitern der Hauptabteilung Dramatische Kunst wird das Verhalten von B. dahingehend kommentiert, daß man unter den gegenwärtigen Lagebedingungen offensichtlich seine persönlichen Ambitionen nur noch dann durchsetzen kann, wenn man sich öffentlichkeitswirksam in Opposition zur sozialistischen Kulturpolitik begibt. [...]

Ich hatte ein Jahr lang in der DDR nichts verdient, aber zum ersten Male in meinem Leben für Westgeld gearbeitet. Mit Monika wollte ich nach Beendigung der Arbeiten an der *Zweiten Haut* eine Reise nach Spanien machen. Die Leitung des Fernsehens hatte zugesagt, dass sie dafür eine Genehmigung erhalten würde. Zu unserer großen Bestürzung überreichte ihr der Programmdirektor des Fernsehens die Reisevisa mit der Bemerkung, dass damit ihre Tätigkeit als Life-Ansagerin im Fernsehen der DDR beendet sei. Damit hatten sie uns die Reise gründlich verdorben und es war klar, es würde weitere Auseinandersetzungen nach unserer Rückkehr geben. Ich meinte, es wäre ein neuer Versuch, uns aus dem Lande zu drängen. Wir beschlossen jedoch, nicht panisch zu reagieren. Nach unserer Rückkehr verlangte Monika Gespräche über ihre Perspektive im Fernsehen der DDR. Sie wurden auch geführt, jedoch eine Rückkehr als Life-Ansagerin auf den Sender wurde abgelehnt. Es begann ein zäher Kampf um Monikas Beschäftigung im DDR-Fernsehen, der erst nach längerer Zeit damit endete, dass sie als Redakteurin und Moderatorin für eine Modesendung auf den Sender zurückkehren durfte.

Einschüchterungs- und Erpressungsversuche, wenn es um sogenannte »ideologischen Fragen« ging, waren in der DDR Alltag. Aber das Rechtssystem der DDR war doch nicht soweit ausgehöhlt, dass man einer parteilosen Fernsehangestellten den Vertrag kündigen konnte, nur weil sie sich vier Jahre zuvor geweigert hatte, ihrem Mann bei der Biermann-Ausbürgerung in den Rücken zu fallen.

Wolfgangs Szenarium war im Sommer 1981 fertig. Unsere Filmversion von Kants Buch las sich so:

»Ein sehr junger Deutscher wird kurz nach Kriegsende auf einem Kleinstadtbahnhof in Polen aus einer Gruppe von Kriegsgefangenen herausgeholt und unter ihm zunächst unklarem Verdacht inhaftiert. Er lernt, polnisch Meldung zu erstatten, und, allein mit seiner Angst, Weißkohl zu stampfen. Er muss mehrmals seinen Lebenslauf schreiben, den sein Vernehmer, ein junger polnischer Leutnant, immer wieder zerreißt. Er friert und hungert. Er geht an einem Galgen vorbei und weiß nicht, ob er für ihn bestimmt ist. Der Weihnachtsabend in der Einzelzelle beschert ihm einen Salzhering, den Besuch des Gefängnisdirektors, großen Durst und geringen Trost eines fernen deutschen Weihnachtsliedes.

In einer Zelle mit polnischen Kriminellen, kleinen Dieben, Schiebern, Heiratsschwindlern begegnet er dem Hass, der in diesem Land entstanden ist, und der nicht nur der SS-Jacke gilt, die ihm gegen die Kälte zugeteilt wurde.

Mit ihnen darf er schließlich arbeiten, draußen, wo es nur Trümmer gibt. Die höchste Wand ist ihm vorbehalten, und würde er abstürzen, wäre sein Fall erledigt. Aber er lernt die Wand abzutragen, ohne herunterzufallen. Zu Fall kommt er durch einen unglücklichen Zufall. Der bricht ihm den Arm und bringt ihn ins Krankenrevier. Dort begegnet er zum ersten Male jungen polnischen Frauen; sie machen mit ihm ihre kleinen Scherze, bis sie erfahren, und damit auch er selbst, dass man ihn für einen deutschen Mörder hält. Nun kommt er in eine deutsche Gemeinschaftszelle, wo Zivilisten, Wehrmacht und SS, alle Dienstränge bis zum General hinauf vertreten sind, eine Landsmannschaft, die so fein und freundlich nicht ist, wie sie sich auf den ersten Blick darstellt. Im Zusammensein und bald schon in der Konfrontation mit so verschiedenen Leuten wie dem General Eisensteck, einem SS-Hauptsturmführer, einem Major Lundenbroich, dem jungen Kraftfahrer Fenske, einem Gasmann aus dem Ruhrgebiet oder dem Reichsbahnrat Sorgemehl erlebt der junge Mann eine »Volksgemeinschaft« die sich nur einig ist, wenn es gegen den Feind von gestern, den Sieger von heute geht.

Wenn sich Mark Niebuhr am Schluss gegen Jan Beveren, den Gärtner und Tulpenfreund aus Holland, SS-Mann aus Auschwitz, wendet, dann ist das weniger Rache für erlittene Gewalttat, als der Mut der Verzweiflung, zu denen nicht zu gehören. Die Drohung, dass er hier nicht lebend weggehen wird, ist glaubhaft, die Möglichkeit, sich selbst zu schützen, gering. Am Ende des Films finden die Polen heraus, dass Niebuhr nicht der gesuchte Mörder eines jungen Mädchens ist. So rettet ihn schließlich allein das Untersuchungsergebnis der Polen vor den eigenen Landsleuten.« Anfang Oktober begannen wir mit den Produktionsvorbereitungen und schrieben parallel dazu das Drehbuch.

Wir kämmten die DDR-Schauspielschulen durch auf der Suche nach einem jungen Mann für die Hauptrolle. Schließlich hatte ich zwei Kandidaten: Sylvester Groth und Ulrich Mühe, beide Schauspielschulabsolventen und gerade in ersten Engagements an Theatern in Schwerin beziehungsweise Karl-Marx-Stadt. Die Wahl war nicht einfach, beide waren hochbegabt. Schließlich entschied ich mich für den etwas jüngeren, kindlicher wirkenden Sylvester Groth.

Es war von Anfang an klar, dass wir diesen Film nicht drehen konnten ohne Mitwirkung polnischer Kollegen. Wir brauchten ein Dutzend Schauspieler für mittlere und kleinere Rollen, und wir brauchten Experten, die uns bei zahlreichen Fragen der

Schauplätze, des Kostüms und der Requisite beraten sollten. Wir fanden in Jerzy Rutowicz einen hervorragenden Produktionsleiter, der bei unserem ersten Warschau-Aufenthalt im November 1981 dafür sorgte, dass wir mit erstklassigen Schauspielern bekannt gemacht wurden, dass wir eine ausgezeichnete Kostümberatung bekamen, vor allem, was die Authentizität der polnischen Uniformen im Jahre 1945 betraf, und Jerzy hatte für uns sogar beim polnischen Justizministerium eine Besuchserlaubnis für das Warschauer Gefängnis erwirkt, in dem fast die gesamte Filmhandlung spielte.

Bei der DEFA bestand ich darauf, dass auch die wichtige Rolle des jungen holländischen KZ-Aufsehers mit einem holländischen Schauspieler besetzt wurde. Mäde hatte nichts dagegen, nur besaß er keine Devisen, um einen Schauspieler aus dem Westen in dessen Landeswährung zu bezahlen. Ich erklärte mich bereit, nach Amsterdam zu fahren und zu versuchen, einen Schauspieler zu überreden, für DDR-Währung zu spielen.

Solche Verhandlungen waren nicht besonders angenehm, aber ich hatte seit *Geschlossene Gesellschaft* Erfahrungen damit. Ich hatte 1978 den sehr prominenten Schweizer Schauspieler Sigfrit Steiner dazu überredet, unter diesen Bedingungen eine große Rolle in meinem Film zu übernehmen. Für solche Fälle gab es eine Regelung in der DDR, dass Honorare in vollem Umfang für Einkäufe in der DDR benutzt werden konnten (zum Beispiel für Antiquitäten) und die erworbenen Waren zollfrei ausgeführt werden durften.

Ein junger Schauspieler aus Amsterdam, Alexander van Heteren, war bereit, für DDR-Währung zu spielen. Er hatte gehört, dass Kinderkleidung in der DDR besonders preiswert sei, und er hat tatsächlich einen Teil seiner Gage in der DDR für seine Kinder ausgegeben. Auch diese Hürde war genommen. Mitte Januar 1982 sollte der erste Drehtag in einer leerstehenden Untersuchungshaftanstalt in Zwickau stattfinden.

Am 13. Dezember 1981, einen Monat vor dem geplanten Drehbeginn, wurde in Polen der Ausnahmezustand bekanntgegeben, das Kriegsrecht verkündet. Das Telefonnetz und alle anderen Verbindungen nach Warschau waren unterbrochen.

Würden die polnischen Schauspieler und die Kostümexperten unter diesen Umständen anreisen? Gab es Alternativlösungen? *Jakob der Lügner* hatte ich seinerzeit ohne die geplante polnische Beteiligung gedreht, das war ein schmerzlicher Eingriff der polnischen Behörden in meinen Film gewesen, aber ich konnte die Verluste ausgleichen.

Der Aufenthalt ohne polnische Beteiligung? Undenkbar. Das deutsch-polnische Verhältnis, durch Regierungsverträge und Freundschaftsbekundungen verschiedener Art abgesichert, war immer noch hochbrisant. Deutsche Verbrechen während des Krieges, die anschließende »Umsiedlung« der deutschen Bevölkerung – die Wunden waren auf beiden Seiten auch nach einer Generation noch nicht verheilt.

Wir setzten die Produktionsvorbereitungen fort, aber ich war entschlossen, den Film nicht ohne die polnischen Kollegen zu beginnen. Die Studiodirektion war offenbar meiner Meinung, sie drängte mich jedenfalls nicht, Alternativlösungen auszuarbeiten.

Einen Tag vor dem geplanten Drehbeginn kam die Nachricht aus Warschau, dass die polnischen Schauspieler anreisen würden. Sie kamen mit der Bahn, alle getroffenen Verabredungen waren unter der umsichtigen Leitung von Jerzy Rutowicz eingehalten worden. Besonders wichtig war, dass die Schauspieler ihre Kostüme mitbrachten, nämlich polnische Militäruniformen, die in Warschauer Werkstätten angefertigt oder hergerichtet worden waren.

Wir waren überglücklich. Der Druck, unter dem alle in den letzten Wochen wegen der Ungewissheit des Drehbeginns gestanden hatten, war gewichen, und wir begannen die gemeinsame Arbeit.

Im Mai 1982, nach 56 Drehtagen war unser Film abgedreht.

Es gab keine Einwände gegen den Film und keine Änderungswünsche. Die Premiere wurde für Januar 1983 vorbereitet, und *Der Aufenthalt* wurde bei den Westberliner Filmfestspielen im Februar 1983 als offizieller Wettbewerbsbeitrag der DDR angemeldet. Besonders gespannt war ich darauf, ob unser Publikum den Film annehmen würde. Ich hatte eine Hoffnung. Ich wusste, viele Mitfünfziger anfangs der achtziger Jahre hatten als 18-, 19jährige in den Krieg ziehen müssen, ein ähnliches Schicksal wie unser Mark Niebuhr im Film erlitten und würden in ihm eine Identifikationsfigur finden. Denn eine solche Figur gab es bisher im deutschen Kino nicht. Es gab kommunistische Widerstandskämpfer, jüdische Opfer und fanatische Hitlerjungen, die im Krieg einen Wandlungsprozess durchmachten. Aber jenen durchschnittlichen jungen Deutschen, der in den vierziger Jahren befehlsgemäß das Gewehr schulterte und in den Krieg hineinstolperte, den gab es nicht, obwohl er doch als deutscher Durchschnittstyp in der Wirklichkeit millionenfach vorhanden war. Tatsächlich ging meine Hoffnung in Erfüllung. Der Film hatte in der DDR mehr als 600 000 Besucher, es gab zahlreiche lebhafte Zuschauerdiskussionen, bei denen ein Dialog entstand – und manchmal heftige Auseinandersetzungen geführt wurden – zwischen zwei Generationen: den heute 18jährigen und den damals 18jährigen.

Noch aber war es nicht soweit. Die Einladungen für die Premiere waren verschickt, da kam eine neue Hiobsbotschaft aus Warschau. Das Kulturministerium sagte die Teilnahme unserer polnischen Kollegen ab. Kein polnischer Schauspieler, kein polnisches Stabmitglied durfte an der Filmpremiere in Berlin teilnehmen. Das war ein heftiger Affront, aber was war die Ursache für diese Brüskierung der deutschen Seite? Wir erfuhren es bald. Im Vorfeld der Premiere hatte der Militärattaché der polnischen Botschaft in der DDR, ein Mann, der wenig Deutsch verstand, sich den Film angesehen und nach Warschau gemeldet, dass unser Film die faschistischen deutschen Verbrechen in Polen verschweige, statt dessen aber ein polnisches Gefängnis zeige, in dem ein unschuldiger junger deutscher Soldat von polnischem Militärpersonal drangsaliert wird. Der polnische Botschafter in der DDR »bat« darum, unseren Film nur in Filmkunsttheatern in der DDR zu zeigen und von der Berlinale zurückzuziehen. Und um diesem Wunsch Nachdruck zu verleihen, wurde er in den Rang einer Staatsangelegenheit von höchster Priorität gehoben durch einen Brief des Generals Jaruzelski, 1. Sekretär der Polnischen Vereinigten Arbeiterpartei, an Erich Honecker, in dem gefordert wurde, den Film nicht im Ausland zu zeigen.

303

Das Ansehen Polens in der Welt stand auf dem Spiele, und entsprechend war das Echo aus Warschau auf die Denunziation unseres Films, der angeblich auch die revanchistischen Kräfte in der BRD stärkte und bei der Bevölkerung der DDR unfreundliche Gefühle gegen Polen wecke.

Tatsächlich fassen die polnischen Offiziere im Warschauer Gefängnis den jungen Deutschen, den sie für einen Mörder halten, nicht mit Samthandschuhen an. Aber mit jeder anderen Darstellung hätten wir uns lächerlich gemacht. Und verschwiegen wurde die entscheidende Wendung des Films. Nachdem die Untersuchung ergeben hat, dass Niebuhr kein Mörder ist, retten die Polen ihn vor seinen deutschen Landsleuten, die ihn als Veräter umbringen wollen. Da hatte wohl der polnische Militärattaché dem Film schon nicht mehr zugehört noch zugesehen, sondern war innerlich damit beschäftigt, seine Alarmmeldung nach Warschau abzufassen.

Das Kind war in den Brunnen gefallen, wer würde es nun wieder herausholen?

Kant schrieb Briefe an Honecker, Hager und den polnischen Botschafter in der DDR. Kohlhaase und ich boten dem Botschafter ein Gespräch in der Sache an[1] und ich schrieb einen Brief an den Kulturminister Hoffmann[2] in dem ich um Schutz vor ungerechtfertigten Vorwürfen ersuchte. Man versicherte uns, dass man die polnische Meinung über unseren Film nicht teile, gab aber dem Druck aus Warschau nach und zog den Film von der Berlinale zurück.

In vorauseilendem Gehorsam hatte Joachim Herrmanns Agitationsabteilung schon dafür gesorgt, dass Rundfunk- und Fernsehinterviews nicht gesendet und Presseberichte über unseren Film nicht mehr gedruckt wurden. Das wurde zwar später revidiert und der Film bei Inlandvorführungen nicht mehr behindert, aber die Startrampe für einen möglichen internationalen Erfolg wäre das Festival in Westberlin gewesen.

---

[1] Siehe Dokumente Seite 408.
[2] Siehe Dokumente Seite 410.

Wolfgang und ich trafen uns mit Andrzej Wajda, der damals gerade in der Bundesrepublik den Film *Eine Liebe in Deutschland* nach dem Stück von Hochhuth drehte. Er sah sich unseren Film an. Wajda sagte, es ginge vermutlich um etwas, was mit der Story des Films direkt gar nichts zu tun habe. Seiner Meinung nach verstehen die polnischen Administratoren nicht, dass in einem Augenblick, in dem in Polen das Kriegsrecht ausgerufen wird, die polnische Armee das Land regiert und die Gewerkschaftsbewegung Solidarność unterdrückt, ausgerechnet die Deutschen einen Film machen, in dem polnische Soldaten in einer ähnlichen Unterdrückersituation gegenüber diesem 19jährigen deutschen Soldaten gezeigt werden. Zumal die heutige Armee die gleiche Uniform trägt, die damals auch die Sicherheitsorgane und das Gefängnispersonal getragen haben. Die stolzen Angehörigen der polnischen Armee als Gefängnisbüttel – das sei nicht auszuräumen, es sei eine atmosphärische Sache.

Es stimmte tatsächlich, 1945 hatten die polnische Armee und die Sicherheitsbehörden die gleiche Uniform.

Unsere polnischen Schauspieler trugen die richtigen Uniformen, aber in den Augen der polnischen Behörden waren es die falschen.

22. Sauly, Mick und der
verlorene Schutzengel

Je länger ich in meinem Beruf arbeitete, der mir immer auch gleichzeitig Hobby war, um so wichtiger wurde mir der Wechsel. Mit jedem Film kann man neue Welten entdecken. Innere Welten der Filmfiguren, aber auch die Außenwelten verändern sich ständig. Hauptschauplatz im Film *Der Aufenthalt* war ein Gefängniskeller, aber im Personal dieses Kellers spiegelte sich die Welt. Der neue Film spielte in der weiten Welt. Es war ein Road Movie, ein Stationenfilm. Aus der Großstadt übers Gebirge zum Meer geht die Reise zweier Halbwüchsiger im Roman *Bockshorn* von Christoph Meckel.

Mick, 15, und Sauly, 12, zwei Habenichtse ohne Eltern und Verwandte, unzertrennlich in glücklichen und weniger glücklichen Stunden, vagabundieren durch ein ungenanntes Land der unbegrenzten Möglichkeiten. Als Tippelbrüder und Gelegenheitsarbeiter schlagen sich die beiden durch Städte und Landschaften, lassen sich treiben und erleben alle Freuden und Leiden ungebundener Selbständigkeit.

Eines Tages treffen sie in einer Kneipe einen Mann namens Landolfi. Dieser Landolfi, ein übler Bursche, redet den beiden ein, er habe Sauly den Schutzengel weggenommen und an einen Paul Miller weiterverkauft. Sauly glaubt es, er läßt sich ins Bockshorn jagen, und weil er es glaubt, scheint er seinen Schutzengel tatsächlich verloren zu haben.

Sauly wird unterwegs von schwerem Fieber geschüttelt, nur mühsam erholt er sich auf einem Bauernhof, auf dem die beiden Jungen Unterschlupf gefunden haben. Jetzt wird der Verlust des Schutzengels für Sauly zur fixen Idee. Ein einziger Gedanke beherrscht ihn: Man muss Landolfi finden und ihm den Schutzengel wieder abjagen.

Als die beiden am Ende ihrer Kräfte wie durch einen Zufall auf Landolfi treffen, kommt es zur Katastrophe. Landolfi nämlich erinnert sich nicht einmal mehr an den üblen Streich, den er ihnen in einer Bierlaune gespielt hat. In seiner Verzweiflung greift Sauly ihn an, Landolfi setzt sich auf brutale Weise zur Wehr, Sauly stürzt auf einen Felsen am Straßenrand und verletzt sich dabei so schwer, dass er kurz darauf stirbt.

Mick begräbt den Freund und muss seine Wanderung durch die Welt allein fortsetzen.

Eine DEFA-Dramaturgin hatte mir Meckels Roman gebracht. Aus mehreren Gründen interessierte ich mich für das Projekt. Einmal beeindruckte mich die poetische Kraft des Gleichnisses in Meckels Buch. Die Suggestion der Parabel. Ein künstlerisch überhöhter Text bei gleichzeitig starkem Realitätsbezug. Der Schutzengel in *Bockshorn* steht für Glück und Geborgenheit, so wie das Radio in *Jakob der Lügner* für Hoffnung steht. Eine menschliche Hoffnung realisiert sich aber auch in der Beziehung zwischen Mick und seinem jüngeren Gefährten Sauly. Sauly braucht die menschliche Nähe, den Zuspruch und den Beistand des Freundes, der ihm Bruder und Vater ersetzen muss. Mick nimmt diese Verantwortung an (der er schließlich nicht mehr gewachsen ist, so wie Jakob am Schluss seiner übernommen Verantwortung nicht mehr gewachsen ist!).

Mich faszinierte an dem Stoff auch, wie die Reise Micks und Saulys zum Meer – es ist die Reise ihrer Hoffnungen und Träume – immer stärker überlagert wird von der Suche nach diesem Landolfi, der Saulys Schutzengel verkauft haben will. Wie von Jakob mit Worten Hoffnung, wird hier mit Worten Panik verbreitet. Ob unbedacht, ob böswillig formuliert: Worte fressen sich fest, bewirken Zweifel an sich oder anderen. Mit Worten kann man einen Menschen umbringen, wie mit einem Messer.

Zum dritten reizte mich, einen Film ganz gezielt für ein junges Publikum zu drehen, weil es im Jahrzehnt zwischen 1970 und 1980 eine starke Veränderung in der Struktur des Kino-publikums gegeben hatte. Der Hauptanteil der Kinogänger be-stand jetzt aus 14–25jährigen, die älteren blieben zu Hause vor dem Fernsehschirm.

Nun gab es zwar ein starkes Interesse an diesem exotischen Stoff im Studio, aber die Frage, wie und wo man man ihn rea-lisieren könne, war ganz und gar ungeklärt. Meckel hatte seine Geschichte in einem nicht näher bezeichneten Land angesie-delt, aber es war klar, dass es sich um die »Konsumgesellschaft« handelte, in der Reichtum und Armut, Überfluss und Mangel dicht beieinander lagen. Dafür standen die überfüllten Groß-städte mit den Wolkenkratzer-Silhouetten, den verstopften Straßen und den Autofriedhöfen der Vorstädte einerseits und die verfallenden, menschenleeren Dörfer andererseits.

Es war klar, wir mussten einen bestimmten Anteil des Films in einem der großen kapitalistischen Länder drehen. Für die exo-tischen, südlichen Landschaften kamen als Drehorte Kuba und Bulgarien in Frage, dies konnte die DEFA leicht finanzieren oder mit Gegenleistungen für kubanische und bulgarische Filmpro-duktionen verrechnen. Aber wer würde die Devisen beschaffen für Außenaufnahmen in Frankreich, Italien oder Spanien?

Die Verfilmungsrechte für Meckels Buch hatte der West-berliner Filmproduzent Manfred Durniok gekauft. Da seine Produktionsfirma nicht groß genug war, um ein solches Unter-nehmen ohne Partner zu finanzieren, war er an einer Zusam-menarbeit mit der DEFA interessiert. Von ihm kam auch der Vorschlag, Außenaufnahmen in den USA zu realisieren, statt in ein europäisches kapitalistisches Land zu gehen.

»Wenn wir nach Kuba gehen«, was als sicher galt, »dann ist es von da aus nicht weit in die Vereinigten Staaten, die Reise-kosten sind insgesamt kleiner, als wenn in einem zweiten Un-ternehmen Aufnahmen in Frankreich oder Italien gedreht wer-den«, meinte er.

Von Schönefeld gab es damals keine direkten Flüge nach New York, man musste über Prag, Moskau oder Bukarest flie-gen. An einem trostlosen 30. November flogen wir in die trost-lose Hauptstadt Rumäniens.

Die Bewohner Bukarests litten unter Kälte und Stromsperren, die Lebensmittelgeschäfte waren wie leergefegt. Auch unser Hotelzimmer war kalt. Ich hatte eine Flasche Weinbrand dabei, schenkte meinen Mitreisenden, dem Kameramann Claus Neumann, dem Produktionsleiter Herbert Ehler und dem Szenenbildner Freddy Hirschmeier, ein und sagte:

»Meine Herren, Sie waren bis gestern skeptisch, ob man uns tatsächlich nach den USA reisen lässt, um dort Filmaufnahmen vorzubereiten. Ihre Skepsis war berechtigt. Tatsächlich werden wir morgen nicht zur Motivsuche in das ferne Pennsylvania reisen, sondern in das näher gelegene Transsilvania. Seid nicht traurig, Rumänien ist ein schönes Land.«

Für einen Augenblick blickte ich in erschrockene Gesichter, bis sie begriffen, dass ich sie auf den Arm genommen hatte.

Am Abend schaute ich mir meinen Reisepass an. Im USA-Einreisevisum stand:

»VALID IF PRESENTED BEFORE DECEMBER 1, 1981 FOR ONE APPLICATION FOR ADMISSION INTO THE UNITED STATES. Also: Gültig, wenn es vor dem 1. Dezember 1981 vorgelegt wird für eine einmalige Einreisegenehmigung in die USA.

Mit anderen Worten, das Visum verfiel in dieser Nacht um 00.00 Uhr. Unser Flug nach New York sollte am nächsten Morgen, dem 1.Dezember, stattfinden.

Am nächsten Morgen waren wir rechtzeitig auf dem Bukarester Flughafen. Als die diensttuende Stewardess einen Blick in unsere Reisepässe warf, bekam sie ein nachdenkliches Gesicht, verschwand mit unseren Pässen, kam zurück, bat uns um Geduld und darum, mit unserem Gepäck aus der Schlange der Wartenden zurückzutreten. Ich sagte nun Herbert Ehler, was mit unseren Visa los war. Man ließ uns warten, bis alle Passagiere abgefertigt waren. Als letzte standen wir mit unserem Gepäck im Abfertigungsraum. Dann erschien ein Beamter der rumänischen Fluggesellschaft, gab uns die Reisepässe zurück und sagte, dass es ihm leid tue, aber unsere Einreisevisa für die USA seien verfallen.

Herbert Ehler begann eine Diskussion mit dem Mann, die aber relativ schnell endete, weil ihn der Beamte darauf hinwies, dass die rumänische Fluggesellschaft sich den amerikanischen

Behörden gegenüber verpflichtet habe, nur Passagiere mit gültigen Visa zu befördern. Ende der Diskussion. Die Maschine stand noch auf dem Rollfeld. Nachdem Herbert Ehler den rumänischen Beamten überredet hatte, eine Telefonverbindung mit dem USA-Konsulat in Bukarest herzustellen, gab der Konsul tatsächlich grünes Licht. Wir waren mit dem Schrecken davongekommen.

Auf unserer Reise durch den Nordosten der USA fanden wir wichtige Motive für unseren Film. Was uns am meisten beeindruckte in diesem Lande der unbegrenzten Möglichkeiten, war die Mühelosigkeit, mit der man kommunizieren konnte. Hotelzimmer im voraus bestellen? Nicht nötig. Wenn man abends mit der Arbeit fertig ist, sucht man das nächste Motel auf; falls es ausgebucht ist, bestellt man von da aus Zimmer irgendwo in der Umgebung. Flüge buchen oder umbuchen? Von jeder Telefonzelle aus. Fluggesellschaft ruft binnen fünf Minuten in die Zelle zurück.

Sorgen machte ich mir um die Besetzung der Hauptrollen. Das sollten zwei etwas verwahrloste Kinder sein, zwischen 12 und 16 Jahre alt. Wo um Gottes willen gab es so etwas in der DDR? Vielleicht in einem Jugendwerkhof?

Oder sollten wir vielleicht in ärmeren sozialistischen Ländern suchen?

Auf keinen Fall. Ich wollte zwischen meinen Hauptdarstellern und mir keine Sprachbarriere haben. Wir begannen die Suche erst einmal unter Ostberliner jungen Leuten. Hunderte von Kandidaten prüften wir. Zum ersten Male konnten wir Videotechnik statt der aufwendigen Filmtechnik für diese Arbeit benutzen. Und wir wurden tatsächlich fündig. Unter den wohlerzogenen Berliner Schülern befanden sich tatsächlich einige, die unbekümmert und durch fremdes Milieu nicht einzuschüchtern waren. Der 12jährige, südländisch wirkende Jeff Dominiak und der 16jährige Bert Löper, der eine deutsche Mutter und einen irakischen Vater hatte, waren meine Kandidaten für die Hauptrollen. Die Eltern der Jungen waren einverstanden, die Schulleitungen und auch das Volksbildungsministerium stimmten zu.

Ich hatte vor laufender Videokamera ein ernstes Gespräch

mit Jeff und Bert geführt, ihnen gesagt, dass die Dreharbeiten nicht nur Spaß, sondern harte Arbeit sind. Bevor ich sie endgültig besetze, müssen sie mir ihr großes Ehrenwort geben, dass sie bis zum Schluss des Films durchhalten, auch wenn sie irgendwann müde und erschöpft sein sollten und keine Lust mehr haben, weiterzuarbeiten. Denn dieser Film kostet sehr viel Geld, und falls sie nicht durchhalten, ist dieses Geld verloren. Das hatten beide gut verstanden und hoch und heilig versprochen, mit mir zusammen bis zum Ende des Films durch dick und dünn zu gehen.

Ende März 1983 waren alle wichtigen Entscheidungen über die Produktion getroffen, für den 29. April war der erste Drehtag in New York geplant. Ein kleiner Stab mit den beiden Hauptdarstellern sollte am Tag zuvor nach den USA reisen und zehn Tage später in Havanna mit dem größeren Teil der Crew zusammentreffen, um die Dreharbeiten fortzusetzen. Die Flüge wurden gebucht, alles ging seinen Gang.

Zehn Tage vor der geplanten Abreise stellte sich heraus, dass für unsere beiden jugendlichen Hauptdarsteller weder Reisepässe ausgestellt noch Ausreisevisa beantragt worden waren. Das Ministerium für Staatssicherheit hatte dies verhindert. Die Direktion der DEFA sah sich nicht imstande, dieses Problem zu lösen. Das bedeutete, neue Hauptdarsteller suchen und den Drehbeginn auf unbestimmte Zeit verschieben.

Ich war nicht bereit, das hinzunehmen; meine Hoffnung, etwas daran zu ändern, war allerdings schwach. Es gab einen einzigen Weg, nämlich über das Büro des Politbüromitglieds Kurt Hager. Seitdem mir Hager geholfen hatte, meine Forderung auf Arbeit in der Bundesrepublik durchzusetzten, hatte ich Kontakt zu Frau H., einer Referentin seines Büros.

Als ich sie jetzt in der Visa-Angelegenheit meiner beiden Hauptdarsteller anrief, hatte sie innerhalb weniger Minuten ermittelt, was bei der Staatssicherheit gegen die beiden »vorlag«.

Sie wurden verdächtigt, die DDR bei Gelegenheit des USA-Aufenthalts illegal verlassen zu wollen. Nun wussten die beiden zu diesem Zeitpunkt gar nicht, dass wir in den USA drehen würden. Bert, der 16jährige, hatte aber während der

Probeaufnahmen mit anderen Gleichaltrigen sich darüber unterhalten, dass Kuba nur wenige Seemeilen von Florida entfernt ist und Schwimmer in Käfigen (wegen der Haie), die von Booten geschleppt wurden, diese Strecke ohne große Mühe überwunden hatten. Bei Jeff, dem Kleinen, war die Sache noch simpler. Er lebte nicht in geordneten Familienverhältnissen, wie das bei der Staatssicherheit hieß. Seine Eltern wollten sich scheiden lassen. Die Mutter von Jeff hatte dem Jungen zwar eingeschärft, darüber mit niemandem zu reden, weil sie zu Recht vermutete, dass man den Jungen unter diesen Umständen nicht ins Ausland reisen lassen würde, aber die Staatssicherheit hatte es doch irgendwie herausbekommen.

Es gelang mir, Frau H. davon zu überzeugen, dass dies völlig überzogene Reaktionen seien, und ich erklärte, ich sei davon überzeugt, dass beide Jungen den Film bis zum Ende drehen und von den Auslandsreisen mit mir in die DDR zurückkehren würden.

Am nächsten Tag trafen wir uns in der HV Film mit Horst Pehnert und den Müttern der beiden Jungen. Ich führte das Videoband unserer Gespräche vor. Am gleichen Tage erhielten die Jungen die Ausreiseerlaubnis.

DDR-Alltag? Nein. Ich verstand, dass es viele Leute gab, die in einem Lande nicht leben wollten, in dem Probleme nur in der gerade beschriebenen Art gelöst werden konnten. Dass ich es noch immer aushielt, verstand ich mitunter selber nicht. Mit Sicherheit hing es damit zusammen, dass es mir trotz aller Niederlagen immer mal wieder gelang, verbündet mit anderen, doch noch vernünftige Lösungen durchzusetzen. Die Erteilung der Ausreisevisa für meine beiden Hauptdarsteller in letzter Minute war so ein kleiner Sieg, der mir wieder Mut machte. Nach einem dramatischen Wettlauf gegen die Uhr mit Hilfe des amerikanischen Generalkonsuls bekamen wir buchstäblich drei Stunden vor dem Abflug auch die amerikanischen Einreisevisa für die Jungen.

Die Reise nach N. Y. ging diesmal über Moskau und Toronto. Die Jungen waren schrecklich aufgeregt. Sie hatten gerade erst erfahren, dass wir nach N. Y. flogen. Der Körper des Kleinen reagierte auf die Aufregung. Er erbrach sich dauernd und kam bis nach Moskau nicht von der Flugzeugtoilette herunter. Wir konsultierten auf dem Moskauer Flughafen eine Ärztin, es gab keinen medizinischen Befund, aber auch Beruhigungstabletten halfen nicht. Ich trug Jeff in Toronto von der Flughafentoilette ins Flugzeug. Abends kamen wir in N. Y. an. Schon am nächsten Morgen mussten wir wegen unserer knappen Devisen drehen. Jeff war unfähig dazu. Er verbrachte den Vormittag wieder auf der Toilette. Wir brachen den Drehtag ab. Manfred Durniok machte mit beiden Jungen einen kleinen Spaziergang durch Manhattan, gab den Jungen ihre Tagesdiäten in Dollarscheinen. Im nächsten Andenkenladen kaufte Jeff irgendeinen Trödel und war von dieser Minute an gesund.

Die beiden Jungen fanden sich auf eine erstaunliche Weise in den fremden Milieus zurecht. Als wir in die Bronx kamen, standen überall junge Leute mit riesigen Kofferradios. Unsere beiden Jungen hatten sich im Nu mit den Schwarzen angefreundet und tanzten mit ihnen zusammen einen furiosen Raptanz, den wir sofort aufnahmen und später in den Film einschnitten.

Bockshorn hatte am 29. März 1984 Premiere. Meine Hoffnung, dass dieser Film von einem jugendlichen Publikum angenommen würde, erfüllte sich nur teilweise. Der Film polarisierte und spaltete das Publikum. Der eine Teil wollte dem Film mit seinen poetischen Metaphern nicht folgen und lehnte diese Form der Überhöhung ab. Der andere Teil mochte gerade die Metaphern und die poetische Substanz des Films.

Ich vermute, hinter diesem ästhetischen Streit standen andere, nicht ausgesprochene Fragen. Zum Beispiel die Frage nach meiner Legitimation, einen Film zu drehen, der in einem für die Masse der Zuschauer nicht erreichbaren Lande spielte. Vielleicht wollten die Zuschauer von mir keinen Film sehen, dessen Wahrheitsgehalt für sie nicht nachprüfbar war.

Dennoch ist *Bockshorn* ein von mir besonders geliebtes Kind, vielleicht gerade deshalb, weil manche Erwartungen nicht in Erfüllung gingen.

23. Die trüben Achtziger

Nach der Arbeit an *Bockshorn* befand ich mich in einer merkwürdigen Situation. Der Konflikt zwischen der Fernsehleitung und mir nach *Geschlossene Gesellschaft* und meinem Gastspiel in der Bundesrepublik hatte sich in eine Art Pattsituation verwandelt. Ich war für zwei Spielfilme an die DEFA ausgeliehen worden, wie es nun weitergehen sollte, wusste niemand. Mäde hatte mich zwar gern als eine Art Dauerleihgabe aus dem Fernsehen akzeptiert, wollte mich aber nicht durch einen festen Vertrag ans Studio binden. Ein nächstes Projekt, ein Film nach Anna Seghers' Roman *Transit*, kam nicht zustande, weil Anna Seghers die Verfilmungsrechte dem französischen Regisseur René Allio versprochen hatte. Aus dem Fernsehen der DDR, bei dem ich ja weiterhin fest angestellt war, kam in fünf Jahren ein einziges Stoffangebot, nämlich *Der Leutnant Yorck von Wartenburg*. Ich schätzte diese Erzählung von Stephan Hermlin, wusste aber nicht, wie ich sie in den Film übertragen sollte. So musste ich den Stoff zurückgeben.

Es kamen verschiedene Angebote aus der Bundesrepublik, u. a. von der CCC-Filmkunst. Artur Brauner schlug mir zwei Kinoprojekte vor, *Hitlerjunge Salomon* und *Schindlers Liste*.

Ich bat Adameck, mir die Prüfung dieser Projekte zu erlauben. Die Antwort kam zu meiner Überraschung umgehend. Da es sich nicht um Fernsehproduktionen, sondern um Kinofilme handelte, sollte Horst Pehnert, der Leiter der Hauptverwaltung Film sich um die Sache kümmern, das Fernsehen der DDR würde sich in diese Angelegenheit nicht einmischen.

Hitlerjunge Salomon war ein anrührender Erlebnisbericht eines Holocaust-Überlebenden. Sally Perell, ein heute in Israel lebender Jude hatte als Kind und Halbwüchsiger unter falscher Identität die Nazijahre in Deutschland überlebt, immer in der Angst, man würde ihn als beschnittenen Juden entdecken. Mir gefiel die Ausgangssituation dieses Erlebnisberichts. Sie erinnerte mich an meine schizophrene Situation als 12jähriger gegen Ende des Krieges, hin- und hergerissen von dem Wunsch, unbedingt beim Nazi-Jungvolk dabeizusein und den Ermahnungen meiner Mutter, nicht mehr mitzutun bei einer Sache, die sie für verbrecherisch und zu dem für verloren hielt. Sally Perells Situation damals war natürlich viel dramatischer, bei ihm ging es um Leben und Tod und ich hoffte, es ließe sich eine spannende Geschichte erzählen über den Anpassungsdruck und die Veränderungen in der Psyche eines Jugendlichen, der sich unaufhörlich verstellen muss, der aus dieser Notlage heraus will und irgendwann erschrocken feststellt, dass er langsam begonnen hatte, die Denkweise seiner Feinde anzunehmen. In diese Richtung wollte ich den Stoff entwickeln.

In dem vorliegenden Drehbuchentwurf hatte Perels Erlebnisbericht noch keine wirkliche künstlerische Gestaltung und entsprechende psychologische Vertiefung gefunden. Es ging 90 Minuten immer nur wieder um Variationen einer Grundsituation, nämlich darum, ob es jemandem gelingen würde, dem Jungen die Hose herunterzuziehen und an seinem Geschlecht seine jüdische Herkunft zu ermitteln. Das war mir für einen abendfüllenden Spielfilm zu wenig.

Ich versuchte, Jurek Becker für die Bearbeitung des Drehbuchs zu gewinnen, vergeblich. Jurek glaubte nicht an den Stoff.

Artur Brauner war meiner Meinung, dass der vorliegende Drehbuchentwurf überarbeitet werden musste, aber es geschah immer wieder das gleiche: Wenn ich Autoren vorschlug, die ein neues Treatment schreiben sollten, manövrierte sie Brauner schnell wieder hinaus und brachte andere Autoren ins Spiel, deren Entwürfe mir nicht gefielen. Schließlich gab ich das Projekt auf und begann das Material von *Schindlers Liste* zu studieren. Auch hier lag ein Drehbuchentwurf vor, der mich nicht überzeugte. Steven

315

Spielberg besaß damals schon die Verfilmungsrechte des Romans von Thomas Kenneally, wir aber arbeiteten mit dem reichlich vorhandenen dokumentarischen Material und hätten auch an dem Roman vorbei einen eigenständigen Film machen können. Es gab sogar schon einen Besetzungsvorschlag. Klaus Maria Brandauer hätte in meiner Vorstellung Schindler spielen sollen, Michael Gwisdek den KZ- Kommandanten Goeth.

Ich hatte Gwisdek den Drehbuchentwurf gegeben, wir setzten uns zusammen und rauften uns die Haare, wie wir diese Figur glaubhaft darstellen könnten. Wie erklären Sie jemandem, dass ein Mensch auf den Balkon seines Hauses tritt, den Karabiner durchlädt und vor dem Frühstück erst einmal zwei oder drei Häftlinge auf dem in Sichtweite befindlichen Appellplatz des Konzentrationslagers erschießt? Aber davon zu hören und darüber zu lesen oder es in einem Spielfilm zu verarbeiten, sind ganz verschiedene Dinge. Spielberg hat zehn Jahre später versucht, das Problem zu lösen, in dem er sich auf eine psychopathologische Spurensuche begab.

Die Frage, ob ich *Hitlerjunge Salomon* oder *Schindlers Liste* gemacht hätte, wenn die vorliegenden Drehbuchentwürfe DEFA-Angebote gewesen wären, beantwortete ich mir seinerzeit mit einem klaren Nein. Für einen Film, den ich im Westen drehen wollte, sollten aber die gleichen Qualitätskriterien gelten wie für einen DEFA-Film.

Bei *Schindlers Liste* hatte ich noch einen anderen Grund, mich zögerlich zu verhalten. Ich nenne es das Legitimationsproblem. In diesem Film geht es um einen deutschen Fabrikanten, der während des Zweiten Weltkriegs einer größeren Zahl von Juden das Leben rettet, indem er sie in seinen Betrieben beschäftigt und auch auf andere Weise für sie sorgt. Musste das nicht in einem deutschen Film wie eine Art Reinwaschungsversuch wirken? Eine Art Alibifilm, um deutsche Untaten zu relativieren?

Artur Brauner war es immer eine Herzensangelegenheit, Stoffe antifaschistischer Thematik zu betreuen. Er war polnisch-jüdischer Herkunft, hatte den Holocaust überlebt, und er war, im Gegensatz zu mir, auf die natürlichste Weise legitimiert, Unternehmungen wie *Schindlers Liste* zu betreiben. Diese Unternehmungen hat er bis in die Gegenwart fortgesetzt, zuletzt mit einem Film *Von Hölle zu Hölle,* dessen Realisierung er mir auch angeboten hatte. In diesem Film geht es um die Rückkehr jüdischer Holocaust-Überlebender in eine polnische Kleinstadt im Jahre 1946 und einen Konflikt mit den Polen, die inzwischen die Häuser und Wohnungen ihrer jüdischen Mitbürger in Besitz genommen hatten. Es kommt zu einem Pogrom, bei dem 42 Menschen ihr Leben verlieren. Dieser Pogrom hat tatsächlich 1946 in der polnischen Kleinstadt Kielce stattgefunden. Die Verbrecher wurden vor ein polnisches Gericht gestellt.

Ein deutscher Regisseur dreht einen Film über einen polnischen Pogrom? Das war und ist für mich ein absurder Gedanke.

Alle drei Projekte wurden später realisiert. Ich habe weder *Hitlerjunge Salomon* noch *Von Hölle zu Hölle* gesehen, bin aber bis heute davon überzeugt, dass es eine richtige Entscheidung von mir war, diese Filme nicht zu drehen. Und das gilt auch für *Schindlers Liste,* der zehn Jahre später für Steven Spielberg ein großer internationaler Erfolg wurde. Mir ist das ästhetische Konzept dieses Films nicht besonders nahe. Aber unbestreitbar ist, dass dieser Film über den Holocaust, von einer großen amerikanischen Produktion weltweit verbreitet, in Deutschland von sehr vielen jungen Leuten gesehen wurde und ihr Bewusstsein von deutscher Schuld und Verantwortung geschärft hat.

Um für die CCC-Filmkunst zu einer Alternative zu kommen, schrieb ich ein Drehbuch nach der Erzählung *Matulla und Busch* von Klaus Schlesinger. Das ist die liebenswürdige Geschichte von zwei alten Zauseln, die in einem Altersheim bei Stuttgart leben. Eines Tages bekommt Matulla einen eingeschriebenen Brief, in dem er davon unterrichtet wird, dass er in Berlin ein Haus geerbt hat. Er macht sich auf den Weg nach Berlin, Busch hängt sich an ihn. Sie nehmen an, dass es bei dem Erbe um eine Villa in Dahlem geht, es stellt sich jedoch heraus, es ist ein verkommenes Mietshaus in Kreuzberg, und es ist von jungen Leuten besetzt ...

Die Grundfarbe der Geschichte ist die einer Komödie, die Hausbesetzerszene ist nur ihre Folie, ihr Hintergrund. Ich hätte daraus gern einen Fernsehfilm gemacht mit Martin Held und Heinz Rühmann in den Hauptrollen. Aber die westdeutschen Fernsehanstalten wollten von diesem Stoff nichts wissen. Die

Hausbesetzungen waren gerade abgeklungen, die brutalen Auseinandersetzungen der Polizei mit den Hausbesetzern, sie sollten wohl nicht wieder ins Bewusstsein der Fernsehzuschauer zurückgeholt werden. Das Thema war angeblich nicht mehr aktuell.

Ich kam auf einen wichtigen Unterschied zwischen West und Ost. In der DDR hätte man in längeren Diskussionen begründet, warum man einen solchen Stoff nicht produzieren will, im Westen gab es einfach kein Geld für das Projekt.

Mich beschäftigte in dieser Zeit natürlich die Frage, welche Art von Gegenwartsfilm man in der DDR Mitte der achtziger Jahre drehen könnte.

Nachdem *Geschlossene Gesellschaft* verboten, *Franziska Linkerhand* aus dem Produktionsplan des Fernsehens genommen, *Schlaflose Tage* sowohl vom Fernsehen als auch von der DEFA abgelehnt worden waren und auch *Die zweite Haut* in der DDR keine Chance bekommen hatte, begriff ich, dass es nicht möglich war, einen Gegenwartsstoff zu realisieren, ohne das Publikum zu belügen.

Mit *Solo Sunny* und *Märkische Forschungen* hatten die Achtziger bei der DEFA hoffnungsvoll begonnen, aber die Gegenwartsfilme *Insel der Schwäne* und *Erscheinen Pflicht* waren knapp einem Verbot entgangen.

Solo Sunny von Konrad Wolf und Wolfgang Kohlhaase unterläuft das gängige DDR-Heldenbild auf souveräne Weise, indem es sich als private Geschichte einer durchschnittlichen Schlagersängerin tarnt. Um so vehementer wird das Recht des Individuums auf Selbstbestimmung postuliert. Der Film geht mit einer gewissen naiven Raffinesse der Diskussion über das Gegenwartsthema aus dem Wege. Er vermeidet die Einmischung des Individuums in gesellschaftliche Prozesse – das ist der Unterschied zu den verbotenen Filmen der sechziger Jahre –, aber er postuliert das Recht auf individuelle Entfaltung. Es ist der letzte Gegenwartsfilm, den Wolgang Kohlhaase vor dem Ende der DDR geschrieben hat.

Der Aufenthalt lief im Spätsommer 1983 im Wettbewerb des Filmfestivals von Venedig. Er erhielt respektable Kritiken, aber

Venedig war der falsche Platz für den internatoionalen Start des Films. Insofern war der Verzicht auf seine Aufführung in Westberlin nicht mehr zu reparieren.

Reisen durch die Bundesrepublik und nach Frankreich folgten. Und schließlich wurde der Film auch 1985 in Polen gezeigt, zunächst in einer internen Vorführung des polnischen Filmverbands mit anschließender Diskussion. Ich nahm an dieser Veranstaltung teil, deren ausdrückliches Ziel es war, unserem Film den Zugang zu polnischen Kinos zu öffnen. Niemand verstand im Kreis der polnischen Kollegen die polnische Intervention gegen die Aufführung unseres Films in Westberlin. Sie ließ sich vermutlich auch nur aus der angespannten und zugespitzen Situation während des Kriegsrechts in Polen erklären.

Die nächste Reise im Zusammenhang mit dem Film führte mich im Dezember 1985 in die Sowjetunion. Merkwürdigerweise war man diesmal in Moskau und Tbilissi mit dem Ausschank alkoholischer Getränke weit zurückhaltender als üblich, denn Gorbatschow hatte als eine seiner ersten Maßnahmen die Einschränkung des Alkoholverbrauchs verfügt. Tatsächlich gab es in der Sowjetunion große Produktionsausfälle wegen Trunkenheit. Nun rasselten in Tbilissi mittags in den Supermärkten die Scherengitter vor den Alkoholabteilungen herunter. Nach 14 Uhr wurden keine alkoholischen Getränke mehr verkauft. Aber Not macht erfinderisch. Bald wurde der Zucker knapp. Er wurde in Millionen Haushalten gebraucht, um Schnaps zu brennen.

Vor der Weiterreise nach Taschkent verbrachten wir einen ganzen Tag auf dem Flughafen wegen Nebel, der in großen Landesteilen den Flugverkehr lahmgelegt hatte. Als spätabends noch immer keine Aussicht auf Abflug bestand, verlangte ich, ins Hotel zurückgebracht zu werden. Am Nachmittag hatte es zum letzten Male Verpflegung auf dem Flugplatz gegeben, nach 22 Uhr war es unmöglich, im Hotel noch etwas zu essen zu bekommen. Auf meine Bitte fuhr der armenische Taxichauffeur an einer Spätverkaufsstelle vorbei. Ich erwarb eine Büchse Fischkonserven und ein Stück Brot. Ich wollte ein Bier und eine Flasche Wodka kaufen, der Armenier wies nur stumm auf die verrammelte Alkoholabteilung, erbot sich aber dann, bei einer

Schnapsfabrik vorbeizufahren. Tatsächlich kamen wir kurz vor Mitternacht auf den Hinterhof einer Fabrik; gerade verließ ein PKW der Miliz das Grundstück. Der Armenier ging auf eine Gruppe von Männern zu, kehrte dann zum Taxi zurück und sagte: »Die Schweine haben schon wieder die Preise erhöht. Die Flasche Stolitschnaja kostet jetzt acht statt sechs Rubel.« Aber er hatte eine Originalflasche mit Originaletikett dabei.

In Taschkent war der Ukas aus Moskau auch schon eingetroffen, aber man hatte nicht vor, das Alkoholverbot allzu ernst zu nehmen. »Hier hat schon so mancher versucht, gegen den Wind zu pinkeln«, sagten die Genossen in der usbekischen Filiale des Filmverbands. Das würde auch der »Mineralsekretär« erleben, wie sie Gorbatschow nannten.

Die Sowjetunion ist ein riesiges Land mit einer hochentwickelten Militärtechnik. Sie haben den ersten Sputnik in den Weltraum geschossen, aber unsere Weiterreise aus Moskau nach Tbilissi wäre beinahe daran gescheitert, dass sie im »Dom Kino« keine Strippe hatten, um unsere Filmbüchsen zu verschnüren. Die Dolmetscherin half aus. Sie erzählte mir vom Ernteeinsatz ihres Sohnes auf einer Kolchose. Die Studenten halfen dabei, eine Rekordtomatenernte einzubringen. Es gab keine Körbe und keine Kisten, und weil auch keine Fahrzeuge zum Abtransport bereitstanden, wurden die Tomaten in großen Haufen am Feldrand zwischengelagert. Als die Studenten nach Beendigung ihres Einsatzes mit Lastkraftwagen zur nächsten Bahnstation gebracht wurden, sahen sie, wie die Tomaten von den Bauern auf dem Acker verteilt und untergepflügt wurden. Die Bauern waren froh, dass keine Lastkraftwagen gekommen waren, um die Tomaten abzuholen, denn wenn man in der Landwirtschaftsbehörde von der Rekordernte erfahren hätte, wäre das Ablieferungssoll für das nächste Jahr sofort entsprechend erhöht worden.

Auf einem Trödelmarkt in Taschkent wurden für wenige Kopeken Glühlampen verkauft, ich wunderte mich über die Pfennigbeträge, die für eine Glühlampe verlangt wurden. Die Dolmetscherin sagte, die Glühlampen sind ja auch kaputt. Und warum kauft man eine kaputte Glühlampe? Man kann sie in seinen Volkseigenen Betrieb mitnehmen, eine intakte Lampe herausschrauben und sie durch die kaputte ersetzen...

24. Der Bruch

Mit Wolfgang Kohlhaase hatte ich verabredet, einen Stoff für einen neuen Film zu suchen. Wolfgang erinnerte sich an einen Kriminalfall aus der Nachkriegszeit, dessen komplette Gerichtsakten er vor längerer Zeit schon einmal studiert hatte. Der Fall war anfangs der fünfziger Jahre eine Sensation. Es war der größte, von langer Hand vorbereitete Bankeinbruch in der Berliner Nachkriegsgeschichte. Der Keller unter den Büroräumen der Eisenbahnverkehrskasse in der Charlottenstraße war als Tresor ausgebaut, in ihm wurden die Fahrgelder der Bahn aufbewahrt. Man sammelte sie täglich von allen Berliner Bahnhöfen ein und zahlte ein paar Tage später von diesem Geld die Wochenlöhne der Eisenbahner aus.

Der Fall machte deshalb Furore, weil niemand es für möglich gehalten hatte, dass dieser Tresor geknackt werden könnte. Als Filmvorlage war der Fall eher mittelmäßig. Es gab keine raffinierten Wendungen und Verwicklungen, weder bei der Tatvorbereitung noch bei der Aufklärung. Die Täter wurden relativ schnell gefasst, auch diejenigen, die zunächst in den Westsektoren untergetaucht waren, es folgten zwei Prozesse, einer im Osten, der andere im Westen, alle Täter und Hehler wurden verurteilt, von dem Geld kam nur ein kleiner Teil zurück.

Das Interessante an den Prozessakten waren die Vernehmungsprotokolle der Beschuldigten. Dort findet man Charakterbilder deutscher Einbrecher, Profis, Halbprofis, Laien. Und die gesamte Hehlerszene um den Alexanderplatz herum.

In dem Archivmaterial war ablesbar, wie sich die politischen Fronten in Berlin 1951 schon verfestigt hatten: Spaltung der Stadt, Währungsreform, Wechselstuben, »Schwindelkurs«. Das alles spielte im Verhalten der Einbrecher und der Polizei eine Rolle und machte die Sache für das Verständnis des heutigen Zuschauer reichlich unübersichtlich.

Wir spielten die Möglickeit durch, was geschähe, wenn wir den Fall vor die Währungsreform zurückdatierten. Es stellte sich heraus, wenig Verluste, großer Gewinn vor allem an Übersichtlichkeit. Dann fanden wir heraus, dass die Konsequenz solcher Überlegungen das Jahr 1946 war, zumal wir auch aus anderem Quellenmaterial eine Skizze der sich 1945/46 aus Antifaschisten neu formierenden Kriminalpolizei in Berlin hatten. Dieses Jahr Eins in der Nachkriegsgeschichte, in dem die Trümmer nicht mehr rauchen, aber noch vorhanden sind, in dem die Strukturen der neuen Gesellschaft noch nicht ausgebildet sind, in dem alles noch sehr unordentlich ist und vieles gerade wieder in Gang kommt, schien gut für unsere Geschichte zu sein. Während ich mich in die Polizeiprotokolle und Gerichtsakten vertiefte, schrieb Wolfgang auf ein paar Seiten einen ersten Entwurf für den Film: in der Tendenz Komödie, vor allem durch den Kontrast von Profi-Einbrechern und ungeübten Laien-Polizisten. Und eine kleine Dreiecksgeschichte von 17jährigen wurde erzählt. Julian und Bubi sind zwei Maurerlehrlinge, beide in Tina verliebt, und beide werden auf eine merkwürdige Weise in den Kriminalfall verwickelt. Der eine auf der Seite der Einbrecher, der andere auf der Seite der Polizei. So war es damals: Du konntest Polizist oder Einbrecher werden, es hing vieles vom Zufall ab.

Mir gefiel an diesem ersten Entwurf von Wolfgang besonders, dass er die Chance bot, einen Film in einem beim Publikum populären Genre zu machen, der Kriminalkomödie.

Für die Besetzung der Hauptrolle, den Profieinbrecher Bruno Markward, hatte Wolfgang Kohlhaase in einem sehr frühen Arbeitsstadium den Schauspieler Fred Düren vorgeschlagen. Ich war damit sehr einverstanden, ich kannte Düren als hervorragenden Charakterschauspieler lange. Nun hatten wir bei der Konzeption für das Drehbuch die Einbruchssituation zu einer komödiantischen Situation ausgebaut. Das Einbrechertrio Markward, Lubowitz und Graf hatte in wochenlanger nächtlicher Vorbereitungsarbeit in die Decke des Kellertresors ein kreisrundes Loch gestemmt. Markward, der Spezialist für Schweißarbeiten, hatte die Stahlbewehrung der Kellerdecke mit dem Schweißbrenner beseitigt und sollte nun in den Tresor einsteigen, aber er passte aufgrund seines Körperumfangs nicht durch das Loch. Der schmale Lubowitz musste einspringen. Beinahe ging der lange vorbereitete Einbruch in letzter Minute noch schief, denn durch unsachgemäßen Umgang mit dem Schweißbrenner setzte Lubowitz im Kellertresor das Papiergeld in Brand ...

Der Dicke und der Dünne, ein gängiges Kinomuster. Nun war Fred Düren ein schmaler Mann, und wenn er den Dicken spielen sollte, wer um Gottes willen sollte dann der Dünne an seiner Seite sein?

Ich schob das Problem zunächst vor mir her. Wir schickten Düren das Drehbuch und trafen uns mit ihm an einem Abend. Wir erwarteten, dass ihm die Figur Markward, die wir mit vielen komödiantischen Zügen ausgestattet hatten, gefallen würde. Aber Fred Düren machte auf uns einen sehr unglücklichen Eindruck. Fred war ein paar Jahre vorher gemeinsam mit seiner Frau zum mosaischen Glauben konvertiert. Und das war nicht nur ein sehr tiefer Einschnitt in seinem Leben, sondern für sein gesamtes moralisches Wertesystem und seine Einstellung zu seiner beruflichen Arbeit. Gegen unser Drehbuch und die ihm zugedachte Rolle brachte er zunächst eine Reihe von Einwänden vor. Er wolle nicht in Kneipen herumsitzen und Bier trinken. Auch sei es ihm nicht möglich zu fluchen. Entsprechende Texte müssten gestrichen werden. Aber das waren Vorwände: Ihm war die ganze Figur dieses eigentlich sympathischen Kleinkriminellen und die ironische Tonlage zuwider.

Ich war vollkommen ratlos. Es schien mir, als sei Dürens Komödiantentum mit einer dicken Schicht Glaubensdogmatismus überdeckt.

Wie sollte ich mit einem Schauspieler arbeiten, der so wenig Lust auf die Komödie hatte? Der eigentlich meinte, dass die Darstellung dieses Einbruchs ohne deutliche moralische Verurteilung seinen Grundsätzen widersprach, und der wahrscheinlich nur deshalb nicht abgesagt hatte, weil er uns gegenüber nicht wortbrüchig werden wollte.

Nach einer schlaflosen Nacht rief ich Wolfgang an. Ich sagte ihm, dass ich entschlossen sei, von der Verabredung mit Fred Düren zurückzutreten und bereit bin, Düren aufzusuchen und ihm die Gründe dafür zu nennen. Wolfgang hatte natürlich ähnliche Gedanken wie ich gehabt. Er war viele Jahre mit Düren befreundet und wollte ihn nun vor einem Treffen zu dritt anrufen.

Dieses Telefongespräch fand am gleichen Vormittag statt. Fred Düren fiel ein Stein vom Herzen als er von Wolfgang hörte, dass wir nicht darauf beständen, ihn in unserem Film zu besetzen.

Noch am gleichen Tage telefonierte ich mit Rolf Hoppe, der zu Außenaufnahmen für einen Film in Budapest war. »Vor zwanzig Jahren habe ich dir in Dresden versprochen, dich mit einer großen Rolle in einem Film zu besetzen. Es hat lange gedauert, aber jetzt ist es soweit. Ich hoffe, du hast Lust und Zeit, die Hauptrolle in meinem Film *Der Bruch* zu spielen.« Er hatte beides.

Die Besetzung für die beiden Maurerlehrlinge Julian und Bubi hatte ich relativ schnell mit den beiden Leipziger Schauspielschülern Volker Ranisch und Thomas Rudnick gefunden. Schwieriger war es, eine Besetzung für die 17jährige Tina zu finden. Meine Favoritin war Ulrike Krumbiegel vom Deutschen Theater, aber sie war 25 und eigentlich zu alt für die Rolle. Die größten Schwierigkeiten hatte ich mit der Besetzung des 28jährigen ehemaligen Matrosen Graf. Als ich eines Abends zu Hause eine Zwischenbilanz der Besetzung machte und auch »grenzüberschreitende« Überlegungen anstellte, fielen mir Götz George für Graf ein und beinahe im gleichen Atemzug Otto Sander für den Lubowitz. Hoppe und Sander, das wäre ein Traumpärchen für mich. Die Edelvariante von Pat und Patachon, nach der das Zentrum der Handlung ja gearbeitet ist. George als Graf könnte alle Farben dieses Möchtegern-Ganoven und Weiberhelden spielen. Das Problem: George war Ende Vierzig.

Als ich mit Wolfgang darüber sprach, fragte er mich sofort: »Was soll der bei der Marine gewesen sein? Admiral?« Das war ein wirklich gravierender Einwand.

Aber ich verfolgte meinen Gedanken weiter. Graf musste ja nicht Admiral, er konnte zum Beispiel Schiffskoch gewesen sein. Und die Konstellation der Figuren wäre zwar anders, als im Drehbuch entworfen, jedoch für das Jahr 1946 sehr charakteristisch. Wenn die 25jährige Ulrike Krummbiegel die Tina spielen würde, wären die 17jährigen Julian und Bubi zu jung, und der Endvierziger Graf zu alt für sie. Aber dies genau war die Situation zahlreicher junger Frauen 1946 in Deutschland, deren gleichaltrige oder wenig ältere Partner entweder gefallen oder noch in Gefangenschaft waren.

Dass die »gesamtdeutsche« Besetzung mit Rolf Hoppe, Götz George und Otto Sander dann tatsächlich zustande kam, hatte etwas mit dem »Devisenhunger« der DDR-Regierung zu tun.

Der DEFA-Außenhandel, der unsere Filme international vermarktete, hatte herausgefunden, dass Filmprojekte im Westen oft vorfinanziert wurden durch Rechteverkäufe, bevor auch nur ein Meter Filmmaterial belichtet war. Das war im amerikanischen Kino sogar die vorherrschende Finanzierungsmethode und wird heute in großem Umfang praktiziert.

In der Bundesrepublik waren es damals die öffentlich-rechtlichen Fernsehanstalten, die sich an der Finanzierung von Kinofilmen mit erheblichen Beträgen beteiligten. Die DEFA hatte unser Drehbuch dem WDR geschickt. Es war in der Fernsehspielabteilung gelesen worden, und der WDR wollte die Senderechte unseres Films für das ARD-Programm vorab erwerben. Dieses Geschäft wollte die DEFA im Interesse der DDR-Devisenwirtschaft unbedingt machen, es konnte jedoch aus politischen Gründen nicht direkt zwischen dem WDR und der DEFA abgewickelt werden. Das hätte sofort die Leitung des Fernsehens in Adlershof und deren obersten Chef, den ZK-Sekretär Joachim Herrmann, auf den Plan gerufen. Zusammenarbeit mit dem Klassenfeind auf ideologischem Gebiet wurde nach wie vor nicht geduldet, und im Verständnis des Ostfernsehens war der Hauptfeind das Westfernsehen.

Aber ohne Zusammenarbeit mit dem Klassenfeind waren die heißersehnten Devisen nicht zu bekommen.

So schaltete man die Westberliner Firma ALLIANZ-FILM dazwischen und machte alle Verträge mit dieser Firma. Das Westgeld floss, es war das Geld des WDR, aber die Zusammenarbeit fand nicht mit dem Hauptfeind des DDR-Fernsehens statt.

Für den WDR war das unproblematisch, sowieso wurde die überwiegende Zahl seiner Film- und Fernsehspielproduktionen über private Firmen abgewickelt.

Ich hatte Götz George und Otto Sander die Drehbücher geschickt, und erst als ich ihre Zusagen hatte, teilte ich meine Besetzungswünsche dem Generaldirektor der DEFA mit. Ich befürchtete, dass Schwierigkeiten entstehen würden, weil beide Schauspieler über die Firma ALLIANZ in ihrer Landeswährung bezahlt werden mussten, und dieses Geld entging der Devisenkasse der DDR. Aber die Besetzung wurde genehmigt. Das schlug sich auch sofort wieder in barer (West-)Münze nieder, denn mit George im Boot konnte die DEFA einen weiteren Vertrag abschließen, nämlich mit dem JUGENDFILM-VERLEIH von Jürgen Wohlrabe in Westberlin für die Kinorechte in der Bundesrepublik.

Bei der Besetzung der Kriminalisten hatte ich ziemlich früh an meinen Bruder Hermann gedacht. Er war ein erstklassiger Theaterschauspieler geworden und hatte inzwischen in zwei Dutzend Filmen gespielt, unter anderem Hauptrollen in zwei wichtigen DEFA-Filmen *Märkische Forschungen* und *Treffen in Travers*.

Hermann war ein starker Partner für seine beiden jungen Kollegen Gerhard Hähdel und Jens-Uwe Bogadtke. Das Kriminalistentrio musste ja auch schauspielerisch gegenüber den prominent besetzten Einbrechern bestehen.

Eine Hauptschwierigkeit bei der Vorbereitung dieses Films war die glaubhafte Darstellung des Handlungsortes: Berlin 1946, eine zertrümmerte Viersektorenstadt, noch nicht geteilt in Ost und West.

Wie sollten wir unseren Film anfangen? Sollten wir ihn eröffnen mit dokumentarischem Filmmaterial? Es gab reichlich Wochenschaumaterial mit Berliner Trümmerlandschaften. Aber den Film damit zu eröffnen würde einen dokumentarischen Gestus etablieren, dem zu folgen wir ja nicht vorhatten. Wir wollten nicht den bekannten Filmen über diese Zeit einen neuen Film »Das schwere Jahr 1946« hinzufügen.

Als Kinozuschauer stört es mich in den meisten Fällen, wenn Dokmaterial auf diese Weise im Spielfilm verwendet wird. Es beschädigt oder zerstört die Glaubhaftigkeit des Fiktiven.

Ich schlug vor, in den Film einen Schauplatz »Tageskino im S-Bahnbogen« einzufügen. Dieses Kino gab es tatsächlich bis weit in die sechziger Jahre am Bahnhof Friedrichstraße. Hier beginnt in der ersten Szene unseres Films die Liebesgeschichte zwischen Tina, Julian und Bubi, hier verrät später Anita Graf ihren Mann an die Polizei, und hier ist Tina am Schluss des Films wieder allein. In diesem Tageskino läuft am Anfang eine von uns manipulierte und imitierte Wochenschau. Wir haben also nicht über die Hintertreppe Tageskino doch noch die dokumentarischen Trümmerlandschaften in den Spielfilm eingeführt, sondern über eine Mischung von gefundenem und erfundenem Material, das zeittypisch ist und in dem komische Elemente sind, versuchen wir, in eine Verabredung mit dem Zuschauer über die Tonlage unseres Films zu kommen. Da gibt es ganz merkwürdige Effekte. Echtes Dokmaterial, wie der Bericht »Großkampftag der Friseure«, wird von uns ironisch kommentiert, und parodiert sich selbst. In der Schlussszene mit den Berliner Amateurtanzpaaren, die rein fiktiv ist und sich nur als Dokfilm ausgibt, sieht es aus, als kämen die komischen Effekte aus dem Dokumentarischen. Das sind natürlich Verfahrensweisen, die sich für einen Dokumentaristen verbieten. Aber wir sind Spielfilmleute. Uns ist Woody Allen nahe, der sich in einen Dokfilm hineinschmuggelt und, als Rabbiner verkleidet, neben Adolf Hitler im Präsidium eines Reichsparteitages Platz nimmt.

Die wenigen Schauplätze in der Innenstadt von Ostberlin, die an das Jahr 1946 erinnerten – ein Trümmerfeld aus Abriss und echten Baulücken von 1945 – behandelten wir mit großer Sorgfalt. Die Totalen dieses Motivs stehen am Schluss des Films, während der Showdown läuft. Sie sind eine Art Zitat der Berliner Trümmerlandschaft von 1946, beiläufig, während

Flucht und Verfolgung stattfinden. Der Zuschauer soll einen intensiven Bildeindruck von den Zerstörungen bekommen, aber nebenbei, nicht didaktisch.

Fast das ganze Jahr 1988 verging mit der Vorbereitung, den Dreharbeiten und der Endfertigung des Films *Der Bruch*.

Ende Oktober begann, wie in jedem Jahr, in den Kinos der DDR ein Festival des sowjetischen Films. Unter anderem gab es den in der SU lange verbotenen Film *Die Kommissarin* und einen Film mit dem Titel *Der kalte Sommer des Jahres 53*. In ihm wird beschrieben, wie eine Gruppe von Kriminellen, die nach Stalins Tod durch eine Amnestie freigekommen war, ein Dorf terrorisiert. Die realistische Darstellung dieses sibirischen Dorfs entsprach so gar nicht den schöngefärbten Bildern vom Leben in der Sowjetunion, das die DDR-Presse jahrein, jahraus verbreitete. Es gab in der DDR inzwischen eine Stammgemeinde für diese Filme. Sie wurden wie immer in der Programmvorschau der Kinos angekündigt. Am 18. November stellten die verblüfften Kinobesucher an der Abendkasse fest, dass sie aus dem Programm genommen und durch andere Filme ersetzt worden waren. Sie waren verboten worden, ohne dass man dafür eine Begründung gegeben hätte. Fast zum gleichen Zeitpunkt verschwand die Zeitschrift SPUTNIK, aus den Kiosken. Kurz angebunden meldete das NEUE DEUTSCHLAND, der Postminister habe die Zeitschrift aus der Liste des Postzeitungsvertriebs gestrichen. Ohne Begründung. Es gingen zahlreiche Proteste ein, aber niemand wagte, die getroffenen Entscheidungen rückgängig zu machen, denn beide Maßnahmen waren, wie bald durchsickerte, von Honecker angeordnet worden. Wieder einmal ging es um das alte Lied von der »Fehlerdiskussion«, wenn es auch diesmal nicht so genannt wurde. Die DDR-Führung wehrte sich mit allen Kräften gegen eine Neubewertung historischer Ereignisse in der Sowjetunion. Sie befürchtete, und das wohl mit Recht, dass auch in der DDR Fragen nach falschen Entwicklungen in der Wirtschaft, der Kultur und im gesellschaftlichen Leben gestellt würden.

Seit zwei Jahren regierte in Moskau ein verhältnismäßig junger Mann, der beschlossen hatte, sein Land umzukrempeln. Eine neue Offenheit herrschte in den sowjetischen Medien.

Gab es vielleicht doch noch eine Chance zur Reformierung des Systems? Dieser Michail Gorbatschow machte eine Politik, die an die Prager Reformer von 1968 erinnerte. Die Formulierung wurde zwar nicht gebraucht, aber der Inhalt von Gorbatschows GLASNOST-Politik war ein »Sozialismus mit menschlichem Antlitz«.

Die DDR-Führung verhielt sich abweisend, wollte von einer Reform der Gesellschaft nichts wissen. Ich selbst war wieder einmal optimistisch. Mein Optimismus gründete sich darauf, dass die DDR-Führung jahrzehntelang die Losung verkündet hatte: VON DER SOWJETUNION LERNEN HEISST SIEGEN LERNEN. Zum ersten Male in der fast 40jährigen DDR-Geschichte war eine Mehrheit des »DDR-Staatsvolks« bereit, dieser Losung wirklich zu folgen. Und nun legte sich die DDR Führung plötzlich quer. Aber nach meiner festen Überzeugung würde sie diese Politik auf Dauer nicht durchhalten können. Noch immer in der Vergangenheit hatte »der große Bruder« in der DDR durchgesetzt, was er durchsetzen wollte. Ich war sicher, er würde es auch diesmal tun, und mit einer gewissen Schadenfreude wartete ich darauf. Diesmal kam der Reformversuch nicht von unten und auch nicht von der Peripherie des sozialistischen Lagers, sondern aus der Machtzentrale selbst, und dem würde sich auch das Politbüro der SED auf Dauer nicht widersetzen können.

Meine Hoffnung, dass die DDR der Sowjetunion folgen müsse in die Reformpolitik, erwies sich als Irrtum.

25. *Ende der Unschuld*
und das Ende der DDR

Das Jahr 1989 begann für mich mit einem Erfolg und einer Enttäuschung, und es endet mit einer nicht erwarteten Sensation: der Wiederaufführung der Filme *Spur der Steine* in den Kinos der DDR und *Geschlossene Gesellschaft* im DDR-Fernsehen.

Der Erfolg zu Beginn des Jahres war die DDR-Uraufführung meines Films *Der Bruch*. Der Film wurde vom Publikum angenommen.

Erfolgreich war auch die Aufführung des Films in einer Sondervorführung im Zoo-Palast während der Berlinale. Am nächsten Tag startete der Film in den Kinos der Bundesrepublik.

Der JUGENDFILM-Verleih hatte 30 Kopien ziehen lassen und die Werbung für den Film ganz auf Götz George gestellt. George war damals schon als Schimanski sehr populär im Fernsehen und hatte auch mit der Übernahme dieser Figur in zwei oder drei Kinofilmen Erfolg gehabt. Meine Befürchtung war, dass die Schimanski-Fans enttäuscht sein würden – nicht von Georges schauspielerischer Leistung, aber eben davon, dass ihr Idol nicht das Zentrum unseres Films war. Der andere Teil des Publikums, sozusagen die Nicht-George-Fans, würden dem Film fernbleiben, gerade weil so dominierend mit dem Namen George geworben wurde. Aber was verstand ich schon von Werbestrategien westdeutscher Filmverleihe? Leider behielt ich recht mit meinen Befürchtungen. Der Film lief zwar in Berlin hervorragend, aber in der Bundesrepublik war er ein Flop.

Wieso gab es in der Bundesrepublik in den achtziger Jahren

keinen einzigen deutschen Schauspieler mehr, der ein Millionenpublikum ins Kino zog? Das hatte es doch in den fünfziger und sechziger Jahren gegeben: Maria Schell und O. W. Fischer, Curd Jürgens und Dieter Borsche, Ruth Leuwerik und Heinz Rühmann lockten ein Millionenpublikum ins Kino. Wieso waren dem NEUEN DEUTSCHEN FILM im Kampf gegen »OPAS KINO« die Stars abhanden gekommen? Für mich war es schon seit meinen ersten Filmen eine Binsenweisheit, dass Kino über Stars funktioniert; sie sind das Transportmittel, mit denen die Kinogeschichten dem breiten Publikum vermittelt werden können. Das wusste man aus dem Kino der Nazizeit, dem italienischen und französischen Nachkriegsfilm, und vor allem konnte man es am weltweiten Erfolg der US-amerikanischen Filme studieren. Selbst unter den bescheidenen Verhältnissen der DDR funktionierte das. Jutta Hoffmann und Angelica Domröse, Erwin Geschonneck, Manfred Krug und Armin Mueller-Stahl waren in der DDR sehr populär. Dass sie international nicht bekannt waren, lag in keinem Falle an der Qualität dieser Schauspieler.

Meine Enttäuschung über die geringe Resonanz meines Films beim westdeutschen Publikum hielt sich aber in Grenzen, ich war bereits mitten in einer neuen Arbeit, die mich faszinierte.

Während der Dreharbeiten zu *Bruch* hatte ich Dr. Norbert Schneider, den Geschäftsführer der ALLIANZFILM, kennengelernt, und wir hatten uns verschiedene Male über Projekte von gemeinsamem Interesse ausgetauscht. Schneider ist ein Mann, der wenig dem Klischeebild des westdeutschen Filmproduzenten ähnelt: Hochgebildet, konziliant im Umgang und fähig zum Interessenausgleich, wenn es bei der Vorbereitung einer Produktion zu Konflikten kommt.

Dr. Schneider gab mir eines Tages einen Drehbuchentwurf von Wolfgang Menge mit dem Titel *Die deutsche Atombombe*.

Ich wusste, dass berühmte deutsche Physiker während des Zweiten Weltkriegs an einem Uranprojekt gearbeitet hatten. Ich wusste auch, dass das amerikanische Atombombenprogramm in Gang gesetzt wurde aus Furcht, die Deutschen könnten eine Atombombe bauen und damit London oder New York bedrohen. Und ich wusste, dass später in der Sowjetunion an einem ähnlichen Programm gearbeitet wurde als Antwort auf die amerikanischen Entwicklungen. Daran waren deutsche Wissenschaftler beteiligt wie Klaus Fuchs, der in englischer Emigration und später in den USA am Atomprogramm der Amerikaner mitgearbeitet und der Sowjetunion bestimmte wissenschaftliche Grunderkenntnisse übermittelt hatte. Fuchs war nach dem Krieg in Großbritannien als »Atomspion« verurteilt worden, kam später in die DDR und war ein führender Wissenschaftler in Rossendorf, dem DDR-Zentrum für Atomforschung.

Aber auch eine Reihe von deutschen Physikern, die nach Ende des Krieges in der Sowjetunion interniert waren, hatten an bestimmten wichtigen Teilentwicklungen der Bombe gearbeitet.

Seit ich vor vielen Jahren Robert Jungks Buch *Heller als tausend Sonnen* gelesen hatte, war ich von diesem Thema fasziniert. Der für mich bestürzende Vorgang war, wie aus einer großen wissenschaftlichen Entdeckung, nämlich der Spaltung des Urankerns durch Hahn und Straßmann im Jahre 1938, in weniger als sieben Jahren das Massenvernichtungsmittel Atombombe entstand. Ich las alles, was für mich in der deutschen und englischen Literatur über dieses Thema erreichbar war, und schrieb Anfang der sechziger Jahre einen Brief an den damaligen DEFA-Studiodirektor Mückenberger, in dem ich darum bat, das Thema als eine Art Langzeitprojekt zu verfolgen. Das Projekt war nicht konkret genug, und die DEFA interessierte sich vor allem für Geschichten, die in absehbarer Zeit produziert werden konnten. Ich besaß nur eine umfangreiche Materialsammlung, aber keinen wirklichen Fabelansatz. Ganz abgesehen davon, dass weite Strecken, soweit es die sowjetische Seite betraf, strengster Geheimhaltung unterlagen. Der Versuch, Klaus Fuchs für die Sache zu gewinnen, schlug fehl, es kam noch nicht einmal ein Gespräch mit ihm zustande.

Nun hielt ich Wolfgang Menges Manuskript, den Entwurf für einen zweiteiligen Fernsehfilm, in der Hand. Dieses Manuskript lag schon zwei Jahre lang herum, war ursprünglich für einen Spielfilm entworfen worden, zeugte von immensen Detailkenntnissen des Autors, aber war von einer merkwürdigen Unentschiedenheit.

Der Drehbuchentwurf von Wolfgang Menge war tatsächlich der Versuch, eine Art Kompromiss herzustellen zwischen den dokumentarisch überlieferten Abläufen bei der Konstruktion einer energieerzeugenden Uranmaschine in Deutschland (das Wort Atomreaktor kannte man damals noch nicht) und erfundenen persönlichen Geschichten, in die einige der Hauptfiguren verwickelt waren. Ich entschied mich rigoros für die »technische Version«, von der Wolfgang Menge befürchtete, dass sie »eine staubtrockene Sachbuchverfilmung« werden könnte.

Ich hatte seit dem Fernsehprojekt *Rottenknechte* Erfahrungen mit der Organisierung von dokumentarischem Material zu emotional starker Wirkung. Damals ging es um das Schicksal von jungen Matrosen, um Leben oder Tod von einzelnen Figuren. Das hatte die Zuschauer seinerzeit stark bewegt. In dem neuen Projekt ging es um Leben oder Tod der ganzen Menschheit. Das Vertrackte im Film ist, dass die Zuschauer bereit sind, sich emotional stark für den einzelnen Filmhelden zu engagieren, das Schicksal der Menschheit jedoch im Kino den Zuschauer eher gleichgültig lässt.

Ein zweiter Unterschied zwischen den beiden Projekten bestand darin, dass *Rottenknechte* in einer Mischform gedreht worden war, weil umfangreiches dokumentarisches Film- und Tonmaterial vorlag und man diese Dokumente und die von Schauspielern dargestellten Szenen ständig in Beziehung zueinander setzen konnte.

Für das neue Projekt gab es detaillierte Berichte von Teilnehmern und Zeitzeugen in schriftlicher Form, aber kaum Bild- und Tonmaterial. Es war also klar, es würde als reine szenische Rekonstruktion mit Schauspielern gemacht werden müssen. Alle technischen Apparaturen müssten sorgfältig nachgebaut werden. Tatsächlich gibt es im fertigen Film eine einzige dokumentarische Szene, nämlich die Versuchsexplosion der ersten U 235 Atombombe in Los Alamos im Juli 1945.

Ich war entschlossen, auf alles Private und Anekdotische zu verzichten und trotzdem keine »staubtrockene Sachbuchverfilmung« zu machen.

Die deutschen Physiker wussten, die Konstruktion der Uranmaschine war eine Zwischenstation auf dem Weg zur Bombe, einesteils, weil das für die Maschine benötigte Uran 238 das Isotop Uran 235 enthielt, mit dem man die Bombe bauen konnte, andererseits, weil eine funktionierende Uranmaschine als Abfallprodukt ein Transuran, heute Plutonium genannt, liefern würde, das ebenfalls als Explosivstoff für eine Bombe geeignet war. Tatsächlich wurde die Atombombe, die 1945 auf Hiroshima abgeworfen wurde, auf der Basis von Uran 235 konstruiert, die wenige Tage später über Nagasaki abgeworfene Bombe hatte als Sprengstoff Plutonium.

Das Lager der deutschen Physiker im Dritten Reich war in zwei Fraktionen gespalten. Die einen wiesen die deutsche Heeresführung ganz ausdrücklich darauf hin, dass das Land, welches als erstes den nuklearen Explosivstoff herstellte, unverwundbar, uneinholbar überlegen war. Sie wollten ihrem Vaterland möglichst schnell zur Atombombe verhelfen. Die anderen fanden es undenkbar, Hitler womöglich eine solche Waffe in die Hand zu geben, aber auch sie verweigerten ihre Mitarbeit am deutschen Uranprogramm nicht. Einerseits wollten sie ihre jungen Kollegen Physiker an ein kriegswichtiges Programm binden und sie so vor der Front retten, andererseits hofften sie, mit der Arbeit an der Uranmaschine Deutschland nach dem Kriege einen Vorsprung auf dem Wege der friedlichen Anwendung zu schaffen.

Hitler hatte die Losung ausgegeben, nur Waffensysteme in die Entwicklung zu nehmen, die binnen Jahresfrist verwendbar werden könnten. Die Physiker konnten reinen Gewissens versichern, dass der Bau der Atombombe wesentlich länger dauern und gewaltige Industriekapazitäten erfordern würde. So entschloss man sich in Deutschland, das Raketenprogramm Wernher von Brauns voranzutreiben, und in die Uranforschung nur minimale Mittel zu investieren.

Die nach dem Krieg von Robert Jungk verbreitete Ansicht, die deutschen Physiker hätten sich dem Atomprogramm der Nazis verweigert, ist eine Legende.

Die Wahrheit ist schlichter. In der ersten Phase des Krieges bis Ende 1942, als Deutschland die industriellen Ressourcen Europas zur Verfügung standen, einschließlich des Urans aus der Tschechoslowakei und dem belgischen Kongo sowie dem schweren Wasser aus Norwegen, hätte man mit großem industriellen Aufwand vermutlich die Bombe bauen können, und man darf annehmen, dass die meisten deutschen Physiker sich nicht geweigert hätte, an diesem Programm zu arbeiten. Aber die politische Führung in Deutschland meinte, man würde auch ohne Bombe siegen. In der zweiten Hälfte des Krieges, nach Stalingrad, war es undenkbar, die Bombe herzustellen, schon wegen der Luftangriffe, die alle Arbeiten immer wieder unterbrachen und Teilergebnisse beim Bau von Reaktoren und der Isotopentrennung immer wieder vernichteten. Schließlich mussten alle Versuche aus den Städten weg aufs flache Land verlagert werden, und die Versuche mit der Uranmaschine aus dem Kaiser-Wilhelm-Institut für Physik in Berlin endeten im Mai 1945 in einer Berghöhle von Haigerloch nicht weit von Stuttgart.

Die Versuche zur Konstruktion der Uranmaschine fanden in Deutschland in verschiedenen Gruppen statt, die sich eifersüchtig belauerten und in jeder Beziehung Rivalen waren. Dies ist der Hauptgrund dafür, dass es in Deutschland bis zum Kriegsende nicht zu der geplanten »Kettenreaktion« in einer energieliefernden Uranmaschine kam.

Die Gewissenskonflikte der Physiker und die Rivalität der verschiedenen Gruppen war für mich eine wichtige Voraussetzung für einen spannenden Film.

Die zweite Spannungskomponente hing mit einem Physiker ungarisch-jüdischer Herkunft zusammen, der bis 1933 in Deutschland gearbeitet hatte, dann über England in die USA emigrierte und einer der wenigen Wissenschaftler mit politischem Weitblick war. Leo Szilard erfuhr von der Entdeckung Hahns und Straßmanns bei einem Vortrag von Niels Bohr in New York im Frühjahr 1939. Er war sofort in der Lage, sich die militärpolitischen Konseqenzen vorzustellen, und es stand für ihn außer Zweifel, dass in Deutschland an einer Uranmaschine gearbeitet wurde. Aus Angst vor einer Atombombe der Nazis wurde er mit zwei Kollegen bei dem in Princeton lehrenden Albert Einstein vorstellig und überzeugte ihn, einen Brief an Roosevelt zu schreiben. Darin stand, man müsse davon ausgehen, dass in Deutschland an einem Atomprojekt gearbeitet würde, an dessen Ende eine Bombe von unermesslicher Vernichtungskraft stünde. Dieser Brief war der Auslöser für das amerikanische Atombombenprogramm. Die amerikanische Atombombe war für Berlin oder eine andere deutsche Großstadt bestimmt. Tatsächlich wäre die amerikanische Bombe wohl nicht gebaut worden, ohne die Arbeit der deutschen Kernphysiker während des Krieges. Man wusste in Amerika nicht, ob sich hinter dem Gerede von der deutschen Wunderwaffe nicht eigentlich die Arbeit an einer deutschen Atombombe verbarg. Hiroshima hat also in Deutschland angefangen.

Die dritte wichtige Komponente für die Spannung des geplanten Films war für mich die Situation der deutschen Physiker im Jahre 1945, nach Beendigung des Krieges. Zehn der wichtigsten Mitglieder des deutschen Uranvereins (unter ihnen auch Otto Hahn und Max von Laue, die mit der Uranmaschine nichts zu tun hatten) wurden gefangengenommen und in England interniert. Am 6. August, als die BBC-Nachrichten vom Abwurf der amerikanischen Atombombe auf Hiroshima berichteten, erlitten sie einen wirklichen Schock. Unmittelbar danach begann die Auseinandersetzung unter ihnen über die Frage nach ihrer Beteiligung am deutschen Uranprogramm. Hatten sie dem Regime gedient oder sich ihm verweigert? Waren sie Täter oder waren sie Opfer?

Dieses Motiv trat nach dem Ende der DDR, als wir an der letzten Drehbuchvariante arbeiteten, immer mehr in den Vordergrund. Es geht also in unserem Film auch um die Verantwortung der Beteiligten und ihre Versuche, sofort nach dem Ende des Krieges eine Legende als Oppositionelle aufzubauen. An keiner Stelle der Tagebücher und Selbstaussagen der in Farmhall internierten Physiker erscheint der Zusammenhang der deutschen Forschung mit der amerikanischen Bombe und der Gedanke einer Mitschuld. Statt dessen setzt ein Verdrängungsmechanismus ein bei der Beurteilung der eigenen Beteiligung an dem Vorgang.

Die Analogien zu manchem Versuch von DDR-Künstlern

und -Wissenschaftlern, sich unmittelbar nach dem Ende der DDR als Widerstandskämpfer zu präsentieren, lagen auf der Hand.

Plötzlich hatte diese weit zurückliegende Geschichte von den deutschen Physikern für mich beklemmende Aktualität.

Grauenhafte Vorstellung: Der Abwurf der amerikanischen Atombombe auf Berlin. Was hat Berlin vor dem Schicksal Hiroshimas bewahrt? Eine Art Vorsehung? Ein Zufall?

Hitler hatte nach seinen Blitzsiegen im Westen für das Frühjahr 1941 das Unternehmen BARBAROSSA geplant. Gemeint war der Überfall auf die Sowjetunion sofort nach der Beendigung der Schneeschmelze im Frühjahr 1941. Denn er wusste natürlich, wie es Napoleon ergangen war, der zwar im Winter 1812 Moskau erreicht, dann aber eine vernichtende Niederlage erlitten hatte.

Hitler wollte Moskau möglichst lange vor Einbruch des russischen Winters erreichen. Aber sein Freund Mussolini machte ihm einen Strich durch die Rechnung. Mussolini hatte Albanien und Griechenland überfallen. Hitler marschierte mit 27 Divisionen in Jugoslawien ein und rettete ihn vor einer Niederlage auf dem Balkan. Deshalb begann das Unternehmen BARBAROSSA erst am 22. Juni 1941. Und das war zu spät. Hitler geriet in die Lage Napoleons von 1812, nein, in eine schlimmere Lage. Napoleon hatte Moskau erobert und die Russen mussten ihre Hauptstadt in Brand stecken um ihn zu vertreiben. Hitler blieb mit dem Einbruch des Winters 1941 mit seinen Armeen vor Moskau stecken.

Was hat das mit der amerikanischen Atombombe und ihrem geplanten Abwurf auf Berlin zu tun?

Es rettete die deutsche Hauptstadt und ihre Bewohner vor der sicheren Vernichtung. Denn in Moskau standen die Sonderzüge zur Evakuierung der sowjetischen Regierung hinter den Ural bereit. Wäre Hitler auch nur 10 Tage früher mit seinen Panzern vor Moskau angekommen, hätte sich die russische Reigerung in den asiatischen Teil des Landes zurückgezogen, dorthin, wo schon die entscheidenden Teile der Rüstungsindustrie evakuiert worden waren. Die deutschen Armeen hätten

Moskau eingenommen und im Laufe des nächsten Jahres vermutlich den Ural und das Kaspische Meer mit seinen Ölvorräten erreicht. Aber auch das hätte Hitler nicht zum Siege verholfen. Nur der Krieg in Europa wäre nicht im Mai 1945 zu Ende gegangen. Die Amerikaner hätten die Bombe eingesetzt, um Deutschland zur Kapitulation zu zwingen. Im Rückblick ein gespenstisches Szenario. Keine Phantasiekonstruktion.

Ich war im Frühjahr und Sommer 1989 so in die Arbeit an diesem Drehbuch vergraben, dass ich wenig wahrnahm vom Geschehen in der DDR. Erst als die Ungarn die Öffnung ihrer Grenzen nach Westen ankündigten, begann ich mich wieder für die Tagespolitik zu interessieren. Nun müsste die DDR-Führung ja endlich reagieren.

Nichts geschah. Das Politbüro der SED saß offenbar völlig gelähmt in Berlin und hoffte darauf, dass der große Bruder es schon richten würde

Eines Tages rief mich der Leiter des Berliner Kulturbundclubs in der Otto-Nuschke-Straße an und teilte mir mit, dass der Club Ende Oktober eine Reihe von Veranstaltungen über Kunst und Literatur der DDR in den sechziger Jahren plante. In diesem Zusammenhang bat er um meine Mitarbeit an einer Retrospektive meiner Filme aus dieser Zeit. Von 1960 bis 1966 war jedes Jahr ein Spielfilm von mir in die Kinos der DDR gekommen. Auf meine Frage, ob *Spur der Steine* bei der Retrospektive dabeisein würde, antwortete mir der Clubleiter, er habe sich zwar darum bemüht, jedoch von der HV Film keine Genehmigung für die Aufführung erhalten. Unter diesen Umständen war ich wenig interessiert, mich an diesen Veranstaltungen zu beteiligen.

Als sich im September 1989 die Situation in der DDR immer mehr zuspitzte, der Strom der jungen Leute, die über die offene ungarische Grenze in den Westen flüchteten, nicht mehr abriss, war ich entschlossen, mich nach mehr als zehn Jahren unaufgefordert und auf höchst egoistische Weise wieder in die DDR-Kulturpolitik einzumischen. Ich sagte meine Teilnahme an den Filmveranstaltungen im Kulturbund-Club zu. Dann versuchte ich, die von der HV Film abgelehnte öffentliche Aufführung von *Spur der Steine* doch noch durchzusetzen. Ich wusste, dass eine solche Aufführung die Initialzündung für eine »Kettenreaktion« und ihre unmittelbare Folge eine Diskussion über die Filmverbote von 1965/66 sein würden. Und das wusste auch Horst Pehnert, der stellvertretende Kulturminister und Leiter der HV Film. Und beide wussten wir, wie schwer es war, in der SED Diskussionen über Fehler der Vergangenheit durchzusetzen, zumal die Verantwortlichen ihre Machtpositionen ja keineswegs geräumt hatten. Horst Pehnert erteilte mir bei meinem ersten Besuch eine glatte Absage. Für ihn stand viel auf dem Spiel. Er konnte für die Genehmigung, *Spur der Steine* aufzuführen, ohne weiteres seinen Posten verlieren.

Ich rief den Filmwissenschaftler Rolf Richter an, der die Retrospektive einführen und die Diskussionen über die Filme leiten sollte. Richter hatte für eine Buchveröffentlichung ein Arbeitsporträt von mir verfasst, in dem auch meine verbotenen Filme vorkamen und kritisch gewürdigt wurden, was in den siebziger Jahren keineswegs zu den Selbstverständlichkeiten gehörte.

Wir trafen uns, und ich sagte ihm, dass ich entschlossen wäre, ob mit oder ohne Film, bei den Veranstaltungen eine Diskussion über die Verbotspolitik von 1966 und die gegenwärtige Kulturpolitik in Gang zu setzen. Bei einem nächsten Besuch in der HV Film versuchte ich Horst Pehnert in die Enge zu treiben, in dem ich ihm erklärte, wer eine Veranstaltungsreihe über die Kulturpolitik der sechziger Jahre zulasse, müsse auch erlauben, dass über das zentrale Ereignis der sechziger Jahre, nämlich das 11. Plenum der SED und dessen Folgen für die Filmkunst der DDR, diskutiert wird. Pehnert blieb unerbittlich. Natürlich. Die Veranstaltungen des Kulturbunds hatte er nicht genehmigt, das war nicht sein Ressort. Aber *Spur der Steine* war seine Verantwortung.

Diese Unterredung muss in der ersten Oktoberwoche gewesen sei, bevor die Dinge eskalierten. Es kam der Knüppeleinsatz der Polizei am 7. Oktober in Berlin und anderen Städten, es folgte die riesige Montagsdemonstration am 9. Oktober in Leipzig, und schließlich wurde am 18.Oktober Honecker abgesetzt.

Wenige Tage später saß ich Horst Pehnert zum dritten Male gegenüber.

Ich hatte mir eine Taktik ausgedacht. *Spur der Steine* war ja nicht auf dem 11. Plenum von der Partei verboten worden, sondern der damalige Kulturminister Klaus Gysi hatte – angeblich aus eigener Machtanmaßung – die Zulassung des Films für öffentliche Aufführungen im Juni 1966 zurückgezogen. Ich wollte beantragen, dass der heutige Kulturminister die Zulassung für eine einmalige Aufführung erteilt.

Pehnert eröffnete mir zu meiner Überraschung, dass er die Genehmigung für die Aufführung des Film gegeben habe. Ich fuhr an diesem 24. Oktober 1989 aus der HV Film direkt ins Filmarchiv. Dessen Chef Wolfgang Klaue besaß drei sorgfältig archivierte und sehr gut erhaltene Kopien meines Films. (Die übrigen waren nach dem Verbot 1966 abgewaschen worden, nicht aus ideologischen Gründen, sondern weil von allen aus dem Verkehr gezogenen Kopien das Silber aus der lichtempfindlichen Schicht zurückgewonnen wurde.)

Am gleichen Tage rief ich Rolf Richter an, der durch Pehnerts Entscheidung in seinem Gedanken bestärkt wurde, im Filmverband eine Kommission zu etablieren, die sich mit allen in der DDR verbotenen Filmen beschäftigen sollte. Die von mir erwartete »Kettenreaktion« kam in Gang.

Der Aufführung von *Spur der Steine* am 28. Oktober im Kulturbundclub sah ich mit gemischten Gefühlen entgegen. Ich hatte den Film länger als 23 Jahre nicht mehr gesehen. Und Film ist bekanntlich eine leicht verderbliche Ware. So war meine Hoffnung klein und meine Angst groß. Die Veranstaltung war überfüllt. In Windeseile hatte sich herumgesprochen, dass *Spur der Steine* aufgeführt werden würde. Ich selbst hatte auch dafür gesorgt, dass Freunde und Bekannte davon erfuhren. Ganz wichtig war mir, ein gemischtes Publikum an diesem Abend zu haben, nämlich einerseits Zuschauer meiner Generation und andererseits ganz junge Leute, die von den Ereignissen 1966 wenig oder nichts wussten, die einfach einen Film sahen, der ihnen gefallen oder nicht gefallen würde. Ich sagte zu Beginn der Veranstaltung nur wenige Sätze. Ich wollte herausfinden, ob es Sinn macht, diesen alten Film noch für ein breites Publikum in die Kinos zu bringen, oder ob wir ihn als historisches Dokument über eine längst vergangenen Zeit nach der heutigen Aufführung ins Archiv zurücktragen sollen. In der anschließenden lebhaften Diskussion wurde von den Zuschauern gefordert, *Spur der Steine* für ein breites Kinopublikum wieder aufzuführen.

An diesem Abend fand eine doppelte Abrechnung mit SED-Politik statt. Walter Janka, der an der Vorführung von *Spur der Steine* teilgenommen hatte, fuhr anschließend ins Deutsche Theater. Dort las Ulrich Mühe aus Jankas Buch *Schwierigkeiten mit der Wahrheit*. Dieses Buch war bisher nur in der Bundesrepublik erschienen und beschäftigte sich mit Jankas Prozess im Jahre 1957, in dem er als ehemaliger Chef des Aufbau-Verlags zu fünf Jahren Zuchthaus verurteilt worden war wegen angeblicher konterrevolutionärer Verschwörung gegen die DDR-Regierung.

Am 23. November fand die Wiederaufführung von *Spur der Steine* im DEFA-Uraufführungstheater »International« statt, im gleichen Hause, in dem 23 Jahre vorher von der SED bestellte Randalierer versucht hatten, den Film niederzuschreien.

Manfred Krug, der nach Jahren zum ersten Mal wieder in die DDR einreisen durfte, wurde vom Publikum gefeiert, und wir saßen mit gemischten Gefühlen in der Protokollreihe des Kinos neben Egon Krenz, dem neugewählten SED-Generalsekretär, der mit einer Delegation der SED-Parteiführung zur Premiere erschienen war und damit demonstrieren wollte, wie hoch er unseren einst als partei- und staatsfeindlich geschmähten Film schätzte. Mir war nicht wohl dabei. Wenn ich gefragt worden wäre, hätte ich Krenz geraten, an diesem Abend zu Hause zu bleiben, nach dem Motto: Mach dir ein paar schöne Stunden, geh nicht ins Kino. Es war so wie es immer gewesen war. Die Parteiführung erschien, wenn sie einen Film besonders schätzte.

Der Besuch von Krenz und seiner Truppe an diesem Abend wirkte irgendwie unglaubhaft, wie eine Karikatur auf die alten Rituale.

Egon Krenz wollte sich erst einmal an die Spitze der Reformer setzen. Deshalb war er seit Honeckers Sturz pausenlos im Lande unterwegs und traf sich mit allen möglichen Leuten, um zu demonstrieren, dass in der DDR eine neue Ära begonnen hatte. Dass er nach seinem Chinabesuch wenige Monate vorher, bei dem er die chinesische Führung dafür gelobt hatte, dass sie die Studenten auf dem Platz des Himmlischen Friedens vor zehn Jahren zusammengeschossen hatte, ganz ungeeignet war, glaubhaft eine Wende in der DDR einzuleiten und tiefgreifende Reformen im Lande durchzuführen, lag für die gesamte Bevölkerung auf der Hand, nur nicht für die alten Herren im Politbüro, die ihn gerade als Nachfolger von Honecker eingesetzt hatten.

Der Rest des Jahres ist schnell erzählt. Kurz nach der Freigabe von *Spur der Steine* für die erste öffentliche Aufführung rief mich Heinz Adameck, der Chef des DDR- Fernsehens, an. Zum ersten Male wieder nach elf Jahren. Zunächst redete er von Wiederaufführungen meiner Filme *Rottenknechte* und *Die sieben Affären der Doña Juanita*. Das war mir natürlich recht, aber es hatte für mich keinerlei Dringlichkeit. Dann begriff ich, dass er mit mir über meinen Film *Geschlossene Gesellschaft* reden wollte. Ich fragte ihn: »Was hast du für ein Problem damit? Du weißt doch, ich habe diesen Film seinerzeit wie alle meine Filme für das Publikum der DDR gedreht und nicht für deinen Keller, in dem er seit elf Jahren schmort, du musst ihn nur herausholen und ins Programm setzen.«

Auf der internationalen Pressekonferenz anlässlich der Wiederaufführung von *Spur der Steine* trug ich einen Text vor, den ich in den Hauptpunkten schon vor längerer Zeit im Zusammenhang mit den Verboten der sowjetischen Filme und des Magazins *Sputnik* verfasst hatte, eine erste Abrechnung mit der stalinistischen Kulturpolitik der DDR[1].

Ich unterschrieb den Aufruf *Für unser Land* von Christa Wolf, in dem es darum ging, »eine sozialistische Alternative zur Bundesrepublik zu entwickeln«, natürlich nach radikalen Reformen in der DDR.

Ein halbes Jahr später sind wir sehr gescholten und als weltfremde Utopisten verspottet worden, die den verrotteten DDR-Sozialismus in letzter Minute retten wollten.

---

[1] Die Macht und das Kino. Dokumente Seite 411.

Aber die Kritiker vergaßen vollständig, dass die DDR Ende 1989 weiterhin von sowjetischen Truppen besetzt war und nichts darauf hindeutete, dass die Großmacht Sowjetunion die Absicht hatte, sich aus Mitteleuropa zurückzuziehen. Unsere Hoffnungen waren seit 1985 mit dem Namen Gorbatschow verbunden, der mit tiefgreifenden Reformen die Sowjetunion verändern wollte. Er hatte die DDR-Führung bei seinem Besuch zum 40. Jahrestag unmissverständlich gewarnt: »Wer zu spät kommt, den bestraft das Leben.« Dass dieser Satz sehr bald auch für ihn selber gelten würde, vermutete man damals nicht. Auch nicht, dass der Zustand der Sowjetunion so zerrüttet war, dass sie ihren Besitzstand als Großmacht nicht mehr bewahren konnte. Und da klar auf der Hand lag, dass weder Franzosen noch Engländer daran interessiert waren (von den Amerikanern hörte man zunächst nichts), die Wiedervereinigung Deutschlands zuzulassen, lag es in der Logik der Dinge, mit tiefgreifenden Reformen im Lande Verhältnisse herzustellen, die für die DDR Bevölkerung akzeptabel waren.

Vielleicht hätten wir dem Volke aufs Maul schauen sollen. Denn bei den großen Montagsdemonstrationen in Leipzig war die alte Losung *Wir sind das Volk* Anfang Dezember 1989 umgeschlagen in: *Wir sind ein Volk.*

Den Tag der Maueröffnung erlebte ich auf sehr merkwürdige Weise. Ich hatte seit einigen Monaten ein Arbeitsvisum und besuchte am 9. November die Schaubühne in Westberlin, um Udo Samel zu treffen, den ich für eine Hauptrolle in dem Film *Ende der Unschuld (= Die deutsche Atombombe)* engagieren wollte.

Spätabends fuhr ich ins Hebbeltheater. Um 23.00 Uhr begann dort eine Nachtvorstellung, eine Art Ein-Mann-Programm von Udo, das er alljährlich dort zur Erinnerung an den Judenpogrom im Jahre 1938 in Deutschland veranstaltete. Als ich gegen halb eins das Hebbeltheater verließ und mit meinem Auto Richtung Grenzübergang Friedrichstraße fuhr, kam mir eine nicht enden wollende Schlange von DDR-Fahrzeugen entgegen. Die Grenze war offen. Den Grenzübergang Friedrichstraße konnte ich nicht benutzen, er war beidseitig in Richtung Westen geöffnet. Ich fuhr weiter bis zur Heinrich-Heine-Straße, immer an der Kolonne von DDR-PKWs entlang. Ich war der einzige, der in Richtung Osten fuhr. Am Grenzübergang Heinrich-Heine-Straße standen viele Menschen mit Sektflaschen in der Hand. Eine junge Frau klopfte an meine Scheibe. Sie prostete mir zu und schenkte mir eine Tafel Schokolade.

Ich war ein wenig verlegen und sagte: »Warum schenken Sie mir die Schokolade? Weil ich in die DDR zurückfahre?« – »Nein«, sagte sie, »weil ich mich so freue.«

26. *Das große Fest*
und der Kater danach

Für viele DDR Bürger, unter ihnen viele meiner Kollegen, war die Wende der Weg in den Vorruhestand oder in die Arbeitslosigkeit. Für mich war die Wende der Weg in die Vollbeschäftigung.

Während der »trüben Achtziger« hatte ich in zehn Jahren gerade mal drei Spielfilme in der DDR drehen können. Zwei Fernsehfilme in der Bundesrepublik waren dazugekommen, und weil diese Filme erfolgreich in der ARD gelaufen waren, hatte ich 1990 eine Ausgangsposition in Deutschland, die besser war als die der meisten meiner DDR-Kollegen.

Jurek Becker und Klaus Poche, zwei meiner wichtigsten Autoren, lebten in der Bundesrepublik.

Klaus schrieb an einem zweiteiligen Fernsehfilm mit dem Titel *Sie und Er,* und der WDR hatte mir dieses Projekt als Anschlussarbeit nach *Ende der Unschuld* angeboten.

Fast zur gleichen Zeit, im November 1988, rief mich Volker Braun an. Seine bisher nur in der Bundesrepublik als Buch herausgegebene Erzählung *Unvollendete Geschichte* würde in der DDR erscheinen, und ob ich noch an einer Verfilmung interessiert sei.

Volker hatte seine Erzählung 1975 in der Akademiezeitschrift »Sinn und Form« veröffentlicht, aber in der Auslieferungsphase wurde diese Nummer der Zeitschrift verboten, wegen Volkers Erzählung. Dass sie damals überhaupt zum Abdruck kam, hängt mit dem Sonderstatus der Zeitschrift »Sinn und Form« zusammen, die als Organ der Akademie der Künste keiner Vorzensur unterlag. Ihr Chefredakteur Wilhelm Girnus hatte Volkers Erzählung angenommen, nachdem er ihn dazu gedrängt hatte, aus der Vaterfigur, die ursprünglich ein SED-Kreissekretär war, einen »Kreisratsvorsitzenden« zu machen, eine Nuance, die heute schwer verständlich ist, damals aber – aus der Sicht von Girnus – die Erzählung retten konnte.

Weihnachtliche Stimmung liegt über einem Grenzkreis im Vorharz. Der Ratsvorsitzende verlangt von seiner neunzehnjährigen Tochter Karin, sie soll sich von ihrem Freund Frank trennen. Man hat einen Verdacht gegen ihn, doch worin der Verdacht besteht, das erfahren weder Karin noch Frank. Vielleicht ist der dunkle Punkt in seinem Leben ein ehemaliger Freund, der aus der Volksarmee desertiert und in den Westen geflüchtet ist? Vielleicht hat man ihn im Verdacht, dass er diesem Freund folgen will? Karin setzt sich zunächst zur Wehr, sie denkt nicht daran, ihre Beziehung zu Frank abzubrechen. Aber der Druck auf sie wird immer stärker. Ihr Studium steht auf dem Spiel. Und die Lebensposition ihres Vaters als Amts- und Geheimnisträger. Und Karin ist eine gehorsame Tochter, die ihren Vater achtet und liebt. Sie hat bisher in Übereinstimmung mit ihren Eltern und den Idealen der Gesellschaft gelebt. Als der Druck auf sie immer unerträglicher wird, beugt sie sich, trennt sich von ihrem Freund.

Frank versucht, sich das Leben zu nehmen. Erst nach dem Selbstmordversuch begreift Karin, dass sie Frank verraten hat. Sie bekennt sich zu ihm und dem Kind, das sie von ihm erwartet. Ihre Karriere ist passé. Sie findet nicht einmal einen Arbeitsplatz als Hilfsarbeiterin. Nur im Traum realisiert sie, was zu geschehen hat: Vater, Kaderleiter, Parteisekretär und der namenlose Typ von der Sicherheit werden von einer empörten Volksmenge zur Rechenschaft gezogen ....
Das ist die grobe Beschreibung der Fabel.

Die Erzählung Volker Brauns war im Jahre 1975 ein sensationeller Text: Furcht und Elend des vierten Reiches.
Ich rief den Chefdramaturgen an und schlug ihm vor, Brauns Erzählung in den Produktionsplan der DEFA für 1989 aufzu-

nehmen. Dieser Film wäre, Anfang 1989 gedreht und im Herbst des gleichen Jahres aufgeführt, von höchster Aktualität gewesen. Aber es dauerte ein halbes Jahr, bis ein erstes Gespräch zustande kam. Und mit dem Fall der Mauer verwandelte sich der aktuelle in einen historischen Stoff. Ich entschloss mich trotzdem, den Film zu drehen. Ich dachte, die Liebesgeschichte wäre stark genug, und auch als Rückblick auf die untergegangene DDR könnte ein solcher Film interessant sein. Aber Filme treffen den Zeitgeist oder auch nicht. Und die Zuschauer im Herbst 1991, als der Film zur Aufführung kam, waren an Filmen mit DDR-Thematik nicht interessiert. Sie gingen lieber in amerikanische Filme, die man ihnen jahrzehntelang vorenthalten hatte.

Der Film *Der Verdacht* verschwand bald von den Kinoleinwänden. Ich glaube trotzdem, dass er ein interessantes Dokument für eine Übergangsperiode ist.

Der Verdacht war einer der letzten DEFA-Filme und mein bisher letzter Film für das Kino.

Das DEFA-Studio für Spielfilme wurde an einen großen französischen Industriekonzern verkauft. Volker Schlöndorf, einer der Geschäftsführer dieser Firma, verkündete ein Konzept, nach dem die Studios zu einem europäischen Filmzentrum werden sollten, in dem sich die berühmtesten europäischen Regisseure die Klinke in die Hand geben für ihre Meisterwerke. Sehr bald stellte sich heraus, dass der französische Konzern damit begann, zielstrebig die Immobilie DEFA zu einem modernen Dienstleistungszentrum aufzurüsten. Dazu brauchte man weder Regisseure, Autoren, Kameraleute noch Dramaturgen, sondern nur eine begrenzte Zahl von Technikern und Handwerkern. Im Handumdrehen fand sich das einheimische künstlerische Personal im Vorruhestand oder auf den Arbeitsämtern wieder.

Es gibt einen fundamentalen Unterschied zwischen einer Filmproduktionsfirma und einem Dienstleistungszentrum. Eine Produktionsfirma gibt Geld aus für die Herstellung von Filmen, woher das Geld auch immer stammt. Ein Dienstleistungszentrum will Geld verdienen, indem es Leistungen für Produktionsfirmen erbringt. Es vermietet Ateliers, Tonstudios, Büros, Schneideräume, Kostüme und Requisiten, es erbringt handwerkliche Leistungen für Dekorationsbau usw. Mitunter beteiligt sich der Dienstleister an der Produktion von Filmen, indem er seine Leistungen sich nicht in bar bezahlen lässt, sondern als Produktionsanteile in den Film einbringt. Er erwartet jedoch, spätestens nach dem Verkauf des Films an den Verleih, dass nun Bargeld fließt. Die Barzahlung ist also nur gestundet.

Bei der Produktion von Filmen hatte sich in den letzten Jahrzehnten eine stille Revolution vollzogen. Bis vor kurzem hatten die Filmproduktionen ihren Sitz fast immer auf dem Gelände oder in der Nähe von großen Atelierbetrieben. Diese Atelierbetriebe waren gegen Ende der Stummfilmzeit oder in den ersten Jahren des Tonfilms, also Ende der zwanziger, Anfang der dreißiger Jahre gebaut worden. Sie hatten riesige Rundhorizonte und hohe Beleuchterbrücken, auf denen ganze Batterien von Kohlescheinwerfern aufgebaut wurden. Das hing mit der relativen Lichtunempfindlichkeit des Rohfilms zusammen. Es war im Jahre 1930 unmöglich, eine nächtliche Großstadtstraße original zu drehen, sie musste im Atelier nachgebaut und mit Dutzenden von riesigen Scheinwerfern »ausgeleuchtet« werden. Das gleiche galt für Innendekorationen, vom Barockschloss bis zur Arbeiterwohnung wurde alles im Atelier nachgebaut.

Mit der im Laufe der Jahrzehnte immer höheren Lichtempfindlichkeit des Rohfilms änderte sich die gesamte Beleuchtungstechnik, von den riesigen »Töpfen« in der Größe von Flakscheinwerfern bis zu den in zehn bis zwanzig Meter Höhe angebrachten Beleuchterbrücken. Nun konnte man überall an Originalschauplätzen drehen, im Rokokoschlösschen und in der Schiffskabine. Kleine handliche Beleuchtungseinheiten reichten aus, um an jedem beliebigen Ort, am Tage und bei Nacht, reales Leben einzufangen. Dies und die Verbreitung des Fernsehens mit seinen weltweiten Originalreportagen hatte enorme Konsequenzen auch für die Filmästhetik. Die gewisse Künstlichkeit der Atelierdekorationen war plötzlich out. Dazu kam, dass Handwerkerstunden für die Errichtung der Dekorationen die Filme enorm verteuerten, das war ein zusätzlicher Druck auf die Filmproduktionen, die Ateliers zu verlassen. Dieser Prozess war weit fortgeschritten, als der französische Konzern die DEFA-Ateliers übernahm.

Und für die Langzeitplanung der Endlosfernsehserien war es billiger, neue kleinere Ateliers zu errichten, die der noch empfindlicheren Röhre der Fernsehkamera entsprachen. Die großen Atelierkomplexe der DEFA waren also eher ein Klotz am Bein als eine Einnahmequelle für den französischen Konzern. Der Vorwurf, die Franzosen hätten nicht dafür gesorgt, dass die DEFA-Ateliers mit Filmproduktionen ausgelastet sind, trifft deshalb nur bedingt zu. Es gibt nur noch Spezialgebiete des Spielfilms, für die man Ateliers braucht: Märchen- und utopische Filme. Aber auch in diesem Sektor wird der Spielraum immer enger, denn die Computertechnik mit ihrer Fähigkeit, Spielszenen mit Schauspielern und computergesteuerte Dekorationen miteinander zu verknüpfen, engen die Ateliermöglichkeiten noch mehr ein.

Mit dem Ende der DDR kam auch das Ende der zentralen Kulturpolitik, und damit fielen die jährlichen Subventionen für die DEFA aus dem Kulturministerium der DDR aus. Das zweite Standbein der DEFA, die Auftragsproduktionen für das DDR-Fensehen, brach ebenfalls weg. Das »Staatsfernsehen« der DDR, das sich seit Oktober 1989 innerhalb von ganz kurzer Zeit zu einem von der DDR-Bevölkerung angenommenen Informations- und Unterhaltungssystem entwickelt hatte, fand keine Gnade vor den Abwicklern aus der Bundesrepublik, die unter Missachtung ihrer eigenen Erfahrungen mit den kleinen, nicht lebensfähigen Sendern im Westen die Bildung eines großen Ostdeutschen Rundfunks verhinderten. Von allen denkbaren Möglichkeiten wählte man die schlechteste, jedenfalls in der Mitte und im Norden der DDR. Die technische Basis in Adlershof wurde abgewrackt wie ein alter Kahn. Für große Summen wurden in allen Ländern der ehemaligen DDR neue Landesfunkhäuser mit eigener technischer Basis errichtet. Völlig klar, dass unter diesen Umständen wenig Geld für Eigenproduktionen übrigblieb. Am Silvestertag 1991 gingen in Adlershof die Lichter aus. Für mich gab es aus diesen Entwicklungen eine einzige Konsequenz: meine Projekte da zu realisieren, wo noch relativ kontinuierlich mit den Gebühren der Fernsehzuschauer anspruchsvolles Programm gemacht wurde: bei der ARD und dem ZDF.

Der zweiteilige Fernsehfilm *Sie und Er* erzählt die ebenso ernste wie komische Geschichte eines Paares, das nach dem Auszug der erwachsenen Kinder plötzlich sich selbst überlassen und damit völlig überfordert ist:

Georg und Charlotte sind seit 25 Jahren verheiratet und haben nach ihrer Meinung eine gute Ehe geführt. Nun, da die Kinder aus dem Hause sind, wollen sie endlich »leben«, all die Dinge tun, die sie sich bisher mit Rücksicht auf die Familie versagt haben. Aber die Euphorie ist nur von kurzer Dauer. Auf das Gefühl der großen Freiheit folgt das der großen Leere. Zunächst ist Georg noch bereit, Charlotte durch Museen und Theater zu folgen, aber dann weigert er sich strikt, ihr »Programm« mitzumachen. Charlotte findet ihren Mann, der bisher als der ruhende Pol in der Familie galt, plötzlich träge, stur, einfallslos. Als Psychologin ständig mit den Problemen anderer konfrontiert, ist sie mit der eigenen Situation überfordert. Sie merkt nicht einmal, dass Georg, der in der Forschungsabteilung eines Pharmakonzerns arbeitet, berufliche Probleme hat. Als Mitfünfziger muss er zur Kenntnis nehmen, dass jüngere Kollegen vorgezogen werden, wenn es um neue, attraktive Projekte geht.

Das alles ist zuviel für Georg. Als er bei einem Interview Hanna, eine junge Journalistin, kennenlernt, die sich für ihn interessiert, lässt er sich auf sie ein und bekennt sich schließlich auch zu seiner Liaison. Charlotte, aufs tiefste verletzt, kehrt zunächst zu ihren Eltern zurück. Später legt sie sich eine eigene Wohnung zu und probt mit Hilfe ihrer selbstbewussten Freundin Eva die Unabhängigkeit. Das Ende scheint unwiderruflich gekommen, als Georg nach Paris versetzt wird und Hanna ihn begleitet. Doch das zweite Glück ist nicht von langer Dauer. Was Georg fehlt, ist die »gewachsene Beziehung«; mit Hanna gibt es kein gemeinsames Erinnern, nur das Heute und das Morgen. Und auch Charlotte muss erkennen, dass sie sich innerlich noch keineswegs von Georg gelöst hat. Beide fragen sich, wie es eigentlich so weit hat kommen können. Jeder wartet darauf, dass der andere den ersten Schritt tut ...

Klaus Poche hatte diese Geschichte ganz unsentimental aufgeschrieben. Mit Senta Berger und Reimar Johannes Baur hatte ich meine Wunschbesetzung, und es stellte sich wieder heraus, dass professionelle Schauspieler ganz unterschiedlicher Herkunft sehr schnell eine gemeinsame Sprache finden.

Während ich noch mit der Endfertigung von *Sie und Er* beschäftigt war, hatte Klaus Poche das Drehbuch für *Das große Fest* verfaßt, einen satirischen Film auf die »Wiedervereinigung«, über den die Kritikerin Renate Holland-Moritz schrieb:

»Einst hatten es die Brüder gemeinsam geerbt, das Hotel Deutsches Haus auf der Ostseeinsel. Aber dann verzog Friedrich gen Westen und ließ Richard allein in dem alten Gemäuer, das irgendwann in Volkeshand überging und fortan als FDGB-Heim F. Engels dem rastlos nagenden Zahn der Zeit ausgeliefert war.

Nach der im Osten herbeidemonstrierten Familienzusammenführung aller Deutschen steht auch der Wiedervereinigung beider Brüder nichts mehr im Wege. Die Vorbereitungen für das Fest, die große Einheitsfete, sind in vollem Gange. Girlanden umhüllen den bröckelnden Stuck, die alten Schutzpatrone Marx, Engels und Lenin fallen aus dem Rahmen und landen im Keller, auf der Bühne des Speisesaals probt der noch staatlich bestallte Direktor mit den Angestellten das Schwenken schwarzrotgoldener Fahnen im Rhythmus des Sprechchors: Eins, zwei, drei – und schon sind wir dabei! Etwas Patriotischeres ist dem ehemaligen DDR-Patrioten in der Eile nicht eingefallen.

Vor dem Haus haben fliegende Händler aus dem Westen eine Wagenburg gebaut und bieten Bananen, bunte T-Shirts und andere schmerzlich entbehrte Köstlichkeiten feil. Während einige versprengte Gäste zum letzten Mal den Gegenwert ihrer letzten FDGB-Ferienschecks verspeisen, bannen Mitglieder der Arbeitsgemeinschaft Junge Amateurfilmer aus der nahegelegenen Oberschule »Anna Seghers« den allgemeinen Trubel auf Video. Ein Halbwüchsiger stammelt ins Mikrofon: Wir haben eine 40jährige Leidenszeit hinter uns.

Dann liegen sich die so lange getrennten Brüder in den Armen. Doch außer der Erinnerung, dass die selige Mama sie scherzhaft Richard der Dritte und Friedrich der Zweite nannte, haben sie nur noch gleiche Kappen gemeinsam. Alberne Zipfelmützen, einst von der Oma gestrickt für je einen deutschen Michel.

Jeder hat sich vom anderen etwas anderes versprochen. Richard drängt es, natürlich mit dem Geld des reichen Bruders, zur Sonne, zur Freiheit. Einen Park um das Hotel hätte er gern, Tiergehege und Kinderspielplätze und Esel zum Reiten. Aber Friedrich denkt nicht daran, in Romantik zu investieren, er will Land gewinnen. Nicht nur das ihm zustehende, auch das seines Bruders. Grund und Boden – Besitz ist unser Ziel, lautet sein Credo. Da stoßen Welten aufeinander, zwischen denen Brüderlichkeit keinen Platz mehr hat. Allein der Sieger steht schon fest. Und der Besiegte tut gut daran, sein Selbstmitleid zu besiegen.«

Da bleibt es dann nicht aus, dass auf das große Fest der Kater auf dem Fuße folgt.

Mit den Ost-West-Besetzungen ging ich jetzt schon spielerisch um: Hans Christian Blech aus München gab den Ostbruder Richard, Rolf Hoppe aus Dresden den Westbruder Friedrich. Die Partnerin von Blech war Elsa Grube-Deister vom Deutschen Theater in Berlin und Hoppes Partnerin Iris Berben aus München.

Beinahe wäre der Film an der Finanzierung gescheitert. Die Zeiten, in denen man einen 90-Minuten-Fernsehfilm für 1,5 Millionen DM drehen konnte, waren längst vorbei. Wir hatten zwar in Heiligendamm direkt an der Ostseeküste ein ideales Motiv für das kleine verkommene Hotel gefunden, allerdings fehlte ein Hauptschauplatz, der Festsaal des Hotels. Er musste als teurer Atelierbau hergestellt werden, und weil auch die Besetzung des Films umfangreicher als gewöhnlich war, stand die Vorkalkulation des Films bei 2,5 Millionen DM.

Das ZDF weigerte sich, diese Summe in den Film zu investieren. Die ausführende Produktionsfirma UFA hatte sich zwar bereit erklärt, sich an der Finanzierung gegen Abtretung bestimmter Rechte zu beteiligen, aber es blieb immer noch eine Lücke von ungefähr fünfhunderttausend DM. Der Zufall kam mir zu Hilfe. Ein mir bekannter ehemaliger Rundfunkredakteur verwaltete den Film- und Fernsehförderungsfonds des Landes Brandenburg. Aus irgendeinem Grunde waren die Fördergelder für das Jahr 1991 nicht restlos ausgegeben worden. Nach dem nach wie vor herrschenden altpreußischen Kameralsystem mussten sie am Jahresende in die Staatskasse zurückgegeben werden, und, noch schlimmer, der Etat für das nächste Jahr würde um die nicht ausgegebene (also nicht gebrauchte) Summe gekürzt werden. So kamen wir auf ganz kurzem, unbürokratischem Weg zur fehlenden halben Million.

An einem Freitag, drei Tage vor Drehbeginn, geriet das Projekt noch einmal in die Krise. Hans Christian Blech war schwer krank gewesen, jetzt auf dem Wege der Besserung, hatten seine Ärzte ausdrücklich als Teil der Rehabilitation die Übernahme einer der Hauptrollen befürwortet. Aber es gab keine Ausfallversicherung für ihn, die für die Hauptdarsteller und den Regisseur vor jeder Produktion abgeschlossen wird, um das finanzielle Risiko der Produktionsfirma abzudecken. Die Ufa hatte zwei Optionen: entweder beginnt der Film am Dienstag mit Hans Christian Blech, falls es gelingt, bis dahin die Ausfallversicherung doch noch abzuschließen, oder er beginnt am Dienstag mit einem anderen Hauptdarsteller.

Ich wollte ohne Blech nicht drehen. Ich bewunderte ihn, seit ich ihn in dem frühen DEFA-Film *Affäre Blum* von Erich Engel gesehen hatte, und ich wollte nicht darüber nachdenken, durch wen ich ihn ersetzen könnte.

Nach einem unruhigen Wochenende kam am Montagmittag der erlösende Anruf aus der Firma: Sie hatten die Ausfallversicherung abschließen können.

Es war eine wunderbare Zusammenarbeit mit dem Erzkomödianten Hans Christian Blech. Und es war seine letzte Filmrolle. Er starb im März 1993.

Das letzte U-Boot war eine große internationale Coproduktion zwischen dem ZDF, der US-amerikanischen Fernsehfirma ABC Video Enterprises, dem japanischen Zweiten Fernsehen NHK und dem österreichischem Fernsehen ORF. Der Produzent Manfred Durniok hatte dieses Projekt über Jahre verfolgt und die zum Teil unterschiedlichen Interessen der beteiligten Partner schließlich einigermaßen unter einen Hut gebracht. Als ich die Regie des Films übernahm, standen 6,5 Millionen DM zur Verfügung, der größte Etat, der je für einen einteiligen Fernsehfilm ausgegeben wurde, wie das ZDF wissen ließ. Trotzdem war dieser Film eine für mich völlig neue Herausforderung. Der Film musste wegen des US-amerikanischen Partners in Englisch gedreht werden. Daraus folgte keineswegs eine amerikanische Schauspielerbesetzung, sondern die Amerikaner erklärten sich bereit, dass der Film mit einer gemischten deutschen, englischen, amerikanischen und japanischen Schauspielercrew gedreht wurde.

Wir hatten nach Prüfung aller Möglichkeiten mit Manfred Durniok verabredet, den Film auf einem sowjetischen Original-U-Boot zu drehen, das der polnischen Marine als Schulschiff diente. Dieses sowjetische U-Boot aus den ersten Nachkriegsjahren entsprach in allen wichtigen Parametern dem modernsten deutschen U-Boot des Typs XXI, das ab 1944 in Deutschland in Dienst gestellt worden war. Es war Vorbild für den Nachkriegs-U-Boot-Bau auch in Frankreich, Großbritannien und den USA gewesen, bis die neue Generation der Atom-U-Boote entwickelt wurde.

Der historische Hintergrund unseres Films war folgender: Am 15. April 1945 war aus dem norwegischen Hafen Kristiansand ein deutsches U-Boot mit Kurs Japan ausgelaufen. Das Geheimziel war die von den Japanern besetzte Insel Penang an der Westküste von Malaya. An Bord waren neben der Besatzung des Bootes zwei japanische Marineoffiziere, ein deutscher Luftwaffengeneral, der Militärattaché in Tokio werden, und ein deutscher Flottenrichter, der in Japan die Verwicklung deutscher Botschaftsangehöriger in den Spionagefall Richard Sorge untersuchen sollte. Das U-Boot transportierte ein Dutzend schwere Behälter mit mehreren hundert Kilogramm Uranoxyd für das japanische Atomprogramm, Panzerabwehrwaffen, eine Turbine des Strahljägers Me 262 sowie diverse Kostruktionszeichnungen für Raketen.

Nach der Kapitulation Deutschlands am 8. Mai gab es plötzlich an Bord zwei Gruppen mit diametral entgegengesetzten Interessen. Auf der einen Seite die deutschen Offiziere, für die der Krieg zu Ende war, auf der anderen Seite die Japaner, die sich zu diesem Zeitpunkt noch mit den USA im Krieg befanden und von den Deutschen verlangten, weiterhin Kurs auf Japan zu halten. Es entstand eine Pattsituation, die beinahe eine Woche lang dauerte. Die einen wollten umkehren, Kurs auf einen Heimathafen nehmen, die anderen wollten einen Hafen des neutralen Argentinien anlaufen. Am 15. Mai 1945 kapitulierten die deutschen Offiziere und übergaben ihr Boot dem amerikanischen Zerstörer »Sutton«. Im Schlepp dieses Zerstörers lief das U-Boot den Hafen von Boston an. Ein großes Schlussbild für die künftige militärische Partnerschaft zwischen den USA und dem Kriegsverlierer Deutschland.

Die japanischen Marineoffiziere an Bord wählten den Freitod, sie wollten nicht gemeinsam mit den Deutschen vor den Amerikanern kapitulieren.

Soweit die Fakten.

Mir hätte dieses Ausgangsmaterial vollkommen genügt, um daraus einen spannenden Film zu machen. Eine minutiöse Rekonstruktion der Ereignisse und genaue Porträts der beteiligten Offiziere und Mannschaften mit ihren verschiedenen Interessen.

Eine *Geschlossene Gesellschaft* auf engstem Raume in der Weite des Atlantiks.

Aber unter dem Einfluss der verschiedenen Coproduzenten hatte der Drehbuchautor Knut Boeser den historischen Hintergrund nur als Ausgangssituation für eine Spielfilmstory benutzt.

Deshalb heißt das U-Boot auch nicht U-234, deshalb sind alle Namen der Beteiligten geändert worden.

U-Boot-Filme sind von jeher ein Kinogenre mit ganz bestimmten Zutaten. Das U-Boot ist Jäger und Gejagter zugleich, und der unvermeidliche Showdown entsteht durch die Begegnung mit dem feindlichen Zerstörer. Die Auseinandersetzung wird mit Torpedos und Wasserbomben geführt, Angriff und Flucht wechseln einander ab. Solche Elemente in diesen Stoff zu integrieren, erwies sich als ungemein schwierig, denn der Kommandant des historischen U-Boots hatte strikten Befehl, jede Feindberührung zu vermeiden. Das ergab sich einfach aus dem Auftrag des historischen U-Boots.

Boeser versuchte, das Problem über den Konflikt der an Bord befindlichen deutschen Offiziere zu lösen. Die erste Begegnung mit einem englischen Zerstörer findet unmittelbar nach der Kapitulation Deutschlands statt. Der Kommandant des U-Boots will auftauchen und die weiße Flagge setzen, der 1. Offizier und der Marinerichter wollen unter keinen Umständen kapitulieren. Der Kommandant wird von dem Marinerichter außer Gefecht gesetzt, der 1. Offizier versenkt den englischen Zerstörer mit einem Torpedoschuss. Dass diese Aktion die deutschen Marineoffiziere unvermeidlich vor ein Kriegsgericht der Alliierten bringt, wird nicht erzählt. Der Film endet längst vor dieser unvermeidlichen bösen Pointe. Die Amerikaner sind nicht daran interessiert, den Zeitpunkt der Versenkung des englischen Zerstörers aufzuklären.

Ich war nicht sehr glücklich über diese Lösung, aber die Coproduktionspartner wollten keine »dokumentarische« Variante, sondern die »Kinolösung«, und ich hatte mir die Frage zu beantworten, ob ich das Projekt zurückgeben oder die »Kinolösung« akzeptieren wollte.

Ich entschied mich für die »Kinolösung«. Mir war klar, dass ich einen Kompromiss einging, von dem ich nicht wusste, ob ich ihn aushalten würde. Mit Boeser zusammen versuchte ich, grobe Unwahrscheinlichkeiten zu eliminieren. Im Drehbuch werfen die japanischen Offiziere vor ihrem Freitod die Behälter mit dem Uranoxyd über Bord, sie sollen nicht den Feinden Japans in die Hände fallen. Erst während der Vorbereitung des Films studierte ich die amerikanischen Übernahmeprotokolle und fand heraus, was ich schon vermutete: Die schweren Uranoxydbehälter waren Kriegsbeute der Amerikaner geworden. Es war auch völlig undenkbar, dass die japanischen Offiziere diese Behälter gegen den Willen oder hinter dem Rücken der deutschen Marineoffiziere hätten über Bord werfen können. Für die im Drehbuch gut profilierten japanischen Offiziere mit ihrem Ehrenkodex, der ihnen nicht gestattete, in amerikanische

Gefangenschaft zu gehen, war diese Aktion unnötig, aber unser japanischer Coproduzent war keinen Argumenten zugänglich und bestand darauf, dass diese Szenen gedreht würden. Wir einigten uns schließlich auf einen Kompromiss: In der japanischen Fassung des Films sind diese Szenen enthalten, in der amerikanischen und deutschen Fassung nicht.

Die Arbeit war schwierig: Die Enge im Boot machte uns zu schaffen. Das Aufladen der riesigen Batterien durch die Dieselmotoren und die anschließende Entlüftung wegen der entstehenden Wasserstoffgase kostete viel Zeit.

Am dritten Drehtag brach sich der Kameramann den Arm auf einem Tennisplatz. Er konnte von nun an nur ganz eingeschränkt arbeiten, und musste einen Hauptteil der Arbeit seinem Schwenker überlassen, einem begabten jungen Mann, der aber natürlich nicht die Souveränität seines Chefs, des international renommierten Kameramanns Witold Sobocinski hatte. Als die japanischen Schauspieler Kaoru Kobayashi und Goro Ohashi anreisten, stellte sich heraus, dass sie nicht Englisch sprachen und die englischen Texte phonetisch gelernt hatten, und zwar nach einer älteren Drehbuchfassung, die sich erheblich unterschied von dem Text der letzten Fassung. Reine Verzweiflung bei den – übrigens erstklassigen – japanischen Schauspielern.

Die detaillierte Abstimmung zwischen dem deutschen und dem polnischen Drehstab ließ zu wünschen übrig, ganz zu schweigen von der Abstimmung der Stäbe mit den Offizieren des polnischen U-Boots und des Marinestandorts.

Präziser: Es herrschte in dieser Produktion ein Durcheinander, wie ich es noch nie erlebt hatte. Selbst meiner hochqualifizierten Regieassistentin Doris Borkmann, die gerade auf diesem Sektor der Koordination große Fähigkeiten besaß, gelang es nicht, Ordnung in den Drehablauf zu bringen.

Waffen und andere Requisiten waren nicht da, wenn sie gebraucht wurden, der deutsche Teilstab schob die Verantwortung dafür auf den polnischen und umgekehrt. Die Aufnahmen auf der Ostsee mit dem U-Boot und dem Begleitschiff, auf dem Kameras postiert wurden, waren nur mühsam und unter großem Zeitaufwand zu koordinieren. Sie brachten auch nicht die gewünschten Ergebnisse. Die Ostsee war ruhig, windstill, nicht zu vergleichen mit dem Atlantik im Frühjahr 1945. Die polnischen Marineoffiziere wiederum waren zufrieden mit dem Wetter. Sie erklärten uns, dass ab Windstärke 5 aus Sicherheitsgründen sowieso nicht mit einem Auslaufen des U-Boots und der Begleitschiffe gerechnet werden konnte. Ich war verzweifelt. Die von uns vermuteten Vorteile, mit einem echten U-Boot auf hoher See ohne Verwendung von Modellen drehen zu könnnen, schienen sich bei hohem finanziellen Aufwand in katastrophale Ergebnisse zu verwandeln. Ich erinnerte mich an ein Gespräch, dass ich vor Jahren mit einem Filmarchitekten führte. Er sagte: »Früher, wenn ein Film in Mexiko spielte, sind wir in den Grunewald gefahren, haben dort gedreht, und es sah aus wie Mexiko. Heute fahren sie nach Mexiko, drehen dort, und es sieht aus wie im Grunewald.«

Früher haben sie das U-Boot im Atelier nachgebaut, und es sah im Film wie ein echtes U-Boot aus, heute drehen sie auf einem echten U-Boot auf hoher See, und es sieht aus wie eine Attrappe, die auf einem Fischteich schwimmt.

Entsetzlicher Gedanke.

Alle Beteiligten hatten den Schwierigkeitsgrad, Filmaufnahmen unter Originalbedingungen in einem U-Boot und mit einem U-Boot und Begleitschiffen auf offener See zu drehen, sträflich unterschätzt. Am Ende hatten wir doch noch Glück. Wir waren an einem relativ stürmischen Tag mit mehreren Kameras auf der Ostsee. Es entstanden effektvolle Aufnahmen, die man unter Atelierbedingungen und mit Bootsmodellen nicht hätte realisieren können.

Den Schauspielern, die in diesem Film spielten, bin ich zu großem Dank verpflichtet. Ich war bekannt dafür, den Schauspielern bei Filmaufnahmen ungewöhnliche Freiräume zu verschaffen, sie in den Mittelpunkt aller Anstrengungen zu stellen. Um sie zu maximalen Leistungen zu inspirieren, waren alle technischen Anstrengungen nötig. In diesem Film fühlten sie sich zum ersten Male von mir alleingelassen, auf einem unwichtigen Nebengleis beschäftigt, und ich konnte es nicht ändern. Obwohl doch der Erfolg des Films allein von diesem hochkarätigen Ensemble abhing. Nicht das echte U-Boot und die echten Wasserbomben waren ausschlaggebend, sondern das minutiöse Zusammenspiel zwischen Ulrich Mühe, Ulrich Tukur, Kaoru Kobayashi, Goro Ohashi, Manfred Zapatka, Matthias Habich, Udo Samel, Sylvester Groth sowie dem US-amerikanischen Fernsehstar Barry Bostwick und den anderen, die kleinere Rollen übernommen hatten.

Am Ende der Dreharbeiten war ich völlig entnervt und am Ende meiner Kräfte.

Ich war entschlossen, mich nie wieder mit einem unfertigen Drehbuch in ungewisse Produktionsumstände zu begeben.

Die Mauer ist eine der schönsten Erzählungen von Jurek Becker aus dem Band *Nach der ersten Zukunft* von 1980. Und es war mir immer klar, es ist auch ein Filmstoff. Aber ich hatte Jurek nie vorgeschlagen, einen Film daraus zu machen. Ich hatte Angst vor diesem Film. Die Helden sind fünf- bis sechsjährige Kinder. Und mit Kindern in diesem Alter zu arbeiten, ist ein schweres Geschäft. Schon bei der Auswahl kann man sich vertun. Das Schrecklichste für mich sind Kinder, die Texte aufsagen, die sie nicht verstehen. Fünf- bis sechsjährige Kinder kann man im Film nur schwer lenken. Man muss also kleinwüchsige Achtjährige besetzen, und auch die Achtjährigen haben Aussetzer, werden von Gefühlen überschwemmt, und man kann mit ihnen nicht vernünftig reden, wenn sie – wie bei unseren Dreharbeiten in Warschau – das Heimweh überfällt.

Doch mein Wunsch, nach vielen Jahren wieder mit Jurek zu arbeiten, war so groß, dass ich alle Ängste und Bedenken zurückstellte, als mich Jurek eines Tages anrief und mich fragte, ob ich die Regie übernehmen will für einen Film nach dieser Erzählung.

Die Geschichte der Kinder in dieser Erzählung ist herzzerreißend. Sie kommt wie eine Alltagsgeschichte daher. Auf einem alten, von einer Mauer umgebenen Fabrikgelände in Warschau warten während des Krieges aus ihren Wohnungen deportierte Juden mit ihren Kindern auf den Abtransport nach Auschwitz. Marek und seine Freunde planen, sich nachts Spielzeug aus ihren alten Wohnungen zu holen, das sie nicht mitnehmen durften.

Es glingt ihnen, unbemerkt die Mauer des Fabrikgeländes zu übersteigen, aber in ihrem ehemaligen Wohnviertel sind alle Häuser verschlossen und die Türen vernagelt. Unverrichteterdinge kehren sie zurück. Aber die Mauer, über die sie das Fabrikgelände ohne große Mühe verlassen hatten, ist von außen für die Kinder unübersteigbar. Ratlos und verzweifelt schlafen sie schließlich ein; so findet sie im Morgengrauen ein deutscher Soldat. »Erschießt du uns jetzt?«, fragt Marek. Der Soldat schaut in das Kindergesicht, er müsste die beiden natürlich auf der Wache abliefern, aber er bringt es nicht übers Herz. Marek steigt auf seine Hände, auf die Schultern, auf den behelmten Kopf des Soldaten, der schiebt ihn mit dem Gewehrkolben unter dem Hintern des Kleinen auf die Mauerkrone und hilft ihm so, in das Fabrikgelände zurückzukehren.

Das absurde Ende der Geschichte: Der Trugschluss, dass der hilfsbereite Deutsche die Kinder rettet, indem er ihnen über die Mauer hilft. Das Fabrikgelände ist nur eine Durchgangsstation für die Gaskammern von Auschwitz.

Und dennoch, dieser eine, der sein Gewehr nicht zum Schießen benutzt, sondern um zu helfen, ist der Hoffnungsschimmer in einer trostlosen Situation.

Der fertige Film kam unter dem Titel *Wenn alle Deutschen schlafen* ins Fernsehen. *Die Mauer*, dieser Name stand nun mal für Millionen Leute in aller Welt für ein unmenschliches Bauwerk quer durch Deutschland.

Keine Hoffnung gab es wieder mal für mich im privaten Bereich. 1985 hatten Monika und ich, nachdem wir fast zehn Jahre zusammen gelebt hatten, geheiratet.

1993 geriet unsere Ehe in eine Krise. Es war eine wirkliche Vertrauenskrise, die mich so schockierte, wie ich es nie erwartet hätte. Ich war guten Willens, diese Krise zu überwinden. Aber es gelang mir nicht. Zu tief war die Verletzung, zu groß die Enttäuschung. Wir trennten uns.

27. Nikolaikirche

Als ich im Frühsommer 1994 die ersten 250 Seiten von Erich Loests Romanmanuskript *Nikolaikirche* las – das Buch war damals noch nicht zu Ende geschrieben –, war ich fasziniert von dieser Leipziger Familiengeschichte. Als mir Erich Loest dann erzählte, welchen Fortgang der Fabel er geplant hatte, entstand bei mir sofort der Wunsch, daraus einen Film zu machen. Ich erinnerte mich bei der Lektüre an meinen alten Film *Spur der Steine*: hier wie da eine zugespitzte individuelle Geschichte vor einem breiten gesellschaftlichen Panorama. Solche Geschichten haben mich als Regisseur immer interessiert.

Natürlich sind die Unterschiede zwischen beiden Projekten gravierender, als die auf den ersten Blick ins Auge fallenden Gemeinsamkeiten:

Spur der Steine, Mitte der sechziger Jahre gedreht, verband den schonungslosen Blick auf die Realität mit der Hoffnung auf eine Veränderung der DDR-Gesellschaft in Richtung eines demokratischen Sozialismus.

Nikolaikirche spielt in den letzten Jahren der DDR. Das »Endspiel« ist im Gange, ohne dass es die Protagonisten zunächst begreifen. Die Konflikte, die in der Leipziger Familie Bacher aufbrechen, münden in die gesellschaftliche Bewegung des Jahres 1989 und schließlich in die Massendemonstration des 9.Oktober 1989. An diesem Tage erlitt die Staatsmacht der DDR in Leipzig ihre entscheidende Niederlage, von der sie sich nicht mehr erholt hat.

Der Autor beschreibt diese Vorgänge aus intimster Kenntnis

des lange Jahre Beteiligten und gleichzeitig mit dem nüchternen Blick des Beobachters aus zeitlicher und örtlicher Entfernung in einer weit ausholenden Romanhandlung mit Rückblenden bis in die dreißiger Jahre.

Ich war mit Erich Loest von Anfang an darüber einig, dass wir diese komplexe Struktur des Romans für die Verfilmung nicht übernehmen können.

Der radikale Zuschnitt der Filmhandlung auf die Gegenwart gab uns die Chance, in einer konfliktreichen Familiengeschichte von jener »unerhörten Begebenheit« zu erzählen, wie zum ersten Male in Deutschland eine Oppositionsbewegung erfolgreich an der Beseitigung einer Diktatur mitwirkt.

Die Keimzelle dieser Opposition lag in der Leipziger Nikolaikirche. Hier fanden jeden Montag sogenannte Friedensgebete statt. In der zweiten Hälfte der achtziger Jahre versammelten sich hier die Mitglieder von Bürgerrechtsgruppen, Arbeitsgemeinschaften für Umweltschutz und Menschenrechte, Wehrdienstverweigerer, Ausreisewillige und andere Oppositionelle. Überhaupt war Leipzig in dieser Zeit eine brodelnde Stadt.

Hier potenzierten sich alle Widersprüche der DDR-Gesellschaft. Zweimal im Jahr, während der Frühjahrs- und der Herbstmesse, wenn westdeutsche Journalisten und Fernsehteams anwesend waren, wurden die Schaufenster mit Südfrüchten und Importwaren gefüllt, mit dem Ende der Messe sah es dann in den Geschäften wieder so trostlos aus wie in jeder beliebigen Kleinstadt der DDR. Die Innenstadt von Leipzig war völlig verdreckt. Wenn man sein Fahrzeug über Nacht am Hauptbahnhof parkte, hatte man am nächsten Morgen eine millimeterdicke Schmutzschicht auf dem Wagen, verursacht von den Braunkohlekraftwerken und Brikettfabriken im Umfeld, die die Atmosphäre mit ihren Abgasen verseuchten. In keiner anderen DDR-Großstadt gab es so viele ungelöste Probleme in der Wirtschaft, der Versorgung, dem Verkehr, der Beschaffung von Wohnraum und dem Schutz der Umwelt. Kurz: in Leipzig spürte man mehr als anderswo im Lande, was faul war im Staate Dänemark. Die von all den ungelösten und nicht lösbaren Problemen des Alltags frustrierte Bevölkerung saß abends in den beiden Kabaretts der Stadt, den AKADEMI-XERN und der PFEFFERMÜHLE und war ein wunderbares Publikum, das für alle, auch die verstecktesten Anspielungen hoch sensibilisiert war. Die Vorstellungen waren immer ausverkauft. Und die Zensur griff so gut wie nicht mehr ein. Vorbei waren die Zeiten des SED-Bezirksekretärs Paul Fröhlich, der Kabarettisten, die unbotmäßige Texte vortrugen, von der Bühne zerren, und Filme wie *Spur der Steine* im Kino niederschreien ließ. Im kleinen Kreis, vor 100 Zuschauern durften allabendlich die Tabuthemen (jedenfalls die meisten) erörtert werden und wurden »abgelacht«. Selbst so heikle Themen wie GLASNOST und PERESTROIKA wurden offen behandelt.

Im Frühjahr 1987 hatte ich in der PFEFFERMÜHLE ein Programm mit dem Titel »Auf dich kommt es an, nicht auf alle« inszeniert. Das Programm, von Peter Ensikat und Wolfgang Schaller geschrieben, war wie ein Theaterstück gebaut und musste wie ein Theaterstück inszeniert werden. Es hieß im Untertitel »Eine Außenseiterkonferenz« und war eine Parodie auf die in der DDR üblichen Partei- und Gewerkschaftskonferenzen mit ihren Ritualen wie: Einmarsch der Jungen Pioniere, Grußadressen an das Politbüro der SED.

Nur: In dieser Konferenz ging alles schief. Unerwartete Unterbrechungen, nicht geplante Wortmeldungen und widerspenstige Teilnehmer brachten den Versammlungsleiter, einen gutmütigen, aber völlig überforderten Funktionär dauernd aus dem Konzept. Er versuchte vergeblich, die störrischen Außenseiter in das Konferenzschema zu integrieren. Diese sogenannten Außenseiter waren in Wirklichkeit normale Leute, die nicht korrupt, nicht feige und anpasserisch waren, kurz, Zeitgenossen, die nicht bei jeder Gelegenheit versuchten, auf Kosten der Gesellschaft ihren privaten Schnitt zu machen.

Im Text gab es scharfe Attacken gegen eine Politik, die ganze Altbaustadtviertel in Leipzig verrotten ließ, und die Baubrigaden nach Berlin abzog, zum Aufbau der Hauptstadt, während es in Leipzig durch die Dächer regnete (»Ruinen schaffen ohne Waffen«).

Es war mir also doch noch gelungen, einen brisanten Gegenwartsstoff zu inszenieren, wenn auch nur für ein zahlenmäßig kleines Publikum. Das Stück wurde bis ins Wendejahr 1989 mehr als dreihundertmal vor ausverkauftem Hause gespielt.

Nikolaikirche ist ein Spielfilm, keine Dokumentation. Die story ist erfunden, die handelnden Figuren sind erfunden, auch wenn sie mancherlei Vorbilder im Leben haben.

Am Anfang des Films steht der plötzliche Tod eines Familienpatriarchen. Albert Bacher, hochdekorierter Volkspolizeioffizier, stirbt an Herzversagen. Darüber gerät seine Tochter Astrid Protter, Architektin im Leipziger Bauamt, in eine tiefe Sinnkrise. Ihre Ehe mit dem Ingenieur Harald Protter ist in Alltagsroutine erstarrt, ihre Arbeit als Architektin ist sinnlos angesichts des Verfalls der Leipziger Innenstadt. Und Tochter Silke geht ihre eigenen Wege, entfernt sich immer mehr von den Eltern.

Dunkle Wolken der Veränderung ziehen sich auch über Astrids Bruder, genannt »Sascha«, zusammen. Sascha ist Hauptmann in der Leipziger Bezirksbehörde des Ministeriums für Staatssicherheit. Durch die wachsende Opposition in der Stadt gerät die Stasi unter immer größeren Druck.

Albert Bachers Witwe Marianne mag die rasanten Veränderungen in ihrer Umgebung nicht wahrhaben, sie verschließt sich bitteren Erkenntnissen und hält die Erinnerung an die Ideale der frühen DDR-Aufbaujahre wach.

Die Montagsgebete und Fürbitten in der Nikolaikirche unter Pfarrer Ohlbaum geraten ins Visier des Ministeriums für Staatssicherheit.

Die Familie Bacher wird innerlich immer zerrissener. Selbst Mutter Bacher wird zum Observationsobjekt, als sie Besuch aus West-Berlin bekommt. Ihr Sohn Alexander erhält von seinem Vorgesetzten einen entwürdigenden Auftrag. Für die Bachers wie für viele andere gilt: Liebe wird zur Lüge, Hoffnung zur Angst, Macht zum Machtmissbrauch. Der Showdown des Films spielt in der Woche vor dem 9. Oktober 1989. Die Staatsmacht hat angekündigt, die Montagsdemonstrationen, an denen inzwischen zehntausende Menschen teilnehmen, zu unterbinden, wenn nötig, mit Waffengewalt.

Das Geschehen treibt auf seinen dramatischen Höhepunkt zu.

Am 9. Oktober 1989 erringen die Bürger von Leipzig einen entscheidenden Sieg. Mit ihrer gewaltlosen Demonstration – in ihrer Mitte auch Astrid Protter – und dem Ruf »Wir sind das Volk« geben sie den Auftakt, die DDR in die Geschichte zu entlassen.

28. Ein Telefongespräch
im Frühjahr 1994

W.:
Guten Tag, Herr Beyer. Mein Name ist Wilms, ich rufe Sie aus
Ulm an. Ich leite hier die Städtischen Bühnen.

B.:
Guten Tag, Herr Wilms, was kann ich für Sie tun?

W.:
Ich bin der designierte Intendant des Maxim-Gorki-Theaters
in Berlin. Im Sommer diesen Jahres trete ich mein Amt an. Ich
möchte Sie fragen, ob Sie bei mir inszenieren wollen?

B.:
Wie kommen Sie auf mich? Ich bin in erster Linie Film- und
Fernsehregisseur. Ob ich irgendwann wieder am Theater inszenieren will, das wird sehr vom Stück und den zur Verfügung
stehenden Schauspielern abhängen.

W.:
Das verstehe ich. Ich hätte da einen Vorschlag. Zuckmayers
Hauptmann von Köpenick. Und auch für die Hauptrolle habe
ich einen Vorschlag, einen im Hause fest engagierten Schauspieler, den sie gut kennen: Klaus Manchen.

B.:
Ja, ich kenne Klaus aus verschiedenen gemeinsamen Arbeiten

und halte ihn für einen erstklassigen Schauspieler. Trotzdem machen mir sowohl Stück- als auch Besetzungsvorschlag die Anwort auf Ihre Anfrage nicht leichter. Ich habe nämlich seit etwa zwei Jahren mit Harald Juhnke und einem Hamburger Produzenten die Verabredung, ein Filmremake des *Hauptmann von Köpenick* zu drehen.

Pause.

B.:
Hallo, Herr Wilms? Sind Sie noch da?

W.:
Ja, natürlich. Könnten Sie sich vorstellen, dass Sie das Stück mit Harald Juhnke auch bei mir am Gorki-Theater inszenieren?

B.:
Darüber muß ich nachdenken. Hat die Sache eine Dringlichkeit für Sie?

W.:
Nein. Ich muss perspektivisch den Spielplan für das Gorki-Theater konzipieren. Wir sollten uns vielleicht im Juli, wenn ich mein Amt angetreten habe, in Berlin treffen.

B.:
Das trifft sich gut. Ich fahre jetzt für zwei Monate nach Polen, um dort einen Film zu drehen. Ende Juni bin ich wieder in Berlin.

Nach meiner Rückkehr aus Warschau blättere ich die Feuilletonseiten der BERLINER ZEITUNG durch und traue meinen Augen nicht, als ich in einer Notiz lese, dass Katharina Thalbach in der Spielzeit 95/96 am Maxim-Gorki-Theater den *Hauptmann von Köpenick* mit Harald Juhnke in der Hauptrolle inszenieren wird.
Das ist die neue Umgangsform.

Mir ist sie übrigens nicht ganz neu. Als ich vor 20 Jahren Heinz Rühmann eine Absage schrieb hinsichtlich der Besetzung von *Jakob der Lügner*, erhielt ich einen freundlichen Brief des Bedauerns von ihm. In ihm steht:

»... ich danke Ihnen für Ihre freundlichen Zeilen vom Sommer dieses Jahres und vor allem dafür, dass Sie auch im negativen Fall geschrieben haben. Das ist sonst nicht üblich.«

Natürlich ist der Gedanke, mit Harald Juhnke eine Neuauflage des Zuckmayer-Stückes zu machen, nicht urheberrechtlich geschützt. Er liegt sogar ganz nahe sowohl für das Theater als auch den Film bei der Qualität und Popularität dieses Schauspielers. Und bei der Vorbereitung von Filmen und Theaterstücken gibt es oft verschiedene Varianten bei der Besetzung des künstlerischen Personals. Aber ich glaube nach wie vor, dass es einfache Formen des Umgangs miteinander auch in diesem Beruf gibt: Wenn ich eine Verabredung mit einem Partner getroffen habe und wünsche, davon zurückzutreten, dann teile ich dies dem Partner mit, bevor ich andere Verabredungen in der gleiche Sache eingehe.

Für Harald Juhnke war zu diesem Zeitpunkt ganz ungeklärt, wann es zu einer Filmproduktion kommen würde. Ihm ist nicht vorzuwerfen, dass ihm der Sperling in der Hand lieber war als die Taube auf dem Dach. (Falls dieser Vergleich hier überhaupt gestattet ist.) Und Katharina Thalbach weiß vermutlich bis heute nichts von der damaligen Konstellation.

Für mich bedeutete die neue Lage, dass ich mich nicht mit dem schwierigen Problem auseinandersetzen musste, gleichzeitig an Varianten für das Theater und den Film zu arbeiten. Denn eine Theaterfassung herzustellen, die anschließend für das Fernsehen aufgezeichnet wird, das kam für mich nicht in Frage.

Blieb das Problem, in welcher Reihenfolge würde man produzieren. Wilms natürliches Interesse bestand darin, die Theateraufführung vor dem Film herauszubringen. Wenn der Film mit Juhnke über die Bildschirme gelaufen oder im Kino gestartet war (damals strebte ich eine Kino-Fernsehcoproduktion an), hätte eine Theateraufführung erheblich weniger Publikum gehabt. Für mich war es kein Prestige-, sondern ein reines Arbeitsproblem, nach der Theaterpremiere bei laufenden Vorstellungen mit den Dreharbeiten zu beginnen. Es ist zwar absolut denkbar, dass ein Schauspieler am Vormittag den *König Lear* probiert und am Abend den *Schuster Voigt* spielt, das ist sogar ganz üblich. Aber dass er am Abend den Schuster spielt und am nächsten Vormittag die gleiche Rolle nach einem anderen Konzept in einer anderen Textfassung probiert oder dreht, ist undenkbar. Ich war entschlossen, keinesfalls eine Art second-hand-Produktion zu machen, und erklärte dem Produzenten, dass ich unter solchen Umständen die Regie nicht übernehmen würde. Aber zu einem Konflikt in dieser Frage kam es nicht.

Die Wirklichkeit hatte ganz andere Konflikte für uns parat, für Thalbach und auch für mich. Harald war damals krank, alkoholkrank. Er war das, was man im Volksmund einen Quartalssäufer nennt. Langen Trockenperioden folgten schwere, lebensgefährliche Abstürze. Die Programmdirektoren der ARD wollten den Film mit ihm oder gar nicht. Als es eine Zeitlang unklar war, ob Harald überhaupt je wieder drehen würde, erörterten wir das. Ich sagte, ich kenne in Deutschland noch drei oder vier andere Schauspieler, jüngere und ältere, die die Rolle auf hohem Niveau spielen können. Niemand wollte davon etwas wissen, und tatsächlich gab es 1995 in Deutschland keinen Schauspieler, bei dem Qualität, gekoppelt mit Popularität, so groß waren. Das hängt damit zusammen, dass Harald Juhnke nicht nur ein bedeutender Charakterschauspieler ist, sondern als Entertainer noch einen anderen Sektor des Publikumsinteresses abdeckt. Es stellte sich heraus, ohne Juhnke würde das Projekt aus dem Programm gekippt. Und ich war ja im Prinzip der Meinung der Fernsehchefs. Aus eben diesen Gründen hatte ich mich Jahre zuvor mit Harald auf dieses Projekt verabredet.

Der Hauptmann von Köpenick war 1931 in der Inszenierung von Heinz Hilpert im Deutschen Theater in Berlin mit Werner Krauss in der Titelrolle ein großer Erfolg. Krauss hat die Rolle mehr als hundertmal gespielt. Auch der Film mit Max Adalbert in der Rolle des Schusters war sehr gut. Und aus den Nachkriegsjahren gab es den Käutner-Film mit Heinz Rühmann und ein Fernsehspiel mit Rudolf Platte. Platte in der Hauptrolle war nach meiner Meinung sogar besser als der etwas larmoyante Rühmann in Käutners Film. Wie sollte ich in dieser Konkurrenz bestehen? Im Hinterkopf hatte ich die zahlreichen Pleiten von Wiederverfilmungen, die die Filmgeschichte säumen. Dass ich es trotzdem wagte, hängt damit zusammen, dass ich von Juhnke überzeugt war, dass ich entschlossen war, um ihn herum ein erstklassiges Schauspielerensemble zu versammmeln, dass ich Wolfgang Kohlhaase für die Drehbuchfassung gewinnen konnte, dass Arbeitslosigkeit, Aufenthaltsgenehmigungen und Abschiebung, um die es geht, durchaus aktuelle Themen waren und dass schließlich Zuckmayers Stück eine der seltenen guten Komödien in der deutschen Theatergeschichte ist.

Alles war Anfang 1996 vorbereitet. Harald hatte begriffen, dass er krank war, und unterzog sich im März einer Alkoholtherapie. Da kam der nächste Absturz im April 96. Die Ärzte kämpften um sein Leben. Sie retteten ihn. Die Produzenten verhielten sich jetzt skeptisch. Es wurde beschlossen, eine Pause einzulegen und den Drehbeginn auf den März 97 festzulegen.

Der Rest des Jahres verlief ohne Zwischenfälle. Mit dem Maxim Gorki Theater war verabredet worden, dass während der Drehzeit keine Aufführungen stattfinden werden. Der erste Drehtag wurde für den 10. März angesetzt. Der Drehstab war hochmotiviert und arbeitete intensiv. Am 9. Februar kam die nächste Hiobsbotschaft mit der entsprechenden Bild-Schlagzeile. Juhnke wurde beschuldigt, während eines Aufenthalts in Los Angeles im Vollrausch einen schwarzen Wachmann mit Nazisprüchen beleidigt und eine junge Frau angepöbelt zu haben.

Als die Bildzeitung zwei Tage später titelt: **Fernseh-Verbot! Alle lassen Juhnke fallen,** liegen meine Nerven blank. Tatsächlich beruft sich die Bildzeitung auf die Aussage des ARD-Programmdirektors Struwe: »Wir haben die Projekte mit Harald Juhnke sofort gestoppt...« Ich verstand das nicht. Einem alkoholkranken Schauspieler die Arbeit wegnehmen und ihn damit endgültig in den Orkus stoßen? Meine einzige Erklärung war die Angst der ARD, beschuldigt zu werden, einen Rassisten zu decken. Juhnke entschuldigte sich für seine Äußerungen im Zustande der Volltrunkenheit, an die er sich nicht erinnerte. Die ARD nahm das Verdikt zurück. Tatsächlich begannen unsere Dreharbeiten, wie geplant, am 10. März mit Außenaufnahmen in der Haftanstalt Wolfenbüttel.

Harald Juhnke ist uneitel, hochprofessionell und diszipliniert. Es war eine Freude, mit ihm zu arbeiten.

Der Schuster Wilhelm Voigt ist eine sehr facettenreiche Figur. Er ist nicht nur der »Loser«, der kleine Mann, der von den Behörden schikaniert wird, bis er sich endlich zur Wehr setzt. Er ist auch ein echtes Schlitzohr, ein sympathischer Hochstapler, der das System, das ihn schikaniert, mit seinen eigenen Waffen schlägt und es für ein paar entscheidende Momente lahmlegt. Schließlich hat dieser Mann nach seiner Begnadigung durch den Kaiser seinen Coup als Alleinunterhalter professionell vermarktet. Diese Vielfarbigkeit der Figur war bei Juhnke in den besten Händen.

Ich zitiere Rüdiger Schaper, der ein Buch über Harald Juhnke geschrieben hat:

»Mit dem *Hauptmann von Köpenick* bewahrheitet sich noch einmal, was Juhnkes Freunde und Kollegen sagen und wofür er selbst seit langem kämpft: Wenn er gefordert ist, wenn er die Rollen spielt, die seiner einzigartigen schauspielerischen Begabung gerecht werden, dann ist auf ihn Verlass. Dann stürzt er nicht. Dann trägt ihn die Kunst.«

29. Hiergeblieben, nicht *Abgehauen*

Manfred Krugs Buch *Abgehauen* besteht aus drei Teilen. Im ersten Teil ist der Mitschnitt eines Gesprächs abgedruckt, das wenige Tage nach der Biermann-Ausbürgerung zwischen einer Gruppe von Künstlern und drei Parteifunktionären geführt wurde. Ich habe darüber in Kapitel 17 berichtet. Der zweite Teil besteht aus dem Tagebuch, das Manfred zwischen dem 19. April 1977, dem Tag, an dem er seinen Ausreiseantrag gestellt hat, und dem 20. Mai, dem Tag, an dem ihm der Sekretär des ZK Werner Lamberz mitteilte, dass er seinen Einspruch beim Innenminister gegen Krugs Ausreise zurückziehen wird, geschrieben hat. Der dritte Teil ist ein Bericht an das Ministerium für Staatssicherheit, über die Abschiedsfete der Krugs am Tag vor ihrer Ausreise aus der DDR. Die Abschiedsfete fand im Hause eines langjährigen guten Freunds statt, von dem die Krugs nach dem Ende der DDR erfuhren, dass er nicht erst an diesem Abend, sondern schon seit vielen Jahren regelmäßig Spitzelberichte für die Stasi verfasst hatte.

Das sind drei spannende Geschichten, aber ich kam zunächst nicht auf den Gedanken, daraus einen Film zu machen. Formale und ästhetische Fragen spielten dabei keine Rolle. Ich hatte gar nicht darüber nachgedacht, »ob es geht«. Bei mir spielten eher Fragen der Nähe eine Rolle. Ein Stoff, an dem man so beteiligt ist, bringt zwar den großen Vorteil intimer Detailkenntnisse, aber auch einen erheblichen Nachteil: Man hat keinen Abstand zu den Vorgängen.

Manfred hatte nach seiner Ausreise eine Kopie des Tagebuchs an Werner Lamberz geschickt zu dessen persönlicher Unterrichtung. Er hatte wohl Lamberz auch versprochen, das Tagebuch im Westen nicht zu veröffentlichen, und als Gegenleistung die Zusage bekommen, dass seine Frau und die Kinder Besuchervisa erhalten für Verwandtenbesuche. Das ist bis heute ein umstrittener Vorgang. Aber was einzelne befürchtet hatten, dass sie durch den Einblick in ihr »Innenleben«, wie es Krug zu Papier gebracht hatte, Nachteile in der DDR würden in Kauf nehmen müssen, hat sich meines Wissens nicht bewahrheitet. Wo die Kopie aus Lamberz Stahlschrank gelandet ist, weiß niemand. Durch den frühen Tod von Werner Lamberz wird das wohl auch nicht mehr aufgeklärt werden können.

Der Hauptheld eines Tagebuchs ist sein Autor. Und wenn in diesem Tagebuch andere Hauptdarsteller auftreten, so werden sie notwendigerweise, auch wenn nichts Falsches über sie berichtet wird, automatisch zu Nebendarstellern. Das ist der tiefere Grund für die Querelen.

Eines Tages rief mich Manfred an und fragte mich, ob ich nicht die Regie übernehmen wolle für einen Fernsehfilm nach seinem Buch. Ich nahm mir das Buch noch einmal vor und sah natürlich, dass in ihm eine Art Politthriller steckte.

Für Manfred Krug und seine Familie wurden die Wochen, nachdem er den Ausreiseantrag gestellt hatte, zur Nervenprobe. Die Partei lockte und drohte, stellte sich taub, schickte Unterhändler. Kann Krug dem Druck standhalten? Werden sie ihn jemals herauslassen? Als Vorspiel dazu die Krisensitzung im Hause Krug nach der Biermann-Ausbürgerung mit ihren spannenden Dialogen und schließlich die Figur des Krug-Freundes, bei dem das Abschiedsfest stattfindet und der auch an diesem Tage seiner IM-Tätigkeit nachgeht und seine Behörde auf dem laufenden hält. Das alles ist Material für einen spannenden Film.

Thematisch geht es bei den Nebenfiguren des Tagebuchs, Freunden und Kollegen um die Familie Krug herum, immer um die Frage: Gehen oder Bleiben. Es gibt entschlossene »Hierbleiber« wie Stefan Heym, Christa Wolf, Ulrich Plenzdorf und

Willy Moese, es gibt Zögernde wie Armin Mueller-Stahl, Hilmar Thate, Angelica Domröse und Klaus Schlesinger, und es gibt Entschlossene wie Jurek Becker, bei denen es nur eine Frage der Zeit ist, wann sie Manfred folgen werden.

Ich selbst gehörte in dieser Zeit zur ersten Gruppe. Hin und wieder hatte mich Manfred mit dem Slogan verspottet: »Der Letzte macht das Licht aus. Und wer ist der Letzte? Frank Beyer.«

In diesem Kapitel wollte ich meine Situation nach 1976 beschreiben. Warum ich das Land nicht verlassen hatte wie viele meiner Freunde. Warum ich trotz schwerer Konflikte mit der Führung der SED über die Kulturpolitik und nicht nur die Kulturpolitik hiergeblieben bin.

Aber bevor ich mich diesem wichtigen Thema zuwenden konnte, wurde ich krank. Ich musste die Arbeit an diesem Buch für ein halbes Jahr unterbrechen.

Nun, Ende Mai 2000, als ich die Arbeit fortsetze, holt mich auf eine merkwürdige Weise die Vergangenheit ein. Fünfzig Jahre zurückliegende Ereignisse werfen pötzlich einen langen Schatten auf die Gegenwart.

30. Ein deutscher Briefwechsel

Im Sommer 1999 hatte mich ein Redakteur des MDR-Rundfunks angerufen und gebeten, an einem Feature mitzuwirken, das der Sender vorbereitete über die Widerstandsbewegung an der Karl-Marx-Oberschule Altenburg in meiner Abiturklasse 1950.

Ich wollte an der Rundfunksendung zunächst nicht mitwirken. Ich war zwar ein »Zeitzeuge«, aber ich stand damals auf der anderen Seite. Zwar hatte ich inzwischen viele Dokumente über diesen Widerstand gelesen und mein Urteil über meine Schulkameraden geändert, dennoch schien mir, es sollten diejenigen in der Sendung zu Wort kommen, die aktiv in der Gruppe gearbeitet hatten. Herr Lüddemann, der Autor der Sendung, erklärte mir, dass er sehr beeindruckendes Material von diesen Beteiligten gesammelt habe und gerade deshalb, weil ich damals auf der Gegenseite stand, mit mir ein Interview machen wolle. Schließlich stimmte ich zu.

Hier ist die Ankündigung der Sendung mit einer Inhaltsangabe:

SA 29.1. 9.00-10.00 MDR / radio kultur SFB ORB

MIT LEBENSLÄNGLICH HATTEN WIR GERECHNET

Eine Altenburger Abiturklasse in den Mühlen der sowjetischen Justiz

von Steffen Lüddemann

In den Abendstunden des 21. Dezember 1949 ereignete sich in der thüringischen Stadt Altenburg ein Vorfall, der sowohl die russischen als auch die deutschen Sicherheitskräfte in höchste Alarmbereitschaft versetzte. Während der Übertragung von Wilhelm Piecks Rede anläßlich des 70. Geburtstags von Stalin meldete sich plötzlich eine Stimme:

»Stalin ist ein Diktator und Massenmörder!« Die Initiatoren der Störsendung waren Abiturienten der Altenburger Karl-Marx-Schule. Wochenlang hatten sie an einem Sender gebastelt, dutzende Meter Antennendraht auf dem Dach eines Mietshauses gezogen und waren pünktlich zur Festansprache Wilhelm Piecks, auf Sendung gegangen. Ein Unternehmen, das beispiellos ist in der Geschichte des Widerstandes in der DDR.

Die vier Abiturienten gehörten dem »Altenburger Kreis« an. Sie verfaßten Flugblätter und versahen öffentliche Gebäude mit einem »F«, dem Kürzel für »Freiheit«. Im Mittelpunkt der Gruppe stand der Schüler Joachim Näther, knapp 18 Jahre alt, Verfasser kritischer Gedichte und Prosastücke. Die Radiosendung zu Stalins Geburtstag markiert Höhepunkt und Ende der Widerstandsaktionen.

Aufgrund bis heute nicht geklärter Umstände – vermutlich durch Verrat – wurden die Mitglieder der Gruppe drei Monate nach der Sendung verhaftet. Nach sechswöchiger Untersuchungshaft wurden sie von einem russischen Militärgericht verurteilt: vier der 18 bzw. 19 jährigen Angeklagten, unter ihnen auch Joachim Näther, zum Tode, die anderen zu langen Zuchthausstrafen. Erst jetzt konnte das Schicksal der zum Tode verurteilten Altenburger Schüler aufgrund von Akten aus russischen Militärarchiven aufgeklärt werden. Nach der Urteilsverkündung waren sie nach Moskau verbracht und in der Moskauer Ljubjanka erschossen worden.

Der Autor hat zwei der überlebenden Radiobetreiber des Jahres 1949 sowie ihre Mitschüler – unter ihnen auch DEFA-Regisseur Frank Beyer – ausfindig gemacht und nach ihren Erinnerungen befragt.

Regie: Sabine Ranzinger
Produktion: MDR Ursendung

Werner Krüger   28. 2. 2000
Stud. Dir. a. D.
D-88090 Immenstaad

Mitteldeutscher Rundfunk
Herrn Steffen Lüddemann
04275 Leipzig

Betr. Feature Mit Lebenslänglich hatten wir gerechnet, gesendet am 29.1.2000

Sehr geehrter Herr Lüddemann:
Ich hatte mit großem Interesse das Feature über die Widerstandsgruppe der Altenburger Oberschüler erwartet, von dem ein ehemaliger Schulkamerad mir jetzt einen Mitschnitt schickte (bei uns kann man den MDR nicht empfangen).

Ihnen gebührt Dank und Anerkennung dafür, daß Sie sich des Falles, der 50 Jahre zurückliegt, angenommen haben, für die Mühe, die Sie sich gemacht haben, für das Durcharbeiten großer Mengen von angefallenem Dokumenten- und Urkundenmaterial, auch für das eingegangene Risiko, nach der Sendung (ja schon davor) eine Reihe von kritischen Hörerbriefen zu bekommen. [...]
    Wenn ich Ihnen nun eine »Stellungnahme« zu Ihrer Sendung schicke, dann bezieht sich das nicht so sehr auf eine Kritik an ihr, die freilich auch mit hineinspielt, sondern auf die Kontro-

verse, die das Feature durch die Hereinnahme Frank Beyers und seine Textstellen ausgelöst hat. Sie können das auch als Erfolg werten, denn das hat eine Stellungnahme unter uns gewissermaßen erzwungen, verbunden mit der eigenen gedanklichen Klärung und der Formulierung.

Ich muß vorausschicken, daß es mir in meiner Stellungnahme ausschließlich um die »Gruppe« geht, vornehmlich um die Leute, die ihren Widerstand mit einem jahrelangen Verlust ihrer Freiheit, ihrer Gesundheit oder mit ihrem Leben bezahlen mußten. Danach kommen auch die, denen es gelang, sich den Häschern zu entziehen, die aber Freiheit und Leben genauso eingesetzt haben wie die anderen.

Mich selbst nehme ich völlig aus. Ich war nur in der Not der Verhaftungswelle und der Jagd auf die Mitglieder da, um zu warnen, helfen und retten.

Der Eifer einzelner, nach einem halben Jahrhundert ihre Zugehörigkeit zur Widerstandsbewegung zu versichern, die eigenen Beiträge aufzuzählen und ihre Rolle dokumentiert zu sehen, ist mir unverständlich [...]

Ich danke Ihnen und Ihren Mitarbeitern für Ihren Einsatz und die Mühe

Mit freundlichen Grüßen

(handschriftlich)

Werner Krüger[1]

---

[1] Klassenkamerad und Freund in der Altenburger Oberschule. Geboren 1932 in Insterburg/Ostpreußen. Im Zusammenhang mit der Aufdeckung einer antikommunistischen Widerstandsgruppe im März 1950 nach Westberlin geflohen. Reifeprüfung 1952 in Überlingen/Bodensee. Studium der Germanistik, Anglistik und Geschichte in Tübingen und Münster. Referendarzeit und von 1959 bis 1987 Lehrer am Graf Zeppelin-Gymnasium in Friedrichshafen/Bodensee. Im Ruhestand Teilzeitbeschäftigung im In- und Ausland (Spanien, Wales) als Dolmetscher-Sprachlehrer. Übersetzer, Autor, Erntehelfer, Industriearbeiter und Vertreter. Reisen zum Studium des Bildungswesens nach Großbritannien, Philippinen, Südkorea und VR China.

Anlage:

Mit Lebenslänglich hatten wir gerechnet
**Stellungnahme zum gleichnamigen Feature des MDR vom
29. 1. 2000**

[...] Im Wesentlichen entzündete sich die Diskussion an folgender Äußerung Frank Beyers, der damals im Gegensatz zu den Mitgliedern des Widerstandes den SED-Staat und das System vertrat, das von ihnen als diktatorisch, inhuman und verbrecherisch bekämpft wurde.

»... sie[1] hatten ganz offensichtlich als Nebenzweck die Absicht, Märtyrer zu schaffen.

Die im Osten waren dumm genug, ihnen diese Märtyrer zu liefern. Es waren ja dumme Jungs, die ihr Leben riskierten. Ich sage das jetzt mal aus einem heutigen Standpunkt her. Damals war das alles von uns nicht zu durchschauen.«

Die meisten Hörer werden wohl über diese Äußerung hinweggehört haben, zumal sie nicht wußten, von wem sie gemacht wurde. Und das ist auch gut so. Aber das Problem, eine solche Aussage in dieser Form von einem Gegner der Widerstandsbewegung machen zu lassen und in die Sendung hereinzunehmen, bleibt bestehen und kann nicht unreflektiert hingenommen werden.

Drei Dinge müssen gesagt werden:

(1)
Unbestritten ist es das Recht Frank Beyers, an der KGU-Kritik zu üben, und er ist nicht der erste, der das tut.
(2)
Frank Beyer sagt, daß er von »einem heutigen Standpunkt« aus spreche, das heißt er betrachtet vom Standpunkz eines fast Siezigjährigen das Tun damals 18–23jähriger.

---

[1] sie = Leute der »Kampfgruppe gegen Unmenschlichkeit« in Westberlin und ähnliche Gruppierungen.

Das mag einen Teil seiner Aussage erklären.

Es ist das Vorrecht der Jungen, die großen Ideen der Menschheit wie Freiheit, Gerechtigkeit und Menschlichkeit höher zu schätzen als das eigene Leben. Es ist ihr Opfermut, der den Großen der Welt und auch den Mitläufern und Ängstlichen zeigen kann, daß es Grenzen gibt, die zu überschreiten auch der Mächtigste kein Recht hat.

In unserem Fall traten Altenburger Oberschüler als unvergleichlich Schwächere einen aussichtslosen Kampf gegen eine Übermacht staatlicher Gewalt an und erlitten äußerlich eine Niederlage, die für viele den Verlust der Freiheit, der Gesundheit und für einige auch des Lebens bedeutete.

Ich bin sicher, daß sich die Widerstandskämpfer während des Prozesses, im Gefängnis, im Straflager und vor der Hinrichtung voller quälender Zweifel gefragt haben, ob sich ihr Einsatz in Anbetracht solcher Folgen gelohnt habe. Und manche werden auch heute noch darüber nachdenken, was sie ihren Söhnen oder Enkeln sagen sollten, wenn die vor der Entscheidung stünden, das zu tun oder zu lassen, was ihre Väter oder Großväter taten.

Diese Frage nach dem Sinn seines damaligen Tuns kann den Widerstandskämpfer, der überlebt hat, in seinem Innern beschäftigen und quälen. Aber nur er selbst kann die Frage beantworten, und zwar nur für sich allein.

Wenn Frank Beyer die Sinnfrage stellt, liegen die Dinge anders. Er hat das System der DDR erfahren, erkannt und durchschaut, aber er hat sich nicht zum Widerstand durchringen können, obwohl er gesehen hat, daß Verbrechen geschahen. Damit fehlt ihm die Legitimation, über die zu urteilen, die Stellung bezogen und Widerstand geleistet haben.

Wenn man daran denkt, daß Jugendliche zu langjährigen Gefängnisstrafen und zum Tode verurteilt wurden, daß sie lange Jahre ihrer besten Lebenszeit unter erbärmlichen Bedingungen hinter Gittern verbringen mußten, daß einige nach Moskau verbracht und dort durch Genickschuß getötet wurden, dann sollte sich der Ausdruck »dumme Jungs« von selbst verbieten. Selbst wenn man unterstellt, er sei stärker mitleidsbedingt als abwertend, sei auch nicht bösartig gemeint gewesen – die noch lebenden Betroffenen müssen sich in ihrem Innersten verletzt fühlen.

(3)
Bleibt noch ein drittes zu Frank Beyers Äußerung
Anmaßende Staatsgewalt hat es gegeben, solange Menschen in größeren Verbänden zusammenlebten.Und mit dem Staatsrecht entwickelte sich auch eine Staatsethik, die die Grenzen der Staatsmacht aufzeigt und ein Widerstandsrecht gegen Staatsgewalt begründet. [...]
Die Weltliteratur hat ihre Helden oft aus dem Kreis derer genommen, die sich gegen Staats- und Tyrannenwillkür und Mißachtung der Menschenrechte zur Wehr setzten. [...] Immer nur waren es Einzelne, die meisten von ihnen opferten ihr Leben, aber ihr Opfer war auf lange Sicht nicht vergebens, und sie wurden nicht vergessen.
Man rühmt sie, sie werden verehrt, und man gibt ihre Taten weiter an die Jungen, zum Zeichen dafür, daß der Mensch unveräußerliche Rechte nicht weggeben darf, und daß es Werte gibt, die unantastbar sind und deren Mißachtung nicht hingenommen werden darf. [...]
Nur diejenigen, die sich der kommunistischen Diktatur entgegenstellten, führen bisher ein Schattendasein am Rand der Zeitgeschichte.
Straf- und Arbeitslager für Hunderttausende lassen uns kalt, weil sie räumlich weit weg liegen.
In der ehemaligen DDR feiern die Anpasser sich selbst, sie haben gewonnen, denn sie haben durch taktisches Verhalten überlebt. Im Westen Deutschlands liebt man es, die Vergangenheit Vergangenheit sein zu lassen.

Aber Giordano Bruno einen übergeschnappten Philosophen, Jeanne d'Arc, die Junfrau von Orleans, eine dumme Göre, Wilhelm Tell einen Bauerntölpel, den Grafen Schenk von Stauffenberg einen Junker und Militaristen und die Geschwister Scholl einfältige Sonderlinge zu nennen, würde niemandem einfallen.

Dennoch haben sie alle das gleiche getan wie die »dummen Jungs« aus Altenburg.

Was sie getan haben, waren keine Schülerstreiche, die begangen werden, um andere zu ärgern, und an deren Folgen nicht gedacht wird. Alle, die mit »der Sache« zu tun hatten, haben genau gewußt, was sie taten und warum, haben die Folgen eingerechnet und dennoch die Verpflichtung gefühlt, es tun zu müssen. Sie waren keine Chaoten, keine Autonomen, keine Terroristen, keine Spione und keine amerikanischen Agenten.

Auf keinen Fall waren sie »dumme Jungs«.

Ihre Ideen hatten sie aus Philosophie und Literatur, ihr Wissen aus dem Studium der Geschichte und ihre Entschlossnheit entsprang ihrem Charakter und dem Beispiel ihrer Lehrer.

Sie waren die besten einer ganzen Generation. [...]

Werner Krüger   88090 Immenstaad, am 29. 2. 2000

Lieber Frank,

Ich habe noch Deine Anschrift Nobitz bei Altenburg, Westeck 1, in meinem Adressbuch, aber auch eine neuere, die Du mir neulich vor ein paar Jahren am Telefon gabst. Ich nehm mal die letztere.

Es geht natürlich um die Sendung des MDR vor heute genau einem Monat, von der ich einen Mitschnitt bekam. Schon vorher war mir gesagt worden, Du habest mitgewirkt und einige Worte von Dir hätten eine große Kontroverse ausgelöst.

Ich habe dann das Band mehrfach abgehört, aber erst mit einiger Hilfe habe ich gefunden, welche Stellen von Dir sind.

Jörn Brödel hat mir geschrieben, wie sehr es ihn betroffen hat.

Und dann habe ich nach langem Überlegen einen Brief an Steffen Lüddemann geschrieben und ihm auch eine »Stellungnahme« von mir beigelegt, die sich auf die Sendung bezieht, aber auch über sie hinausgeht.

Ich habe beides auch den anderen Mitgliedern der Gruppe geschickt, mit denen ich Verbindung habe, und es war mir von vornherein klar, daß Du als Auslöser der Kontroverse auch beide Schreiben bekommst.

Vielleicht läßt Du mal wieder hören von Dir.

Mit besten Grüßen

(handschriftlich)

Ephraim

Frank Beyer   Berlin, den 3. 5. 2000

MDR kultur
Redaktion FEATURE
06140 Halle
Postfach 100122

Sehr geehrte Redaktion, lieber Herr Lüddemann,

eine Passage in Ihrer Sendung »Mit lebenslänglich hatten wir gerechnet« vom 29. 1. 00 mit einem Interviewtext von mir hat eine heftige Reaktion verschiedener Beteiligter und Zeitzeugen hervorgerufen. Es geht um einen Text, in dem ich von Organisationen wie der »Kampfgruppe gegen Unmenschlichkeit« spreche, die von Westberlin aus in die DDR hineinwirkten. Wörtlich heißt es dann:
    ... »sie«... (die Organisationen) »hatten ganz offensichtlich als Nebenzweck die Absicht, Märtyrer zu schaffen. Die im Osten waren dumm genug, ihnen diese Märtyrer zu liefern. Es

waren dumme Jungs, die ihr Leben riskierten. Ich sage das jetzt mal aus einem heutigen Standpunkt her. Damals war das alles für uns nicht zu durchschauen ...«

Insbesondere gegen den Satz »Es waren dumme Jungs, die ihr Leben riskierten« ist von damals Beteiligten zu Recht protestiert worden.

Ich teile die Ansicht meines ehemaligen Freundes Werner Krüger, der in einem Brief an Sie schrieb, dass es ihm »... vornehmlich um die Leute geht, die ihren Widerstand mit einem jahrelangen Verlust ihrer Freiheit, ihrer Gesundheit oder mit ihrem Leben bezahlen mußten.« Und Krüger hat auch Recht, wenn er mir die Legitimation bestreitet, »... über die zu urteilen, die Stellung bezogen und Widerstand geleistet haben.«

Ich habe zunächst vermutet, dass ich falsch zitiert worden bin, mußte mich nach Abhören des Bandes allerdings davon überzeugen, dass ich diesen ganz unsinnigen Satz tatsächlich gesagt habe. Ich kann mir den Lapsus nur schwer erklären, am ehesten damit, dass sich das Interview, das ich für Ihre Sendung gemacht habe, zwischen den beiden Zeitebenen hin und her bewegte und »damalige« Sicht und »heutige« Sicht durcheinander gerieten.

Ich will mich nun nicht lange mit dieser »Fehlleistung« aufhalten, die Sache muß einfach korrigiert werden, am besten dadurch, dass der zu Recht beanstandete Satz herausgeschnitten wird.

Nur dann machen übrigens die nächsten beiden Sätze einen Sinn, die sich nämlich auf die politischen Hintergründe aus h e u t i g e r Sicht beziehen und n i c h t auf die Gruppe der Widerständler.

Ich vermute, dass es für Sie eine kleine Mühe ist, diese Korrektur an der Sendung vorzunehmen, die ja im übrigen auf eindrucksvolle und präzise Weise Motive und Handlungen der damaligen Widerstandsgruppe beschreibt. Mit dieser Korrektur würden alle bisher berechtigten Vorwürfe entfallen, falls die Sendung wiederholt oder an andere Stationen weitergegeben wird. [...]

Meine späte Reaktiom erklärt sich aus längerer Krankheit.

Dank für Ihre Bemühungen und freundliche Grüße

Werner Krüger   88090 Immenstaad, am 5. 6. 2000

Lieber Frank:

Ich will Dir gleich vorneweg sagen, daß mich Dein Brief an Lüddemann gefreut hat. Wie immer dieser unglückliche Satz zustande gekommen sein mag, es ist verständlich, daß er von den Betroffenen nicht hingenommen werden konnte. Aber daß Du hinterher den Mut gehabt hast, mit einer so weitreichenden Erklärung die Dinge, unter Hintansetzung Deiner eigenen Person wieder richtigzustellen, finde ich bewundernswert.

»Ich kenne niemand, der unter diesen Umständen erzählt hätte, was du erzählt hast«, sagte Alkibiades zu Sokrates. (BRECHT, *Der verwundete Sokrates*)

Zivilcourage zu zeigen, wenn es nötig ist, war immer mein Ziel im Leben, und ich habe es nur selten erreicht. Die Fälle, in denen ich in diesem Punkt versagt habe, stehen mir rückblickend lebhaft vor Augen, umso lebhafter, je älter ich werde. [...]

Lieber Frank, optimistisch gesehen stehen wir, so kann man ja wohl sagen, am Anfang des letzten Abschnitts unseres Lebens. Ich habe aus meiner jetzigen (dritten) Ehe noch zwei Kinder (13 und 18), aber ich denke mehr zurück als an die Zukunft, die mir für meine Leute dunkler zu sein scheint als die, als wir 18 waren.

Wir sind zwei ganz verschiedene Wege gegangen, und ich nehme an, wir haben es uns nicht leicht gemacht, und es gab auch niemand, der es uns leicht gemacht hätte.

Vielleicht ziehst Du auch manchmal Bilanz ..., und???

Haben wir was erreicht? Und das, was wir erreichen wollten?

Haben wir etwas von damals herübergenommen bis in diese Zeit?

Würden wir das gleiche noch einmal tun, wenn wir könnten? Meinst Du, es lohnt sich, darüber zu reflektieren? [...]

Ich würde mich sehr freuen, von Dir zu hören.

Mit den besten Grüßen
(alter gemeinsamer Zeit gedenkend)
Dein
(handschriftlich):
Ephraim

Frank Beyer   24. Juli 2000

Lieber Werner,

nach längerer Krankheit, einer ziemlich schweren Operation mit
anschließendem Reha-Klinikaufenthalt fand ich Ende April in
einem Stapel Post zu Hause Deinen Brief vom 29. 2. 2000. Ich
fischte mir ihn sofort heraus. Was würde wohl Ephraim für einen
Grund haben, mir nach so vielen Jahren zu schreiben? Ich war
verwundert über den Inhalt Deines Schreibens an den MDR. Das
Interview mit dem Sender hatte ich im Spätsommer oder Frühherbst 1999 gemacht, die Sendung selbst im Januar 2000 hatte
ich nicht gehört, aber den Sender seinerzeit um eine Kopie gebeten. Sie lag ebenfalls im Poststapel. Weiterhin war in diesem Stapel der Brief eines Jörn Brödel. Da mir der Name nichts sagte
und ich den Brief für Autogrammpost hielt, habe ich ihn
zunächst nicht gelesen. Aber ich habe sofort das Sendeband
abgehört. Ich war ganz sicher, daß ich die Formulierung über
die »dummen Jungs« als meine Ansicht von d a m a l s gekenn-
zeichnet hatte; umso bestürzter war ich darüber, daß der Hörer
des Interviews sie für meine Ansicht h e u t e halten mußte.

Ich will mich nicht wiederholen, alles, was ich dazu sagen
kann, steht schon in meinem Brief an den MDR, den ich Dir
damals in Kopie geschickt habe. Ich telefonierte mit Herrn
Lüddemann, dem Verfasser der Sendung, und weil er mir erklärte, dass wohl nächstens eine Wiederholung im Deutsch-
landfunk stattfinden würde, beeilte ich mich, den Sender um
die Korrektur zu bitten.

Ein paar Tage danach las ich den Brief von Jörn Brödel[1]. Er
ist voller Haß gegen mich, Beschimpfungen und Beschuldigungen wechseln sich ab. Ich weiß nicht, ob Du diesen Brief
kennst, denn ich kenne Eure connections nicht im Detail. Ich
weiß nur, daß Dieter Grünwedel[2] guten Kontakt zu Jörn Brödel hat. Da Brödels Brief ganz unversöhnlich war und auch
ganz ausdrücklich mit den Worten endete: »Ich hoffe, dass ich
Ihnen nie persönlich begegen muß,« hatte ich keinen Grund,
auf seinen Brief zu antworten.

Als ich eine Woche später in Altenburg zum Klassentreffen
war, mit Dieter über die Sache sprach und ihm eine Kopie mei-

nes Schreibens an den MDR gab, forderte er mich auf, doch Kontakt zu Brödel zu suchen, der ebenfalls dort war. Ich war zunächst unwillig, aus den oben genannten Gründen, aber schließlich erklärte ich mich bereit, einen Gesprächsversuch zu machen. Es ist dazu in Altenburg nicht mehr gekommen, denn Brödel war am Sonnabend Abend und am Sonntag, den Schlußtagen, nicht mehr dabei. Ich will auch nicht verschweigen, daß der Brief, den er mir geschrieben hatte, mich nicht gerade zu einer außerordentlichen Anstrengung motivierte, ihn doch noch zu treffen. [...]

Es gingen mehrere Wochen ins Land, eine Nachricht vom MDR kam zunächst nicht, später dann ein Anruf des zuständigen Redakteurs, der mir mitteilte, dass ein Protest von Jörn Brödel gegen meinen Korrekturversuch eingegangen sei. Über den genauen Inhalt dieses Leserbriefs wollte er mich nicht informieren. Er müsse dies alles mit seinem Chefredakteur besprechen und ich möge doch ein paar Tage Geduld haben. Bald danach kam Post aus den USA. Dieter schrieb mir, dass er sich vollständig mit der Haltung von Brödel identifiziere. Ich erfuhr jetzt, was mir beide vorwerfen, nämlich einen Fälschungsversuch.

Die Korrektur eines von mir nicht autorisierten Interviews – an einer allerdings wichtigen Stelle – setzen sie gleich mit den Dokumentenfälschungen der Stalinzeit.

[...] »Es schmeckt zu sehr nach Sowjet-Methodik«, schreibt Dieter Grünwedel[2]. »nimm ein Gruppenbild alter Funktionäre, retuschiere die in Ungnade Gefallenen heraus ... und die Herausgeschnittenen hatten niemals existiert. Das gleiche mit Eintragungen in der Geschichte der ›KPdSU (B)‹. Entferne sie, und es hatte sie niemals gegeben. Nimm also Deine Äußerung heraus, und ...?«

Ich halte diesen Vergleich für absurd. Meine Formulierung von den »dummen Jungs« stammt aus dem Jahre 1950. Damals habe ich, in Unkenntnis der Zusammenhänge, so gedacht und dies will ich schon deshalb nicht bestreiten, weil die Formulierung in einem wütenden Brief steht, den ich damals an Dich geschrieben habe. Inzwischen habe ich alle Veröffentlichungen über die Gruppe gelesen und begreife die tragische Dimension der ganzen Angelegenheit. Ich versuche auch nachzuvollziehen, welche Verbitterung bei jenen enstanden sein muss, denen man Jahre ihres Lebens gestohlen hat. Sie drückt sich ja auch in Brödels Meinung über mich aus. […]

Obwohl er offensichtlich wenig von mir weiß, hätte ich vielleicht Gnade vor seinen Augen gefunden, wenn ich spätestens in den 70er oder 80er Jahren aus der DDR emigriert wäre. Da ich das damals nicht tat, stehe ich nun am Pranger und da gehöre ich auch hin, wie er wohl meint. […]

Dass ich Dir so ausführlich schreibe, hängt mit dem letzten Abschnitt Deines Briefs zusammen. Natürlich, je kürzer die zu erwartende Zukunft für einen wird, umso wichtiger die Vergangenheit. Ich schreibe gerade an einem Buch, einer Art Autobiographie. Und da ist das Wort Bilanz nicht weit.

Als Warnung habe ich den Satz von Oscar Wilde mit dicken Buchstaben auf einen Zettel geschrieben: »There is no fiction except in autobiographie«. […]

So long.

P.S. Übrigens hat der MDR die von mir geforderte Korrektur in der Sendung MIT LEBENSLÄNGLICH HATTEN WIR GERECHNET inzwischen vorgenommen. Der 1960 geborene Redakteur war am Anfang deshalb etwas irritiert und hilflos, weil er ein gutes Gewissen hatte hinsichtlich der Würdigung der Widerstandsgruppe in der Sendung und die heftigen Reaktionen nur schwer nachvollziehen konnte.

---

[1] Jörn-Ullrich Brödel, Begründer zusammen mit Dieter Grünwedel der Schüler-Widerstandsgruppe an der Karl-Marx-Oberschule in Altenburg. Im März 1950 verhaftet, von einem sowjetischen Militärgericht in Weimar im September 1950 zu 25 Jahren Arbeitslager verurteilt. Bis 1954 in Bautzen inhaftiert, anschließend in die Bundesrepublik Deutschland entlassen, Diplomkaufmann.
Er schrieb mir in einem Brief vom 1. Februar 2000: »Herr Beyer, es ist möglich, dass Ihnen mein Name nichts sagt. Für diesen Fall will ich Sie daran erinnern, dass in der Klasse 12 B (1949/50) der damaligen Karl-Marx-Oberschule in Altenburg ich in der Bankreihe vor Ihnen saß und zu den »dummen Jungs« gehörte.

Ich habe Sie damals für intelligent gehalten. Seit Ihren Bemerkungen in der Sendung des MDR am 29. 1. 2000 von Steffen Lüddemann, »Mit lebenslang hatten wir gerechnet«, zweifle ich daran. Ich halte Sie für schlau, für einen hochgradigen Opportunisten und einen ewig gestrigen Kommunisten, dem jede menschliche Regung fremd ist. Da Kommunismus einerseits und Menschlichkeit und Humanismus andererseits sich gegenseitig ausschließen, sind Ihre in der Sendung geäußerten Bemerkungen jedoch folgerichtig.

Dass Sie nach den Ereignissen an unserer Schule noch nicht bemerkten, was in der DDR und vormaligen Sowjetzone vor sich ging, könnte ich Ihnen eventuell noch abnehmen, obgleich eine ganze Reihe von Menschen das System erkannt hatten, und obgleich Sie am Schluss der Sendung Drohungen erwähnen, mit denen im Falle der Nichtanpassung das Abitur in Frage gestellt wurde. Aber als 1996 Ihr Film »Spur der Steine« zurückgezogen wurde, hätte Ihnen einiges klar werden müssen. Aber wiederum passten Sie sich dem System an und lebten mit Ihrem Wissen sicherlich nicht schlecht. Es ging Ihnen in der Folgezeit ja auch vermutlich sehr gut, wie allen, die dem System zujubelten und es unterstützten. Auch als in den 70er und 80er Jahren (das genaue Datum kann ich nicht mehr sagen) Ihr Freund (?) Manfred Krug das System nicht mehr ertragen konnte und ausreiste, hätten Sie als Prominenter mit Ihrer Ausreise ebenfalls ein Zeichen setzen können. Sie taten es nicht. Opportunistisch passten Sie sich wiederum an. Aber am 23. November 1989, als keine Gefahr mehr bestand, weil die DDR, Ihr Staat, praktisch tot war, wurden Sie »mutig« und rechneten mit dem alten System ab. Wie Sie andeuteten, haben Sie von Anfang an alles gewusst, auch, dass »jeder, auch der kleinste Auflehnungsversuch (…) vom Machtapparat sofort unterbunden« wurde, so Sie wörtlich am o. g. Datum. Das war der Gipfel des Opportunismus. Aber Ihr Vorhaben ist aufgegangen. Der Westen und Ihre linksgerichteten Freunde, die noch nicht wahrhaben wollen, dass ihr Idealstaat, die DDR, unterging, bejubelten und feierten Sie. Sie haben sich wiederum eingerichtet und wiederum offenbar nicht schlecht«.

2 Dieter »Dietus« Grünwedel, 1931 geboren in Altenburg. 1942–1950 Besuch der Oberschule »Ernestinum«, später »Karl-Marx-Oberschule«. Begründer, zusammen mit Jörn Brödel, der Schüler-Widerstandsgruppe an der Karl-Marx-Oberschule 1949–50. Flucht am 26. März 1950 nach Berlin (West) wegen drohender Verhaftung. Abitur als Externer an der Rheingau-Oberschule in Berlin-Friedenau. Labor-Praktikant. Studium der Chemie in Tübingen. 1963 Promotion, 1963–66 Postdoctoral Research Fellow, California Institute of Technology Pasadena. 1966–1994 (Assistent, Associate, Full) Professor of Biophysical Chemistry, University of California at Davis. Professor emeritus 1994.

Ephraim   88090 Immenstaad, am 28. Juli 2000

Lieber Frank:

Zu meiner großen Überraschung fand ich vorgestern Deinen Brief vom 24. Juli und heute die Büchersendung in meinem Briefkasten. Sei herzlich bedankt, mein Alter, ich hatte wirklich nicht mehr damit gerechnet.

Ich werde einfach den bedrückenden und ganz und gar unwahrscheinlichen Gedanken nicht los, daß zwischen damals und jetzt 50 Jahre liegen, d.h. ein ganzes Arbeitsleben, und für mich ist es ganz unwahrscheinlich, daß Du plötzlich wieder da bist. Du wirst mir hoffentlich ein bißchen Zeit einräumen, mich da wieder hineinzufinden. Deine beiden Schriften geben mir die Chance, mich einzulesen in dieses halbe Jahrhundert und das, was Du gemacht hast und was mit Dir geschehen ist. [...]

Was damals (1950) passierte, war grauenvoll und riß uns aus einer Ebene der Wirklichkeit weg und versetzte uns in eine entgegengesetzte. Die Welt der Ideen und einer relativen Sicherheit zerbrach in Stunden und machte dem nackten Entsetzen und der unberechenbaren Gewalt Platz. Man muß jung sein, um das wegzustecken, aber im jugendlichen Alter kann man mehr verdrängen als später

Für die einen kam das Ende oder das Gefängnis, für die anderen »Weggegangenen« gab es die Berufsausbildung und danach das »Arbeitsleben«, das wenig Platz für die Aufarbeitung der Vergangenheit ließ. [...]

Erst als wir sechzig und langsam Pensionäre wurden, begann die Aufarbeitung und man erneuerte die alten Kontakte. Und seltsamerweise fingen alle unabhängig voneinander an, ihre Erinnerungen aufzuschreiben und wenig später auch auszutauschen. [...]

So wurden wieder Verbindungen aufgenommen und Titus (Grünwedel) Jörn Brödel, auch Jochen Göschel (obwohl nicht verbunden mit dem Widerstand) stehen mit mir in Kontakt. Einmal traf ich fast alle in Altenburg. Da gab es auch Leute, von denen ich nie etwas gehört hatte (Gerd Schmale, der Bruder von Ulf Uhlig), und manche wußten nicht einmal, daß sie gemeinsam Widerstand geleistet hatten. [...]

Natürlich war auch von Dir die Rede. Laß mich das bitte sagen, weil es dazugehört. Du bist bis Mitte der neunziger Jahre nie angegriffen worden. Jörn Brödel, z. B. sagte mehrfach sinngemäß, an Dir sei ihm niemals ein Zweifel gekommen. Selbst auf der anderen Seite stehend, hättest Du niemanden »in die Pfanne gehauen« (d. h. verpfiffen), wenn es darauf angekommen wäre.

Wann sich ein Ressentiment aufgebaut hat, weiß ich nicht [...] Ich nehme einmal folgendes an: Wieviel man von Dir weiß, ist mir nicht bekannt. Es ist aber wohl so, daß Du als jemand betrachtet wirst, der Erfolg gehabt hat, und das hat nur sein können, schließt man, indem Du Dich mit der Regierung arrangiert hast. Du weißt, daß Jörn Bredel gesagt hat, du hättest durch Deine Abkehr und das Verlassen der DDR ein Zeichen setzen können. [...]

Ich kenne Jörns Brief an Dich und auch sein Schreiben an den Sender, auch die Antwort von Jackisch. Obwohl ich nicht in Altenburg gewesen bin, hat mir fast jeder erzählt, wie das Treffen abgelaufen ist. Natürlich standest Du mit Jörn in einem Brennpunkt.

Jetzt muß ich Dir nun meine ganz persönliche Meinung sagen, so unvollkommen sie sein mag. Ich kann das Dir gegenüber tun, ich vermag es nicht Jörn gegenüber, weil das in das »(Ver)Urteilen« hineingeht. Es ist also für Dich bestimmt. Aber Du mußt wissen, woran Du mit mir bist.

Dem mißverständlichen Satz in der Sendung mußte widersprochen werden. Er mußte auch zu Verbitterung und zu Empörung bei denen führen, die sich eingesetzt und Leben, Freiheit und Gesundheit gewagt hatten.

Du hast Deinen Standpunkt klargemacht, das Mißverständnis aufgeklärt, Abhilfe geschaffen und auch auf Deine Grenzen verwiesen. Mehr konnte niemand verlangen.

(Subjektiv kann ich nur hoffen, daß Du von Jörns Verhalten nicht im Kern getroffen bist, so daß auch Du leidest.)

Die Bitternisse des Leidens von Jörn Brödel, von Gerd Schmale und das Ende von Achim Näther, Ludwig Hayne, Flack und Ostermann berechtigen Jörn Brödel zur Überreaktion. Ich kann ihn dafür nicht tadeln, sondern ich habe Verständnis dafür. Niemand weiß, wie er regieren würde, wenn er in der Lage von Jörn wäre, ich selbst auch nicht.

Sein Brief an Dich war eine solche emotionale Überreaktion.

Er hätte nach Deiner Richtigstellung Einsehen haben können, auch in seine eigene vernichtende Heftigkeit, die es Dir nahezu unmöglich machte, mit ihm ein Gespräch anzufangen.

Seine Forderung an den Sender, Deiner Bitte um Herausschneiden des Satzes nicht nachzukommen, sondern einen neuen Vorspann zu verfassen, ist kaum machbar, ist aber auch eine Reaktion auf das Bild von Dir, das nicht sein ursprüngliches war und das er sich erst in den letzten Jahren zugelegt hat. Ich halte auch den Ansatz für falsch, daß es sich bei der Zurücknahme des Satzes für einen Versuch der Fälschung handelt.

Ich schließe das ab.

Ich akzeptiere Deine Haltung nach dem Protest gegen die Sendung und meine, daß eine Richtigstellung erfolgt ist, die über das übliche Maß eines belanglosen Dementis hinausgeht. Ich glaube auch, daß sie ehrlich gemeint ist.

Ich weiß (noch) nicht, wie Dich das Leben gebeutelt hat, aber ich bitte Dich um eins: Für mich bist Du in der Lage des Stärkeren, und Du brauchst Dich nicht herunterzubücken, denn Du bist auch angegriffen und vielleicht auch schwer gekränkt worden. Nimm es mit Nachsicht, denn Du weißt, wie es zu dieser weit über das Ziel hinausgehenden Reaktion gekommen ist. Du brauchst ja nicht einmal etwas zu tun. Nur, ertrag es, wenn Du kannst.

Meinst Du, Du schaffst das?

* * *

Wenn Du mich fragst, ob mir das leicht gefallen ist, das alles zu schreiben, dann muß ich sagen: »Nein, wirklich nicht!« Aber es mußte sein.

Der Friede des Alters ist wohl eine ähnliche Fiktion wie die Wahrheit einer Autobiographie [...]¹

---
¹ Brieftexte vom Verfasser gekürzt

Frank Beyer   19. 10. 00

Lieber Dieter,
es sind nun doch seit meinem Zwischenbescheid vom 31. Juli 00 vier Monate ins Land gegangen. Ich habe jetzt die Rohfassung meiner »Terminarbeit« abgeliefert. Es handelt sich um ein autobiografisches Buch, das zur Leipziger Buchmesse im Frühjahr 2001 erscheinen soll. In diesem Buch geht es, wie Du Dir denken kannst, auch um die von Jörn Brödel und Dir aufgeworfene Frage des »Dableibens« oder »Weggehens«. Da ich durch meinen Beruf seit Jahrzehnten irgendwie immer in der Öffentlichkeit stehe (Gott sei Dank nicht so sehr in der Boulevardpresse, sondern eher im Feuilleton seriöser Blätter), erreichen mich natürlich auch kritische Briefe von Filmzuschauern, die durchaus nicht immer mit meiner Arbeit oder mit von mir in der Öffentlichkeit vertretenen Meinungen einverstanden sind. Aber: wer öffentlich kegelt, muß auch hinnehmen, dass öffentlich gezählt wird.

Jedoch habe ich noch nie einen Brief erhalten, der solche Vorwürfe und Beschuldigungen enthält, wie der von Jörn Brödel. Dass ich diesen Brief nicht sofort in den Papierkorb geworfen habe, hängt damit zusammen, dass ich seit Anfang der neunziger Jahre begriffen hatte, welche schweren Verletzungen ihm und den anderen damals zugefügt wurden. (Von den Hingerichteten, an denen nichts mehr gut gemacht werden kann, will ich hier gar nicht reden).

Und dass die alten Wunden zu bluten anfangen, wenn Leute mit frühen Einsichten, die Widerstand geleistet haben, als »dumme Jungs« bezeichnet werden.

Da Du Jörn Brödels Brief vollinhaltlich zustimmst, antworte ich Dir jetzt so, als hättest Du mir diesen Brief geschrieben. Vorher noch ein Wort zu den »dummen Jungs« und zu Deinem Fälschungsvorwurf. Alles, was ich dazu sagen kann, steht in meinem Schreiben an den MDR und in einem Brief, den ich vor ein paar Monaten an Werner Krüger geschrieben habe. Mein Schreiben an den MDR kennst Du, eine Kopie meines Briefes an Werner füge ich bei, er hat es mir erlaubt.

Ich habe überhaupt kein Problem damit, mich bei Dir, bei Brödel und den anderen für meine Formulierung von 1950 zu entschuldigen. Sie drückte meine Meinung von damals aus, ich hatte sie mir in Unkenntnis der wirklichen Zusammenhänge gebildet. Unglücklicherweise hatte ich das Sendeband vor der Ausstrahlung nicht kontrolliert, die Formulierung wäre nicht durchgegangen. Und unser Briefwechsel wäre wohl nicht zustande gekommen. Denn es ist ja nicht anzunehmen, dass du mir im Jahre 1990 eine Art Dankbrief schreibst für mein Verhalten 1950 und mir 10 Jahre später vorwirfst, dass ich ein hochgradiger Opportunist und unverbesserlicher Kommunist bin, dem jede menschliche Regung fremd ist. Und dass ich spätestens in den siebziger oder achtziger Jahren als DDR Prominenter durch meine Emigration hätte ein Zeichen setzen müssen.

Dieser rückwärts gerichtete Vorschlag, die DDR zu verlassen, kommt mir leichtfertig und ungerecht vor. Es ist der Ratschlag eines Außenstehenden, der sich seine Meinung über eine Person in Unkenntnis der wirklichen Zusammenhänge gebildet hat. Oder um es versöhnlicher zu sagen, es ist der Ratschlag eines Mannes, der früh die Heimat verloren hat und der nur wenig weiß über die Situation eines »Dagebliebenen«.

Und von einem solchen Mann will ich mir nicht vorschreiben lassen, wie ich mich wann hätte verhalten müssen.

Kein einziger meiner Freunde und guten Bekannten – ich nenne hier stellvertretend die Schriftsteller Jurek Becker und Klaus Poche sowie die Schauspieler Manfred Krug und Armin Mueller-Stahl –, hat Ende der siebziger Jahre die DDR verlassen, um irgend jemandem »ein Zeichen zu setzen«. Sie sind auch nicht *Abgehauen*, wie ein ironischer Buchtitel von Manfred Krug lautet, sondern sie sind vertrieben worden. Jurek, weil ihm unter den Zensurbedingungen der DDR sein Schriftstellerhandwerk abhanden kam. Klaus, weil er keine Aufträge mehr für Drehbücher bekam und nicht warten wollte, bis er ein Sozialfall ist. Manfred, weil er nicht beschäftigt wurde und die Staatssicherheit begann, seinen Ruf und die Beziehung zu seinem Publikum zu zerstören, Armin aus ähnlichen Gründen.

Es gab jedoch auch andere Fälle. Es gab Leute, die hatten alles erreicht, was in der DDR an materiellen Werten und Künstlerruhm zu erreichen war. Sie schwammen auf der Welle der Vertreibungen mit und fassten, wie alle guten Leute aus der DDR, schnell im Westen Fuß.

Das Thema Flucht, Emigration und Exil kann man in der deutschen Geschichte weit zurückverfolgen. In diesem Jahrhundert war es für mich zunächst untrennbar mit der Nazizeit verbunden. Und ich habe es immer als Schande empfunden, dass die DDR Führung politische und ideologische Meinungsverschiedenheiten benutzte, um Leute auszugrenzen. Übrigens, vor der Ausbürgerung Wolf Biermanns im November 1976 gab es, bis auf wenige Fälle, keine nennenswerte künstlerische Emigration. Hin und wieder benutzte ein Sänger oder ein Schauspieler eine berufliche Westreise, um wegzubleiben. Ansonsten gab es eine Gleichbehandlung aller. Wer wegwollte, erreichte sein Ziel erst nach unendlichen Schikanen, oft erst nach Gefängnisaufenthalt und Freikauf. Wer damals seine Ausreise erzwang, setzte wirklich ein Zeichen. Mit der Ausbürgerung Wolf Biermanns änderte sich diese Praxis beinahe über Nacht. Für Schriftsteller und verwandte künstlerische Berufe gab es plötzlich ein Privileg, das 17 Millionen andere Bürger nicht hatten: die Ausreisegenehmigung mit einem Zweijahresvisum der DDR und allem Hab und Gut.

Das hatte sich irgendein Schlauberger im ZK der SED ausgedacht, denn dieses Visum konnte jederzeit verlängert werden – oder auch nicht. Und viele der Emigranten wollten ja ihre Angehörigen und Freunde in der DDR weiter besuchen. An der langen Leine des Visums wurde sozusagen »Wohlverhalten« im Westen erzwungen. Die meisten ausgereisten DDR-Kritiker schlossen sich im Westen den Linken an. Und das war eine wohlkalkulierte, erwünschte Nebenwirkung: die DDR war einen Kritiker los, die Bundesrepublik hatte einen Kritiker mehr. Dass die kulturelle Szene der DDR langsam ausblutete, interessierte die Ministerialbürokraten nicht. Auf jeden erstklassigen Abgang folgte ein zweitklassiger Aufstieg. Es war ähnlich wie nach der Wende: auf jeden evaluierten erstklassigen DDR-Wissenschaftler rückte ein zweitklassiger Westkollege nach. Ich weiß natürlich, dass dies ein Pauschalurteil ist. Und es ist auf den jeweiligen Einzelfall bezogen wahrscheinlich so falsch wie Dein Pauschalurteil über den Nicht-Emigranten Frank Beyer. Was konnte ich denn unter den Bedingungen dieser »Freizügigkeit« für ein Zeichen setzen? Und vor allem, für wen? Für die 17 Millionen anderen, die hierbleiben mußten? Denen sollte ich das Zeichen geben, dass ich nun das höchste Privileg, das die DDR Regierung zu vergeben hatte, nämlich die Ausreise mit Sack und Pack, bereit war, in Anspruch zu nehmen? Oder meinst Du etwas anderes? Meinst Du ein Zeichen für Dich, dass ich nun endlich begriffen hatte, was Du schon seit 1950 wußtest, nämlich dass in dieser DDR Hopfen und Malz verloren ist?

Natürlich habe ich in Zeiten der Depression darüber nachgedacht, wegzugehen. Es sind vier Gründe, die für das Hierbleiben sprachen: Erstens. Private Gründe. Sie will ich nicht auf dem Markt diskutieren. Auch nicht in einem solchen Brief. Zweitens. Ich habe in der DDR seit Jahrzehnten ein breites Film-und Fernsehpublikum. (Das sind die, die nach wie vor nicht emigrieren konnten.) Dieses Publikum will ich nicht enttäuschen. Drittens. Emigrieren ohne wirkliche Not hat für mich auch etwas mit Desertieren zu tun. Den Platz der Auseinandersetzungen zu räumen, heißt seine Niederlage eingestehen. Das klingt ziemlich altmodisch, aber ich bin, wie meine Frau sagt, ein thüringischer Holzkopf. Ich mußte in meinem Beruf frühzeitig lernen, Ziele hartnäckig zu verfolgen. Und natürlich hatte ich während meines ganzen Arbeitsleben das Ziel, Veränderungen in der Kulturpolitik zu erreichen im Sinne eines offenen und kritischen Umgangs mit gesellschaftlichen Problemen. Das klingt in Deinen Ohren vielleicht etwas hochtrabend, aber es war so. Ich war ja auch kein Einzelkämpfer, sondern es gab unter den Schriftstellern, Regisseuren und Schauspielern viele Leute, die ähnlich dachten wie ich. Viertens. Seit ich zum ersten Male Anfang der achtziger Jahre in der Bundesrepublik gearbeitet hatte, wußte ich, dass ich aus dem Regen in die Traufe komme. Censorship und sponsorship unterscheiden sich in meinem Beruf nicht sehr. Der Druck, der über das Geld ausgeübt wird, ist genauso groß wie der ideologische Druck. Er ist lautloser. Du wirst nicht mit endlosen Diskussionen traktiert, du bekommst einfach kein Geld für bestimmte Projekte.

Erlaube mir bitte zum Schluß, einen Text von Werner Heisenberg zu zitieren. Heisenberg besuchte kurz vor Kriegsbeginn die USA und traf dort auch mit seinem italienischen Kollegen Enrico Fermi zusammen, der ihn überzeugen wollte, aus Deutschland zu emigrieren. Heisenberg beharrte darauf, in Deutschland zu bleiben, und das nicht nur wegen der um ihn gescharten jungen Physiker, die er nicht verraten, nicht im Stich lassen wollte. Ich zitiere aus seinem Buch *Der Teil und das Ganze*:

»Jeder von uns ist in eine bestimmte Umwelt, einen bestimmten Sprach- und Denkraum hineingeboren, und wenn er sich nicht sehr früh aus dieser Umwelt gelöst hat, gedeiht er doch am besten in diesem Raum und kann auch hier am besten wirken. Nun wird nach den Erfahrungen der Geschichte jedes Land früher oder später von Revolutionen und Kriegen heimgesucht, und es kann doch offenbar kein vernünftiger Rat sein, jeweils vorher auszuwandern. Alle können doch gar nicht auswandern. Die Menschen müssen also lernen, die Katastrophen so weit wie möglich zu verhindern, aber nicht einfach vor ihnen zu fliehen. Fast möchte man sogar umgekehrt verlangen, daß jeder die Katastrophen im eigenen Land auf sich nehmen müsse, weil diese Forderung für ihn ein weiterer Ansporn wäre, vorher alle Anstrengungen zur Verhinderung der Katastrophe zu unternehmen. [...]

Ich möchte damit nur sagen, dass es offenbar keine allgemeinen Kriterien gibt, nach denen man sich hier richten kann. Man muß die Entscheidung für sich allein treffen und man weiß nicht, ob man recht oder unrecht gehandelt hat. Wahrscheinlich tut man beides.« (Ende des Zitats)

Mit der DDR-Kulturpolitik hatte ich nach 1976 nichts mehr am Hut. Trotzdem bin ich hiergeblieben. Kann man das verstehen? Alle, die hiergeblieben sind, können das verstehen. Und unter denen, die hierbleiben m u ß t e n , habe ich keine Feinde. Anders sieht es aus mit denen, deren Lebensentwürfe sich in früher Jugend verändert hatten, die frühzeitig das Land verließen oder es verlassen mußten und ihr späteres Leben in der Bundesrepublik oder im westlichen Ausland verbrachten.

Deshalb sende ich Dir mit gleicher Post zwei gedruckte Texte. Wenn Du ein wenig Muse hast, in ihnen zu blättern, wirst du mehr über mich erfahren, als Du heute weißt.

Gern würde ich Dir auch eine Videokopie meines Films *Jakob der Lügner* schicken, aber ich habe nur eine VHS-Kassette, die nicht der US-amerikanischen Norm entspricht. Falls es dich interessiert, Du kannst sie für wenige Dollar sowohl in der US-Videonorm als auch in Form einer DVD-Diskette bei der Firma »Icestorm« in Northampton bestellen, beide Varianten sind englisch untertitelt.

In diesem Film, den ich 1974 nach einem Drehbuch von Jurek Becker gedreht habe und der in einem osteuropäischen Ghetto spielt, geht es um einen Mann, der zufällig eine Nachricht aufgeschnappt hat vom Näherkommen der ROTEN ARMEE (die für die Ghettojuden damals der Hoffnungsträger war). Der Gang des Filmes ist so: allmählich verwandelt sich die HOFFNUNG der Ghettobewohner in ILLUSION und schließlich in SELBSTBETRUG. Als ich vor einiger Zeit diesen Film wiedersah, dachte ich, mit dieser Geschichte ist irgendwie auch mein Leben in der DDR beschrieben. Nur, wann sich bei mir HOFFNUNG in ILLUSION und schließlich in SELBSTBETRUG verwandelt hat, das weiß ich bis heute nicht genau. Aber ich denke viel darüber nach.

Herzliche Grüße
Dein
(handschriftlich)
Frank Beyer

P.S.: Der Briefwechsel mit Dieter Grünwedel und Jörn Brödel ist nicht abgeschlossen. Wir sind weiter dabei, über unsere so verschiedenen Lebenswege zu reden.
Man muss aus der Biographie entstandene schwerwiegende Meinungsverschiedenheiten aushalten, und trotzdem versuchen, miteinander freundschaftlich umzugehen.

Frank Beyer   25. September 1977
Offener Brief
an den Generaldirektor des
DEFA-Studios für Spielfilme

Lieber Hans Dieter Mäde,

in Deinem Brief vom 30. 8. 1977 an mich hast Du in lapidarer
Form meinen Vorschlag abgelehnt, das im Frühjahr 1978 im
Hinstorff Verlag erscheinende Buch von Jurek Becker *Leben
in der Luft* (= *Schlaflose Tage*) zu verfilmen. Du schreibst:
»... dass Beckers Buch nach seiner Konzeption und Struktur in
der Planung unseres Studios keinen Platz findet ...«, und
schlägst mir gleichzeitig vor, über neue Projekte im Gespräch
zu bleiben. Die Projekte sind: Wellms *Pugowitza*, Wogatzkis
Romanze mit Amelie und Feuchtwangers *Erfolg*. Von anderer
Seite werden mir ähnliche Projekte vorgeschlagen. Auf einen
einfachen Nenner gebracht heißt das, Du hinderst mich daran,
ein Gegenwartsbuch von höchst aktuellem Inhalt zu verfilmen,
und rätst mir, mich doch lieber der Vergangenheit zuzuwen-
den. Nun bestreite ich keinesfalls Dein Recht als Generaldirektor des DEFA-Studios für Spielfilme, darüber zu entscheiden, welche literarischen Werke im Studio verfilmt werden und
welche nicht. Jedoch steht die Ablehnung von Beckers Buch in
einer Reihe, in einer kulturpolitischen Tradition, möchte ich
beinahe sagen, die zu durchbrechen allerhöchste Zeit ist. Es
geht um Fragen der Wirksamkeit unserer Filmkunst überhaupt
und um das Gegenwartsthema als Kernstück unserer Arbeit.
Und dies ist auch meine Verantwortung als Regisseur.

Ich muß ziemlich weit ausholen, um zusammenhängend zu
erläutern, was ich meine.

Als ich ein junger Regisseur war und meine ersten Schritte
im Studio machte, hatte ich eine sehr vage Vorstellung von den
Filmen, die ich machen wollte. Es sollten vor allem Filme sein,
deren Handlung in der Gegenwart unseres Landes spielt. Ich

war nur in der Lage, am Beispiel zu artikulieren, was mir vorschwebte. Damals hatte Konrad Wolf gerade nach einem Drehbuch von Egel/Wiens *Sonnensucher* gedreht. Dieser Film war eine große Ermutigung für mich. Ich sagte mir, wenn ein Film mit solchem Realitätsbezug, solcher Genauigkeit im Detail, solcher Ehrlichkeit entstehen kann, so müssen die Zeiten günstig sein für das, was du selber willst.

Das Schicksal dieses Films ist bekannt. Er war fünfzehn Jahre lang verboten und wurde dann, in einer Serie von Wiederaufführungen alter DEFA-Filme versteckt, im Fernsehprogramm ausgestrahlt. Mir kommt das irgendwie schäbig vor, unaufrichtig. Kann jemand, der sich unaufrichtig zu seiner Vergangenheit verhält, in der Gegenwart eine aufrichtige Politik machen?

Sonnensucher, fünfzehn Jahre zu spät in der Öffentlichkeit, fand meines Wissens keine nennenswerte Resonanz. Das ist schwer erklärbar, aber es bestätigt wieder einmal die Tatsache, dass Gegenwartsfilme bald nach ihrer Herstellung an die Öffentlichkeit kommen müssen, sonst verlieren sie ihre Wirkung. Analog dazu kann man auch sagen, dass Gegenwartsliteratur bald nach ihrer Entstehung verfilmt werden muß. Geschieht das zu spät, so entsteht eine Art von Avantgardismus aus zweiter Hand, der schwer erträglich ist. Auf diese Problematik komme ich noch zurück.

Ein zweiter Film, der mich in diesen Jahren stark bewegte, war *Berlin-Ecke Schönhauser* von Klein/Kohlhaase. Ein beim Publikum erfolgreicher Gegenwartsfilm mit künstlerischem Anspruch. Ein Kunstwerk mit einem Massenpublikum; man sollte meinen, daß dies für Künstler und Ideologen das gleichermaßen erstrebenswerte Ziel ist. Ich erinnere mich an zahllose Diskussionen, in denen dieser Film und die ganze Richtung scharf attackiert wurden (Randprobleme, Außenseiterthematik, Halbstarkenidylle). Ist es eine müßige Spekulation zu fragen, was wäre geschehen, wenn damals *Berlin-Ecke Schönhauser* nicht behindert, sondern gefördert, wenn *Sonnensucher* nicht verboten, sondern aufgeführt worden wäre? Was hätte an stimulierender Wirkung auf andere Autoren und Regisseure ausgehen können? Ich bin natürlich Realist und weiß, daß damit noch keineswegs die Fähigkeiten von Autoren und Regisseuren multipliziert worden wären. Jedoch die Fülle von Belanglosigkeiten und der fürchterliche Schematismus Ende der fünfziger, Anfang der sechziger Jahre sind überhaupt nur verständlich durch die falschen Maßstäbe und die falschen Forderungen, mit denen Autoren und Regisseure in diesen Jahren von den Ideologen und Organisatoren traktiert wurden.

(Übrigens: der letzte und meiner Meinung nach beste Film aus der sogenannten Berlin-Serie, *Berlin und um die Ecke,* wurde 1966 nach dem *Spur der Steine*-Spektakel verboten. Wäre es nicht schon längst eine Ehrenpflicht gegenüber dem toten Gerhard Klein gewesen, diesen Film wenigstens als historisches Dokument zugänglich zu machen?)

Ich arbeitete 1958/59 an dem Gegenwartsfilm *Eine alte Liebe.* Das ist ein Film, den heute aus zwei Gründen fast niemand mehr kennt: erstens, weil er nicht besonders gut war, zweitens, weil er ein halbes Jahr nach seiner Uraufführung verboten wurde. Der Film beruhte auf einem Material des Schriftstellers Werner Reinowski, das interessant und politisch hochbrisant war: unser Land hatte damals ziemliche Sorgen mit der Landwirtschaft, die Kollektivierung war schon im Gange, ging aber nicht recht vorwärts, weil allzu viele reiche Mittelbauern nicht bereit waren, in die Genossenschaft einzutreten. Im Bezirk Halle gab es zahlreiche Mittelbauern, die Mitglieder der Partei waren und sich weigerten einzutreten. Irgendwo hatte eine LPG-Vorsitzende, auf Anweisung oder aus Ungeduld, die Grenzsteine eines Genossen Einzelbauern überpflügen lassen und den Acker für die LPG vereinnahmt, in der Hoffnung, damit auch den Mann zu vereinnahmen. Solcherart war das Material, und hier liegen auch sicher die Wurzeln für das spätere Verbot. Ich kann das nicht mit Sicherheit sagen, denn es hat nie mit mir darüber ein Gespräch oder gar eine Auseinandersetzung stattgefunden, und ich erfuhr von dem Verbot auch erst viel später. Dass ich nicht in einen schweren Konflikt geriet, hatte auch noch andere Gründe. Meine Vorstellungen über die Wirkungsweise von Kunstwerken waren damals ziemlich primitiv. Ich glaubte ernsthaft daran, daß Filme irgendwie direkt auf das Bewußtsein des Menschen einwirken, daß sie Diskus-

sionen auslösen und in deren Folge wiederum Leute vom
falschen Handeln zum richtigen Handeln bringen. Das lief
letztendlich auf die Theorie von den »nützlichen« und den
»schädlichen« Filmen hinaus. Ich hätte mir wahrscheinlich
wochenlang den Kopf mit der idiotischen Frage zermartert, wie
es mir mit dem »richtigen Bewußtsein« hatte passieren können, einen Film mit »falschem Bewußtsein« zu produzieren.
Außerdem wurde nach dem Film *Eine alte Liebe* ein Grenzgebiet meines Interesses für eine Reihe von Jahren zu meinem
Hauptarbeitsfeld: die Zeit des Faschismus. Das waren für mich
produktive Jahre, ich fand gute Stoffe, ich hatte auch eine
Rechtfertigung vor mir selber: lieber einen guten Film aus der
Vergangenheit als einen schlechten Gegenwartsfilm machen.
Ich hatte mit diesen Filmen im In- und Ausland Erfolg. Der
Preis für diesen Erfolg scheint mir aus heutiger Sicht hoch zu
sein: Verzicht auf das Gegenwartsthema.

Anfang der sechziger Jahre begann in der Literatur unseres
Landes ein vielversprechender Prozeß. Es erschienen Bücher
mit tieferen, genaueren Realitätsbezügen als früher. Diese
Bücher kamen zum Teil gegen große Widerstände auf den
Markt, aber sie erschienen und stießen bei einer breiten Leser-
schaft auf große Resonanz. Kein Wunder, daß sich auch das
Studio anschickte, an dieser Entwicklung zu partizipieren. Die
Filmkunst eines Landes ist auf differenziertere Weise mit der
Literatur verknüpft als durch die Übernahme von Prosatexten,
aber natürlich ist ein sozialistisches Studio gut beraten, wenn
es sich an der Gegenwartsliteratur orientiert. Die Literarisie-
rung des Films ist mitunter die kleinste Gefahr.

Ich drehte damals den Film *Spur der Steine* nach dem Roman von Neutsch. Ich habe den Film seit 1966 nicht wieder gesehen, kann also nur aus der Erinnerung über ihn sprechen.
Möglicherweise enthielt er manche polemische Zuspitzung,
und sicher gibt es in diesem Film bittere Szenen menschlichen
Versagens. Das hat mich während der Arbeit viele schlaflose
Nächte gekostet. Ich stellte mir wieder und wieder die Frage,
ob der Film Übertreibungen enthält, ungerechtfertigt zugespitzte Szenen.

Was anschließend m i t dem Film geschah, stellt alles in den

Schatten, was i n i h m geschildert wurde. *Spur der Steine* wurde in einer Reihe von öffentlichen und internen Veranstaltungen exekutiert, gegen den Willen des Publikums und gegen den Willen des Filmbeirats beim Ministerium für Kultur, der ihn in der vorgelegten Fassung mit erdrückender Mehrheit gebilligt hatte und der deshalb im Anschluß daran auch aufgelöst wurde.

Und nicht nur das. Fast die Hälfte der Jahresproduktion des DEFA-Studios für Spielfilme wurde als »partei-und staatsfeindlich« verboten, nicht zu sprechen von den Projekten, die unter ähnlichen Beschuldigungen gar nicht mehr in Produktion gingen. Was damals mit dem besseren Teil der DEFA-Produktionen geschah, scheint mir im Rückblick eher einem Amoklauf als einer ideologischen Auseinandersetzung zu gleichen. Das Studio hat Jahre gebraucht, um sich von den damaligen »Beschlüssen« zu erholen. Kein einziger dieser Filme war »partei- und staatsfeindlich«, die meisten von ihnen hatten noch nicht einmal irgendwelche polemischen Züge. Ihre künstlerische Qualität war ganz unterschiedlich. Aber in ihnen war ein Reflex auf das, was die Literatur dieser Jahre auszeichnete: kritische Sicht auf gesellschaftliche Vorgänge der Gegenwart und unmittelbaren Vergangenheit. In ihnen wurde die Erkenntnis reflektiert, daß auch unsere Gesellschaft mehr und kompliziertere Probleme hat, als wir in der Euphorie unserer Gründerjahre vermuteten.

Das schlimmste an den Verboten war ihre Folgenlosigkeit beim breiten Publikum. Niemand bemerkte, daß die Filme nicht ins Kino kamen, niemand vermißte sie; weil sich in den Jahren vorher das DEFA-Emblem mehr und mehr zu einem Wahrzeichen für leere Kinosäle entwickelt hatte, entstand auch jetzt durch das Ausbleiben dieser Filme keine schmerzlich empfundene Lücke.

Im Jahre 1966 wurden die Filmleute beschuldigt, noch weitreichendere Pläne zu haben: »... die Gesellschaft mit dem Gift des Skeptizismus und Pessimismus zu infizieren ...« (Ich zitiere aus dem Gedächtnis, aber dem Sinne nach genau.) Dies war ein wichtiges Argument für Verbote, die sozusagen unter dem Gesichtspunkt »wehret den Anfängen« stattfanden. Ich will mich mit diesem Vorwurf nicht theoretisch auseinandersetzen, sondern meine Pläne von damals nennen. Tatsächlich hatte ich zum ersten Mal in meiner Arbeit als Regisseur weitreichende Pläne, Pläne für mehrere Jahre. Neben dem Film *Jakob der Lügner*, dessen Drehbuch Becker und ich unmittelbar nach dem Abdrehen von *Spur der Steine* im Dezember 1965 dem Studio eingereicht hatten, waren das zwei Literaturverfilmungen: *Warten an der Sperre* von Neutsch und *Die Aula* von Kant, zwei Gegenwartsromane reinsten Wassers. *Jakob der Lügner* konnte ich neun Jahre später realisieren, *Warten an der Sperre* war als Buch jahrelang verboten, erschien dann in einer meiner Meinung nach verwässerten Fassung unter dem Titel *Auf der Suche nach Gatt* und wurde wiederum Jahre später als Film für das Fernsehen produziert. Zu diesem Zeitpunkt hatte das Projekt vieles, Wesentliches seiner ursprünglichen Aktualität verloren. Für *Die Aula* interessierte sich weder das Fernsehen der DDR noch das DEFA-Studio für Spielfilme, präziser gesagt, es gab die Anweisung, dieses Buch nicht zu verfilmen. Für mich war das insofern nicht von Bedeutung, als mir nach *Spur der Steine* für mehrere Jahre die Möglichkeit genommen wurde, überhaupt Filme zu drehen.

1968 versuchte ich erneut, *Die Aula* zu produzieren. Ohne Erfolg. Später wurden die Verfilmungsrechte für dieses Buch von den zuständigen Instanzen an das Fernsehen der BRD verkauft. Das ist kein Einzelfall. Ich erwähne Plenzdorf, dessen erster Film *Karla* 1966 verboten wurde, dessen Manuskript *Die neuen Leiden des jungen W.* im DEFA-Studio für Spielfilme nicht angenommen wurde und dessen Verfilmungsrechte ebenfalls in die Bundesrepublik verkauft wurden. Ich halte das nicht für sozialistische Kulturpolitik, sondern für Perversion derselben. Es kann überhaupt niemandem verwehrt werden, die Konsequenzen solcher Kulturpolitik logisch zu Ende zu denken und entsprechend zu handeln, weder Schriftstellern, deren Projekte hier abgewiesen wurden, noch Regisseuren, die sie realisieren wollen.

Doch zurück zu unserem Thema: Verfilmung von DDR-Literatur in der DDR. Meine gescheiterten Versuche, *Die Aula* zu produzieren, hatten 1975 ein Nachspiel. In diesem Jahr wurde mir nämlich sowohl vom DEFA-Studio für Spielfilme als auch vom Fernsehen der DDR angeboten, das Buch zu verfilmen. Ich zitiere aus meinem Brief vom 9.6.75 an den damaligen Leiter der Hauptabteilung Kunst und Kulturpolitik im Fernsehen der DDR: »...Ich habe *Die Aula* noch einmal ganz gelesen, mit Vergnügen und dem Wunsch, eine Lesart zu finden, die es mir ermöglicht, heute daraus einen Film zu machen. Du weißt, zweimal wollte ich das schon tun: kurz nach Erscheinen des Buches und 1968. Damals hatte das Buch für mich eine Gegenwartsebene und eine Vergangenheitsebene. Kant war damals ein bißchen skeptisch, aber nicht dagegen. Heute nun hat das Buch für mich ein Imperfekt und ein Perfekt und keine Gegenwartsebene mehr. Es ist kein Buch mehr mit einem aktuellen Gegenstand und noch keins mit einem historischen. Wie das in zehn oder zwanzig Jahren aussieht, weiß ich nicht, ob es als Literatur bestehen bleibt oder nur als schöne Anekdotensammlung. Jedenfalls finde ich im Augenblick keinen Weg, so absurd das für mich selber ist...«

Ich denke, dieser Gesamtvorgang *Die Aula* ist aufschlussreich und ich muß ihn in keine Richtung mehr kommentieren.

1975, nach der Produktion von *Jakob der Lügner,* hatten Becker und ich kein weit genug ausgereiftes eigenes Gegenwartsprojekt. Wir schlugen deshalb dem Studio vor, *Pause für Wanzka* von Alfred Wellm zu verfilmen, ein seit 1968 in vielen Auflagen erschienenes Buch. Becker schrieb einen ersten Szenariumsentwurf. Entgegen den Verabredungen erwarb das Studio die Verfilmungsrechte für den Roman nicht und wir wurden aufgefordert, die Arbeit an dem Projekt abzubrechen. Danach interessierte ich mich für die Erzählung *Alte Filme* von Schlesinger. Hierfür hatte das Studio die Verfilmungsrechte gekauft. Auf diesen Vorschlag habe ich nie eine Antwort erhalten, es sei denn, ich nehme als indirekte Antwort, daß die Studioleitung die Verfilmungsrechte inzwischen an Schlesinger zurückgegeben hat.

Das bisher letzte Glied in der Kette der Ablehnungen ist *Leben in der Luft* (= *Schlaflose Tage*). Damit wird mir nun allerdings ein entscheidendes Stück Boden meiner künstlerischen Existenz als Filmregisseur entzogen. Es handelt sich für mich dabei nicht um einen Fall unter anderen, sondern mit dieser

Ablehnung wird vermutlich für eine nicht absehbare Zeit meine Zusammenarbeit mit Becker unterbrochen, eine Zusammenarbeit, die so mühsam, mit so unnötig vielen Jahren Verspätung zustande gekommen ist. Meiner Ansicht nach muß es das Anliegen jeder Studioleitung sein, langfristige Zusammenarbeit von Autoren und Regisseuren zu organisieren, und nicht, sie zu zerstören.

Dieser schmale Ausschnitt eines Teilproblems, den ich hier behandelt habe, wirft natürlich auch weit über meine Person hinausgehende Fragen auf. Ich will einige nennen.

Aus allem, was in diesem Brief gesagt wurde, kann man auf den Mut und die Entscheidungsfreude vergangener Studioleitungen schließen, wenn es sich um Annahme oder Ablehnung von Originalstoffen handelte, die nicht durch die öffentliche Verbreitung von Verlagsauflagen ideologisch abgesichert waren. In letzter Zeit wird manchmal von der »wirklichen Wende« gesprochen, die der VIII. Parteitag gebracht hat. Wenn ich die Filmpolitik betrachte, sehe ich weit und breit nichts von einer wirklichen Wende. Sicher, der öffentliche Skandal ist durch den lautlosen Verwaltungsakt ersetzt worden. Ein fertig produzierter Film wird nicht mehr im Kino niedergeschrien, sondern das Drehbuch verschwindet vor der Produktion im Archiv. Vom Standpunkt des Finanzministers aus ist das natürlich ein Fortschritt.

Die Kontinuität der Kulturpolitik scheint mir oft nur eine Kontinuität der Restriktionen zu sein, wie die ersten sieben Seiten dieses Briefes für ein Teilgebiet belegen.

Die staatlichen Leitungen haben sich bei der Beantwortung der Frage, was »nützlich« und was »schädlich« ist, was wirkungsvoll und was wirkungslos ist, so oft geirrt, daß sie einen beträchtlichen Teil meines Vertrauens in diesen Dingen vertan haben. Alle meine Erfahrungen gehen dahin, daß sich die sogenannten »zentralen Probleme« dann gar nicht als das erweisen, wofür sich das Publikum interessiert, während oft die sogenannten »Randprobleme« (*Paul und Paula* und die Theateraufführungen von *Die neuen Leiden des jungen W.*) plötzlich viele Leute berühren, beschäftigen, bewegen.

Außerdem sind meine Kenntnisse über das, was die Leute in

unserem Land bewegt, was sie freut und worunter sie leiden, nicht kleiner als die meiner jeweiligen staatlichen Leiter, die mich ständig darüber belehren, was »echte« und was »unechte« Konflikte sind, was gestaltungswürdig und was nicht gestaltungswürdig ist.

Ich wurde als Filmregisseur ausgebildet mit dem ausdrücklichen Auftrag, daß die Gestaltung des Gegenwartsthemas das Kernstück meiner künftigen Arbeit sein sollte. Und tatsächlich befinden sich bei dieser Forderung – die ja überhaupt die Forderung der Partei an die Kulturschaffenden ist – gesellschaftliches und persönliches Interesse in schönster Übereinstimmung. Ich habe keine Lust mehr, im Namen der Zukunft Vergangenheitsbewältigung zu betreiben und mich damit an der Bewältigung der Gegenwart vorbeizudrücken. Ich habe auch keine Lust mehr, die Erfahrungen einer älteren Generation, die nicht die meinen sind, weiterzugeben, sondern ich möchte meine Erfahrungen weitergeben, verbündet mit Schriftstellern meiner Generation.

Ein wesentlicher, interessanter Teil von DDR-Literatur war bisher immer aus den Studios der DEFA und des Fernsehens ausgesperrt. Die Frage ist, ob das so bleiben darf, ob die Studios sich nicht entschließen müssen, die DDR-Literatur in ihrer Gesamtheit, in allen ihren Farben zu akzeptieren. Weil das bisher nicht so ist, weigern sich eine Reihe von Autoren, für Film und Fernsehen zu schreiben. Sie empfinden die Studioleitungen als Bastionen stockkonservativer Kulturpolitik.

Welche andere Alternative gibt es denn aber für die DEFA und das Fernsehen, als das zu nehmen, was die Schriftsteller unseres Landes geschrieben haben? Wie die Lage sich nun einmal bei uns entwickelt hat, wird jeder einigermaßen ernst zu nehmende Gegenwartsstoff immer im Grenzbereich des jeweils Erlaubten angesiedelt sein.

Einer meiner westdeutschen Kollegen beschrieb mir kürzlich seine Lage so: Wenn ich einen Film anfange, bin ich am Ende. Meine besten Kräfte habe ich in einem zermürbenden Kampf um die Finanzierung des Projekts verausgabt. Ich fand, daß ich in diesem Punkt gut dran bin. Dann begann ich darüber nachzudenken, ob ich auch am Ende bin, wenn ich einen Film anfange. Meine besten Kräfte habe ich in einem zermürbenden Kampf mit den Instanzen um die Genehmigung des jeweiligen Projekts verbraucht.

Ich wünsche mir, Filme zu drehen, statt Briefe zu schreiben.

Mit sozialistischem Gruß!

Frank Beyer

Frank Beyer
Wolfgang Kohlhaase   14. 2. 83

An den
Botschafter der Volksrepublik Polen in der DDR
Genossen Maciej Wirowski

Sehr geehrter Genosse Botschafter,

wir haben mit Bedauern und Betroffenheit erfahren, daß Sie unseren Film *Der Aufenthalt* zum Gegenstand eines Protestes bei der Regierung der DDR gemacht haben. Die daraus resultierende Zurückziehung des Films von den Westberliner Filmfestspielen schädigt unser Ansehen und unsere Arbeit, die Spekulationen, die um diesen Vorgang entstehen, nützen weder Ihnen noch uns.

Wir bedenken Ihre Motive, aber wir verstehen nicht die Rigorosität Ihres Schrittes.

Der Film ist nach dem gleichnamigen Roman von Hermann Kant entstanden, der inzwischen in fünf Ländern erschienen ist, darunter in der Sowjetunion mit einem Vorwort von Konstantin Simonow. Antipolnische Tendenz ist ihm nirgends nachgesagt worden. Er wurde vor allem als eine deutsche Geschichte verstanden, eine Darstellung der Entmenschlichung im Faschismus, und auch als ein Beweis mehr für die vielfältige

Schuld, die Deutsche in Polen auf sich geladen haben. Der Film ist von gleicher Art.

Es gibt, wie wir gehört haben, zu dem Roman kontroverse Meinungen in Ihrem Land, es ist selbstverständlich die Sache polnischer Verlage, ihn zu veröffentlichen oder nicht. Auch was den Film angeht, maßen wir uns nicht an, über Gefühle zu urteilen, die er in Polen berühren könnte, obwohl wir hoffen, es ließe sich bemerken, daß er Schuld und Sühne in die richtige Beziehung setzt.

Wir denken aber, es ist fragwürdig, eine mögliche Reaktion in Polen zu übertragen auf andere Orte und anderes Publikum. Die Befürchtung, dieser Film könnte innerhalb oder außerhalb der DDR antipolnisch wirken, darf nicht unterstellt, sie müßte festgestellt werden.

Sicher sind Ihnen die Rezensionen aus der DDR und auch die aus der Bundesrepublik zugänglich, sie ergeben ein Bild der bisherigen Resonanz des Films. Es gab bis jetzt mehr als zehn Publikumsdiskussionen mit weit über tausend Teilnehmern. Es findet sich kein Hinweis auf antipolnische Wirkungen. Statt dessen gibt es eine Verurteilung der faschistischen Verbrechen in Polen, Erwägungen über Schuld und Mitschuld so vieler Deutscher in jenen Jahren und die Würdigung der polnischen Haltung als einer Position der Gerechtigkeit, die um so bewunderungswürdiger ist, weil es schreckliche Gründe gab für Feindschaft und Haß. Solche Gedanken haben viele Zuschauer, vor allem auch junge Leute, geäußert und haben erklärt, daß der Film sie tief bewegt.

Wir würden Ihnen Belege solcher Diskussionen gern zur Verfügung stellen. Wir würden es auch begrüßen, ein Gespräch mit Ihnen führen zu können in der Hoffnung, Gegensätze aufzuheben oder wenigstens zu relativieren.

Mit sozialistischem Gruß

(Wolfgang Kohlhaase)   (Frank Beyer)

Frank Beyer   16. 2. 83

Lieber Jochen Hoffmann,

anderen Briefen an hochgestellte Persönlichkeiten unseres
Landes in Sachen *Der Aufenthalt,* von Hermann Kant und
Wolfgang Kohlhaase geschrieben, will ich noch einen an Dich
hinzufügen.

Nach meiner Meinung hat der Botschafter der Volksrepublik
Polen in der DDR, ohne unseren Film gesehen zu haben und
deshalb fahrlässig und leichtfertig, Behauptungen über den
Film aufgestellt, die für die Produzenten des Films und die Kulturpolitik der DDR diskriminierenden Charakter haben.

Andere polnische Genossen haben, ebenfalls ohne den Film
zu kennen, solche Behauptungen wiederholt und an die Regierung der DDR unvertretbare Forderungen gestellt.

Die Regierung der DDR hat – wie mir gesagt wurde – diesen Behauptungen widersprochen. Aber praktisch hat sie sich
so verhalten, als sei »an den polnischen Vorwürfen etwas
dran«.

Wie ist sonst zu erklären, daß der Film über viele Tage auch
im Inland behindert wurde, indem eine bestimmte Abteilung
das Erscheinen von Pressekritiken und Leserbriefen verhinderte, Tonbänder für Rundfunksendungen sperrte, Berichte im
Fernsehen der DDR unterband und so weiter?

Das alles ist doch geradezu ein öffentliches Schuldbekennt-
nis gegenüber der polnischen Seite.

Wenn die Regierung auf meine Ratschläge in kulturpolitischen Angelegenheiten keinen Wert legt – es ist für mich nichts
Neues. Aber die Ratschläge Kants, Kohlhaases, Mädes, Pehnerts – und die Jochen Hoffmanns doch wohl auch? Hätte man
nicht wenigstens so viel Zeit gehabt, sie abzuwarten? Die Filmkritik der DDR hat unseren Film in seltener Einmütigkeit besprochen, es hat sich in vielen Diskussionen eine positive öffentliche Meinung zum Film gebildet. Ist das alles nichts gegen

die hysterische Stimmungsmache von ein paar Botschaftsange-
stellten?

Ihr habt Kant, Kohlhaase, mich und alle, die diesen Film gemacht und gefördert haben, nicht genügend geschützt vor un-
berechtigten Vorwürfen.

Vertrauen und Verläßlichkeit in den gegenseitigen Beziehungen entsteht so nicht.

Es ist für mich wahrhaftig eine neue bittere Erfahrung.

Wie geht es nun weiter? Es wird nicht fehlen an Leuten, die die
Sache nun endlich los sein wollen. Denen sollten wir gemeinsam erklären: Wir werden das Problem nur los, wenn wir unseren Fehler korrigieren. Wenn wir also unseren polnischen
Freunden sagen, wir halten nicht nur an unseren Überzeugungen fest, sondern wir werden auch ab sofort nach ihnen handeln. Die erste Maßnahme in dieser Richtung ist, den Film für
alle Auslandsvorführungen freizugeben und ihn beim nächsten
A-Festival zu melden. Nur so ist meiner Meinung nach ein Teil
des angerichteten Schadens wiedergutzumachen.

Mit sozialistischem Gruß

Rede auf der Pressekonferenz der HV Film zur Wiederzulas-
sung der Filme *Das Kaninchen bin ich* und *Spur der Steine* am
23. 11. 1989 im Filmtheater International

Die Macht und das Kino

Der Postminister, so war im Oktober 1988 im ND zu lesen, hat
die Zeitschrift »Sputnik« aus der Liste der in der DDR erlaubten Druckerzeugnisse genommen wegen verschiedener Artikel
über Hitler und Stalin. Der Postminister hat im November 1989
versichert – und ich glaube ihm aufs Wort –, er habe von seiner eigenen Entscheidung erst aus dem ND erfahren. Die ND-

Redakteure haben im November 1989 versichert – und ich glaube ihnen aufs Wort –, daß sie nicht am Verbot der Zeitschrift »Sputnik« schuld sind. Schuld sei die Abteilung Agitation beim Zentralkomitee der SED. Die Abteilung Agitation hat versichert – und ich glaube ihr aufs Wort –, daß sie die Zeitschrift »Sputnik« nicht verbieten, sondern eine Diskussion in Gang bringen wollte über das Thema Hitler-Stalin. Aber der Generalsekretär habe dies unterbunden und das Verbot herbeigeführt. Vom ehemaligen Generalsekretär liegt in dieser Angelegenheit bisher keine Nachricht vor, aber ich würde ihm aufs Wort glauben, wenn er folgendes erklären würde: Er habe viele Jahre seines Lebens unter Hitler im Gefängnis verbracht, seine einzige Hoffnung sei gewesen, dass Stalin Hitler das Genick bricht. Diese Hoffnung habe sich erfüllt und damit auch die Hoffnung, den Sozialismus dauerhaft in Deutschland zu etablieren, wofür er, der Generalsekretär, sein Leben lang gekämpft habe.

Es empöre ihn, wenn nun Stalin und Hitler in einen Topf geworfen würden oder gar, wie im Falle des »Sputnik«, behauptet wurde, Hitler sei ohne Stalin gar nicht denkbar gewesen.

Der Täter ist also ermittelt. Er hat meiner Meinung nach rein emotional gehandelt und damit falsch. Aber er hat in gutem Glauben gehandelt, und er hatte ehrenwerte Motive.

Wir hören, alle, außer einem, dem Generalsekretär, waren Opfer. Hat der Postminister sich 1988 zur Wehr gesetzt? Hat er seinen Rücktritt angeboten? Hat die Abteilung Agitation sich zur Wehr gesetzt, als ihr Vorschlag verworfen wurde? Und die ND-Redakteure? Haben sie 1988 überprüft, ob die Nachricht, die sie gedruckt haben, der Wahrheit entsprach? Sind die Opfer gleichzeitig Täter?

Nach dem gleichen Muster, nur mit anderem Personal, wurden die fünf sowjetischen Filme verboten. Nach dem gleichen Muster, nur mit anderem Personal, wurde 1978 der Fernsehfilm »Geschlossene Gesellschaft« verboten. Nach dem gleichen Muster, nur mit anderem Personal, wurde 1966 der Film »Spur der Steine« verboten. Nach dem gleichen Muster, nur mit wechselndem Personal, wurden in der DDR 40 Jahre lang Bücher und Filme verboten.

Nach meiner Überzeugung muß man zunächst nicht über das Personal, sondern über die Strukturen der Machtausübung reden. Es sind die Machtstrukturen des Stalinismus, über die wir reden und die wir vollständig und für immer zerstören müssen. Diese Strukturen kamen 1945 auf den Bajonetten der Roten Armee ins Land. Der Stalinismus kam in der Gestalt des Antifaschismus ins Land. Es waren deutsche Antifaschisten, die ihn hier im Schutze der Roten Armee etablierten.

Der Stalinismus stieß in Deutschland auf eine junge, desorientierte Generation von Nazianhängern und Mitläufern. Er stieß auf millionenfaches schlechtes Gewissen. Die Leute erkannten zwar, daß der Stalinismus zahlreiche Gemeinsamkeiten mit dem Faschismus hatte: dieselben Kommandostrukturen, das laute Eigenlob, dasselbe Gepräge und Brimborium und vor allem den Meinungsterror gegenüber Andersdenkenden. Aber sie wagten wegen ihres schlechten Gewissens nicht zu widersprechen. Wegen ihres schlechten Gewissens waren sie leicht gefügig zu machen. Die vollständige Abwesenheit von demokratischen Strukturen erleichterte das. Dann wurde durch den »demokratischen Zentralismus« jene Täter/Opfer-Beziehung etabliert, die ich am Falle »Sputnik« beschrieben habe. Alle Täter sind gleichzeitig auch Opfer (bis auf den einen, den großen Conducator), viele Opfer sind gleichzeitig Täter oder zumindest potentielle Täter. Dadurch entstand ein unauflösliches System von Abhängigkeiten, eine Art Komplizenschaft. Und es entstand die Herrschaft der Apparate. Minderheiten oder Einzelpersonen zwangen der Mehrheit ihre Meinung auf.

Im Falle von »Spur der Steine« lief das so ab: Nach monatelangem Hin und Her hatten die Verantwortlichen im Politbüro und im Sekretariat des Zentralkomitees den Film zur Aufführung freigegeben. Durch den Filmbeirat beim Minister für Kultur sollte diese Entscheidung offensichtlich demokratisch legitimiert werden. Der Filmbeirat erklärte sich tatsächlich mit erdrückender Mehrheit (gegen zwei Stimmen) für die Aufführung des Films. Der Film lief zu den Arbeiterfestspielen eine Woche lang im ausverkauften Kino in Potsdam. Er sollte Ende Juni/Anfang Juli mit mehr als 50 Kopien in der DDR gestartet werden. Alle diese Entscheidungen wurden Ende Juni rückgängig gemacht. Dazu liegt ein Telegramm aus dem Büro des Politbüros an alle ersten Bezirkssekretäre vor vom 30. 6. 1966. Die Zulassung wurde dem Film entzogen. Der Filmbeirat wurde aufgelöst. Es fand eine Parteiaktivtagung im DEFA-Studio für Spielfilme statt. Dort wurde gesagt: Es geht ein Riß durch die Parteiorganisation des Studios. Es gibt die Ideologie der Partei, und es gibt die Ideologie der Macher, Freunde und Verteidiger dieses Films. Und nun hatte angeblich jeder die Wahl, sich zu der einen oder anderen Ideologie zu bekennen. Sie sehen, wir sind wieder mittendrin in der Täter/Opfer-Problematik. Mit einer Ausnahme bekannten sie sich zur Ideologie der Partei. Es gab viele, die sich an der Diskussion nicht beteiligten, manche waren ihr ferngeblieben. Gab es keine Zivilcourage mehr im Lande? Doch. Sie ist natürlich unter solchen Umständen unterschiedlich entwickelt.

Im Fall von »Spur der Steine« hat sich der damalige Präsident der Akademie der Künste, mein Regiekollege Konrad Wolf, bis zum Schluß dem Meinungsterror nicht gebeugt. Nicht wenige meiner Kollegen werden in einer tiefen Konfliktsituation gewesen sein, ich war es ja auch. Nun bietet der Stalinismus für diesen Fall einen fabelhaften Ausweg an: Disziplin. Im Statut der SED wird der Begriff Parteidisziplin im Zusammenhang mit der Unterordnung der Minderheit unter die Mehrheit gebraucht, und zwar ganz ausdrücklich *nach* freier Meinungsäußerung und *nach* Beschlußfassung. Jedoch hatten sich schon damals die Machtstrukturen so weit zugunsten des Apparats verändert, und Parteidisziplin wurde ständig abgefordert auch in Hinsicht auf Beschlüsse, die nicht demokratisch zustande gekommen waren.

Von nun an galt der Film *Spur der Steine* als partei- und staatsfeindlich. Ich hätte es damals sicher anders formuliert – aber *Spur der Steine* und auch *Das Kaninchen bin ich* sind natürlich deshalb verboten worden, weil sie versuchten, die Täter/Opfer-Beziehung im stalinistischen Sozialismus aufzudecken. Wenn ich mich frage, warum diese Verhältnisse bis vor wenigen Wochen aufrechterhalten werden konnten, fallen mir drei Gründe ein:

1. Die sowjetischen Panzer im Lande. Diese Panzer stehen zwar schon mehrere Jahre nicht mehr als Unterdrückungspotential zur Verfügung, nämlich seit sich Glasnost und Perestroika in der Sowjetunion durchsetzten, aber es mußte wohl eine Zeitlang vergehen, bis das Volk die neuen Möglichkeiten begriff, Demokratie zu erzwingen.

2. Weil es Antifaschisten waren, die den Sozialismus stalinistischer Prägung bei uns eingeführt haben. Man hätte Antifaschisten bekämpfen müssen, um den Stalinismus zu bekämpfen. Das wollten viele nicht. Es gibt einen großen Respekt im Lande vor denjenigen, die viele Jahre ihres Lebens in der Emigration oder in Gefängnissen und Lagern verbringen mußten.

3. Jeder, auch der kleinste Auflehnungsversuch wurde vom Machtapparat sofort unterbunden. Wer sich auflehnt, wird isoliert, aus dem Lande gedrängt, ausgebürgert. Die lange Reihe von Namen beginnt nicht erst mit Ernst Bloch, Hans Mayer und Wolf Biermann, und sie endet nicht mit meinen Freunden Jurek Becker und Klaus Poche, Jutta Hoffmann, Manfred Krug und Armin Mueller-Stahl, sie endet mit Zehntausenden junger Leute, die das Land seit dem Sommer verlassen und es noch immer verlassen und die wir hier so bitter nötig brauchten.

Quelle: Die Weltbühne, Berlin, Heft 52/1989

Am 6. Juni 1991 erhält Frank Beyer den Deutschen Filmpreis,
ein »Filmband in Gold«, für sein Gesamtwerk. – Dankesrede.

Keinen Sinn, die Wurzeln auszureißen

Meine Damen und Herren, Herr Minister!

Ich gehörte, wie sie wissen, lange Zeit zu den sogenannten »Siegern der Geschichte«. Inzwischen habe ich zwei unbewältigte Vergangenheiten, die insgesamt ungefähr so alt sind wie ich selber, eine kürzere, zwölfjährige, die ich in Filmen reichlich abgearbeitet habe, und eine längere, fünfundvierzigjährige, in der ich ziemlich verwurzelt bin. Und ich zweifle daran, daß es einen Sinn macht, diese Wurzeln auszureißen. Deshalb las ich mit großem Interesse Ihre Bemerkungen, Herr Minister, über Kunst und Literatur der DDR. Ich hoffe, die »Berliner Zeitung« hat Sie richtig zitiert mit dem Satz, daß in der DDR-Literatur »Sichtweisen, Erfahrungen und Erkenntnisse verarbeitet sind, die etwas ganz Eigenes, Bewahrenswertes darstellen«.

Ich finde Ihre Entscheidung, diesen Bundesfilmpreis einem Regisseur zu geben, dessen sämtliche Kinofilme im DEFA-Studio für Spielfilme in Potsdam-Babelsberg entstanden sind, sehr bemerkenswert. Weil doch, folgt man manchen Stimmen aus den alten Bundesländern, unter den Bedingungen der Kulturpolitik in der DDR künstlerische Filme dort gar nicht entstehen konnten. Mit Ihrer Entscheidung setzen Sie ein eindrucksvolles Zeichen gegen alle Tendenzen der Pauschalverurteilung von DDR-Kunst. Und eröffnen damit auch die Möglichkeit für die ebenfalls nötige sachliche Analyse. Denn es macht auf die Dauer keinen Sinn, sich nostalgischen Träumereien hinzugeben. Auf dem ehemaligen Ufa-Gelände in Babelsberg wurden nicht nur »Metropolis« und der »Blaue Engel« produziert, sondern auch »Kolberg«. Und auf dem gleichen Gelände, das dann DEFA hieß, sind auch nicht nur »Die Mörder sind unter uns« und »Das kalte Herz« entstanden.

Jedenfalls fühle ich mich durch diesen Preis ganz außerordentlich geehrt und danke Ihnen, auch im Namen langjähriger Mitarbeiter, die an diesen Spielfilmen beteiligt waren.

Filme

Hinweise zur Benutzung

AT	Arbeitstitel
AU	Ausstattung/Bühnenbild
BA	Bauten/Szenenbild
BU	Drehbuch
DA	Darsteller
DS	Deutsche/r Sprecher/in
FO	Format
HL	Herstellungsleitung
ID	Idee
KA	Kamera
KAG	Künstlerische Arbeitsgruppe
KO	Kostüme
LV	Literaturvorlage
MU	Musik
OT	Originaltitel
PL	Produktionsleitung
SZ	Szenarium

1955   Die Irren sind unter uns

(Co-Regie)
OT: Blázni mezí námi – Co-RE: Ralf Kirsten, Konrad Petzold – LV: nach
Motiven von Heinar Kipphardt und Janina Poltawská

FAMU

1957   Zwei Mütter

AT: Das Kind der Anderen. BU: Jo Tiedemann (d. i.: Leonie Ossowski),
Frank Beyer – KA: Otto Merz – MU: Joachim Werzlau – BA: Alfred Hirschmeier – KO: Marianne Schmidt – PL: Hans Mahlich

DA: Françoise Spira – Helga Göring – Ruth Wacker – Wilhelm Koch-
Hooge – Kurt Oligmüller – Heinz Gies – Fred Ludwig und andere

417

FO: 35 mm, 1: 1,33, s/w, 2394 m = 88 min.

DEFA

Fridericus Rex – 11. Teil

BU: Frank Beyer – SZ: Klaus Schlehufer – KA: Erich Gusko – BA: Harald Horn – MU: Hans-Hendrik Wehding – PL: Helmut Klein

DA: Erich von Dahlen – Paul R. Henker – Gustav Müller – Jochen Thomas – Werner Lierck und andere

FO: 35 mm, 1: 1,33, s/w, 263 m = 10 min.

DEFA

Das Gesellschaftsspiel

BU: Frank Beyer – SZ: Georg Honigmann, Herbert Theuerkauf – KA: Erich Gusko – BA: Harald Horn – MU: Hans-Hendrik Wehding – PL: Helmut Klein

DA: Rolf Ludwig – Jochen Thomas – Eckart Friedrichson – Willi Narloch und andere

FO: 35 mm, 1: 1,33, s/w, 183 m = 7 min.

DEFA

1959 Eine alte Liebe

AT: Eine Abgeordnete; BU: Werner Reinowski, Frank Beyer – KA: Günter Marczinkowsky – MU: Joachim Werzlau – BA: Oskar Pietsch – KO: Luise Schmidt – PL: Erich Albrecht

DA: Gisela May – Erich Franz – Doris Abeßer – Ezard Haußmann – Peter Sturm – Hans-Peter Minetti – Margot Ebert – Harry Gillmann – Bella Waldritter – Günther Simon – Werner Lierck – J. P. Dornseif – Rudolf Ulrich – Jochen Thomas – Hans Finohr – Peter Kalisch und andere

418

FO: 35mm, 1: 1,33, s/w, 2515 m = 92 min.

DEFA

1960 Fünf Patronenhülsen

BU: Walter Gorrish – KA: Günter Marczinkowsky – MU: Joachim Werzlau – BA: Alfred Hirschmeier – KO: Joachim Dittrich – PL: Willi Teichmann
DA: Erwin Geschonneck – Ulrich Thein – Edwin Marian – Ernst-Georg Schwill – Armin Mueller-Stahl – Manfred Krug – Günter Naumann – Fritz Dietz – Johannes Maus – Jochen Diestelmann – Harald Jopt – Hans Finohr – Fred Düren – Adolf Peter Hoffmann und andere

FO: 35mm, 1: 1,66, s/w, 2398 m = 88 min.

DEFA

1962 Königskinder

BU: Edith und Walter Gorrish – KA: Günter Marczinkowsky – MU: Joachim Verzlau – BA: Alfred Hirschmeier – KO: Joachim Dittrich – PL: Hans Mahlich

DA: Annekathrin Bürger – Armin Mueller-Stahl – Ulrich Thein – Marga Legal – Charlotte Küter – Monika Lennarz – Gertraud Kreißig – Natalja Iljina – Leonid Swetlow – Nikolai Lukinow – Walter Lendrich – Günter Naumann – Fred Delmare – Erik Veldre – Manfred Krug – Johannes Maus – Horst Jonischkan – Fred Ludwig und anderen

FO: 35mm, 1: 1,33, s/w, 2435 m = 89 min.

DEFA

1963 Nackt unter Wölfen

BU: Bruno Apitz, Frank Beyer – LV: Gleichnamiger Roman von Bruno Apitz – KA: Günter Marczinkowsky – MU: Joachim Werzlau – BA: Alfred Hirschmeier – KO: Günter Schmidt – PL: Hans Mahlich

DA: Erwin Geschonneck – Armin Mueller-Stahl – Krzysztyn Wójcik – Fred Delmare – Viktor Awdjuschko – Gerry Wolff – Boleslaw Plotnicki – Peter Sturm – Erik S. Klein – Herbert Köfer – Wolfram Handel – Heinz Scholz – Zygmund Malanowicz – Jan Pohan – Leonid Swetlow – Bruno Apitz – Fred Ludwig – Gerd Ehlers – Joachim Tomaschewsky – Günter Rüger – Angela Brunner – Christoph Engel – Werner Dissel – Hans Hardt-Hardtloff – Friedhelm Eberle – Harald Moszdorf – Willi Schrade – Dieter Wien – Jürgen Strauch und andere

FO: 35 mm, Totalvision, Magnetton, s/w, 3384 m = 124 min.

DEFA

Karbid und Sauerampfer

BU: Hans Oliva, Frank Beyer – KA: Günter Marczinkowsky – MU: Joachim Werzlau – BA: Alfred Hirschmeier – KO: Helga Scherff – PL: Martin Sonnabend

DA: Erwin Geschonneck – Marita Böhme – Manja Behrens – Margot Busse – Rudolf Asmus – Hans-Dieter Schlegel – Fred Delmare– Bruno Carstens – Fred Ludwig – Günter Rüger – Alexander Presnezow – Leonid Swetlow – Fritz Diez – Jochen Thomas – Elsa Grube-Deister – Gina Presgott – Agnes Kraus – Sabine Thalbach – Else Koren – Peter Dommisch – Gerd Ehlers – Hans Hardt-Hardtlof

DEFA

1966 **Spur der Steine**

BU: Karl Georg Egel, Frank Beyer – LV: Gleichnamiger Roman von Erik Neutsch – KA: Günter Marczinkowsky – BA: Harald Horn – KO: Elli-Charlotte Löffler

DA: Manfred Krug – Krystyna Styypulkowska, DS: Jutta Hoffmann – Eberhard Esche – Johannes Wieke – Walter Richter-Reinick – Hans-Peter Minetti – Walter Jupé – Ingeborg Schumacher – Gertrud Brendler – Karl Brenk – Helmut Schreiber – Fred Ludwig – Erik Veldre – Hans-Peter Reinecke – Detlef Eisner – Johannes Maus und andere

FO: 35 mm, Totalvision, s/w, 3795 m = 139 min.

DEFA

1971 Rottenknechte

BU: Frank Beyer – SZ: Klaus Poche, Gerhard Stueber (= Gerhard Stuchlik) – KA: Günter Marczinkowsky – MU: Karl-Ernst Sasse – BA: Harald Horn – KO: Werner Bergemann – PL: Erich Kühne, Oscar Ludmann

DA: Karl Albert – Axel Dietrich – Kaspar Eichel – Peter Friedrichson – Rüdiger-Hubertus Gumm – Peter Hill – Peter Hladik – Gerd Michael Henneberg – Günter Junghans – Uwe Karpa – Dieter Mann – Dieter Montag – Kjeld Noórgaard – Frank Obermann – Klaus Piontek – Peter Radestock – Hans-Peter Reinecke – Rolf Ripperger – Helmuth Schellhardt – Jaecki Schwarz – Mathis Schrader – Willi Schrade – Klaus-Jürgen Steinmann – Klaus-Peter Thiele – Karl Thiele – Alexander Wikarski – Horst Weinheimer – Kurt Kachlicki – Wolfgang Dehler – Peter Kalisch – Hans Teuscher – Günter Naumann – Werner Röwekamp – Peter Bause – Victor Grossman – Fred Ludwig – Walter Lendrich – Frank Schenk – Heinz Dieter Knaup – Dietmar Richter-Reinick – Franz Viehmann – Jürgen Hentsch und andere

FO: 35 mm, 1: 1,33, s/w, 25 b/sec., 9708 m = 340 min. (Teil I: 1720 m = 60 min., Teil II: 1809 m = 63 min., Teil III: 2095 m = 74 min., Teil IV: 2378 m = 83 min., Teil V: 1706 m = 60 min.)

DDR-Fernsehen

1973 Die sieben Affären der Doña Juanita

BU: Eberhard Panitz, Frank Beyer – LV: Gleichnamiger Roman von Eberhard Panitz – KA: Günter Marczinkowsky – MU: Günther Fischer – BA: Alfred Hirschmeier – KO: Werner Bergemann, Inge Kistner – PL: Erich Kühne

DA: Renate Blume – Alfred Müller – Werner Tietze – Winfried Glatzeder – Dieter Wien – Mathis Schrader – Dieter Mann – Armin Mueller-Stahl

– Regine Albrecht – Bruno Carstens – Helga Raumer – Gertrud Brendler – Ernst Kahler – Marga Legal – Helga Raumer und andere

FO: 35 mm, 1: 1,33, s/w, 10 403 m = 348 min. (Teil I: 3584 m = 126 min., Teil II: 1911 m = 67 min., Teil III: 2890 m = 101 min., Teil IV: 2018 m = 74 min.)

DDR-Fernsehen

1974   Jakob der Lügner

BU: Jurek Becker –Frank Beyer – LV: Gleichnamiger Roman von Jurek Becker – KA: Günter Marczinkowsky – MU: Joachim Werzlau – BA: Alfred Hirschmeier – KO: Joachim Dittrich – PL: Herbert Ehler

DA: Vlastimil Brodský, DS: Norbert Christian – Erwin Geschonneck – Henry Hübchen – Blanche Kommerell – Manuela Simon – Margit Bara – Deszö Garas – Zsuzsa Gordon – Reimar Joh. Baur – Hermann Beyer – Klaus Brasch – Jürgen Hilbrecht – Paul Lewitt – Friedrich Links – Edwin Marian – Armin Mueller-Stahl – Hans-Peter Reinicke – Friedrich Richter – Helmut Schellhardt – Peter Sturm – Klausjürgen Steinmann – Erich Petraschk – Fred Ludwig – Gabriele Gysi und andere

FO: 35 mm, 1 : 1,33, fa, 2743 m = 101 min.

DEFA/DDR-Fernsehen

1977   Das Versteck

AT: Resturlaub – BU: Frank Beyer – SZ: Jurek Becker – KA: Jürgen Brauer – MU: Günther Fischer – BA: Harry Leupold – KO: Dorit Gründel – PL: Rolf Martius

DA: Jutta Hoffmann – Manfred Krug – Marita Böhme – Dieter Mann – Alfred Müller – Martin Trettau – Horst Papke – Brigitte Beier– Ruth Kommerell – Johannes Maus

FO: 35 mm, 1 : 1,33, fa, 2849 m = 104 min.

DEFA

1978 Geschlossenen Gesellschaft

BU: Klaus Poche – KA: Hartwig Strobel – MU: Günther Fischer – KO: Elisabeth Lützenberg

DA: Jutta Hoffmann – Armin Mueller-Stahl – Andreas Pfaff – Sigfrit Steiner – Walter Plathe

FO: 35 mm, 1 : 1,33, fa, 25b/sec, 3370 m = 118 min.

DDR-Fernsehen

1981 Der König und sein Narr

BU: Ulrich Plenzdorf – LV: Gleichnamiger Roman von Martin Stade – KA: Günter Marczinkowsky – MU: Günther Fischer, Georg Friedrich Händel, Georg Philipp Telemann – BA: Peter Scharff – KO: Cornelia A. Kampmann-Tennstedt

DA: Wolfgang Kieling – Götz George – Monika Gabriel – Martin Brandt – Georges Claisse – Jürgen Draeger – Erna Haffner – Gerd Haucke – Peter Jahns – Reinhard Kolldehoff – Lutz Mackensy – Klaus Weiss – Jürgen von Alten – Hans-Jürgen Bodinus – Rolf Defrank und andere

FO: 16 mm, 1 : 1,33, fa, 108 min.

UFA/SFB

Die zweite Haut

BU: Klaus Poche – KA: Günter Marczinkowsky – MU: Günther Fischer – BA: Frank Hein – KO: Ingrid Hoffmann – PL: Michael Wintzer

DA: Angelica Domröse – Hilmar Thate – Jana Brejchová – Edith Heerdegen – Rouven Scheiber – Mareike Carriere – Jürgen Thormann – Edeltraud Elsner – Erna Haffner – Angelika Milster

FO: 16 mm, 1 : 1,33, fa, 88 min.

UFA/WDR

1983 Der Aufenthalt

BU: Wolfgang Kohlhaase – LV: Gleichnamiger Roman von Hermann Kant
KA: Eberhard Geick – MU: Günther Fischer – BA: Alfred Hirschmeier, KO:
Joachim Dittrich, PL: Herbert Ehler, poln. PL-Beratung: Jerzy Rutowicz

DA: Sylvester Groth – Fred Düren – Matthias Günther – Klaus Piontek –
Hans-Uwe Bauer – Alexander van Heteren – Horst Hiemer – Günter
Junghans – Krzysztof Chamiec – Gustaw Lutkiewicz – Roman Wilhelmi
– Andrzej Pieczynski – Leonard Andrzejewski – Michael Gerber – Eber-
hard Kirchberg – Erhard Marggraf – Mathis Schrader – Reiner Heise –
Fred Ludwig – Danuta Kowalska – Nadja Wendland – Teresa Szmigie-
lówna und andere

FO: 35 mm, 1 : 1,33, fa, 2786 m = 102 min.

DEFA

1984 Bockshorn

BU: Frank Beyer – SZ: Ulrich Plenzdorf – LV: Gleichnamiger Roman von
Christoph Meckel – KA: Claus Neumann – MU: Günther Fischer – BA:
Alfred Hirschmeier – KO: Christiane Dorst – PL: Herbert Ehler

DA: Jeff Dominiak – Bert Löper – Djoko Rosic – Anton Karastojanow –
Dieter Montag – Gunter Schoß – Walfriede Schmitt – Horst Hiemer –
Klaus Manchen und andere

FO: 35 mm, 1, 1:33, fa, 2806 m = 103 min.

DEFA

1989 Der Bruch

AT: Das Ding und das Ding danach – BU: Wolfgang Kohlhaase – KA: Peter Ziesche – MU: Günther Fischer – BA: Dieter Adam – KO: Christiane
Dorst – PL: Gerrit List

DA: Götz George – Rolf Hoppe – Otto Sander – Ulrike Krumbiegel – Volker Ranisch – Thomas Rudnick – Gerhard Hähndel – Hermann Beyer – Jens-Uwe Bogadtke – Reiner Heise – Jürgen Walter – Angelika Waller – Franziska Troegner – Hildegard Alex – Heinz-Dieter Knaup – Klaus Manchen – Peter Mohrdieck – Günter Rüger – Axel Werner – Hannes Stelzer – Christel Peters und andere

FO: 35 mm, 1 : 1,33, fa. Und s/w, 3050 m = 111 min.

DEFA

1991   Ende der Unschuld

BU: Wolfgang Menge – KA: Michael Steinke – MU: Günther Fischer – BA: Michael Letz – Modellbau: Jürgen Arnold – KO: Monika Jakobs

DA: Jürgen Hentsch – Udo Samel – Ulrich Mühe – Hans Teuscher – Rolf Hoppe – Hanne Hiob – Walter Kreye – Fred Düren – Jörg Gudzuhn – Nicolas Lansky – Rolf Henniger – Rolf Illig – Hans Zischler – Götz Schubert – Klaus Pohl – Wolfram Teufel – Hans Korte – Christian Doermer – Hans-Peter Hallwachs – Herrmann Treusch – Peter Roggisch – Christoph Eichhorn – Peter von Strombeck – Gerry Wolff – Michael Page – Ulrich Haß – Johannes Herrschmann – Uwe Jellinik – Wolfram Koch und andere

FO: 16 mm, 1 : 1,33, fa, 94 min. (Teil 1), 90 min. (Teil 2)

Allianz/WDR

Der Verdacht

BU: Ulrich Plenzdorf – LV: Nach der Erzählung »Unvollendete Geschichte« von Volker Braun – KA: Peter Ziesche – MU: Günther Fischer – BA: Alfred Hirschmeier, Dr. Lothar Kuhn – KO: Christiane Dorst – PL: Volkmar Leweck

DA: Christiane Heinrich – Nikolaus Gröbe – Michael Gwisdek – Christine Schorn – Marie-Anne Fliegel – Ulrike Krumbiegel – Veit Schubert – Thomas Neumann – Hans-Jürgen Silbermann – Mathias Wien – Gerhard

Hähndel – Rolf Dietrich – Eva Weissenborn – K. Dieter Klebsch – Johanna Clas – Heide Kipp – Petra Kelling und andere

FO: 35 mm, 1 : 1,66, fa, 2662 m = 98 min

DEFA/WDR

1992   Sie und Er

BU: Klaus Poche – KA: Peter Ziesche – MU: Günther Fischer – BA: Norbert Scherer – KO: Ute Truthmann – PL: Peter Voß

DA: Senta Berger – Reimar Joh. Baur – Maja Maranow – Katrin Saß – Martin Flörchinger – Marga Legal – Patricia Schäfer – Carsten Andörfer – Gregor Mathar – Jutta Wachowiak – Michael Gwisdek – Christiane Sturm – Wolfgang Arps – Guntbert Warns und andere

FO: 16 mm, 1 : 1,33, fa, 95 min. (Teil 1), 89 min. (Teil 2) – SD: 29. 1. 1992 (Teil 1)

UFA/WDR

Das große Fest

BU: Klaus Poche – KA: Peter Ziesche – MU: Günther Fischer – BA: Alfred Hirschmeier – KO: Christiane Dorst – PL: Michael Wintzer

DA: Hans Christian Blech – Rolf Hoppe – Iris Berben – Elsa Grube-Deister – Michael Gwisdek – Katrin Saß – Karl Kranzkowski – Franziska Troegner – Ralph Jung – Heinz Karl Konrad – Manja Behrens – Helga Göring – Marga Legal – Wolfgang Winkler – Peter Pauli – Marie-Anne Fliegel – Hans Jochen Röhrig und andere

FO: 16 mm, 1 : !,33, fa, 91 min.

UFA/ZFD/ARTE

BU: Knut Boeser – KA: Witold Sobocinski – MU: Oskar Sala – BA: Paul Lehmann, Regina Fritzsche – KO: Werner Bergemann – PL: Horst Hartwig, Marek Depczynski

DA: Ulrich Mühe – Ulrich Tukur – Kaoru Kobayashi – Goro Ohashi – Manfred Zapatka – Matthias Habich – Udo Samel – Sylvester Groth – Johannes Herrschmann – Thomas Jahn – Barry Bostwick – Thore Seeberg – Magne Brekke – Lloyd Johnston – Paul Herzberg – Larry Joshua – Bernd-Uwe Reppenhagen – Pierre Besson – Nikolaus Gröbe – Michael Herle – Sven Lehmann

FO: 35 mm, 1 : 1,66, fa, 99 Min.

Manfred Durniok Produktion ZDF, ABC, NHK, ORF

Zwischentöne

Frank Beyer über Manfred Krug
(Interview)
RE: Ute Geisler – BU: Heinrich Gebauer – KA: Wolfgang Rehausen, Ingrid Jänicke, Clemens Peisker – MA: Angelika Begler – AL: Jürgen Brendel – Gesprächsführung: Carla Kniestedt

FO: 60 min.

MDR

Frank Beyer – Zwischen den Zeiten

(Porträt)
BU und RE: Kurt Barthel – KA: Jürgen Partzsch – PR: Dokfilm GmbH – MDR

FO: Beta-SP, 28 min.

BU: Jurek Becker – LV: Erzählung »Die Mauer« von Jurek Becker – KA: Peter Ziesche – MU: Lorenzo Barcelata – Sologitarre: Ry Cooder – BA: Alfred Hirschmeier, Maciej Putowski – KO: Hanna Morawiecka – PL: Horst Burkhard, Jerzy Rutowicz – HL: Klaus Gotthardt

DA: Benjamin Kaatz – Robin Timptner – Ilja Smolianski – Maria-Elisabeth Schwarz – Christiane Hagedorn – Mario Grünewald – Gerry Wolff – Danne Hoffmann – Michael Page – Slawomir Glatzek – Reiner Heise – Hermann Lercher – Gretel Schulze – Gerd Staiger – Szymon Szurmiej – Jürgen Hentsch und andere

FO: 16 mm, fa, 72 min.

NOVA-Film/ZDF

Nikolaikirche

BU: Frank Beyer, Eberhard Görner, Erich Loest – LV: Gleichnamiger Roman von Erich Loes – KA: Thomas Plehnert – MU: Wilhelm Killmayer – BA: Thomas Knappe/Alfred Hirschmeier KO: Ulrike Stelzig – PL: Lutz Wittcke – HL: Wolfgang Plehn

DA: Barbara Auer – Ulrich Matthes – Annemone Haase – Günter Naumann – Daniel Minetti – Julia Braun – Alfred Müller – Niels-Bruno Schmidt – Ulrich Mühe – Otto Sander – Rolf Ludwig – René Steinke – Ulrich Tukur – Jutta Wachowiak – Claudia Messner – Hansjürgen Hürrig – Peter Sodann und andere

FO 16 mm, fa
FO: 2 Teile

WDR/MDR/ORF/ARTE/Provobis-Film

1996   Der Hauptmann von Köpenick

BU: Wolfgang Kohlhaase – LV: Gleichnamiges Stück von Carl Zuckmayer – KA: Eberhard Geick MU: Peter Gotthardt BA: Götz Heymann KO: Ingrid Zoré PL: Horst Meyer PR: Klaus Dieter Zeisberg

DA: Harald Juhnke – Udo Samel – Elisabeth Trissenaar – Hermann Beyer – Katharina Thalbach – Reimar Johannes Baur – Michael Klobe – Rolf Hoppe – Götz Schubert – Sophie Rois – Reiner Heise – Jürgen Hentsch – Hark Bohm – Holger Mahlich – Marlene Marlow – Horst Hiemer – Klaus Piontek – Volker Ranisch – Veit Stübner – Gerry Wolff – Dieter Montag – Hans-Jürgen Hürrig – Mathias Günther und andere

FO: 16 mm, fa 100 min.

Eine Produktion der Hannovern Film- und Fernsehgesellschaft mbH, Hamburg,im Auftrag vonr NDR,BR,ORB,SFB,WDR,ORF, SF-DRS und Premiere

1998   Abgehauen

BU: Ulrich Plenzdorf – LV: gleichnamiges Buch von Manfred Krug – Ka: Eberhard Geick. Musikarrangements Günther Fischer – Peter Herbolzheimer – Wolfram Heicking: BA: Thomas Knappe – KO: Ingrid Zoré – PL: Frank Mähr – HL: Michael Wintzer – Produzent Norbert Sauer

DA: Peter Lohmeyer – Karoline Eichhorn – Peter Donath – Ann-Kathrin Kramer – Uwe Kockisch – Jürgen Hentsch – Ute Lubosch – Karl Kranzkowski – Hermann Beyer – Thomas Dehler – Matthias Günther Ulrich – Matthes Christiane – Heinrich Martin Seifert – Hermann Lause – Thomas Neumann – Victor Deißß – Günter Junghans – Gunter Schoß und andere

FO: 16 mm, fa 90 min.

UFA

Theaterarbeiten

1967 Altweibersommer

Szenische Uraufführung eines Hörspiels (1960) von Gerhard Rentzsch –
AU/KO: Rolf Döge

DA: Willi Gade – Charlotte Friedrich – Rolf Hoppe– Fritz Bogdon – Peter Herden – Katja Kuhl und andere

Staatstheater Dresden

Um neun an der Achterbahn

Von Claus Hammel – AU: Hans-Martin Perthel – KO: Ursula Schieche, Rosemarie Voigt, Edith Huhn

DA: Irmgard Lange – Angelika Faber– Sybille Hahn – Peter Hölzel – Klaus Andter – Helmut Gauß – Rupert Ritzi – Annedore Zimmermann und andere

Gerhart-Hauptmann-Theater Görlitz/Zittau

1968 Abschied 4 Uhr früh/Das Ende vom Lied

Von Sean O'Casey – MU: Rainer Kunad

DA: Wilfried Weschke – Thea Elster – Lothar Krompholz – Ingrid Fanrei – Rolf Hoppe – Heinz-Karl Konrad – Thea Elster

Staatstheater Dresden

Komödie der Irrungen

Von William Shakespeare

DA: Alfred Struwe – Wilhelm Burmeier – Wilfried Weschke – Justus Fritzsche – Lothar Krompholz – Rudolf Donath – Richard Weimar – Heinz-Karl Konradb – Siegfried Göhler – Rolf Dietrich – Friedrich-Wilhelm Junge – Ingrid Fandrei – Thea Elster– Renate Blume– Hannelore Seezen – Gerlind Schulz und andere

Staatstheater Dresden

Der Geizige

Von Jean-Baptiste Molière, deutsch von Paul Mochmann – BA: Rolf Döge – KO: Margarethe Salow

DA: Joachim Zschocke – Justus Fritzsche – Renate Blume – Herbert Sievers – Friedrich-Wilhelm Junge – Dorit Gäbler – Katja Kuhl – Lothar Krompholz – Heinz-Karl Konrad – Wolfgang Dehler – Rudolf Donath und andere

Ensemble des Staatstheaters Dresden/DFF

Die Verschwörung des Fiesko zu Genua

Von Friedrich Schiller –MU: Rainer Kunad

DA: Hermann Stövesand– Wolfgang Dehler – Joachim Zschocke– Rolf Hoppe – Justus Fritzsche– Lothar Krompholz – Herbert Sievers – Siegfried Göhler – Wilhelm Burmeier – Friedrich-Wilhelm Junge – Gerhard Vogt – Heinz-Karl Konrad – Rudolf Donath – Jochen Kretschmer – Renate Blume – Thea Elster – Dorit Gäbler – Heidi Weigelt – Helga Mehner– Gerlind Schulze

Staatstheater Dresden

431

1969 Der Egoist

Von Franz Freitag – AU/KO: Dieter Berge – MU: Fritz Grabner

DA: Willi Narloch – Marita Böhme – Klaus Manchen – Evamaria Bath – Jenny Gröllmann/Katja Paryla – Kurt Radeke – Helmut Müller-Lankow

Maxim Gorki Theater Berlin

1987 Auf dich kommt es an, nicht auf alle

Von Peter Ensikat und Wolfgang Schaller – AU: Willy Moese

DA: Hans-Jürgen Silbermann – Heiderose Seifert – Manon Strachè – Dieter Richter – Manfred Stephan – Ralph Sählbrandt

Kabarett »Leipziger Pfeffermühle«

2001 Der König und sein Narr

Von Ulrich Plenzdorf nach dem Roman von Martin Stade – MU: Günther Fischer/Georg Friedrich Händel

DA: Thomas Neumann – Thorsten Bauer – Nina El Karsheh – Marek Helsner – Günter Rüger – Günter Zschäckel und andere – AU: Donald Becker

Hans Otto Theater Potsdam